窥视中国

美国情报机构眼中的红色对手

沈志华　梁　志——主编

中国出版集团
東方出版中心

目录

一、窥视“红色中国”：美国中央情报局对新中国的总体认知

华东师范大学　沈志华

1947年，为了遏制苏联及其领导下的国际共产主义力量，美国构建了举国一致的国家安全体制，其组成部分之一便是中央情报局。中华人民共和国的成立与中苏同盟的缔结令美国决策者惊慌失措，“红色中国”成为中央情报局密切关注的对象。

从1954年开始，中央情报局几乎每一至两年都要对其所收集的对华情报做一次综合性评估，并预测未来几年中国的发展趋势。这些文件反映了中情局乃至美国主要情报机构对中国政策取向及发展趋势的最终认识和判断，而这种认识和判断往往是在其他专门评估报告的基础上归纳、提炼或升华而来，因此显得更为重要而不可替代。

显示这些文件重要性的还在于它们有一个共同的特点，即这些文件虽然都是美国中央情报局局长提交的，但参与评估的情报组织不仅有中央情报局，往往还有国务院、陆海空三军、参谋长联席会议和原子能委员会的情报部门，并且最后得到了美国情报委员会的赞同。而参与文件定稿的经常有以下重要成员：美国国务院情报与研究司司长、陆军部负责情报的助理参谋长、海军部负责海军行动(情报)的助理参谋长、空军司令部负责情报的助理参谋长、参谋长联席会议情报室主任、美国情报局驻原子能委员会代表、特种作战部的助理国防部长、国家安全局局长、联邦调查局助理局长。因此，这些文件应该被看作是美国情报部门和精英集体研究的成果。

1. 中国将向何处去？

对于朝鲜战争后中国发展趋势的总体评估，中央情报局首先着眼于判断中共领导人的目标和理想。

1954 年 6 月的报告认定："中国共产党人的长远目标是把中国建设成为一个具有自身经济军事实力基础、在东亚和南亚占据统治地位的苏联模式的国家。"为此，"他们将继续逐步扩大经济中的国有部门，削减和抑制私营企业，并建立大型合作式和集体式农庄。他们仍将最优先考虑基础工业和交通运输业的发展。中共政权也将投入大量资源加强其武装力量的现代化，作为执行其外交政策的实力基础"。

1956 年 1 月的报告认为："中共政权决心把农业占主导的经济转变成苏联模式的工业化国家"，"在东亚消除西方(特别是美国)的影响和势力，取得控制权"，"对台湾和其他他们认为传统意义上属于中国的地方建立起控制"，并"作为世界上一个主要大国获得认可"。中国的总体目标是"促进国际共产主义运动"的发展。

1960 年 12 月的报告指出，由于"在过去 11 年中，共产党中国在工业、军事力量、对人民的组织和管理上都取得了突出成就"，并受到"共产主义的理想主义和中国的民族主义这种复杂的心理鼓舞"，中共领导人"决心尽快把中国建设成一个占领导地位的世界强国"，并将"加速共产主义的建设"。

从这三个时间段的报告可以看出，在中情局眼中，到 1960 年代，中国未来目标的特点集中在三个方面："苏联模式"、"共产主义"、"占有领导地位的世界强国"。这无疑表明，在国家发展目标的设定上，中国就是美国在冷战环境下和意识形态上的敌人，并早晚会成为其全球竞争的潜在对手。

在对中国实际地位进行不间断地评判时，中央情报局发现，在中共掌握政权后的十年间，中国正在以惊人的速度接近其所设定的目标。

到 1956 年初，中情局认为："中国共产党人已经在中国大陆牢固地确立了他们的控制，并且正干劲十足地沿着苏联模式的路线尝试改造经济制度、社会制度，建设军事力量。在苏联的帮助下，武装力量得到极大地增强并在很大程度上得以现代化了，经济产量大部分都达到或超过了战前的峰值。由于其成就和蒸蒸日上的国力，共产党中国在亚洲的威望和影响已经大大地增加了。”1957 年 3 月的报告认定：“在过去的七年里，中国共产党人有效控制了中国大陆地区并建立了一个与苏联结盟且敌视美国的强大中央政府”，“彻底改变了中国社会的许多基本特质”。因而，“中国在非共产世界的影响力有了显著提高，在亚洲尤其能感受其力量的存在”。

中情局在 1959 年 7 月断定：经过“大跃进”运动，尽管中国国力还远远低于美国，但是，“在其执政的第十个年头，中国共产党人已牢牢地控制了中国大陆，国家经济飞速增长，共产党中国在世界事务中的分量也不断上升”。到 1960 年底，中国的经济发展开始进入了一个特殊的困难时期。这时，中情局官员们的认识是：虽然“面临着一些最严重的问题”，但“中国经济继续保持快速增长，同时在军事力量上也保持稳定增强，这使得该政权更接近实现其主要世界强国的目标”。显然，对于中国发展速度的这种判断，相应地决定了美国把中国设定为主要或危险敌人这一思考进程的速度。

在这个判断的基础上，美国情报部门对中国未来 5～10 年的发展预测是：“到 1965 年，无论共产党中国是否是联合国会员，它都将实实在在地成为世界主要强国之一。”“北京的政策会处于相对平和的方式和彻底的强硬态度之间，但是对美国强烈的仇恨以及渴望推动共产主义世界革命的情绪仍然会在北京的外交政策中占主导地位。几乎可以肯定地说，共产党中国的傲慢和自负也会成为苏联的一个主要担忧。同时共产党中国给美国的利益带来的危险，特别是在亚洲地区还会增长。”到 1971 年，在中共控制下的中国将拥有 8.5 亿的人口，继续拥有世界上最庞大的常备军和军事储备。煤、钢、电力的产量可能跻身世界前三位，但“质量、多样性和生产的技术水平仍然明显低于日本、苏联和西方工业化国家”。无论如何，那时的中国仍将显示出“冷酷、坚定、统一并对美国有着根深蒂固的敌意”，其“作为世界主要权力中心之一的地位将会大大加强”。

如果说从意识形态和国家利益对立的角度出发，美国情报部门有意无意地过分突出了其潜在对手的发展，那么在对经济发展的实际状况进行预测时，他们还是保持了比较冷静和客观的态度。在中国经济发生困难的第三个年头，中情局分析官员对情况的判断已经没有那么肯定了，他们认为：“未来中国共产党的走向主要取决于三个不可预测的变数：领导人的智慧和现实性；农业生产的水平；对外经济关系的性质和范围。在过去的几年中，这三个变数全都不利于中国。1958 年领导人发起了一系列错误的、极端的经济和社会改革；1959 年是三个歉收年景的头一年；1960 年苏联停止了绝大部分的经济与技术援助。这三个因素共同造成了国家经济的混乱。越来越多的人营养不良，对外贸易下降，工业生产和发展急剧下滑。现在还看不出该政权的经济状况有马上恢复的迹象。”

俗话说：“旁观者清。”应该承认，中情局对于造成中国三年经济困难的原因，进行了十分到位的分析。不仅对这三个因素的概括是全面的、客观的，而且其排列顺序也非常合理：人祸第一，天灾第二，外来因素第三。更重要的是，这三个变数，特别是第一项，确实对以后中国经济发展的前景具有决定性的意义。在困难时期，中共领导人提出了“调整、巩固、充实、提高”的八字方针，对国家发展采取了一种比较务实的政策。这一点，美国人也是看在眼里的。1963 年 5 月的评估报告指出，中国的“国内形势似乎有些许改善”。不过，报告也预言，“在未来的五年内”，“荒谬的教条主义政策、恶劣的天气以及其他不利因素综合起来将会导致彻底的经济停滞”。前景究竟如何，“一个关键的问题是，中共领导人是否会在面临强大的意识形态冲动的情况下保持一种务实的路线”。后来的历史进程不幸被中央情报局言中：在“意识形态冲动”下发生的“文化大革命”，确实把中国带入了一个相对来说“经济停滞”的发展期。

2. 政治运作、政权稳定性与毛泽东

在政治方面，美国情报分析专家主要集中讨论的三个问题是：政治体制的形成及其特点，政权的稳定性和社会控制，国家领导人现状和继承人问题。

关于中国的政治体制，中情局在 1950 年代的几个评估报告中确定了两个特点：第一是高度集权，第二是党政合一。1954 年 6 月报告就指出：“中共已经对苏联式行政及政治方面的制度和管理技术加以改造以适应中国的条件”，并且“强行建立了一套垂直管辖至村一级的统一的政体结构”；“中国的根本权

力属于共产党并被授权给党的中央委员会政治局”，而政治局的主要成员也都是行政机关的领导人，并且从中央到地方都是这样一种“党政一体”的模式。此后不久，6 月 19 日，中央人民政府决定撤销大行政区一级行政机构，同时合并若干省、市建制。于是，1956 年 1 月中情局的报告说：中国政府“最近进行了改组，控制权进一步集中到北京”。还说，中国共产党“统治和控制着政府机构”，尽管缺乏关于党内权力分配的情报，但“党的主席毛泽东的至高无上似乎是绝对的。毛既是党的政治局和中央委员会书记处的主席，也是政府的正式首脑”。一年后，评估报告又写道：政府被中国共产党完全掌控，国家和地方大部分重要的政府职位都由中共党员担任。从中央到下面最小的行政区，都设立了与政府组织机构平行的中共党组织机构。北京的指令从政府和党两条渠道下达。

或许是考虑到中共在中国政治体制中这种特殊的地位，在 1960 年代初期的评估中，已经不再讨论国家体制问题，而集中分析党的情况了。中情局认为，中共为保证党的活力而采取了不断发展新党员的做法。1949 年以后，党员队伍不断膨胀，到 1960 年底已经达到 1 600 万人，比苏联还多 400 万人，“成为世界上最大的共产党”。为了解决党内矛盾，树立党的绝对权威和统一性，中国采取了两种措施：一是“更新纪律措施”，针对党内不同意见开展批评运动——1959 年的反对“右倾机会主义”运动就是典型；一是通过开展学习毛泽东著作选读本的运动大力推崇“毛的意识形态”，为“‘毛个人崇拜’潮流注入新的动力”。党的活力就是国家的活力，党的团结就是国家的团结，党的制度就是国家的制度，这一点，中情局看得很清楚。

对于中共政权稳定性的考察，始终是中情局评估报告不可或缺的内容，其结论是：尽管出现了各种各样的问题和困难，这个政权一直都是稳固的。

中情局的报告指出：“1949 年，该政权面临着普遍的经济崩溃，面临着 12 年实际上不间断战争造成的普遍困顿。”就是面对如此严重的障碍，“共产党人进行了大规模的政治及社会变革，他们基本上清除了有效的反抗。他们极大地恢复了国家经济并对之建立起控制”。在 1955～1956 年的“社会主义过渡阶段”，面对巨大的阻力，中共一方面借助苏联的经验，另一方面根据自己的经验，运用“松紧结合”的策略，通过“党对权力的垄断和国家对经济关键部位的直接控制”，对“中国传统社会体系”进行了改造，并摧毁了他们眼中的敌对势力“可能具有的凝聚力和独立领导能力”。在1956～1957年,尽管合作化运动引起了农民的不满,反右派运动打击了知识分子的积极性,“超速度的改造也造成了国内普遍的压力和紧张”,但是,这“还没有发展到威胁共产党领导地位的危险程度,对生产的阻碍也没有发展到限制中国经济进一步增长的严重程度”;“我们相信中共有能力继续牢固和有效地控制中国大陆。党的领导人继续显示了内聚力和决断力,同时具有一定程度上的灵活性”。

至于保证国家稳定和社会控制的手段,中情局认为中共采取了镇压和宣传相结合的方针。除了“一系列镇压运动”,中共还通过“一个大规模高度协调的宣传机构”,“竭力向人民灌输一种加入‘新中国’的感受”,“激励国人的民族自豪感”。美国人也注意到了具有中国特色的社会控制手段:“中共政权拥有大量训练有素的警察、民兵和安全机构,同时辅以告密者网络和对单独家庭进行监督的地方‘居民委员会’。党的控制通过社会和职业两条线建立的群众组织系统得到进一步加强。这种群众组织系统负责动员支持共产主义纲领的居民各类团体,同时也是进行宣传和教化的渠道。”因此,“民间不同政见和几乎不可避免会爆发的地方不满都不会威胁到中共政权的生存或者其对大陆地区的控制力”。说中国民间有“告密者网络”不免言过其实,但所说“居民委员会”确是看到了中国社会的独到之处。

到1960年,“大跃进”造成的混乱和危急已经显露,人民公社的许多激进措施也被迫放弃。与此同时,党的领导层“也有着明显的不同看法”(庐山会议)。这时中情局认为,人民群众,特别是农民,“面对不得不肩负的沉重负担引发的不满和对事实的觉醒可能会有所加强”,中共政权也“将面临越来越多的问题,需要解决公众的冷漠、疲劳和消极抵制”。但是,“共产党中国在对人民的管理和领导人的自信心方面,总体上还是表现出显著的能力”。除了通常的统治手段,在中情局看来,这一时期能够保证稳定局面的因素还有以下几点:党的领导人采取各种措施避免特殊化和脱离群众,如干部下放劳动(连毛泽东也去参加集体劳动);在全国范围内大规模建立起民兵制度,这支拥有2.2亿人、“分布广泛的民兵的主要任务显而易见是在经济和政治领域”;取代判刑定罪和送入劳改营,对于思想的教育和批判已经成为形成“社会压力”的“主要手段”。因此,人们“对政权依然是拥护的,他们中很多人对共产党中国迅速成为一个世界强国感到骄傲”。“在任何情况下,我们目前都看不到对政权的延续存在着什么严重的威胁，无论在党内还是在党外。”甚至在经历了三年困难时期的危机之后，尽管看到中共政权面临着种种困难，中情局依然认为这种局势不会“恶化到在不久的将来引发突如其来的、大规模的抵制”。相反，由于最困难的时刻已经过去，“北京领导人的自信心增强了”，“他们相信通过这些磨炼他们已经确立了政权的合法性”。

总的说，这些看法还是比较客观的。不过，这里有一个问题似乎需要提及，即在“文化大革命”以前，与中国历史上大多数农民只反贪官不反皇帝的传统一样，当时中国民众的不满，主要是针对基层干部的，而对于党和政府，特别是毛泽东本人，广大人民还是衷心拥护并寄予极大希望的，因此才有“大跃进”和人民公社运动一哄而起的壮观景象，才有调整时期经济迅速恢复的良好局面。这一点，中情局分析官员大概没有留心，或者根本就没有想到。

评估报告反复提到的另一个看法是值得引起注意的，即以高压手段保证社会稳定的长期效果问题。无论是镇压还是灌输，对于解决社会矛盾和平息社会不满，都属于一种压制性措施，而这种措施的长期效果是值得怀疑的。中情局 1954 年的报告谈到，由于“压制措施已经在许多人群中造成了恐惧气氛”，“1949 年中共政权所获得的发自内心的大量支持已经消散了”。尽管恐惧和不满未必反映了当时中国社会多数人的心态，但随着时间推移，这一现象迟早会出现，特别是在社会精英和知识分子中间。在那场横扫全国的反右运动以后，中情局预测，“由于意识到中共政权的力量，并明白没有选择的余地，大多数中国人大概会继续默许共产党的统治”。到 1960 年底，评估报告的说法是：那些工作过度、食不果腹、苦不堪言的中国人对中共政权的态度，用“最恰当说法就是顺从”。沉默和顺从不是没有意见，不是没有不满，只是在高压的手段下没有表露出来。任何国家，任何社会制度，都有其内在的社会矛盾，甚至冲突。一个“世界主要强国”成功崛起的标志之一，就是具有在体制内随时化解这些矛盾和冲突的能力，而不是通过压制把它们积留下来。除了必要的镇压和强制，解决社会问题的主要途径应该是疏导，通过相应的机制和渠道把那些不利于国家稳定的因素和能量释放出来，并引上正确方向——促使有关机构正视社会问题和民间呼声。从这一点看，“文革”前中国的社会稳定中确含有不稳定因素——1966 年突然爆发的社会大动乱固然有种种原因，但宣泄积留已久的不满情绪恐怕也是一个重要因素。

评估报告用大量篇幅讨论了中国权力核心的动态,其中特别是对毛泽东的健康状况及其所引起的继承人问题的预测。对于一个被认为是高度中央集权的政治体制,这种关心是必然的,也是可以想见的。

在1954年的报告中,中情局认为:“中国领导阶层显示出党内精英的内聚力和稳定性。共产党领导人通过自1921年共产党成立以来他们在革命战争中的共同经历而紧密团结在一起。”尽管“高饶事件”的发生说明“分歧与竞争的存在,并暗示在刘少奇和周恩来周围存在着不明帮派”,但并“无确凿证据证实在上层梯队内明显组建了派系”。即使该年61岁的毛泽东因“身体状况欠佳”而“退休或去世”,但无论是“共同掌权式的接班”,还是由刘少奇或周恩来作为继任者,都不会严重影响“中共政权管理和控制中国的能力”。

1956年1月的报告指出,“由于毛现在63岁了,并可能健康状况欠佳,毛的接班人问题将变得重要起来”。而“在毛去世的情况下”,因为在中共领导层没有任何人“拥有绝对权威的地位”,中情局认为,中共“可能会努力建立某种形式的集体领导”。同时,因为刘和周“在重大政策上所表达的观点并没有冲突之处”,所以他们及其他领导人之间的分工和不同背景“似乎更可能成为贯彻已同意过的政策的互补力量,而不是严重冲突的根源”。

中共八大召开以后,中情局对于中共领导核心的分析和评论就更加详细了。首先可以肯定的是,“中共最高领导层仍持续显示出其显著的持续性、统一性和稳定性”,而“毛的个人威望和影响力并未因苏联对‘个人崇拜’的抨击而减弱”。引起情报官员注意的是,中共中央委员会增加的103名委员和候补委员,这说明“中共高层机构增加了新鲜血液”。其中“最值得注意的个人提升就是邓小平被任命为中共中央委员会总书记,他在13位原政治局成员中很明显是年纪最轻的,却进入了政治局常委会”。评估报告再次谈到继承人的问题:“如果毛泽东去世或失去能力”,很可能出现的情况是由朱德接替毛泽东的国家领导人的位置,而实际权力由集体领导班子掌握。尽管可能出现权力之争并降低政策的灵活性,“但不会威胁到中共政权控制国家的能力”。

1959年初毛泽东宣布辞去国家主席一职,在西方引起了广泛猜测。中情局经过分析认为,虽然在一系列政策方针上党内都存在着分歧意见,但“毛泽东的决定不是党内有任何反对他领导的意见而促动的,而是像官方宣布的,他希望集中精力去解决政策问题和共产主义理论问题。作为党的主席,他仍是国家的一号人物”。其理由是，“如果党内出现一个打算排挤毛的集团，按照逻辑应先把毛从党主席的位置上撤掉，保留国家主席来维持他的公众威望和象征意义”。但是，对于毛以后的情况，这时的估计就比较严重了：“毛的缺位可能会导致共产党的办事效率、活力及其在共产主义世界的声望下降”，而且“党内可能出现分裂”。

庐山会议以及随后开展的党内反右倾运动使美国情报官员认识到，“虽然在过去的三年间党内一直持续着激烈的争论”，但“总体而言党的领导层并没有被激烈的党派之争所困扰，毛似乎继续控制着党及其制定的政策。毛的权威以及来自党领导层中其他很多成员的积极拥护，使得毛的观点可能仍占主导地位，而且党派之争在他有生之年将不会成为严重的问题”。即使毛泽东去世——鉴于毛当时 66 岁，中情局认为他可能在几年内去世，暂时出现的集体领导结构也会使党内的有关政策的激烈争论趋于相互妥协，而总体上不会引起中共的共产主义政策和统治能力出现基本的变化。1963 年 5 月的报告进一步指出，“政权仍然被掌控在长征老同志那一小圈人手里”，而且“最后的权力仍然在毛泽东手里”。但是，这个领导团体“存在着一个日益严峻的问题——他们中几乎所有人都已经 60 多岁或 70 多岁了。毛泽东今年就要 70 岁了”。

中情局官员们之所以一直盯住毛泽东的年龄不放，并不断讨论毛以后的权力继承问题，就是因为他们认为，越到晚年，毛泽东对权力抓得越紧，中共对国家权力的掌控正在从党的集权转向个人集权。所以，对于中国政治问题的分析和讨论最后集中到这一点。

3. 进步神速但依旧明显落后的经济

对于中国 1950 年代的经济发展，中央情报局最基本的判断是：取得了惊人的成就，面临着严重的问题，与世界主要大国相比还处于落后的水平。

1954 年的报告指出：“尽管共产党人在恢复中国经济方面取得了相当大的进展，基本模式却原封未动。农业生产仍是主要活动，人均产量仍低下。”中国当时的国民生产总值大约 270 亿美元，“不到苏联的三分之一，差不多也就是美国的十四分之一”，而人均国民生产总值只有54美元，“大致与印度相当，但只不过是日本的四分之一”。“即使到了1957年，共产党人也才刚刚开始中国经济的现代化。就整体而言，中国仍将以农业为主，并且是欠发达的。”

1956年的报告认为：“中国共产党人只是最近才设法应付在创建社会主义国有经济过程中出现的根本性问题，就算得益于苏联的经验教训，这些问题也将是难于解决的。”报告预计：“从1952年到1960年，共产党中国将可能使发电量增长大约三倍，煤炭产量翻番有余，并将其机械工业产值增加大约二倍半。然而，即使有这些重大进展，共产党中国的工业基础仍将是薄弱的。”

一年以后，中情局承认，“在第一个五年计划(1953～1957)开始的四年里，中共政权在其工业化计划方面取得了长足的进步和很大的发展。国民生产总值平均年增长率可能已经达到7%～8%，这个增长率堪与近几年日本的增长速度相比，且大大地超过了亚洲其他国家”。其原因在于，“中国大陆地区的政治统一使中国近百年来第一次有了一个基本和平的环境，使中共政权能够整合此前停滞的经济、组织资源并在全国基础上进行生产”。

虽然认识到中共的目标“过于乐观”，也看到“大跃进”运动会给中国的经济发展带来严重问题，但中情局对此后的发展趋势还是做出了过于乐观的估计：“我们相信共产党中国有能力使其1959年的国民生产总值比上年增长12%～15%，在余下的三年里，即在1960～1962年，也能成功地维持每年7%～10%的增长速度。这些增长可能会使第二个五年计划期间(1958～1962)的国民生产总值总体增长65%～85%。”具体地讲，1962年国民生产总值可能达到650亿～670亿美元，谷物2.15亿吨，棉花200万吨。看来，“大跃进”时轰轰烈烈的场面和层层加码的汇报数字，不仅使中国人头脑发热，也把美国情报官员搞晕了。

1960年底的情报评估又恢复到比较冷静的状态：在继续得到社会主义国家“设备和技术援助”的情况下，未来五年内中国的“年均国民生产总值将保持10%～11%的增长率”。到1965年，中国“在煤炭领域可能会居世界领先地位，在粗钢生产上居世界第三位，在电力生产上占主要地位，而且在海运、机械上的地位将有显著上升”。虽然可以取得这些成功，但是中国“想要成为一个现代化工业大国还有很长一段路要走”。因为中国的基础毕竟太差，“1959年人均国民生产总值仅为120美元左右，或者只有日本的四分之一左右”，“工业产量还不到美国的10%，工业中科技总体水平和产品总体质量同世界工业化国家的标准比起来还远远落在后面”。“中共政权仅仅通过要求中国民众艰苦奋斗以及通过限制他们早已非常低的生活水平有所提高，从而才保持住其快速的经济发展。”

在中情局看来，制约中国经济发展的有两个基本问题，即人口的快速增长和资金的长期短缺。

中国是第一人口大国，正如1957年3月评估报告指出的：“根据1953年的人口普查记录，中国的人口数量为5.83亿，1955年中共官方统计人口数为6.03亿，人口年增长率为1.75%。中共发言人最近宣称1955～1956年的人口自然增长率为2.2%。按照这个增长率，1962年中国人口将达到7亿。这种人口增长率将给经济造成相当大的负担。”1958年5月的报告分析说：“中国人口众多且日益增长，确保其粮食供应成为中国在不确定的将来首要的经济问题”；在未来五年，“中共政权将应付工业超速发展所带来的经济困难。但基本的问题仍将是人口增长与食品生产不足的矛盾”。

问题在于，中国领导人并没有深刻地认识到，“在有限的土地上为不断增长的人口提供改进的生活条件仍将是这个国家一大难题”。他们声称“人口众多是一种财富而非负担，并且应该强调人是生产者而非消费者”。尽管在1957年中国提出了“生育控制计划”，但可惜“被淹没”在第二年的“大跃进”热潮中。中情局预言：“从长远角度看，为了减轻人口压力，这个国家仍将不得不恢复这项计划。”

到1960年底，中情局估计，中国人口“在1960年年中的估计约为6.9亿，到1965年年中将达到7.62亿～7.8亿”，这“在西方国家大约需要50年时间才能实现”，如果不加以限制，“这样的增长率将导致人口在25年左右的时间里翻一番”。报告认为，中国领导人已经意识到了“人口快速增长将带来的长远危险”，并“可能会在我们预计的这段时间内采取更为有效的措施”。但是，两年多以后中情局又指出：“马克思的教条会束缚政府全面地开展控制生育的运动。即使不是这样，北京在有效控制生育方面也会束手无策，特别是在农村地区，政府很难改变那里的社会观念，而且医疗服务也很差。”所以，“在接下来的五年中，无论中国共产党采取什么方法使其经济得到恢复，人口对食物资源要求的压力仍将是一个悬而未决的问题”。

评估报告对中国人口问题的压力及节制生育计划的效果进行的分析和判断，是客观的、符合事实的。“文革”前的两次计划生育运动都因政治波动和观念陈旧而流产，直到1970年代中期真正意识到人口是关乎国计民生的最基本的问题时，中国政府才不得不采取强硬措施限制人口增长。正所谓“亡羊补牢，犹未为晚”。

凡是谈到中国经济发展的困难时，评估报告几乎都要提到资金问题。因为要把“一个落后国家发展成为现代化的工业国家，需要大量的资金和进口相当数量的高级设备”。在中情局看来，中国的经济体制本身制约了资金的积累——“集中力量发展重工业的苏联模式很显然无法解决共产党中国资金短缺但劳动力过剩的问题。首先，这样的发展规划要求进口大量的资本货物，而共产党中国为此需要付出其自身的资源。其次，它不能充分利用巨大的且不断增加的劳动力。”于是，中国只能依靠三种办法为加快发展重工业积累资金。第一是“严格限制消费”，采取的控制措施包括“粮食的强制收购”、“食品的定额配给”等。第二是“谋求从农民身上获益的最大化”，采取的措施包括减少农业投资、加大农业税收、压低农产品价格等。第三是指望从国外得到贷款和资本货物，特别是在经济恢复和重建的时期。据估计，在第一个五年计划期间，中国得到来自社会主义国家的援助，即“价值超过60亿美元的资本货物、原材料和军用设备，其中15亿是苏联的经济和军事赊购，通过出口支付余欠款”，此外还有大量的技术援助。

然而，这三项措施都不能从根本上解决问题。限制消费的最终结果是限制了生产，也就在很大程度上限制了资金的积累。压榨农业的恶果不仅降低了人民的生活水平，而且也制约了工业的发展，最终还是间接地影响到可再投入的资金积累。至于对外援助，是不可能长期依赖的，中苏关系恶化的首要反应就是莫斯科减少甚至停止向北京提供资金和设备。

中情局认为，1958年开始的“大跃进”和人民公社运动，是中国领导人为同时从根本上解决人口和资金问题所采取的两项措施，所以在讨论经济问题时，对这两个运动着墨甚多。在美国情报官员的眼里，“‘大跃进’和人民公社计划是中国共产党自1955～1956年以来进行的一系列试验中最新的，也是最激进的。在此之前，国家的发展基本上采用的是苏联模式。然而，从那时起，中共领导人越来越相信这种发展模式不会给经济带来足够快的发展；他们认为，如果要把一个落后的国家迅速转变成为世界强国，加快经济发展速度和进行激进试验是必须的"。因此，这两个"令世界震惊"的"戏剧性事件"对于中国的"内外政策及其在苏联集团里的作用"，其意义"超过了自共产党 1949 年执政以来其他任何国内的发展"。

在谈到"大跃进"的起因时，评估报告指出："这项雄心勃勃的计划最根本的是源自中共领导人中一种不断增长的信念，即认为，尽管在某些领域已经迅速有所收益，但现存的经济计划框架还不能达到最佳结果。"其一是解决资金问题。在"缺少苏联信用贷款，以及出口产品和市场受到明显的限制"的情况下，中国"只有通过一项较少依赖进口资源的项目来大幅提高其国内投资"。所以需要"努力大规模地动员农村劳动力扩大农业生产，发展地方工业"。其二是解决人口问题。"计划的制订者也承认，农业生产是一五计划发展最薄弱的一个方面。"在这种情况下，"面对人口增长的趋势和有限的耕地资源，马尔萨斯的灵魂已萦回在计划者的脑际"。所以中国领导人"越来越确信，在能供应更多的化肥和农业机械之前，强化劳动效力是提高农业生产的唯一途径"。于是，"大规模的宣称运动点燃了党员和群众的热情，提出了如'一天等于二十年'等极为乐观的口号"。

从经济发展方式的角度看，评估报告注意到"大跃进"的两个重要特征：一个是"寻求更充分地动员共产党中国广大的不发达的劳动潜力"，"幼儿园儿童拔草；小学生做鞋子；家庭主妇挖水渠，为炼钢炉加燃料；老人养猪，照顾小孩"，充分利用"他们唯一唾手可得的剩余资源"。一个是"更加重视中小型产业的发展"，建立了"数以千计的具有地方特色的后院工业。这些后院工业的最佳代表就是分布于全国各地农田间、校园内、办公院里众多的小型炼钢炉"。而这两个特征的共同之处在于改变了"最初是建立在苏联模式基础上的"经济形式，"中国领导人显然认为，只有通过激进地抛弃苏联的经济发展方式才能解决他们的经济问题"，而"发动并保持这一史无前例的工作狂潮"，正是中共对组织和管理经济活动的"绝招之所在"。这个分析很有眼光，看到"大跃进"和人民公社有可能成为引发中苏之间分歧的因素。对于莫斯科在人民公社问题上所采取的沉默态度，毛泽东一直耿耿于怀，终于在 1959 年的庐山会议上爆发出来，他愤怒地指责赫鲁晓夫不懂马克思主义，对"大跃进"、人民公社是反对的、怀疑的。

对于“大跃进”的结果，中情局认为，“虽然1958年的生产增长远没达到当时北京提出的夸张标准，但是当年的经济产量还是获得了引人注目的成就”，即“国民生产总值创造了20%的增长纪录，其中，工业产量增长了40%，农业产量增长了15%”。问题在于，这些成就“是在付出了相当大的经济和人力成本后获得的”。“其原因在于错误的统计资料和意识形态的压力——在‘政治挂帅’的口号下，不计成本、不顾后果地蛮干。”这场运动过后，在中共党内和社会上流传的一个评价——“得不偿失”，“只算政治账，不算经济账”，说的就是这个意思。

关于人民公社计划的动机，评估报告认为，公社是中共为实施其宏大的经济计划而找到的一种组织形式，“这种组织将打破各农业集体之间的界线，而建立一个强大到能够自行筹集资本并在最大限度内动员可利用的人力资源的单位”。不过，与单纯的生产运动不同，在这里，“意识形态的考虑”也起到了非常重要的作用，其意义甚至超过经济本身。“通过一举实现公社这个基本设想，不仅巩固了社会主义的成果，甚至还引入了某些纯粹共产主义社会的因素。通过给社会革命提供一个新的动力，这也许可以满足意识形态进步性的迫切需要。”中国领导人有理由相信，经过公社化，“中国将伫立在意识形态进步的前沿”。毛泽东确实这样设想过：有了人民公社的经验，再加上“大跃进”的群众路线，过渡到共产主义，“我们可能搞得快一些”。他不无骄傲地指出：“苏联已经搞了41年，再搞12年还没有过渡，落在我们的后头，现在已经发慌了。”

大搞人民公社运动，既有实用的价值，也有理想的成分。中情局就看到了一个中国人当时很少想到的问题，即“所有政治、经济和社会权利集中到一个单独的行政单位，采取军事化手段控制所有人，这使得对每个人的监督和人身控制变得更容易了。公社内部的群众性的民兵组织强化了这些作用”。不过，在最初看到公社现象时，情报官员也有一些过分主观的猜想。他们认为：“公社的共同生活状态正在促使家庭的解体。最终，从幼年起开始管理和控制公民的公社制度会得以不断加强，这有助于实现国家培养‘又红又专’的一代人的目标，最终把中国人塑造成想象中的‘共产主义接班人’。”但无论如何，中情局把公社运动的实质归纳为“乡社合一”是不错的。中共试图把公社建成“中国共产主义社会的基本单元”，把“所有政治、经济和社会权利集中到一个单独的行政单位"。因此，"这是一场大胆的、深刻的社会革命，超过了共产主义以往在共产党中国或其他国家的实践"。

正是考虑到人民公社运动的重大社会意义，评估报告认为中共不会轻易放弃这一计划。针对1958年11月中共中央纠正"浮夸风"、"共产风"的决议和后来的某些改进措施，中情局指出，"这些调整并不意味着公社的终结"，"公社的形式和实践会变得更加标准化和制度化"。"尽管这一计划有很多方面都会有改动，但北京对它评价很高，不想也不能完全放弃这一计划。"的确如此，人们看到，人民公社制度在中国一直存在到1983年。

总而言之，"中共领导人是严肃认真地对待共产主义信条的，在'不断革命'的理论下，强制地向前推进，以确立现代工业经济。如果'大跃进'和公社的改革经过一段时间获得成功，他们就有可能把中国带入欧文式的空想社会，加快共产党中国成为一个重要的世界强国的进程"。不过，评估报告也指出了一个隐患。报告认为，在中共领导人的观点中"也包括强烈的民族主义倾向"，而"这种民族主义成分有利于共产党中国领导人已经确定的前进速度，但是这种中国的民族主义与苏联盟友的需要之间的融合问题可能会变得日益困难"。正如我们在上面已经指出的，"大跃进"和人民公社问题确实是1958～1959年中苏同盟在国内政策方面出现重大分歧的重大表现。

在对于中国经济发展前景的分析中，特别值得重视的是中情局1963年5月的评估报告。1963年是一个重要年份——困难时期已经结束，新的起点刚刚开始，这时的关键问题是国家经济政策的定位。正如报告指出的："对经济最重要的一点可能就是国家经济政策。"中国"有经济持续增长的潜力"，因为"它拥有现代化工业所需的大部分天然资源，还拥有巨大的、勤劳的劳动大军"。所以，"如果管理适当，中国大陆的经济可以在最近几年中一直维持持续增长，虽然其人口会以每年2.5%的速度增长"。然而，报告对这个问题却没有一个明确的结论，而感到"在未来两年内"，中国"国内政策的性质和方向将不那么确定"。原因在于，一方面，中情局看到，"到了1962年年底，国民经济基本上与1957年年底的经济水平持平。在这五年期间，中国人民一直在原地踏步，经历了艰辛、痛苦的岁月"；中国"领导人在1958～1960年的'大跃进'期间尝足了苦头，因此在今后会十分小心，以使他们的名誉不再受损"。所以，在1960～1962年制定了包括允许"私营活动"在内的"适度的经济政策"，而刚刚宣布的第三个五年计划“调整了计划和投资的优先秩序：首先是农业以及支持农业和国防的重工业的有关部门；其次是轻工业；最后是一般的工业。对农业的强调表明将对农业给以更大投资，这是保证人民吃饭问题的必要条件，这优先于更强大的快速增长的重工业”，尽管这是“对标准的共产主义做法的一个重要背离”。但是另一方面，中情局也看到，“目前把经济放在优先位置和以物质刺激来推动生产的做法与北京的教条本质背道而驰，中国那种对‘现代化’的强烈渴望和教条式的共产主义对快速实现工业化的强迫性冲动与持续地将农业放在基础地位是相违背的”。特别是在1963年最初的几个月，政策制定者“开始以加强对经济的集中领导、限制私有活动为目标强化了政治压力和控制。这一行动引起了一系列问题，这些问题可能会在未来几年中更加显现出来，会破坏那些减轻北京早些政策不良后果的路线”。最后的结论是：对于中国领导人来说，“由于此前的经验教训，因此不大可能会发生类似激进的、政治上冒风险的运动了。然而，从长期来看，如果他们追求的目标迟迟不能实现，那么这样的运动还是有可能出现的”。现在看来，这个分析和预测的确非常到位。基于对国内外形势的错误判断，急于求成的毛泽东在1964～1965年调整了国家安全战略和经济发展战略，中国第三个五年计划的经济发展重心便从解决“吃、穿、用”问题转到了加强军备和国防建设。不久，“激进的、政治上冒风险的运动”就在全国展开了。

4. 军事实力与“对外侵略”的可能性

关于军事问题，评估报告首先对中国军事实力的总体发展进行了分析，其中分别谈到陆、海、空三军，以后又加上一个核武器。在这一基础上，报告着重从军事实力的角度讨论了中国武装力量的功能，即中国是否有可能以及在什么地方使用武力，其中重点分析的是台湾和大陆沿海岛屿问题。

朝鲜战争结束以后，中央情报局对中国军事实力的评估基本上是两点：第一，优势在于人力资源充足；第二，劣势在于武器装备落后。评估报告指出：“中共政权拥有的国内控制能力及国际权力地位，主要依赖中共军事组织的潜在能力，这一军事组织目前是亚洲国家之最。”这就是说，中国军事力量的优势在于"潜在兵力的巨量储备"。同时，"中国武装力量的一大弱点是，他们缺少本国的供给设施，而是依靠苏联来获得诸如坦克、飞机、军事运输工具、海军舰船、燃油润滑油、电子器材及备用件等物资"。朝鲜战争以来，在苏联的帮助下，中国迅速提高了军队现代化的水平。但是，直到1960年，中国军队的"车辆、燃油润滑油以及几乎所有复杂军事装备将继续依赖苏联来提供"，其本身"或许只能在轻武器及个人装备上实现自给自足"。

在1950年代中期，中情局认为，中国的陆军是十分强大的："人民解放军的地面力量达到250万人，其中大部分人经历过战争考验而且都受过相当好的训练。"但是，空军和海军还不具备进行总体作战的能力。"中国的空军实力并未在朝鲜得到彻底检验。作战活动几乎完全局限于防空角色，而且中国空军是作为包括苏联部队和朝鲜部队在内的共产党空军的一个组成部分来运转的。在能见度良好条件下中国人有着相当的防空能力，但目前他们在夜间或复杂气象条件下的作战能力十分有限。"至于中国的海军，只能在"大陆近海水域执行有限的水面作战计划，包括突袭、沿海安全巡逻和护航、布雷和扫雷以及近距离水陆两栖突击"。因此，"以美国标准衡量，中国海军只有低水平的整体作战效能。不仅其装备匮乏，而且其使命和利益都从属于陆军和空军"。

到1957年，中情局认为，中国的空军和海军航空兵"共有8.7万人和包括1 870架喷气机在内的2 600架在作战部队中的各类飞机"，已经成为"一支发展得相当不错且具有现代化飞机的空军"。但是，由于中国的雷达系统只能覆盖沿海地区、主要工业及人口中心，因此虽然具有一定的进攻能力，其"防空系统实质上还是'岛屿式'的孤立运作"。由于苏联的援助和旅顺基地及其设备交付中国，海军已经拥有"4艘驱逐舰、13艘潜水艇、229艘巡逻艇(包括118艘摩托鱼雷艇)、25艘扫雷艇、64艘水陆两用船(包括10艘多用登陆艇)和250～300艘小型巡逻艇及武装机帆船"。尽管这支海军"是亚洲最具战斗力的"，并"对沿海岛屿进行水陆的攻击表现得相当熟练"，但仍然只能"进行沿海防卫"。在此阶段，中国的空军和海军，在设备、补给和训练方面，大部分还要依靠苏联。

到了1960年代初，中情局认为，由于苏联的军事援助"急剧下滑"，中国军队"在规模、装备或发展方面并没有什么戏剧性的变化"，就军事思想而言，"维持大规模地面部队的观念仍然主导着中国共产党的军事教条"。1963年5月的评估报告指出，中国“军队的现代化直到1960年以前始终在进行”，但“经济困难以及苏联合作的急剧减少，已经降低了共产党中国军事组织的相对有效性”。“目前，中国甚至连米格-17都可能无法全部由本国生产，想要自己设计并生产更先进的不同种类的军用机还需要很多年”；“在未来几年内，他们所有的海军军舰生产很可能仅仅局限于生产更小类型的海面船只上”。

虽然目前仍然没有看到中方公布的1950～1960年代中国军事实力的具体数字，但是对比《当代中国丛书》系列著作的描述，应该说，中央情报局当时掌握的情况大体是符合实际的。中国的陆军装备改进比较快，1954年仿制成功122毫米榴弹炮和76.2毫米野炮，1959年第一批中型坦克仿制成功。虽是仿制，但说明中国已经可以自行制造大型陆军武器了。到1960年代中期，中国自行设计定型的新式陆军武器品种累计仅70项，其中包括37毫米双管高射炮、野战火箭炮、新型迫击炮等，从而完成了向中国制式装备序列的重大转变，标志着兵器工业的科技开始进入成熟期。

除了飞机的性能优势，空军的作战能力取决于飞行员的技术水平，其中最重要的衡量标准就是飞行员在何种气象条件下可以升空作战。所以，中情局的报告从这一点来判断中国的空战能力是有道理的。所谓气象条件，在各国空军中都毫无例外地分为四种，即昼间简单和复杂气象、夜间简单和复杂气象，在这四种气象条件下都可以起飞作战的称为“全天候”飞行员。1953年底，中国的歼击航空兵部队只有不到3%的飞行员完成了昼间复杂气象的大队战斗课目，7%的飞行员完成了夜间简单气象的战斗课目。就是到了1957年底，中国空军部队也只有44%的飞行员完成了夜间简单气象和昼夜间复杂气象的训练，其中达到“全天候”飞行的约占三分之一。至于空军装备，从1962年开始，中国陆续以仿制苏联的教练机、强击机、歼击机装备空军。1960年代中期开始自行设计和制造飞机。直到1970年代中期，中国的飞机、地空导弹等武器装备才基本上实现了国产化。

在陆海空三大兵种当中，海军技术是最复杂的。在1950年代初，中国只能自行制造小型巡逻艇。到1950年代中后期，直接依靠苏联转让技术制造的各类舰艇开始装备部队，共116艘，4.3万吨，包括鱼雷艇、潜艇、扫雷艇、猎潜艇、护卫舰。1960年代初，中苏关系恶化后，中国海军建设开始从“转让制造”向“仿制改进”过渡。1965年底，海军武器装备仿制能力已有明显提高，在当时仿制的7种型号舰艇的100多项主要材料和设备中，已经仿制成功、准备定型生产的占66%。1974年8月中国自行制造的第一艘核潜艇编入海军战斗序列，标志着中国海军的新飞跃。

在对中国的军事实力进行评估时，中央情报局特别关注核武器研制能力的问题。早在1956年初评估报告就开始讨论中国的核能力问题——“我们没有证据证明共产党中国拥有任何核武器，它所拥有的只是原始的核研究能力。但是，如果苏联提供必要的设备和技术人员，中国共产党人可在短时间内获得使用核武器的能力。”苏联提供给中国的核反应堆、处理放射性物质的实验室和回旋加速器，以及对原子能科学家的培训，可以使中共在1960年制定出“一个小规模核研究计划”。1957年3月，即苏联向中国提供核援助的《国防新技术协定》签字前半年，中情局认为，在今后几年内，“中国仍不大可能有能力独立担负起一个原子能项目”。但是，“如果苏联提供必需的设备和技术人员，中共则可能在短期内获得使用核武器的能力”。

显然，美国当时没有获得中苏在1957年10月15日签订《国防新技术协定》的消息及其内容，那时苏联已经同意向中国提供核武器的技术和设备援助。而1958年5月的评估报告断定，直到1962年，“几乎可以肯定共产党中国没有自己发展导弹或是核武器的生产能力”。不过，报告认为，在中国的压力下，苏联可能会在中国部署核武器，而把控制权留在自己手中。同时，“只要中苏的利益需要”，核武器“就可以被迅速利用上”。美国人的一个基本出发点是：“苏联不愿意看到共产党中国得到他们自己能控制的核武器”，因此“不可能将核武器转交给中国共产党人控制”。即使在中国出现了核武器，“几乎可以确定的是，它们将处在苏联的监管之下”。1959年初中情局判断，苏联可能向中国提供或帮助中国生产各种导弹，但是几乎可以肯定，到1963年中国也“不会具备自己生产核武器的能力”。这里反映出两个问题：(1)中情局对中苏关于核武器技术谈判的过程和结果一无所知；(2)中情局想到苏联不会直接向中国提供核武器，但没有想到赫鲁晓夫会答应向中国提供核技术和设备，并帮助中国制造核武器。

到1960年底，中情局的结论发生了根本变化。很可能是建立在高空技术侦察结果的基础上，这时的情报评估承认，过去，“在有关共产党中国核计划方面的一些证据同我们有关苏联援助的实质和程度方面的信息一样，是残缺不全的”。“我们曾经认为，苏联人在核领域对中国援助的步子可谓谨小慎微，试图将中国在这方面的急躁和不满情绪控制在一定程度。”但是，“最近的证据有力地证明，苏联过去一直在有关核武器制造方面给予中国共产党的技术援助比我们原先想象得要多”，“而且在这几年中一直还在增加”。具体地说，“我们相信一个具有几百吨铀金属装备的设备每年都在运作，而且一直留在中国。中国共产党可能已经开始了将铀放入实际操作的工作，因此我们认为他们目前正在建造钚生产的反应堆。虽然并没有确凿的证据，但有明显迹象表明他们可能同时也在建造一座 U－235 气体扩散设备”。根据这些情报，中情局认为，中国“最早引爆核试验应该在 1963 年，不过也可能会推迟到 1964 年或提早到 1962 年，这主要得看苏联实际上对中国的援助情况”。因此，“考虑到苏联在材料、设计以及装备等方面的直接援助，中国可以在不久将来的任何时候生产出第一枚核武器”。接下来便谈到运载工具。报告认为，“考虑到经济上的限制以及地理的现实条件”，中国“一开始可能会依赖飞机作为运输工具”。至于能够携带核弹头的中程导弹，目前“计划还处于早期研发阶段”。中国“会尽可能快地继续发展弹道导弹计划，可能会首先集中于射程为 200～500 海里的导弹上，这样的导弹能够运送分体式弹头”，其范围可以到达日本、台湾、冲绳岛、韩国、南越以及东南亚其他一些国家、地区，“如果是在西藏发射，那么它可以覆盖印度北部的主要城市”。不过，“我们并不认为他们自己在 1970 年以前能够生产出 6 500 海里射程的导弹，从而有能力来对付美国”。无论如何，既然中国“几乎毫无疑问地认为只有拥有了生产核武器的能力才可以称得上是一个世界强国”，因此他们将会“尽快地推动其核武器计划”，甚至可能会在苏联的帮助下，启动发射地球卫星的计划。至于核计划与对外政策的关系，中情局认为，在成为核大国之前，中国“会试图阻止达成任何裁军协议”，而“一旦共产党中国引爆核装置，特别是当他们拥有了制造核武器的能力后，其外交政策将变得更加好战和军事化”。一年以后，中情局估计：“到 1971 年为止，中国共产党可能拥有中等程度的国产核武器储备。他们将生产短程甚至中程导弹，也可能具备潜艇发射导弹的能力。也不排除他们能够生产载有热核弹头的洲际弹道导弹的可能。”1963 年 5 月的评估报告指出，中国“可能希望在更短的时间内生产并引爆核装置，以此作为发展这种能力的一步，并期待这将会鼓舞士气，强化政府在世界强国中的地位，同时威慑其亚洲邻国”。

从目前已经掌握的资料看，中央情报局1960年以后对中国核武器研制进程的推断，大体是正确的。实际情况是，1955年4月中苏两国政府签订了关于苏联援助中国发展原子核物理研究与和平利用原子能的协定，协定规定由苏联帮助中国建造一座功率为7 000千瓦的研究性重水反应堆和一台2兆电子伏特的回旋加速器。在苏联专家协助下，1958年6月完成项目建设。1957年10月苏联援助中国核武器研制的《国防新技术协定》签字以后，中国的核研制工作迅速推进。1958年5月在湖南、江西的三个铀矿和一个铀水冶炼厂开工建设，1960年建成。1958年下半年兰州铀浓缩厂开工，1960年4月二机部把铀-235生产线列为重点工程。1962年8月以后，二机部报告，争取在1964年，最迟在1965年进行第一次原子弹爆炸试验。1964年初取得高浓铀。10月16日第一次核试验成功，1967年6月成功地爆炸了第一颗氢弹。不过，对于中国导弹研制计划的估计，就差了一些。实际情况是：1964年6月，中近程地对地导弹试验成功。1966年10月，装有核弹头的中近程导弹发射试验成功，这比中情局的估计提前了五至六年。不过，中国的第一颗洲际导弹直到1980年5月才发射成功。这个拖延，主要是受了“文化大革命”动乱的影响。

通过对军事实力的分析，中央情报局认定中国具备对周边国家和台湾地区采取武力行动的能力。不过，中国是否会真正利用军事手段解决与这些地区和国家的矛盾，评估报告在不同时期做出了略有不同的判断，同时也对中国在不同地区，特别是在台湾海峡地区，采取武力行动的条件进行了分析。

在1956年1月的报告中，中情局认为，“共产党人在台湾海峡、越南、老挝甚至朝鲜发起战争的可能性仍将存在”，其条件是，“如果共产党人对北朝鲜或北越的控制受到严重威胁，北京几乎肯定会以武力做出反应。若国民党人对大陆的攻击水平有任何显著提升，北京几乎肯定会加以报复”。关于在台湾海峡可能出现危机的条件，除了台湾方面的举动，评估报告还特别指出，“中共对近海岛屿和台湾的行动方针将主要由他们对美国反应的估计来决定”，“只要美国维持其对国民党人的承诺，他们也许并不打算进攻台湾”。中情局认为：“自1955年4月万隆会议以来，中国共产党人已经试着通过外交途径而不是诉诸军事行动，来推进他们对国民党人控制的领土的主张。”这里指的是中美之间在华沙进行的大使级会谈。但是，一旦他们感到没有希望通过和谈取得沿海岛屿，“几乎肯定会试探性地”采取军事行动。当他们“确信美国不会用自己的部队来协助保卫这些岛屿或在别处以武力做出反应”时，“就会试图夺取它们”。而且，“在不招致美国军事报复的情形下成功占领国民党人控制的近海岛屿”后，中共军队“夺取台湾的活动就会有所加剧”。这个分析还是比较接近后来的实际情况的。

1957 年 3 月的报告显得更加乐观一些：对于周边国家，报告说，“如果北越或北朝鲜的共产主义政权遭受外部攻击，中共几乎肯定会给这些国家的共产主义政权提供物质支持，而且如果需要，他们会答应派遣‘志愿’部队来避免这些国家战败。然而，中国共产党人可能会通过努力限制冲突地区来实现停火”。对于台湾，“中共政府可能将设法避免采取在其看来会激起美国武力干涉的行动。但并不排除中共会对近海岛屿采取军事行动，或试图从小一些的岛屿中夺取一个，借以试探美国的意图并增加对美国的外部压力来迫使国民党力量从这些岛屿撤出”。1958 年 5 月 13 日的报告更明确地预测：“只要中国认为可能陷入与美国的军事冲突，他们就不会采取公然的军事侵略。尽管他们对近海岛屿变得更具有侵略性，但是，只有估计美国不会进行军事干涉，他们才会做出以军事行动夺取这些岛屿的决定。”然而，实际结果是，三个月后毛泽东就下达了炮击金门的命令，并由此引发了第二次台海危机。当时毛泽东确实考虑了美国干预的可能性，不过他巧妙地利用了中苏同盟以及苏联的核威慑，以达到自己的目的，这大概是中情局始料不及的。

至于这次台海危机产生的原因，美国情报官员认为：“没有有力的证据说明中国 1958 年进行的国内外冒险彼此之间存在着精心设计的联系。”“北京很可能预计到，激化台海危机有利于动员人民响应‘大跃进’和人民公社运动。但是，我们不相信中国对国内问题的考虑是这一年中国对外政策之所以极具侵略性的首要动机。”毛泽东为什么会在“大跃进”如火如荼展开和人民公社运动发起前夕下令炮击金门？这两者之间到底有什么联系？这个问题一直是目前冷战史学界讨论的热点之一，中情局半个世纪前的看法，值得研究者注意。1959 年 2 月的情报评估指出：这次“好斗”行为的“基本原因看起来是其自信与焦虑的混合”。一方面，中国相信社会主义阵营的力量已经超过资本主义阵营，特别是受到“苏联人因为在科学和武器技术方面的进步而十分狂喜”的刺激，因而“急切地想要加速世界革命的进程”；另一方面，面对蒋介石仍然控制着台湾和沿海岛屿、美国继续在远东扩大其影响以及“两个中国”的观点在国际舞台上有所蔓延的情况，中共感到十分焦虑。这就是“北京引发台海危机的主要原因”。这个分析不无道理。

1959年7月的报告虽然认为“将会有不断的证据显示中国共产党人的好战特点，显示他们想以大国身份得到承认而出现的急躁心态”，也不排除中国在其亚洲地位受到威胁时使用武力做出反应，但是又强调中国采取非军事手段的可能性，由于“要求加入联合国所受到的压力以及来自世界范围内其他国际组织的压力也将增加”，“中国共产党人或许主要会通过政治和颠覆性手段来达到他们的目标”，包括继续采取“贸易和援助”的手段。至于台湾海峡，报告则预测，“几乎可以确定，中国共产党人将不会让台湾海峡的局势永久地保持平静”。虽然不会进攻主要岛屿，但“大概会继续对该地区保持零星的军事压力，如偶尔的海军或空军演习。随着时间的发展，他们将采取一些手段在台湾海峡试探美国的意图。他们随时都有可能袭击由国民党人控制的一个或更多的较小的岛屿”。显然，对于三个月后出现的中印边界冲突的可能性，中央情报局是估计不足的，而对于台湾海峡，又过高估计了中共的反应手段——直到毛泽东去世，台湾海峡再也没有发生引起世界注意的军事冲突。其中一个主要原因，恐怕就是中国已经失去了苏联这个强大的后盾和依托，而这又是美国人当时没有估计到的。

总体说来，中央情报局对于中国军事实力的评估是比较接近事实的，而在中国何时、为何以及怎样使用武力方式的问题上，美国人似乎始终没有摸到毛泽东的脉搏。

5. 从反帝到反帝反修的外交政策

朝鲜战争结束以后不久，美国情报部门对中国外交方针的总体判断是，中国将作为社会主义阵营的主要成员发挥作用。“部分出于对其长远目标的追求，部分出于对苏联政策的响应，北京已经在推进国际共产党人的亚洲政策中担当起领导角色”；“共同的意识形态和中苏联盟以及对苏联的依赖，导致中国把某些自身利益置于更大的集团利益之下”。在中情局眼里，此时的中国外交似乎更多的是革命性，而缺少灵活性。这显然是因为中国在朝鲜战争中的表现给美国人留下了深刻印象。但是没过多久，中情局就敏锐地看到，日内瓦会议使中国“影响亚洲事态发展的实力和能力在朝鲜和印度支那得到了展示”，“通过在万隆的娴熟外交，通过与美国建立大使级接触，中共政权的形象在亚洲国家中得以提高”。与此同时，“在自由世界里面已出现强大压力，要求减少对与共产党中国进行贸易的管制，并允许共产党中国加入联合国”。因此，评估报告断定，中国“北京将继续奉行强调政治行动而不是军事行动的政策，只要这一办法可以服务于其目标”；在集团整体利益的范围内，中国“将努力使他们处理国际问题的方式具有和解和灵活的特征”。报告还预测：“如果共产党中国遵循政治行动而不是军事行动的方针，到 1960 年，多数非共产党国家可能已经承认北京并与之建立起正常的经济关系，而且，它可能已作为亚洲主要大国被接纳到国际社会。在这种局势下，它在中苏集团内的地位将得以提升，中国共产党人可能在他们与苏联的关系中拥有更大的灵活度。”这确实是一幅美好的图景，也是情报分析官员按照常理的推断，可惜情况很快就发生了变化。

1958 年 5 月的评估报告敏锐地察觉到：“在继续强调和平共处、发展与其他国家经济和政治关系的同时，中国的外交政策会表现出更多的主动性和过分的自信。在基本问题上，中国会采取不妥协的立场，在继续做出愿意与美国达成和解的姿态的同时，在整个远东继续从事颠覆性的活动。”不过，在“目前对苏联集团和西方的政策总体说来持续下去”的前提下，“共产党中国将大大增强与自由世界的交流。这种趋势很可能引起许多国家在外交上更多地承认北京”。实际情况是，1957 年 11 月莫斯科会议以后，毛泽东对国际形势做出了过于乐观的判断，认为“东风已经压倒西风”，因此提出对资本主义阵营应该采取更加强硬的进攻政策。结果，随着对美国的方针从“和平共处”转变为“绞索政策”，中国在对外政策方面开始出现了与莫斯科之间的分歧。于是，被中情局作为预测中国外交方针前提的两个方面都发生了变化。

1960 年 12 月的评估报告对中国外交政策的转向做出了更加明确，也更加全面的分析。根据公开的报刊言论，中情局认为：“自从 1957 年底苏联的人造卫星上天后，中国坚信苏联的武器发展已经使其集团可以与世界军事强国保持均等地位。他们似乎还坚信，该集团在世界很多地区的政治影响力已经超过了西方国家，而且几年内在经济领域也会超过西方国家”；“他们对整个世界发展的解释看上去似乎有一个强烈的教条主义观念和以中国为中心的偏见，这导致了北京对共产主义的前景在总体上，特别是在共产党中国方面过于乐观”。中国人因此得出的结论是：社会主义阵营“必须对西方，尤其是主要敌人美国施加持续不懈的压力，整个国际局势正在成熟，共产主义政策需要继续努力，采取大胆的、军事的措施，甚至即使冒险挑起战争也在所不辞”。作为“对外政策的基本策略”，共产党中国“将继续采取反美的强硬态度”，并“将继续在亚洲、非洲和拉丁美洲制造麻烦和混乱，破坏反共力量，还可能破坏那些地区的非共产主义政府”。不过，中情局也清楚地看到，在中国的对外宣传和实际行动之间存在着“明显的矛盾”。“虽然说话口气表现出骄傲和强硬，但是北京在过去一年的实际行动上还是遵循着低风险的政策”，“除非他们有苏联的支持，否则可能会继续执行他们认为不会引起与西方之间发生战争的高风险的政策”。这说明，中国的外交政策“既不是失去理智的，也不是没有弹性的”。尽管有这样的分析，并认为除台湾海峡外，中国近期不会“在亚洲非共产主义地区采取军事行动”，但是，考虑到美国应该采取的对策，中情局最后还是“担心北京那种骄傲的自信心和革命偏好会增加中国给亚洲地区带来的危险”。这个评估报告的分析和预测非常到位。在整个1960年代，中国对外政策的调门甚高，一直高举反帝（后来又加上反修）的革命大旗，到处鼓吹世界革命，但是却从来没有采取可能引起与美国或西方发生军事冲突的实际行动。这当然并不证明中国领导人放弃了共产主义的远大目标和宏伟理想，而只是反映出毛泽东的战略和策略思考——所有的宣传都是在争取扩大革命力量，在没有把握对敌占据绝对优势的情况下，孤军奋战是没有任何意义的。

除了分析中国外交政策的总体方针和基本走向，中央情报局也经常讨论中国对各个国家和地区的具体政策。讨论比较多的有以下一些国家和地区，其基本结论在前述不同的评估时期大体是一致的。

美国：“共产党中国的领导人将美国看成是邪恶的标志”；“北京对外政策中最紧张的因素是对美国持续的敌对态度”，同时又“避免采取在他们看来可能会引起美国武力干涉的行动方针”。

日本：中国对日政策的基本方针包括：“在短期内通过利用美日政策分歧来削弱日本与美国的联系”；“通过贸易与文化使团来增加与日本的半官方接触”；“支持日本共产党避免采取暴力行为”；“加紧运动来实现关系正常化”。

印度：中国“把印度视为争夺亚洲领导权的竞争对手”，“最终寻求的是要取代印度在亚洲的影响”;“为促进印度在整个亚洲和中东地区保持中立而努力”;“边界纠纷在短期内不大会得到解决”,中印“在亚洲的敌对态度可能会增强”。

朝鲜：中国在朝鲜的政策目标是“期望促成联合国军从朝鲜撤走、美国在朝鲜的影响减弱,并最终颠覆南朝鲜”;“作为对美国施压促其撤军的手段”,“将敦促就统一和‘缓和紧张局势’进行新的谈判”;“为此目的,或许会有更多的中共军队撤离”朝鲜。

越南：中国“将继续支持越南共产主义分子将共产主义影响扩展到南越”;中国“不会鼓励北越发动对吴庭艳的公开战争,但可能会怂恿河内发起游击运动”;“如果美国或者东南亚条约组织在印度支那地区有军事干预,那么中国也可能会支持北越部队的行动,或者派遣中国‘志愿’部队”。

东南亚非共产党国家：中国“将施压与劝诱并举,以鼓励中立分子情绪、削弱与西方的联系、刺激对自由政府的颠覆活动”。

非洲：在非洲独立运动兴起以后,“北京相当重视非洲地区”,其“外交努力已经获得了很大成功”,并期望通过贸易、援助和文化交流进一步得到非洲在外交上的支持。

在包括美国在内的所有国家中,中央情报局最重视的是中国与苏联的关系,讨论最多的也是中苏关系。毫无疑问,苏联和中国是整个冷战时期美国最主要的两个对手,也是敌对的社会主义阵营中的核心力量。所以,中苏关系如何,对美国安全战略及相关外交政策的制定有着至关重要的影响。中情局一系列有关评估报告的中心和主线就是分析、判断和预测中苏关系的现状、性质及未来走向。

基于中苏同盟在朝鲜战争中的作用,1954 年 6 月的评估报告认为:“本评估期内中国对苏联的依赖不会大幅度减少,维持与苏联的联盟仍将是中国外交的主要方面。”报告特别讨论了苏联影响和控制中国政策的方式问题,认为:“主要凭借着它们共同的意识形态及中国对苏联的经济和军事依赖,苏联有能力对中国的政策施加影响。”至于当时在中国大量存在的苏联顾问,报告指出:“苏联显然尊重其中国盟友。苏联顾问几乎肯定与中国党政最高领导阶层有着联系,但我们认为这些苏联官员并不直接发布命令。”这个分析和判断完全正确,至少在苏共二十大召开之前,情况就是这样。

日内瓦会议以后，中苏共同采取了“和平共处”的外交方针，但此后不久发生的第一次台海危机似乎反映出中国对外政策偏离了共同的轨道。中央情报局对此十分重视，开始研究中苏可能出现的分歧及其根源。在1956年1月5日的评估报告中，中情局认为，中国在台湾问题上的强硬立场“也许已经引起了苏联领导层的忧虑”，但这“并不是中苏摩擦的重要根源”。报告指出中苏之间潜在的分歧和利益冲突主要有三个方面，而分析的结果又都否定了其现实意义：第一，两国之间存在一条“长达1 400英里”且引起过“传统上的领土争端”的共同边界线，中国可能对苏联在新疆和东北的影响感到担忧。不过，“苏联从大连和旅顺港的撤离表明，苏联领导层已采取步骤来减轻中共对边境地区的敏感程度”。第二，“中国幅员辽阔，地处遥远”，且中共“主要是通过自身努力”获取政权的，所以，“从一开始，中共政权就避免了卫星国地位”。而且，中国“在朝鲜战争的作用使得它在与苏联打交道时有了额外的讨价还价实力”，因此，“也许会独立于苏联之外，对亚洲人的观点施加更多的影响”。不过，斯大林以后的苏联领导人似乎认可了中国“在集团内的地位”的进一步提升：“赫鲁晓夫和布尔加宁对北京进行史无前例的访问”，马林科夫公开承认由于新中国的出现创造了“亚洲新局面”，莫洛托夫则提到社会主义阵营是“由苏联——或者更确切地说——由苏联和中华人民共和国领导的”。第三，中国“几乎肯定已催促苏联提供比苏联所愿意答应的大得多的援助”，因此在对中国工业化提供援助的问题上，“可能已经出现了分歧”。不过，“北京在武器、工业资源和技术援助等方面对苏联的依赖会让它继续在重大国际政策问题上重视苏联的观点”。结论是：“在未来的相当长时间里，优势互补、共同敌人的存在及单一意识形态几乎肯定将压倒各种更小意义的考虑，从而维持紧密的中苏关系，这一关系可能继续不为外界的操控所影响。”“至少到1960年，北京几乎肯定会恪守这一同盟。”

1956年发生了两件影响到中苏关系的大事——苏共二十大和波匈事件。尽管赫鲁晓夫对斯大林的公开批判引起中共的不满，但是一方面双方的基本方针和路线是一致的，中共承认苏共二十大对国际共产主义运动发挥了积极作用；另一方面中国的公开表态和言论有利于苏联党内、国内乃至社会主义阵营内部情绪的稳定，赫鲁晓夫对此十分感激。虽然中苏最初对于波兰危机的处理有不同意见，但问题最后基本按照中共的主张得到了解决。而在匈牙利事件的处理中，中苏双方能够及时沟通情况，协商对策，最后化解了危机。受苏联之邀参与处理东欧危机，说明中共在社会主义阵营中的地位和影响已经有了极大提高。中情局敏锐地观察到中国在苏共二十大以后和波匈事件中的表现与苏联之间的差别，特别是中共在社会主义国家中影响的扩大。1957 年 3 月的评估报告指出，“北京方面谨慎地指出斯大林的‘优点’和‘弱点’，中国对苏联对斯大林的批评的最初反应是旁观和不介入”。而在苏联和其卫星国之间的关系上，“中共可能倾向于采取一种更为灵活的处理方法”，因为中国始终“没有加入苏联对波兰媒体的批评，并有一些证据表明中国和苏联在波兰问题上有差异”。报告认为，“中共声明的权威口吻以及苏共明显感觉到需要中国在东欧事务上给与支持，给共产主义世界留下了很深的印象，这进一步减弱了关于莫斯科是共产主义意识形态指导的唯一权威解释者的观念。中共的行动表明，为了社会主义集团的团结，需要在民族主义方面做些让步”。与此同时，评估报告还注意到：“中国支持苏联对匈牙利动用武力，并坚持说所有共产主义国家首要职责就是忠诚于苏联领导下的国际无产阶级团结。”其结论是：“在评估的这段时期，中共政权可能进一步增强其在共产主义集团内的影响力，并在可以影响集团整体的重大事件上起到更重要的作用。但是，中国仍将依靠苏联和社会主义集团为其提供主要的进口资源、资助及对其军事和经济计划有重要作用的技术援助。另外，中国几乎肯定要继续依赖苏联的军事担保来防御他们所认为的美国进攻威胁。尽管莫斯科和北京之间可能会发生一些利益矛盾和争执，双方都不大可能允许这类的矛盾削弱中苏团结。”

1957 年 11 月的莫斯科会议可以说是中苏合作的经典之作，说明中苏同盟关系已经达到了顶峰，但同时也隐含着中苏之间在对国际形势的判断以及制定相应的政策方面出现的分歧。所以，在会议过后不到一年的时间，中苏分歧便显露出来——炮击金门事件反映出双方在对外政策上的分歧，而“大跃进”和人民公社运动反映出双方在对内政策上的分歧。然而在这里，中央情报局的感觉就显得十分迟钝了。或许是收集的情报有限，或许是受到莫斯科会议宏大气势的过分影响，评估报告只看到中国的作用继续加强，却丝毫没有察觉到中苏之间已经隐含的分歧。报告认为：“中国几乎肯定将保持与苏联的牢固结盟。北京将继续承认莫斯科作为共产主义世界的领袖，而一旦共产党中国在实力和地位上成长起来，在社会主义集团总的政策形成方面，中国很可能起到日益加强的重要作用。将来肯定会有些摩擦，但不太可能损害我们所评估的这一时期的中苏合作。”到1959年，中情局虽然看到了已经明显表露出来的中苏分歧，但其结论并没有任何变化：“尽管‘大跃进’和人民公社的计划在中苏关系间引起一些新的摩擦，但这些不和不可能威胁到针对西方世界的中苏之间的团结。”“几乎可以确定的是，在我们评估的这个时间段，中苏同盟将会保持紧密合作，共同对抗西方国家。”虽然认识到中国地位的提高将会导致中苏利益的调和“越来越困难”，并引起莫斯科的忧虑，但是“双方无疑都承认，他们之间的问题在于联盟本身的必然结果，他们没有选择的余地而必须维持现状”。所以，中情局十分肯定地判断：“这些分歧的主要后果是不断要求这两个国家在制定政策时相互为对方留有余地，而不是削弱联盟本身。”

1960年6月中苏两党在世界工联北京会议和布加勒斯特会议上的严重争吵，以及一个月后赫鲁晓夫提出撤退全部在华苏联专家的惊人举动，不仅使得中苏分歧公开化，而且大大伤害了双方的感情和脸面。然而，1960年9月8日的评估报告竟然还认为，至少在五年之内，“中苏关系中的内聚力会比离心力更为强大”。尽管面对中苏分歧日益加重的明显事实，报告承认“无法对这些根本性的利益矛盾将如何影响中苏关系做出评估”，但仍坚持认为中苏“任何一方都不想把矛盾推向会给两国关系造成无法弥补后果的程度”。

直到1960年底，中情局才看到并且指出中苏分歧的广泛性和严重性：“一系列基本问题都在争论之列。首先，是来自北京对苏联在国际共产主义统治地位的挑战。另外还有对集团政策性质看法的尖锐对立，这是俄国民族骄傲与中国民族骄傲的冲突，是毛个人威望和赫鲁晓夫个人威望的冲突。总之，冲突到了如此激烈的程度，而且将一些基本问题都卷入了进来，以致造成了双方严重的不和。”中情局还认为：“北京和莫斯科之间的分歧是非常基础性的，而且很大程度上是两国间不同国情的产物，因此很难找到一个满意的办法解决那些基本性的分歧。”因此，评估报告预测：“随着一些问题的起起落落，他们之间的不和仍会延续。即使中苏之间达成了一些表面上的融合，由于目前的争端而引起的不快和怀疑仍会继续给中苏关系蒙上一层阴影。双方都不会再像以前那样信任对方，政策的和谐也会变得更加困难。双方关系迟早会——虽然不一定会在将来的五年内发生——再次发生问题，而那是将会导致中苏关系之间更加严重的危机。”尽管如此，由于认定中苏“双方一致反对西方世界的立场不会改变”，“双方都敏锐地注意到双方之间的裂痕如果继续扩大，将会影响到各自的国家利益和国际共产主义的某些共同利益”，报告指出，中苏双方都不会允许同盟“出现公开的、正式的裂痕”，“对共产主义的共同责任，尤其是对反共世界的共同仇恨，使它们能够在反对西方的行动上协调一致，特别是在受到严重挑战的时候”。

到1963年，中苏关系经历了一个短暂的调和期之后，再次出现激烈争吵和尖锐对立的局面。7月6～20日在莫斯科举行的会谈是赫鲁晓夫在位期间中苏两党的最后一次高层接触，其结果导致了中苏同盟关系的最终破裂，并拉开了震动世界的政治大论战的序幕。中央情报局在1963年5月1日提出的评估报告，对此做出了比较准确地判断和预测。报告认为，“北京同莫斯科的争端源于无法调和的国家和政党利益这一基本问题，而且中国共产党没有表现出任何妥协的迹象。公开辩论有时可能会熄火，但我们不认为会发生基本的和解”；“虽然两党都非常希望避免承担造成世界共产主义运动分裂的责任，从而分裂的机会正在减少，但正式的分裂随时可能发生”。两个月以后举行的莫斯科会谈的结果证明了这个预言。美国情报官员还有一个假设很有意思：考虑到“中苏两党一直耐心地努力避免正式破裂”，并“都继续鼓吹共产主义运动的团结”，报告指出，“可能双方都希望最终，或许是换了主要领导层后，新的领导人会有更多的理由来维持必要的合作以保持团结”。既然说到“双方关系进一步疏远一定会使赫鲁晓夫在苏联共产党面前更尴尬，而且也会导致继承人的争夺更加激烈”，那么更换领导人的说法似乎成了一年多以后赫鲁晓夫在克里姆林宫政变中被赶下台的另一个颇有预见的暗示。不过，美国人并不希望看到这种情况。因为“中国人更好战、更过分自信”，中情局“当然不希望在接下来两年——或者，可能是永远，世界共产主义运动的支点将转移到北京”。总之，这时中情局的论断是合乎事实的：“目前的中苏关系的特征可以说是一种事实上的破裂。”

这里有一个很重要的问题需要讨论：中苏之间可能，甚至一定会出现分歧，这是不难预见的，中苏之间已经出现了分歧，这也是很容易看到的。但是，这种分歧是否会导致同盟关系的破裂，则是一个需要推理和判断的问题。那么，在中苏分歧出现后的很长一段时间里（大约五年），中央情报局为什么始终没有预见到甚至不愿相信中苏同盟会走向破裂呢？

从逻辑上讲，出现分歧是任何同盟关系中普遍存在和难以避免的现象，但分歧并不一定会导致同盟破裂。在西方资本主义阵营各国之间也存在着分歧和矛盾，有时甚至也会发生激烈的冲突。但是，西方的同盟始终没有破裂。用一般的国际关系准则完全可以解释这一现象：维系他们之间相互关系的原则和标准是国家利益，而在冷战时代，这种国家利益的最终体现就是保证在与共产主义世界对抗中西方国家的整体安全。为了这个根本的利益，每个国家都可以、也愿意在某时某地放弃眼前利益和个别利益，就是说在需要的时候，他们可以通过相互之间的妥协来保证同盟的继续存在。因此，仅仅存在分歧和矛盾并不意味着同盟必然破裂，而只是预示了一种可能性。如果双方达成妥协，消除分歧，缓解矛盾，那么破裂是不会发生的。

中央情报局在1963年以前的多次判断正是出于这种逻辑思考。在他们看来，中苏之间存在着共同的意识形态——他们都信仰马克思列宁主义，共同的奋斗目标——他们都要走向共产主义社会，共同的安全利益——他们都以美国和西方世界为主要敌人，而他们之间分歧只是在方法、步骤以及所承担的风险等问题上。所以，尽管中苏分歧还会长期存在，甚至有所发展，但是在他们共同的根本信念和根本利益受到威胁时，双方都会调整各自的政策以适应巩固同盟的需要，共同"消除那些会给双方关系造成永久性破坏的趋势"。因为这种同盟的存在，不仅"极大地增强了整个社会主义阵营的军事力量"，而且"提高了中苏各自在国际事务中的地位"。此外，就双方的实力而言，虽然中国的力量和影响日益增长，但由于"在军事和经济上将继续依赖苏联"，"特别是在维持现有军备水平以及未来军事现代化的发展等方面，苏方的作用举足轻重"。因此，中国人"也许会感到，事实上，除了维持与苏联的同盟，他们别无选择"。看起来，美国的情报分析是非常理性的。

然而，这种合乎常理的推断却与中苏关系演变的历史事实相距甚远。个中原因当然是多方面的，如美国当时的情报来源有限，东西方文化背景存在较大差异，以及对毛泽东、赫鲁晓夫等社会主义国家领导人个性缺乏必要的了解等等。不过，最重要的原因应该是分析方法的错位。中情局忽略的是，在社会主义国家外交决策的依据中蕴涵着许多从西方观点看来是非理性的因素，而其决策程序在当时也绝非谙练西方外交决策原则的情报分析人员所能理解和掌握的。因此，按照西方资本主义世界通行的一般国家关系准则和理念来分析并推断东方社会主义阵营的国家关系，显然是行不通的。这是我们在阅读美国国家情报评估报告时应该注意的一个重要问题。

此外，2007年以来美国中央情报局又陆续解密了一批共71件冷战期间对华情报评估档案，数量虽不是很多，但是涵盖内容广泛，涉及1950年代后期到1970年代初期中国的内政外交，以及中国共产党与部分其他国家共产党的党际关系。

其中，中情局对这段时期中国内政方面的评估涉及以下内容：人民公社运动、毛泽东个人对国家建设与社会主义的认识、中共党内斗争和“文化大革命”。中情局对此段时期中国外交方面的评估涉及以下内容：中苏关系，包括中苏两党的论战和分裂，中苏对国际共产主义运动领导权的争夺等；中国与周边国家的关系，包括中国与南亚国家特别是印度的关系，中国与东南亚国家，特别是柬埔寨、缅甸和越南的关系。有关中共党际关系的内容，除苏共外，还涉及中共与日本共产党、缅甸共产党、印度共产党以及东欧共产党的关系。

考虑到这些内容在本书有关部分皆有所涉及，加上其篇幅又较大，故不得不忍痛割爱。关于这一点，还望读者诸君予以理解、谅解。

二、无所作为：美国情报工作在中国内战中的失落

华东师范大学　杨奎松

如果不看美国中央情报局的相关档案和历史，大概今天的中国人很少有人会相信，在好莱坞电影中神勇无比，几乎无处不在的美国情报机关，在战后中国很长一段时间里会无所作为。这里面的原因的确非常复杂。杜鲁门总统1945年底派遣马歇尔来华调处国共冲突和此前公开亲蒋的赫尔利大使几个月后高调辞职，已经清楚地显示了美国政府战后对蒋介石政府的态度发生了某种改变。一年后马歇尔调处失败，回国竟荣任国务卿一职。马转而以大手笔导演了欧洲复兴计划，却将一心指望美国援助的蒋介石冷落在一旁，甚至让亲赴美国游说的宋美龄碰了一鼻子灰，这更加印证了美国对国民党不满的程度。美国新任驻华大使司徒雷登在国共内战关键时刻一再频繁接触中间派头面人物，密谋找到可以替代蒋介石的第三种势力，尤其能够说明美国政府对解决中国问题有着怎样的考虑。等到国民党大势已去之际，美国政府单方面公布对华政策白皮书，把丢掉中国大陆的责任一股脑儿地推到蒋介石政府的头上，最明白不过地为战后美国对华政策的这种选择做出了说明。美国政府如此态度之下，其对华情报工作不受重视，乃至于无所作为，理当也是一种正常现象。当然，情报工作毕竟不完全跟随于政府的现实政策，美国这一时期对华情报工作的无力与不足，也还有其他一些复杂的原因。

1. 战后美国对外情报工作的停滞

1945年4月12日，在距离第二次世界大战只剩下四个月时间的时候，成

1945 年 8 月 28 日，毛泽东应邀前往重庆谈判。从左至右：张治中，毛泽东，美国大使赫尔利，周恩来，王若飞。

功领导美国成为国际新秩序的强大维护者的美国总统罗斯福去世了。接替罗斯福总统位置的，是副总统杜鲁门。就在杜鲁门就任总统两周之后，他就接到了美国战略情报局局长威廉·杜诺万提交的一份重要的备忘录。杜诺万在这份备忘录中提醒杜鲁门说：在罗斯福去世一周前曾明确批准了他关于与相关部门会商，成立美国中央情报局的提议。这件事刻不容缓，应该马上着手进行。

美国此前在海外不是完全没有情报工作，但是，由于美国在国际政治问题上长期奉行中立主义政策，对过多地卷入和干涉国际事务十分谨慎，因此，它在很长时间里一直没有感觉到有建立一个专门的国际情报机构的必要性。第二次世界大战爆发后，甚至直到美国被卷入到战争中去之后，它也仅仅是根据在欧亚战场作战的实际需要，由军方在参谋长联席会议领导下组建了一个战略情报局，专门负责在美军作战区域内组织和搜集情报。

战略情报局既然是根据作战的需要而设置和开展工作的，并隶属于参谋长联席会议，随着第二次世界大战即将结束，和平时期即将到来，而美国又已成为世界政治的重心，负有维护世界和平的艰巨使命，战略情报局的战地军事情报工作的性质显然已无法适应这一新的形势要求了。成立中央情报局，统合美国各部门的情报机关，将美国的情报工作扩大到世界范围和非军事领域，并由总统直接掌握对外情报部门及其所提供的信息，就变成战后美国一件十分必要且迫切的工作了。

很显然，战争最后关头实在有太多的事情需要关注。杜鲁门总统并没有及时对成立新的情报机关的工作马上做出反应。1945 年 8 月 14 日，日本宣布投降，美国对外战争全面结束。杜诺万十天后又再度上书杜鲁门总统，催促立即成立美国中央对外情报机构，以取代难以继续存在的战略情报局开展对外情报工作。但是，杜鲁门还没有做出反应。

9 月 19 日和 20 日，美国参谋长联席会议和白宫助理克拉克·克利福德也几乎同时向总统提交了内容同样的备忘录，要求在战略情报局的基础上，毫不延迟地建立国家情报领导委员会，下设中央情报局，以适应新的和平形势的到来。然而，杜鲁门却就此做出了让所有人都大跌眼镜的决定。他突然指示国务院从 10 月 1 日起接管战略情报局研究和分析处等部门的工作，并由陆军部接管战略情报局其他方面的工作部门，解散战略情报局。

杜鲁门毅然决然地决定解散战略情报局，其实是因为他从一些渠道听到了对军事情报机关管理及其权限的严重怀疑与指责。这时最尖锐的批评明确指责战略情报局组织混乱、用人不当、铺张浪费和自作主张，并且严重地损害了美国公民的利益，以及美国的商业利益和国家利益。称杜诺万成立全球性情报机构和统一美国所有情报机关的建议，不仅出于个人野心，而且带有盖世太保的一切印迹。这当然直接影响到了他成立这样一个中央情报机关的决心。

10 月 1 日，新的中央情报机关未能成立，原战略情报局却遭到解散，其各部门的 1 362 名工作人员调到国务院临时研究与情报局，归国务卿特别助理阿尔费雷德·麦克马克指挥。其他 9 028 名特工则被划归陆军部，由马格鲁德将军指挥。战略情报局就此不复存在。

但是，不论战略情报局功过如何，成立战后美国的国际情报机关仍旧是不可避免的。杜鲁门当然也很清楚这一点。11 月 7 日，他就成立中央情报局这一计划做出了一项指示。他在一份备忘录中提出，可以在 12 月 31 日之前召开一次由他主持的有国务卿、陆军部长和海军部长参加的会议，共同讨论建立一个中央情报局的问题，以协调对外情报工作的计划。

不过，这一会议仍未能如期召开。等了两个月之后，美国国务院和陆军、海军部长显然感到不能忍受了。他们达成一致意见，决定共同向总统建议成立一个国家情报领导委员会，下设中央情报局。在这种情况下，杜鲁门做出了让步。

1946年1月22日，各部门协商后，杜鲁门总统正式批准并签署了命令，宣布成立国家情报委员会，并由他任命一名中央情报局局长，领导国务院、陆军部和海军部相关人员，组成一个协助情报委员会的中央情报小组，协助情报委员会的工作。次日，海军少将悉尼·索尔斯被任命为首任中央情报局局长。

但是，任命中央情报局局长和组成中央情报小组的决定，并不意味着中央情报局由此建立起来了。事实上，2月8日中央情报组正式受命组建之后，围绕着如何组建中央情报小组以及中央情报小组的具体职责等问题，各部门仍旧颇费周折地进行了相当时间的研讨。直至6月索尔斯将军辞职，范登堡将军接任，由于涉及战后军队复员和众多机构变动等复杂情况，特别是因为该机构的合法性问题尚未解决，因此中央情报组仍处在筹备过程中，许多工作未能正常进行。包括情报分析和评估的正常报告制度，也未能有效地建立起来。

中央情报组在谋求合法化，即正式建立中央情报局的过程中，也在努力尝试着为美国政府提供具有参考性的情报信息和综合分析报告。它在1946年下半年陆续开始给总统和国务卿，陆、海军部长提供日报和周报，并不定期地提供特别报告。但在这种情况下，其情报的质量可想而知。从1947年初各部门反馈的情况看，中央情报组的日报和周报一直受到广泛批评，几乎所有人都认为中央情报组的情报信息不能满足上至总统，下至国务院、情报科，以及军方情报官员的情报需求，唯有特别报告“受到一致好评”。

美国对外情报机构的这种过渡状态一直延续到1947年7月第80届国会批准了中央情报局的成立之后，才逐渐结束。这种情况决定了，从第二次世界大战结束，到1947年美苏冷战开始后很长一段时间里，美国对外情报活动一直处在极不正常的状态。这种情况自然也极大地影响到了美国对华情报工作。

2. 战后初期美国在华情报工作的困境

美国在中国的情报工作战时主要是由战略情报局下属的驻华战略情报小组进行的。战争期间，该小组完全处于美国军方的领导之下。战后，由于美国

美国海军陆战队进入天津市区

海军在中国华北地区登陆，战略情报小组对在中国华北和东北地区搜集有关苏联问题的情报非常重视。情报小组组长赫伯纳在 1945 年秋天下令在北京组建了新的情报据点，准备利用北京、天津、张家口周围地区的天主教徒，建立庞大的情报网络。他甚至有计划将战时与国民政府军事委员会领导下的军统局共同组建的中美合作所，改建成中美联合情报机构。不过，赫伯纳的工作尚未完全推开，就因为前述美国战略情报局突然被撤销，就中途搁浅了。

1945 年 11 月，罗伯特·迪兰尼受命接替赫伯纳成为新的驻华情报组组长。但迪兰尼同样不走运。情报组这时划归美国陆军部指挥，但陆军部这时在华工作着眼于准备军事撤离和清理战时财务，它对全面发展在华情报工作不感兴趣。12 月下旬，前陆军参谋长马歇尔又作为杜鲁门总统的特使前来中国调处国共两党关系，基于他的调处使命，他自然也不愿意看到情报组的活动损害他在国共之间理当表现出的中立立场。因而，他到中国不久，就明确要求该组停止情报活动。在这种情况下，美国驻华情报组在相当一段时间里几乎完全无法开展自己的工作，甚至要不要留在中国，都成了一个问题。

经过美军高层几个月时间的反复磋商，到 1946 年 3 月，马歇尔才最终同

张家口各界群众欢庆抗战胜利

意情报组继续留在中国和搜集情报。为了避免过多地受到美国陆军部的束缚，和取得更多的活动经费，迪兰尼提议将情报组活动中心北移至天津，在保留原有的上海、汉口、南京、广东、台湾、香港、河内等据点的基础上，加强在青岛、北京、沈阳，特别是张家口和中国东北地区的情报点的建设。据此，他建议将这一情报组织改归美国海军陆战队管辖，以便于他们在中国沿海地区开展活动。但这一提议和迪兰尼对陆军部的不满，再度引发了争议。迪兰尼因此丢了官，驻印度的前战略情报小组负责人小阿默斯·莫斯克利普在 1946 年 5 月初受命成为驻华情报组的新组长。这一人事变动导致了驻华情报组一批骨干因不满上峰的处置，也集体“跳槽”。不难了解，这一变动使该情报组在中国的活动又一次遭受重大挫折。

驻华情报组时来运转是在 1946 年 7 月 7 日，马歇尔将军致信陆军参谋长艾森豪威尔和驻华美军司令魏德迈将军，建议驻华情报小组能够在美军 10 月 1 日撤离中国大陆之后，改由美国第七舰队指挥，继续搜集情报。据此，9 月 30 日，美国海军部第七舰队正式接手驻华情报小组的指挥和援助，驻华情报小组改名为对外调查第 44 分遣队。中央情报组随后亦开始介入到对华情报工作中来。到 1947 年 7 月中央情报局正式成立之后，莫斯克利普领导下的这个对外调查第 44 分遣队才成为中央情报局在中国的主要情报组织。

了解上述情况是了解当年美国在华情报来源的一个基本背景。因为，基于以上情况，美国对中国内战时期中国情报的搜集，相当一段时期里还并不是源自中央情报局，而是源自国务院及其下属的情报研究室或中国事务处。而战后美国情报机构的变动所带来的一系列混乱局面，以及对美国驻华情报组织所造成的冲击，不可避免地给这一时期美国政府了解和判断中国国内局势造成了不小的麻烦。

麻烦之一，是美国战略情报局战后刚刚开始的向中国北方，尤其是向中国东北地区渗透及发展情报网的工作，一度陷于停顿。等到 1947 年它重振旗鼓再来展开工作的时候，中国东北的主要区域已经成为国共两党交战的战场，靠近苏蒙边界的地区，包括美国驻华情报机构极力想要建立据点的哈尔滨等城市，也已经落入到共产党人之手。

麻烦之二，是美国战略情报局与国民党军统多年经营的以中美合作所为基础的合作机制，被意外中止。双方战后一度积极筹备的建立在情报合作基础上的各项合作计划，包括支持军统在北京建立一所训练情报人员的学校的努力，也因为这种情势和军统头子戴笠于 1946 年 3 月 17 日的突然坠机死亡而半途而废。

麻烦之三，是一方面美国战后急需最大限度地获取中共，特别是通过中共获取苏联方面的有关情报，包括中共与苏联关系的各种情报；另一方面美国与中共的关系在战后急剧恶化和紧张，美国驻华情报组织不仅难以获取到中共的重要情报，相反，其自身的动荡和混乱，还极大地便利了中共对美展开自己的情报工作。

3. 美国国务院相关情报的内容及其价值

来自美国国务院的有关中国情势的报告，基本上属于形势评估性质，只有极少数会涉及比较具体的专题分析，如谈论中共军队扩充因素，以及就某中共干部提供的情报做出分析等。

国务院形势评估报告的特点，是综合情报分析人员根据各种公开信息和秘密情报，针对某一时期政治、军事、经济情势，或针对某些党派组织、某一政治性事件的发展情况，通过对事实的陈述和分析，进而做出性质上的或趋向性的评判。

从国务院这时的情报评估报告中，可以清楚地看出美国战后对华情报工作所处的尴尬地位。和中央情报局的同类报告相比，国务院早期报告最重要的一个特点，就是不得不在报告中大量地做征引和注释。之所以要这样做的一个重要原因，就是因为这时国务院的情报分析人员，即使是那些刚刚从战略情报局转来的情报分析人员，在分析中国情势时，都面临着缺少充足的可以利用的内部情报信息的困境。因此，他们不得不大量征引和利用中国这时的报刊资料，包括美国报刊上的相关报道，以作为形势分析的基本依据。这样一来，其情报评估自然也就只能主要依靠一些众所周知的信息，根据逻辑的推导来得出相应的结论。

比如，在 1945 年 12 月 11 日的报告当中，美国国务院情报分析人员只是从各种已经十分明显的现象做出判断称：战后，虽然国民党因为有美国的援助和从日本人手里接收所得到的地盘、城市、工业设施以及军事装备等，在人口、军力和工业潜力等方面远比共产党的力量要大得多，但由于国民党政治和经济上都处于极不稳定的状态，相反，共产党拥有训练有素的人口、组织能力和政治上的长处，因此，它从日本投降中所获得的好处，其实超过了国民党。虽然，没有外援，共产党固然不大可能推翻国民党，但即使有外援，国民党也不大可能根除共产党的军事力量。熟悉抗战期间美国一些年轻外交官所写的这类报告的读者，应该很容易看出它们之间的相似之处。

北京学生反内战游行

按照一年多以后，即美国国会调查小组 1947～1948 年对美

北京学生抗议美军暴行游行

国国务院进行调查后的说法，这个时候的美国国务院主管中国事务的人多半都还是有共产党嫌疑或是共产党的同情分子。这次调查就导致了131人被清洗，据说“其中大约有一半是共党分子或共党嫌疑分子”。尽管后来的事实证明这种指责基本上属于无中生有，但可以肯定的一点是，这时对国民党持有悲观看法的，远不止是国务院主管中国事务的那些人，包括驻华美军司令魏德迈这时也再三告诫华盛顿：国民党对付不了共产党，除非美军准备同中共和苏联作战，否则腐败的蒋政权很难维持下去。既不愿看到国民党政权垮台，也不愿把美国拖入到中国的内战中来，结果就是派马歇尔将军来华调处国共关系。国务院的12月11日的这份报告，实际上也就是为杜鲁门总统的这一决定提供了一个论据而已。

马歇尔将军1945年12月20日抵达上海，他很快迫使国共两党重新坐在了一起，并同意讨论具体的停战措施和召开政治协商会议，以根本解决消除内战的问题，即实现军队国家化和政治民主化的途径。因此，国务院几乎马上就中国召开政治协商会议的作用问题进行了新的评估。这份写于政治协商会议召开两周前的报告更加凸显了国务院综合情报分析人员情报信息的欠缺。整

华北军事调停处主要成员

个报告的资料来源全部来自美国本地的报纸，如《纽约日报》、《华盛顿邮报》、《纽约先驱论坛报》等。而报告的主旨，其实只是希望强调这样一种看法，即"政协就统一中国问题进行商讨的成功与否，主要取决于国共达成妥协的意愿；而国共之间的妥协，又部分地要取决于美国决策者的态度"。

1946 年 1 月中下旬中国政治协商会议的成功举行，明显地使美国人看到了解决中国问题的希望所在。但是，通过政协会议，美国国务院的情报官员显然有了更重要的发现。因为他们意识到中国民主同盟是一支正在发展中的、区别于国共两党的第三种势力。尽管，1946 年 2 月 7 日的这份报告注意到民盟目前所采取的立场，在很多方面近似于中共，但是，它显然相信，民盟内部的分歧，以及它从第三者地位中所得到的种种利益，特别是民盟成员一致追求宪政的目标，都使它必然会选择区别于共产党的发展道路。一旦联合政府能够取得成功，民盟很可能会成为中国政治中的一个重要角色。

让美国国务院情报官员始料未及的，是马歇尔的调处使命在 1946 年很快遭遇失败，国共内战到底还是大规模爆发了。国共内战的爆发，与几乎同时开始的美苏冷战相联系，不可避免地造成了美国对中共军事力量壮大的强烈担

1946 年 11 月，周恩来在南京梅园新村召开记者会谈国共内战情况。

心。这导致了国务院的情报官员开始重视对中共军事力量的研究与评估工作。在 1947 年 6 月 25 日形成的一份报告中，国务院情报官员终于借助于中央情报组的机构整合，运用到了驻华情报小组提供的相关数据。

根据这些依旧过于笼统、并不十分清晰，甚至还有错误的情报信息，国务院情报官员对中共军事力量的增长问题看来还并不悲观。依照他们的分析，中共军队过去迅速扩张，很大程度上是因为在抗战初期从国民党败军手里轻而易举地获得了大量的枪支弹药，而抗战胜利又通过苏联的帮助，取得了日军在中国东北地区的大量装备。但是，由于中共几乎没有能够生产枪支的兵工厂，其进一步获取武器的速度无论如何赶不上战争过程中枪支损坏的速度，因此，其兵力增长的速度已经大大放慢下来。情报官员们显然相信，苏联不会冒与美国发生战争的风险来向中共军队提供武器。因此，除非国民党军队在战场上迅速溃败，否则，中共无法找到新的武器装备的补充来源。再加上华北粮食生产的水平充其量只能维持 100 万人左右的军队存在，中共在军事上取得超过国民党军队的优势地位，还有很大困难。至少“到 1948 年中期，中共军队的扩充不大可能超过 150 万人”。基于这一分析，国务院的这份报告指出，只要国民党改变自身的一些重要弱点，比如把一流部队用来驻守城市，一些指挥官的军事指挥能力低下却占据着关键位置，以及在后勤补给方面存在着严重腐败等情况，那么，中共目前的军事进展没有理由不受到遏止。

但是,美国务院情报官员这时得到的有关中共军队数量增长情况的情报本身就存在问题。比如,报告根据所得情报认为,中共军队 1934 年只有 8 万人,1944 年底达到 48 万人,增长 6 倍;1944～1947 年初,从 48 万人发展到将近 100 万人,增长了一倍。因此,报告分析认为,中共军队的这种增长,很大程度上是取决于步枪获得的难易程度。8 万人发展到 48 万人,根本上是因为抗战爆发初期国民党军队在华北的溃败,给中共军队的迅速扩张提供了武器。1944 年至 1947 年的快速增长,则是因为日本投降,中共进入苏军占领的东北地区,获得了大量日本武器的结果。一个用来支撑其论点的重要论据则是,1945 年初中共中央计划当年军队数量要比 1944 年增长 80%,结果,因为中共缺乏完成这个目标的手段,即武器,该计划只是到日本投降之后才得以开始和实现。

然而,事实上,第一,报告中所提到的 1934 年的中共 8 万军队,其实只是中央红军撤出江西中央苏区时的兵力数字。这一数字随着其后一年之久的长征,已经变成了 6 000 余人。即使加上其他几支红军部队的兵力,长征完成,抗战开始时,整个中共军队的数量,也只有三四万人,并无 8 万人之数。

第二,抗战初期国民党军队的溃败虽然给中共扩军创造了极好的机会,但是,在进入到 1938 年底 1939 年初战争相持阶段时,中共军队的数量,也只是

解放军守卫的古北口车站

达到了22万左右。到1940年，才发展到了将近50万之数。这一数字一直到1943年没有太大的变化。而到1945年春中共“七大”召开时，中共军队正规军的数量，就已经达到了91万人。到日本投降，即1945年8～9月间，其军队已经进一步发展到127万人。到1947年3月，则进一步发展到168万人。

显然，国务院情报官员评估中共军事力量增长时着眼于枪支和粮食供给的分析方法，虽然相当科学，但他们因为情报信息掌握得不准确，导致其分析角度太过简单，对一些问题的判断上也过于主观，因此，他们也就无法准确预见到一年以后中共在军力上，进而在对国民党的战争形势上，会取得“大跃进”。

国务院报告的一个突出特点是对苏联在国共内战中的作用估计不足。直到1947年底，它的情报评估报告还没有对中共与苏联的关系给予足够的重视。它虽然也谈到了中共掌权和与苏联结盟的可能性，但它更重视的显然是中苏之间历史上的以及现实外交方面的种种摩擦和敌意。它在1948年1月虽然有一份专门的报告评估了苏联对中国东北地区的利益需求，也注意到了1947年以来中共东北政权与苏联之间的贸易往来，但它却没有从中共背靠苏联控制东北大部分地区的角度，来观察这种情况会对整个国共内战产生怎样的作用与影响。

随着中共在军事上日渐取得明显的优势，国务院的情报官员也开始对中共政权及其统治方式的各个方面展开评估。他们明显地注意到中共由于实施了平均分配土地的政策，在农民中间受到欢迎的情况。在国务院1948年4月15日的评估报告中，第一次较多地注意到和介绍了中共中央的各种政策指示，以及毛泽东的相关言论。报告也像以往的美国记者和美国外交官一样，从正面肯定了中共军队官兵平等、士气高昂、纪律严明、热心学习和与所在地区民众关系融洽的情况。但与此同时，报告对中共对城市的占领，则持消极看法。根据他们提到的中共占领张家口、烟台、哈尔滨等城市后所采取的极端政策及其所造成的种种后果看，他们相信中共还没有掌握管理城市所需要的技巧。当然，他们这时也已经发现中共正在调整自己的城市政策，公开宣布要保护私人企业，但在他们看来，这一切只不过是中共的一种权宜之计而已。报告断言：“他们的意识形态最终还是会要求他们对生产方式进行社会主义化的。”结果，他们最后还是会干涉家庭、限制自由和取消私人企业的。

1948年最后一份美国国务院的情报评估报告，是1948年10月13日提交给其国家安全委员会就美国对华政策所做的一项报告。该报告严格说来已经不是情报评估，而是政策评估了。这个时候中央情报局业已成立，并且开始全面接管美国对外情报，包括情报评估工作了。因此，该报告事实上已经在利用中央情报局所提供的各种情报信息。但是，作为一项权威性的全面分析中国现状、评论美国对华政策得失的综合性报告，它还是可以使我们了解美国政府这个时候对中国的情况究竟掌握到什么程度。

该报告首先强调的是中国的庞大人口数量，及其高死亡率和高出生率。进而说明中国经济状况原始落后，除非求助于高压统治和严刑峻法，否则人口问题仍会严重地牵制其经济发展并构成进一步的灾难。报告对中国政治的评估概述了中国革命的由来，以及中共成长的过程。而对于中国的现状，报告承认："共产党正在赢得内战"；至于原因，它也有很客观的说法，比如，它明确认为，国共双方在内战中实际上都得到了外部的援助。报告估计中共战后得到了 60 万日军的物资及其重装备，而国民党则至少获得了大约 100 万日军的物资和不少于 20 亿美元的来自美国的军事和经济援助，包括由 500 名军官和 800 名征募人员组成的美国军事顾问团和海军顾问团。这一切使国民党在与共产党的内战中具有绝对的军事优势。这包括共产党所不具备的空军和海军，以及 39 个美式装备(部分美式训练)的陆军师，及其超强的火力和美国顾问的协助。然而，国民党却输掉了这场战争。

国民党军加紧抢夺战略要地与交通线

国民党与美军加紧对人民解放军增兵(女为宋美龄,宋右为蒋介石)

国民党为什么会输掉战争的原因？报告人除了继续重弹国民党自身的腐败及其对军队士气低落的老调以外,只能承认中共军队士气高昂、纪律严明,军事领导人指挥娴熟、水平高超,以及经济上自给自足的能力,强大的组织力量与行政的高效率等等。

那么,美国政府为什么要支持一个明显不可救药的蒋介石呢？报告人的解释是:“这是因为我们已经将蒋介石同我们追求的目标——一个强大统一的中国等同了起来。”而且在很长时间里,也没有其他人能够在实现这一目标的问题上取代蒋介石。问题是,“由于蒋和国民党借助的意识形态工具新儒教太过陈旧,由于按照传统的中国观点来看,蒋介石显然气数已尽,国民政府正在输掉这场内战”。美国必须考虑其他选择的可能性,为此“应主动抛锚停船,直到明确我们的航向”。

报告的结论很明确：中国由于难以缓解的人口压力,决定了中国经济必将长期处于落后状态,由此必然会导致政治上的骚乱和威权主义,包括通过暴力方式走向“社会主义”。国民党已经不可救药,除非美国准备无限地增加对国民党的援助,并且长期坚持下去,否则,绝不可能阻挡共产党的胜利。但由于导致骚乱和革命的根源并不能轻易解决,因此,即使共产党取得政权,其麻烦仍将继续。在这种情况下,报告人提议：美国今后的对华政策,理当暂时继续承认现存的国民政府,在其灭亡的过程中视形势发展决定承认新政权的问题。此时唯一需要努力的，是要尽可能阻止中国依附于莫斯科。

注意到这份报告把美国在中国政策上的失败，进一步归结为中国自身不可逆转的人口压力及其经济落后所造成的骚乱和威权主义，进而相信蒋介石根本是气数已尽，可以想象美国政府主管中国事务的分析家们这时的感觉是何等沮丧。

进入1949年，国务院情报官员已经直截了当地认为：共产党中国的出现不可避免。因此，我们可以注意到，报告人这时更热衷于讨论的是一种最低限度的期望，即未来的中国政权是否不至于变得过分极端，及其他对周边国家是否不会造成太大的影响等等。

在1949年1月24日的报告中，报告人与其说是分析，不如说是希望，共产党中国的出现，只会对朝鲜和印度支那半岛造成重大影响，这是因为那里共产党的力量本来就很强大。但是，对于其他国家，情况或许不会变得那样糟糕。马来亚华人太多，情况难以乐观，但由于政府在马来人手里，共产党及其亲华势力仍受到控制。相对而言，反共势力强大的日本、菲律宾、印度尼西亚和泰国的情况应该不会有太大的改变。无法回避的一种危险是，中共革命的成功势必会加剧其周边国家和地区政治上的两极分化。

1949年1月21日蒋介石突然宣布下野，李宗仁副总统以代总统的身份转而开始推动国共和谈的新的形势，美国国务院的情报官员马上开始评估一种新的联合政府产生的可能性。按照它在2月14日报告中的看法，共产党绝不可能接手既有政府的框架，但纯粹靠军事手段推翻国民政府，建立一个一党专制的政权，又会付出过多的代价，并且丧失掉许多合法的机会。因此，建立一种共产党类型的“联合政府”，可能会是一种最好的选择。这不仅是毛泽东曾经再三强调过的一种政体形式，而且也最容易取得国内各个社会阶层的拥护。中共宣布召开新的政治协商会议的决定，很清楚地表明他们正在为此努力。

随着国共和谈宣告破裂，解放军大举渡过长江，占领南京，李宗仁和蒋介石之间发生裂痕，美国国务院情报官员转而相信桂系将领仍有可能与中共达成妥协。而一旦发生这种情况，还在抵抗中的其他地方实力派也难免会步其后尘。其7月26日的报告详细地研究了这种可能的前景，格外担心，李宗仁如果真以代总统的身份与中共达成妥协，会不会把当前国际社会对国民政府的承认转移给共产党政府，从而使共产党在国际上也获得合法的地位？

刘伯承、邓小平视察淮海战役前线。

中共在中国大陆的军事推进越是接近全面胜利，美国政府也就越是期待国民党能够在大陆保持相当的抵抗能力。为此，美国国务院情报官员接连就这种可能性提交了评估报告。其 9 月 19 日的报告分析认为，大陆现存的抵抗力量必须要能够取得有效的物资和金钱的援助，才有可能长期坚持，然而，蒋介石绝不会为了延续大陆的军事抵抗，动用其贮备在台湾的物资和金钱。蒋的基本设想，不过是期待着第三次世界大战的爆发。因为蒋相信，一旦战争爆发，美国就必将全面卷入中国事务中来，那时，他也就有了东山再起的机会。显然，这不是美国政府希望看到的情况。因此，报告明确提出了向蒋施压的三种建议，以便逼迫蒋动用其物资金钱贮备。

晋冀鲁豫野战部队的练兵运动

在这一点上，比较一下中

央情报局这时的一份报告是有意思的。这份提交于10月29日的报告根本不相信向蒋施压有何种意义。它干脆极其悲观地得出结论说：共产党的军队将"能够在1950年底以前消除一切有效的军事抵抗"，"各抵抗集团的联合也无法阻止共产党的最后胜利。在目前情况下，国民党政权即使在台湾最多也只能残存三年"。"美国大量的政治、经济和后勤方面的援助，不可能实质性地改变目前这些抵抗集团毫无希望的处境。""台湾是唯一一个既符合美国重要的战略利益需要，同时通过积极的军事干预可以有效阻止中国共产党控制的非共产党地区。"

1949年10月1日，中华人民共和国中央政府宣告成立。中国共产党取代国民党而成为中国的统治者，已成为一种现实。根据美国现实政治的需要，对中共政权政策及其权力核心的情报分析开始成为国务院情报官员对华情报工作的重中之重。下面两份报告反映了其这方面情报分析的重要特点。

国务院情报研究室1949年11月3日的报告，着重分析的是新华社8～9月间就美国政府对华政策白皮书所发表的6篇评论文章。报告破天荒第一次大段摘录中共评论的批判文字，而由此得出的结论是：美国政府的对华政策白皮书事实上已经成为中共镇压自由主义者的便利借口，但是，共产党人长篇大论地针对白皮书中的一些观点进行激烈反驳，则显示美国政府通过发表白皮书，已经在中国取得了重要的心理上的胜利。

其1949年12月22日的报告，着重分析了毛泽东作为中国革命的理论家和党的领袖，在中国革命走向最后成功的过程中，未来可能的发展趋向。报告注意到延安整风后毛泽东在中共党内的至高无上的地位，因而对中共中央七届三中全会决议中的一个提法深感困惑。因为决议宣布说，毛泽东所创造的农村包围城市的方针现时已经完结，中国革命重新开始了由城市到乡村、由城市领导乡村的新时期。敏感的报告人怀疑：这种情况的出现，是否与毛的国际鼓吹者安娜·路易斯·斯特朗2月间突然在莫斯科被以帝国主义间谍的罪名逮捕一事，存在着某种内在的联系？习惯于从各种信息的字里行间寻找矛盾与裂隙的报告人虽然无从得出具体的结论，但还是强调称："不管怎样，毛作为世界共产党领袖和理论家的形象正在改变，因为这种变化伴随着一些极端挑衅的世界性事件，如铁托分子的出现和中国共产党的胜利。所以，考察影响毛的未来的因素看起来是合适的。"

4. 中央情报局的情报分析报告及其价值

和国务院主管中国事务的官员不同，中央情报局自成立之日起，就更多地习惯于从提供情报信息和情报分析意见的角度来考虑问题。但是，面对中国正在发生的政权易手的严重局势，国务院及其情报机构均要求中情局的情报分析人员提出具体的政策建议。因此，在这时中央情报局的情报评估报告中，我们也很容易看到类似于国务院情报评估报告那样的内容。

中央情报局值得提到的最早的一份有关中国内战问题的情报分析报告，是 1947 年 9 月 15 日《中央情报局关于苏联实现在华目的报告》，这是其情报人员针对苏联对华政策及其与中共关系所做的情报评估。这一报告典型地反映了美国驻华情报人员这一阶段情报关注的重心所在。

其实，还在抗战结束前，美国战略情报局驻华情报小组就已经开始把苏联在中国扩张势力范围的可能性，纳入到自己的视野之中了。战后，随着美苏关系逐渐发生问题，驻华情报小组更是高度重视利用中国领土来搜集苏联的和苏联在华活动的各种情报。

在这方面最为引人注目的，就是 1946 年 4 月 20 日当时的情报小组组长迪兰尼根据魏德迈的要求，提交的《战略情报小组继续作战修改计划》。在这份计划书里，迪兰尼明确主张，驻华情报战争的主要目的，就是观察和反击苏联在中国和邻近地区的扩张。战略情报小组的任务就是：

（1）搜集有关苏联、中共和国民党在中国、“满洲”和俄国的实力和部署的情况；

（2）搜集有关苏联部队在“满洲”北部和从“满洲”至西伯利亚边界的防御工事、军备和物资以及中共部队的防御工事、军备和物资的情况；

（3）搜集有关苏联的沿海防卫能力的情况；

（4）搜集有关苏联海军的实力和部署以及苏联在亚洲东海岸的航运量和航运物资的情况；

（5）搜集有关苏联在中国特别是“满洲”边界的空军基地与空军的实力和

部署的情况；

(6) 搜集有关在“满洲”和西伯利亚的公路、铁路、河流、电报和电话联络系统的情况；

(7) 搜集有关中国内战的各个方面的情况；

(8) 搜集有关在苏联和被苏联侵占地区以及中国和印度支那北部的政治经济局势的情况。

新计划对在中国进行的反谍报的任务规定是:“在中国的首要目标是搜集有关苏联的情报;其次是搜集有关中国共产党、日本、中国、英国和法国的情报等等,驻香港的代表们的任务则例外,他们的主要目标是搜集有关英国的情报。所有情报搜集活动应瞄准以下有关各方面的情报：

(1) 在远东企图损害美国军事、政治和经济利益的地下组织或秘密组织；

(2) 在中国战场代表外国列强,或由外国列强资助或控制的秘密情报组织；

(3) 包括辨认领导人、特工、技术和战争手段等的组织和敌方间谍组织的活动；

(4) 已经参与或涉嫌参与有害于美国利益的破坏活动人员；

(5) 在远东施加压力的外国组织和外国战略活动、其机构、联络手段和成功的程度；

(6) 外国政治团体、小组和地下组织以如何对待美国和其他国家为重点而进行的活动。”

解放军用缴获的美式武器装备自己

很显然,中央情报局成立之后,其驻华分遣队基本上延续了迪兰尼当初设计的这一套情报工作计划。

1947 年 9 月 15 日的这份报告显示,美国在华情报人员正在开始起作用。不过,根据报告说明的情况,可知这些情报人员更多地还是利用国民党人所获得的消息。而国民党人这时的情报,往往含有太多的水分。比如报告中引述的来自国民政府的一份情报声称,中共东北民主联军司令员林彪1946年1月30日曾经在奉天(沈阳)与当地苏军司令一起参加会议。而事实上,这个时候林彪正在法库以西的秀水河子准备迎击正在向他们推进中的国民党军。而报告也透露了国民党人这时经常会“伪造”文件的情况。如报告提到,1946年5月一位中国高级官员提供给美国记者一份文件,说是中共与苏军在奉天签订的秘密协议。美国驻沈阳总领事最初深信不疑,但他很快就发现文件是事后伪造出来的,旨在用于指责苏联,博得美国同情。文件送到美国驻南京大使馆之后,大使馆的官员也肯定了这一判断。

但是,无论如何,报告以附件的形式提供的大量情报信息,仍旧可以为美国政府了解中共与苏联在中国东北的合作,包括通过北朝鲜提供物资援助,和通过苏军控制的大连港,经由海路,与中共在山东的根据地之间保持着一条物资运输渠道等情况。根据这些来路五花八门的情报,报告断定：中共是苏联对华政策最有效的工具。不仅两者意识形态相同,且只要中共有夺取政权的需要,它就必定会与苏联合作。当然,由于报告人习惯性地看重经济利益的需求,因此报告怀疑苏联是否真的希望中国会很快出现一个共产党的政权。在报告人看来,在如此巨大又如此落后的中国扶助起一个共产党政权,不仅在经济上对苏联的吸引力不大,而且还会使苏联背上一个沉重的包袱。考虑到苏联这时已经在东欧承担了太多的责任,报告判断:“在西方局势没有变得更加稳定之前,苏联在其世界共产主义计划中不大可能希望背负起这个额外的负担。”

在1948年1月27日的一份对苏联在中国东北地区的经济利益的情报分析报告当中,报告人继续坚持类似的看法。一方面,报告注意到中国东北地区的资源对苏联是重要的;另一方面,报告则相信中国东北地区目前的经济水平还很低,苏联因为自身物资的匮乏,也不可能为中国东北地区的发展提供必要的投资。因此,共产党对中国东北地区的控制,更多的只是加强了苏联的安全感而已。

1948年5月关于中国的调查报告,可以视为中情局这时对中国情况最全面的一份基础性报告。报告详细分析了国民党和共产党的政治体制、意识形态、组织机构、运作方式及其派系分野,包括政治上活跃的其他各种派别和势力的情况。在具体介绍了两党的历史及其整个中国近代以来的种种复杂情势之后,报告明确认为,国共两党的政策体制都是建立在寡头政治的基础上,政权靠军力支撑,党没有军队,或领袖个人不能掌控军队,就难以巩固其权力。报告对中国的经济状况及其发展中的问题,都做了十分详尽的介绍与说明。对中国的外交及其军事形势,也依据大量数据资料,进行了深入的分析。报告同样担心共产党统治中国,很可能会与苏联结盟,从而对美国的国家安全构成威胁。但是,它不同意过分夸大共产党中国出现的危险性。在它看来,这种危险是受到限制的。一方面由于东南亚民族普遍对中国不信任,且敌视那里的华人,因此足以遏制共产党中国的影响向南扩展;另一方面中国的经济资源不仅不可能对苏联提供重要的帮助,而且会在很多年里给苏联造成巨大的麻烦。考虑到美国挽救国民党政权也一样会面临类似的麻烦,且中国并不能对美国与苏联的对抗起到有效的帮助作用,因此,报告也明显地不赞成耗费巨资去支撑一个即将垮台的国民政府。何况,报告相信,没有人能够保证国民党能够进行必要的改革,以使美援发挥效力;也没有人能够保证美苏之间不会发生更大的对抗,从而极大地牵制住美国,使其无法全力帮助国民政府。

这种情况显然使中央情报局的情报分析人员对任何新出现的,可能避免中国全部落入中共之手的消息,都格外关注。其 7 月 12 日的报告就特别分析了有关苏联大使出面鼓动两党和谈的信息。它明确认为,这一谈判如果发生,势必要建立在蒋介石下野的基础上。但它对蒋介石的控制力显然估计过低。它不仅相信有可能出现一个具备政治和军事支持度的领导人或集团,来推动这一谈判,而且推测这一谈判有可能取得某种成功,尽管最后的结果并不能让人满意,也就是共产党依旧会在实际上取得控制权。

然而,这样一种推测显然不能让美国政府满意。因此,十天之后的另一份报告撇开了和谈的可能性,更直接地点出了问题的所在。即国民政府随时可能覆灭,即使美国予以援助,情况也不会有根本的改变。11 月 3 日,中央情报局的另外一份评估报告,更具体地分析了国共战局发展的趋势。称:国民政府很可能在几个月后崩溃,它无法实现与中共划江而治的企图,而李宗仁取代蒋介石的必然趋势必定会加剧国民政府的垮台。但这并不意味着共产党将能够解决那些国民党所不能解决的政治和经济问题。尤其是过分依附于苏联,难免不会使中共自食其果地陷入到中国民族主义的围困之中。据此,其 12 月 10 日的报告更进一步分析认为:即将产生的新政府,注定会是一个实际控制在中共权力之下的名义上的“联合政府”;而从历史上来看,“中国共产党从来没有公开偏离苏联的路线，从来没有公开指责过苏联的行为和苏联的代理人，也从来没有做出过任何暗示表明它将偏离苏联靠拢美国。可以肯定的是中国共产党一直都是苏联的政策工具。虽然不能确定共产党现在，或者将来都是苏联完全可靠的工具，但现在看来，至少在共产党主导的中国政府接管权力之前，中国共产党内部，或者苏联与中国共产党之间不存在分裂的可能性”。

面对大陆即将失守，蒋介石选择以台湾作为退身之地的部署，中央情报局亦于 1949 年 3 月 14 日做出评估报告。报告在介绍了台湾的各方面情况及其历史之后，明确认为：“台湾在法律上不是中国的一部分，它的地位仍决定于对日和约。”只不过，日本投降后，根据 1943 年 11 月《开罗宣言》和 1945 年 7 月 26 日《波茨坦公告》，中国人已经在实际上控制了该岛。但由于美国和其他国家都还没有正式承认台湾归属中国，因此，台湾的法律地位还有待确定，美国与其他对日战争的参加者在军事占领地区，依然享有专属利益。而也正因为如此，台湾本地人自国民党当局进入台湾，无限制地掠夺台湾的资源以来，一直在进行反抗。在这种情况下，共产党很可能渗入台湾，通过各种方式策动内乱，进而达成夺取台湾的目的。“假如美国无所作为，台湾必将为中国共产党所控制。这样的发展态势对美国的国家安全是极为不利的。从军事战略的角度来看，美国实施阻止共产党控制台湾的计划所获取的利益是大于其产生的不利的政治后果的。”

1949 年，蒋介石对家乡的最后一瞥。

上述报告，均得到了国务院、陆军、海军等相关情报部门的一致认同。

但是，中央情报局的综合情报评估报告，也有遭到相关机构批评的情况。比如其 1949 年 6 月 16 日有关中国目前局势发展趋向的报告，虽然详细地讨论了中共政权可能面临的各方面情况，并且对美国要不要承认中共新政权提出了具体的应对策略，分析了不承认、立即承认和拖延承认三种政策选择的利弊优劣，明确强调拖延承认最为有利。但是，该报告依旧被这时苦于承认问题的美国国务院相关部门严加批评。国务院情报机构明确提出：他们“不相信这份主题报告，因为对共产党中国的国际承认问题，它没有给出足够的对策。文件中的对策有过于简单化的倾向，从涉及当前中国形势的重要政策角度看，这种倾向是非常不能令人满意的”。

作为一种情报评估，中央情报局情报分析人员也时常会依据新的情报和形势，对以前的报告和形势估计做出修正。但通常情况下，这种修正的幅度是有限的。如 1950 年初中情局对台湾情势的估计。1950 年 2 月 20 日，其情报评估曾得出结论：(1) 国民党政权不能做出有效的政治、经济调整以成功地防御来自台湾岛的内外威胁；(2) 中国共产党有能力在 1950 年底以前拿下台湾，并且可能将采取这样的行动。几个月后，当他们在 5 月 11 日再度提交评估报告时，不能不注意到：1950 年的前四个月里，台湾的政治形势出现了好转的迹象，经济形势相当稳定，对大陆的突袭和海岸封锁取得了成效，并几度击

解放军抓获的大批俘虏

退了中共军队的渡海作战。尤其是蒋介石3月恢复总统权力后，台湾国民党内部较前团结，这些都显示2月份评估报告中强调的台湾国民党的形势更趋恶化的估计不尽准确。但是，报告指出："共产党4月下旬迅速攻克海南岛和国民党陆、海、空防御台湾效果的不佳，表明了国民党军队战斗力提高的报告是不真实的，并且更强化了这样的观点：国民党军队的顽疾根深蒂固，是长期的。""因为政治稳定依赖于军事上的安全感，故共产党轻易攻克海南岛不能不对台湾的政治稳定产生消极的影响。"加上中共已经建立起一支空军，如果它投入战斗的话，肯定将严重影响国民党军队的士气。综合这些因素，"虽然上述简单讨论有相当多的未知因素，但中国共产党至1950年底攻陷台湾还是未来最可能的发展结果"。

"起义投诚"的国民党军空军官兵

5. 美国对华情报及其分析评估的失落

从上述中国内战时期美国情报机构的各种情报分析和评估报告的情况可知，当时背景下美国对华情报工作并不成功。在这段时期里，美国情报人员几乎完全无从获取中共方面的相关情报。除了其情报组织方面出现的混乱造成了某些影响以外，美国这时与中共关系恶化，情报工作技术程度不高，情报来源过于外围，都使得当时的美国人不得不过多地借助于各种公开信息，包括与国民党人合作，或者是干脆从国民党那里获取情报。

根据已有的研究可知，美国在中国的情报工作，很长时间里主要依靠的其实并非是中国人，而是那些外国传教士，或其他外籍人士。如战略情报局就主要是利用了梅根大主教的中国天主教网络。以后美国陆军及海军的情报组织，虽然也开始发展中国人从事情报工作，但主要也还是依靠外国人。最典型的一个例子，就是美国陆军情报机构1947年在沈阳建立起来的一个情报网。其主要成员即多为外籍。如主要情报人员北辻卓二、玉置清次、佐佐木、入江永吉等，均系日本人。尼克米逊得维奇，系白俄。另外，如伯彦苍，系蒙古人，伪满时曾充任热河省裕生会总务科长。1947年经美籍日人介绍担任美军驻长春联络团理查德上尉的蒙古语教师，被理查德发展成情报员。因美军联络团自长春撤退，伯受命在内蒙地区建立情报据点，以便深入外蒙古，搜集外蒙古与苏联方面的情报。1948年伯到沈阳接受沈阳美军联络团副团长西田指挥，后沈阳美军联络团也被迫撤退，交伯两部美式轻便电台及密码，并从上海另派一经过训练的蒙古人来沈阳使用此电台做情报通讯工作。我们只是在佐佐木手下注意到有中国人被发展成情报人员。佐佐木是1948年1月开始被吸收从事情报搜集工作的，他发展了四个情报关系，一为中国人，名为萧耀庭；一为日本人，名为佐藤雄；两人为朝鲜人，即曹承德和崔健。萧耀庭的任务是调查中共解放区内是否有苏军及朝鲜人的军队。曹承德的任务是情报翻译，并搜集有关蒙古的相关情报。崔健的任务是担任沈阳和哈尔滨之间的情报交通，保护秘密电台。

过多地依赖外国人搜集有关中共的情报，显示了作为西方人的美国人，由于语言文化以及深入中国社会不够等原因，缺少在中国从事情报工作的有利条件。而他们所利用的日本人、蒙古人和朝鲜(族)人来做情报工作，其活动范围也同样十分有限。这显然是其不得不大量借助于各种公开信息和从国民党人那里获得中共情报，以至于许多情报不准确，或不具体的重要原因之一。

与此相对照，美国在涉及到苏联问题上的情报工作明显地具有一些特色。有关这一点，我们通过美国这时的其他一些情报分析就能有所了解。比如1948年10月8日《国务院关于苏联拆运日本在"满洲"工业设备的质询报告》，就是显著的例子。该报告的情报详尽到苏联从中国东北的哪些地方、哪家工厂，拆运了哪些机器和物资，在拆运过程中出现了哪些问题，主要设备经过哪些线路，运送到了苏联的哪些地方，准备用于何种用途，多数设备的安装和使用状况如何，等等。尽管报告人特别强调，这些情报许多来自被苏联遣返的日本士兵和日本技术人员，因此在使用上应小心谨慎，但是报告人也特别指出，报告中引用的相当部分情报，其实还有不便注明的特殊来源。从报告内容中可以看出，这些特殊来源的情报，多半就是美国在苏联安插的眼线所传递出来的，因而其准确度比较高。

目前所见，涉及中共的情报，来源最直接，信息也是最具体的一份分析报告，是出自大连地区一名因父母在土改运动中双双被害，因而意欲叛逃的级别不高的中共干部的主动提供。因为很少能得到这样具体的情报，因此，国务院的情报官员不惜大费周章地专门为这件事情撰写了长篇的报告。然而，这位自称是中共大连公安局国际情报科的上校副科长，因为不是美国情报系统的发展对象，而是主动跑到美国驻大连领事馆去抱怨共产党的策略，因而就连与之交谈的美国外交官也不能确定其动机及所说内容的真实程度如何。更为重要的是，作为一名在大连地方工作的中共基层工作人员，他对中共高层，包括对中共东北地方领导层的情况，均不甚了了。他所提供的，对美国人来说最具价值的情报，就是大连公安局的组织机构、工作内容及其人员情况，包括大连的中国公安机构与苏联安全警察“在一起工作，几乎如同一个单位”，苏联国家安全部的官员不仅指导着大连社会部的工作，而且帮助中共培训安全干部。从美国情报分析人员对这位情报提供者的说法的详细分析和长篇评论可以看出，类似这种层级的情报，对于这时的美国情报机构是相当珍贵的。这也正是情报分析人员尽管对这位上校副科长的行动动机、言谈内容的矛盾，包括几度“轻率和鲁莽”地进入领事馆等等情况，也充满了疑惑，但他们还是相信他的许多说法，包括这位级别不高的地方官员对中共上层情况道听途说的说法，是有价值的和可靠的。这更有助于说明这时美国情报机构掌握中共情报之不易。

解放军骑兵部队向绥远前线挺进

察哈尔省人民代表大会会场

相对于美国情报机构这时对中共的情报工作而言，美国人这个时候理当对国民党了如指掌。然而，事实上也并非完全如此。美国情报机构最了解的，是国民政府的军事装备及其暴露无遗的经济状况。但对于国民党内部的人事纠葛、派系矛盾，以及高层决策的内幕，亦常常只能依靠主观的分析和推测。像前述 1949 年 1 月蒋介石下野后的形势估计，美国的情报分析人员就明显地不了解李宗仁及其桂系根本不可能左右国民党中央及其中央军的情况。而且越是到后来，即国民党的抵抗变得七零八落，大部分资源和兵力撤去台湾之后，美国在中国大陆的情报机构的消息来源就显得更加闭塞，以至连台湾国民党军队及其在沿海岛屿防守作战的情况，都不甚了了。它有时甚至还会发出与自己一贯说法自相矛盾的根本错误的信息。比如，1949 年 6 月 16 日中央情报局的报告就断言：西北马步芳和马鸿逵的军队，将能够抵抗共产党对西北宁夏、青海的进攻。而中共这时也暂时不愿意进攻西北，“因为它或许想把西北作为缓冲，以抵御苏联通过新疆向中国进行的扩张”。而实际上，还在一个月之前，中共第一野战军就已经开始大举发动解放西北的作战，并且在一个月之后，即已直击“二马”主力。进而于 8 月 26 日攻占了甘肃省会兰州，9 月 5 日进占青海省会西宁，9 月 23 日更夺取了宁夏省会银川。如此，所谓“二马”战力较强，中共不愿轻易与之交手的判断，显见其推断之毫无根据。至于说中共有意把留下西北作为抵御苏联通过新疆向中国内陆进行扩张的一种缓冲，就更是子虚乌有的猜度了。

总之，依据今天在美国已经公开的大量美国情报机构在中国内战时期的情报报告可知，美国对中国的情报工作在这段时期存在许多问题，因而直接影响到了其情报的质量，特别是其情报的涵盖面和准确度，因此也就自然而然地影响到其情报评估的价值与适用性。当然，即使是凭借各种公开信息，根据常识和逻辑来进行推断，我们依旧得肯定，美国情报分析人员对国共内战总体趋势和中共建国后的政治走向，及其对中苏关系性质和可能存在的矛盾等大的问题的判断，一般还是客观和可信的。也许正是这些内容，构成了这一时期美国对华情报分析评估工作，而不是其基本的情报活动的某种价值所在。

三、透过竹幕看中国：美国情报机构对中国内政的窥探

东北师范大学　张民军

新中国成立后，由于美国拒不承认新生的共和国政权，采取敌视与遏制政策，美国中断了与中国大陆之间正常的外交、商务、文化联系乃至民间往来。美国政府不能通过正常的渠道获取中国大陆的相关信息，就只有依靠中情局、国务院、军方等系统的情报机关，借助各种公开、秘密的渠道以及高科技手段来探听中国大陆的政治、经济、军事、外交、社会等各领域的情报。东方出版中心出版的《美国对华情报解密档案(1948～1976)》的第三编是"中国政治"编，即美国情报机关对中国大陆的政局及社情民意所做的情报分析与评估。

该编共收录28份文件，其中美国国务院的情报报告有13篇，来自中情局系统的报告有15篇。这些报告形式各异，既有情报备忘录，也有情报分析报告与评估报告；所涉的内容五花八门，所以这些文件不成系统，相互间的联系性很弱；而且时间跨度也很大(1950～1966)。编译者出于文件整理及研究的方便，将其按文件的内容粗略地分为四组：建国之初的政治运动与社会状况(9篇)；政权机构的调整与政权的稳定性(5篇)；民众的态度及社会控制(6篇)；中国的发展政策及其趋势(8篇)。当然，比较连续且系统地观察与分析中国大陆政治局势的情报文件当属中情局的NIE13系列文件，《美国对华情报解密档案(1948～1976)》文件集的第一编"中国综合状况"所收录的数份NIE13文件中均有部分内容涉及中国大陆的政局与社情民意，它们与本编的28份文件形成"纲"与"目"的关系，若想比较清晰地了解这个时期美国情报机关对中国大陆政局与社会状况的认知与分析，最好将本编与第一编结合起来研读。

1. 建国之初的政治运动与社会状况

新中国成立伊始，中国共产党就领导全国各族人民开始了创建人民民主政权、恢复国民经济与进行社会改造的繁重任务。1950～1952 年在全国进行了土地改革运动，1950 年 10 月至 1953 年 7 月发起了“抗美援朝”运动，1951 年开展了镇压反革命运动与对知识分子的思想改造运动，1951 年冬至 1952 年进行了“三反”（反对政府中的“贪污、浪费和官僚主义”）与“五反”（对资产阶级工商业者开展的反对“行贿、偷税漏税、盗骗国家财产、偷工减料、盗窃国家经济情报”活动）运动。面对新中国这些剧烈的社会运动与政治变革，美国情报机关的报道与分析总是戴着“有色眼镜”，对新政权充满了敌视与偏见，并为他们失去在华的地位与特权倍感失落。

美国《时代》周刊 1950 年 12 月 11 日的封面，人物是毛泽东。标题是“红色中国的毛”。主画面由红色基调与蝗虫构成，明确表现了意识形态的差异！

美国《时代》周刊 1956 年 3 月 5 日。标题是“红色中国的警察领袖罗瑞卿”，因为罗时任公安部长。如果联想到当时社会上的三反五反运动、反右运动的话，这个手印应当是这个含义！

1951 年 4 月 17 日，美国国务院情报与研究司完成了《关于中国的新闻自由的备忘录》。该备忘录指责中国的新闻界缺乏自由，认为由共产党员掌控的新闻总署通过新华社对新闻媒体实施垄断，全国的报纸必须采用新华社发表的消息，各种报刊的报道千篇一律。它还抱怨中国报刊的数目在急剧减少，西方人熟知的《字林西报》也被迫关闭；一些新闻从业人员因“文化帝国主义”、“造谣”、“间谍”和“与人民为敌”等罪名而受到惩处。诚然，这是新中国的媒体按照中宣部、新华总社于1949年8月25日联合发布的一个指示行事。其实这些措施如关闭旧政权的一些报刊与外国媒体是保护新生政权的必要措施，带有军管色彩，不能用和平时期的所谓“新闻自由”的标准来诋毁这些强制性措施。在禁止西方记者活动的同时，中国允许苏联塔斯社在北京成立分社，所以中国的政策是有针对性的，与当时向苏“一边倒”的对外政策相辅相成。不过，该文件也清醒地看到，中国的媒体在贯彻《关于在报纸刊物上开展批评与自我批评的决定》的指示并不成功，“中国的新闻界已变得胆小慎微，并且不愿冒党的当局的不悦之险。共产党自己已在抱怨新闻工作者显示出不愿触及有争议的问题的倾向。据说，记者们沉迷于对政权的赞扬，其报道中的那些他们认为上级不悦的事实已被剔除。编辑们寻求安全的手法是尽量让其报纸充满了不伤人的(与枯燥的)会议、游行以及讲话的详细报道”。不可否认，我们的媒体在舆论监督方面做得不太令人满意。

关于朝鲜战争对中国的影响，国务院情报研究所《关于朝鲜战争给中国带来的国内压力的报告》认为，朝战给中国的经济特别是财政带来巨大负担，后

倾家荡产捐献“香玉号”飞机的著名豫剧演员常香玉，为志愿军演出。

勤上的要求对中国的铁路系统造成了沉重压力，这个结论是毋庸置疑的。在1950～1952年间，中国的军事国防费用支出分别占财政支出总额的38.19%、45.64%、32.23%，经济建设支出被挤到第二位。不过该报告关于朝鲜战争对中国政治与社会影响的分析显得有些牵强，报告认为朝战继续打下去会引起或加剧中共领导层内部的潜在分裂，苏联会介入中国的国内政策，公众对政权的敌视会加深。“毛（泽东）的政府在耗尽其政治、经济和社会资源方面可能由于战争而要比原计划来得更快。战争已使一系列局势处于骚动状态，虽然这些局势现在尚未处于危急状态，但随着在目前规模上继续进行战争，局势可能就变得严重了。”实际上，中国在朝鲜战争期间实行“边打、边稳、边建”的政策，国内开展了轰轰烈烈的“抗美援朝”、保家卫国运动，极大地提高了中国人民的爱国热情与民族自信心，对新生政权的巩固功不可没。

国务院情报研究所《关于中国开展“三反”、“五反”运动的报告》论述的是建国之初的反腐败运动，其中对“三反”、“五反”运动过程的叙述相当准确，这是因为其大量引述新华社、《人民日报》等国内媒体的报道。就“三反”、“五反”运动深入的程度而言，该报告特别提到了作为党外人士的司法部长史良坦白了两件“资产阶级的浪费错误”——自己出钱把一台冰箱从上海运到北京，以及在她的办公室养花。关于“三反”、“五反”运动的意义，该报告称：中共的这个计划就是摧毁旧中国社会的“基础”，并在中国促进一个新社会的“建设”，提高民众对政权计划的响应，实现政府对国家资源的控制最大化；而且认为这次运动最具决定性的影响是对“资产阶级意识形态”的“中伤”，并通过这种方式对中国私商进行孤立与恐吓。这种看法还算公允，“三反”、“五反”运动本身就是新中国从国家机关与私营工商业两方面对资产阶级不法分子在经济、政治与思想上的一次打击，它确立了新民主主义的经济秩序，为国家计划性的经济建设和私营工商业的社会主义改造奠定了基础。

上海黄浦区的资本家排队向“五反”委员会递交“坦白书”

在建国之初的各类运动中，特别是在土改、镇反、工矿企业的民主改革以及“三反”、“五反”运动中，动员群众开批斗会是惩处、教育和改造旧社会的各种黑恶势力及其成员的一种普遍做法。在国务院《关于中国的“批斗会”的情报备忘录》中，美国的情报分析人员特意编造了一个情节来描述中国当时的批斗会：“受害者是一位不太受欢迎但级别相当高的人，他被发现早晨上班迟到，偶尔吃午饭时用时太长，午饭后酒气很浓，并至少有一次在午间买电影票。于是对这位老板的指控是他已‘腐败’了，不劳而获。在一次小组会议上宣布了对他的指控，宣读者是一位被所有的人视为‘政府代表’中的一员，据称该指控来自低级职员。然后，要求这位老板‘坦白’交待。……（经过‘批斗会’的洗礼后）为了赎罪，受害者表示他将带午饭，按时上班，努力改正其自私态度。……最后，领导说既然受害者已明显认识到其错误的根源，那么就无需对其过于严厉，以至于他用袋子带午饭，但他应该加一个月左右的午班。既然受害者已加班，领导建议每人都要制定一个显眼的加班计划表，以至于所有的人都可以看到他们是如何开展似乎人人都赞成的爱国运动的，领导的‘合理’建议大体上被接受了。”通过这个编造的剧情，该备忘录认为“（把批斗会）看作是对个人的一种外在控制手段将是一个极大的错误。它的目标更为深远——向个人灌输一种精神狂热，造成一种实际的皈依，而正是这种狂热与皈依将使它希望把个人的愿望服从于那些法则并由此服从于国家或党的目标”。批斗会本质上是一

镇压反革命运动

土地改革斗地主

种政治动员或社会动员的方式，一种行之有效的教育形式，美国情报分析人员的认识是深刻的。正如亲身参加土改斗争大会的知识分子朱光潜坦言：“斗争大会的场面是一种情感教育。在这种场面，任何人都要感觉到心像浪一样，要经过几起几伏的情感的激动。我分析我每次当场的情感，可以毫不惭愧地说，我是站在贫苦农民方面，把地主阶级当作对面的敌人来仇恨。……像这样情感的变化不是读书听讲所可得来的，它必须由实际斗争经验才能体验到。”

中共建国初期的反美大游行

国务院情报研究所《关于中国本土的佛教机构及其基本情况的报告》，是一篇冗长的资料汇编，详细论述了大陆佛教（不包括喇嘛教）在民国年间的发展趋势，这也从侧面反映了美国情报系统对中国社会的踏勘与了解是多么的细微。而《国务院情报研究所关于中国佛教政策的情报报告》则专门谈及新中国的佛教政策，认为大陆的宗教政策削弱了宗教组织的权力和影响，实际上是诋毁新中国开展的宗教革新与民主改革运动。

国务院情报研究所《关于中国开展的“仇美”宣传运动的报告》全景式地描述了中共在战后开展的“反美”宣传运动的全过程（1945～1953），重点勾勒了新中国发动的反美宣传运动。该报告指出在新中国成立后的十次政治运动中，“仇美”是经久不变的宣传主题，它归纳出的仇美主题多达八种。就中国“仇美”宣传运动的方式与规模而言，该报告指出：所有的媒体都用于开展这项宣传，但报纸、小册子、小人书与“人工宣传员”是最重要的。据 1951 年 6 月宣布，仅新华书店在 1951 年就将发行 1 亿册反美出版物（新华社，1951 年 6 月 4 日）。为了突出中国当时反美宣传运动的深入程度，该报告特地引述了一位大连宣传员的逸闻——《水坑里的一只脚》：

在清晨，雨后的天空依旧是昏暗的。上班路上的工人们正走在狭窄的街道上。一位工人没有太留心，一脚踩进了一个泥泞的水坑。他把脚从泥浆里拔出来后非常生气。

我(宣传员本人)赶紧向他跑去，问："怎么啦？"

"他妈的！我踩进了水坑！"他生气地答道。

"我也刚刚摔了一跤，我确实诅咒了一通！"

"你诅咒谁？"

"我诅咒美国鬼子"

"为什么你摔倒了反而诅咒美国鬼子？"

"如果美国鬼子不侵略我们，不轰炸我们东北，要不是我们不得不防备空袭，总是处于灯火管制中，我们将让我们的街灯一直亮到早晨，那么我们就不会摔跤或踩进水坑了。你认为除了那些该死的美国鬼子外我应诅咒谁？"

我立即接着说："如果我能诅咒死他们，我一定在我家整天咒他们。但仅仅靠诅咒无济于事。这就意味着我们要更努力地投入生产。"

这时，这位泥泞的工人说："你说得对。"

报告中罗列的事例多来自中国当时的报刊或广播，虽然今天看来有些反美宣传活动实属过火，但在当时的历史背景下，这场反美宣传运动彻底消除了中国社会中普遍存在的亲美、崇美、恐美思想，提高了民族的自尊心与自信心，不啻为一次伟大的爱国主义教育运动。所以该报告不无忧虑地担心，"中共政权强烈的反美宣传活动终究会使共产党完全摧毁过去一个多世纪以来在中国与远东累积形成的对美善意"。

新中国成立后实行"一边倒"的政策，加之对巩固人民民主专政与建设社会主义缺乏经验，所以处处学习苏联"老大哥"。而西方学界与情报界在分析新中国的政权性质及其行为模式时也往往以"克里姆林宫学"为圭臬，到处套用所谓"极权主义"模式。国务院情报研究所《关于中国采取所谓逼供方法的报告》引述了被新中国驱逐出境的几位西方传教士、教师、律师、外交官的一面之辞，污蔑新中国为政治目的对一些外国人动用"逼供"的方法，从而猜测在朝鲜战争中被俘的美军人员会受到逼供。于是该报告断言"既然中共已把(联合国军的)暴行宣传作为战争战略的一个主要部分，大肆宣传其虚假的细菌战指

毛泽东访问苏联

控，那么他们在诉诸这些方法时可能不会犹豫不决，他们能借此非常容易地获得支持其谎言运动的'招供'"。如果我们将这看作美国情报机关对中国大陆"反美"宣传运动的过敏反应，那么该报告中引述的那些事例的可信程度就值得怀疑。国务院《关于新中国政权性质分析的备忘录》更是宣称"在四年半的统治中，中共政权已把中国大陆置于一个统一的、苏联型的专制政府之下，并且制订了旨在对中国生活的方方面面进行完全控制的措施"。这是1950年代到1970年代美国情报机关妖魔化中国的常用手段。

2. 政权机构的调整与政权的稳定性

随着大陆国民经济的恢复，新中国进入了有计划的社会主义建设阶段，要求加强中央的集中统一领导，于是从1952年6月开始，中共中央决定对整个中央人民政府的党政系统做大幅调整。8月，"政务院总党组干事会"被改组为"中央人民政府党组干事会"，直属于中共中央政治局及书记处领导。11月14日的政务院第158次会议决定将东北、华北、华东、中南、西南、西北六大行政区人民政府或军政委员会统一改为"中央人民政府行政委员会"，增设国家计划委员会、体育运动委员会、高等教育部等，其中国家计委的职能是指导中央各部及各大行政区行政委员会、各省市人民政府财经委制订经济文化事业的长期与年度计划，故国家计委又被称为“经济内阁”。国务院情报研究所《关于1952年中国政府机构调整的分析报告》对此进行了深入分析，指出中共对国家机器进行重大改组，旨在准备国家计划，加强中央集权，实现从军管向民管的转变。

一国政局稳定的关键是领导人的有序更迭。对刚从在野的革命性政党转变为执政党的中共而言，在建国之初尚未建立完善的党和国家的领导制度，对领导干部职务终身制与交接班问题尚未形成很好的制度性安排。于是有关中共领导层的稳定问题与毛泽东的“接班人”问题就成为美国情报机关对中国政局持续关注的热点，并将其作为中国政治稳定的晴雨表。从1950年代起，中情局就在其NIE13系列文件中对这两个问题进行连续的分析与预测。下面介绍中情局在1964～1966年间对中国最高领导层加以分析的四份文件。

《关于中国领导层与接班问题的分析报告》指出：(1) 中共的领导层相对稳定，高层的变动很小；(2) 中共的最高领导层可分为两派，即刘少奇、邓小平领导的激进派与以周恩来为首的温和派：“由刘少奇与邓小平领导的激进集团近年来已经明显地占据了主导地位。它牢牢控制了党的机器，往往是毛喜欢的集团。这个集团的人持有原教旨主义者的好战观点，在许多方面像斯大林。他们本质上倾向于雄心勃勃的工业化目标，但是1960年与1961年连续的经济灾害使得他们不情愿地从这种目标后退，把重点放在安全与意识形态问题上。……周恩来似乎领导着一个温和的集团，在政治局层面，该集团被认为包括外交部长陈毅、财政部长李先念与国家最高经济发言人与计划者李富春(它也包括未失势前的陈云)。把周形容为一位温和派，应该考虑到这个事实，即作为总理的他，不允许像党的其他领导人那样有更多的机会去表明自己的意识形态狂热，而且他总是忠实地支持甚至非

美国《时代》周刊1959年10月12日的封面，人物是刘少奇。左上角的文字是：红色中国的第一个十年，工作，清洗(如果是指政治运动的话)，失望。从画面上看，刘的表情不轻松，背景是无数的蚂蚁，高举着红旗。

常激进的毛的政策。”(3) 领导层日益年迈多病，特别是毛泽东的健康状况不容乐观；(4) 毛泽东的潜在接班人的顺序是刘少奇、邓小平；而中共的下一代接班人则是一个多达 800 人的更加保守的第二梯队。该报告分析说：“毛公开指定的接班人是刘少奇，刘自 1945 年以来就是毛在党内的第一副手。(北京)在 1959 年采取了加强刘的声望的重要一步，那年毛把中华人民共和国主席的职位让给了刘——而保留了党的主席这个更重要的职位。虽然国家主席的职责很大程度上是仪式性的，但是这次转让通过把他确立为名义上的国家元首与授予他迄今只有毛独自使用的‘主席’称号，加强了刘的威望。……现年 66 岁的刘几乎与毛一样年老体弱，政权面临着确立接班路线上的第三人的问题。多数的西方观察家，包括在北京的外交官，相信在毛与刘之后，接班人将传给党的总书记邓小平，而不是传给他名义上的上级，相对温和的周恩来。”这些观点对错参半，基本上沿袭了中情局自 1950 年代以来关于中国政局走向的看法，既没有认识到自 1962 年的“七千人大会”以来毛泽东与在中央主持“一线”工作的刘少奇、邓小平等人的政策分歧，也没有反映出八届十中全会后愈演愈烈的“左”的偏差对中国政局走向的可能影响。

《关于中国领导人健康状况的情报备忘录》详细地谈及了毛泽东的健康状况及其可能患有的疾病，认为毛泽东患有心血管方面的毛病，可能还有帕金森氏综合征。对于其他领导人的健康状况，该备忘录说周恩来正被繁重的工作折磨得疲惫不堪，偶尔也有关于刘少奇的报道，他似乎很疲劳，但显示没有大碍。党的书记邓小平与北京市长彭真在公开场合中给人以非常健康与精力充沛的印象。虽然当时中国党政领导人的健康状况属于最高机密，但中情局还是运用各种方法来分析推断，其中包括中国领导人接见过的外宾的印象、领导人公开露面的频率及其神态以及各种道听途说的消息。事实上毛泽东晚年多病，患有慢性气管炎、白内障、肺心病、脑血管疾病等老年人的常见病，中情局的推断显然大体符合实情，这也让我们不得不惊

1950 年代宣传画：在毛泽东旗帜下前进

叹中情局情报收集与分析能力之强大。

《关于中国政治问题及其前景的评估报告》继续就接班人问题、中国的社会主义道路问题进行分析与预测。关于接班人问题，该报告的结论不变：即“毛泽东一直在准备着权力有序地转让给政府的现任主席，67 岁的刘少奇。刘似乎至少像毛一样是一位好斗的教条主义者，虽然刘是有能力的，且对工作专心致志，但他缺乏几乎是传奇色彩的毛的魅力与威望。如果刘没有毛活得更长的话，党的总书记邓小平与政治局委员彭真似乎是最高职位的最有力候选人，他们两人大约均是 65 岁。虽然现年 67 岁的周恩来有资历、地位与声望，但他可能认识到他在党的组织内缺乏足够的力量去接管最高职位。最高的军事领导人林彪长期健康欠佳，因此尽管他相对年轻(57 岁)，却是一位不太可能的候选人”。关于中国未来的政策走向，该报告认为自“大跃进”失败以来，领导层的革命目标与人民群众的目标之间的分歧日渐扩大，该报告不无远见地料到：“我们相信现在的领导人将不会让步，他们似乎日益教条与顽固。因此，未来几年的前景是(政权出台一些)造成日趋紧张的经济与社会计划。”实际上，为了阻止 1961～1962 年间在农村部分地区出现的“三自一包”现象，中共在八届十中全会后发起了城乡社会主义教育运动和意识形态领域的批判运动，以唤醒群众的政治冷漠，教育群众接受其集体主义的道路，但结果是阶级斗争扩大化的“左”倾思想越演越烈，社会状况愈发紧张。

《关于中国领导层人事变动的情报备忘录》完稿于 1966 年 6 月，对 1965 年 9 月至 1966 年 6 月期间中共领导层的变动及其未来趋势做了分析。该报告认为随着彭真的倒台，中共将开始一场真正的权力斗争，而且认为这可能是毛泽东时代谢幕的开始。关于中共最高领导人的动向，报告认为毛泽东可能丧失了能力，其地位似乎已被削弱，其目前的角色尚不确定；刘少奇的地位正在被削弱，其党内的地位已经下降；党的总书记邓小平似乎要取代刘少奇成为显然的接班人；周恩来似乎在设法远离斗争；而林彪不可能是一位最高权位的竞争者。报告还认为如果这场斗争过程漫长，它将演变为混乱。中情局的这些分析良莠不齐，特别是“文革”已经开始，而美国情报分析人员却依然坚信“由于他长期的疾病与缺席公众生活，林彪本人真心追求高位是不可能的”。相反他们认定的邓小平则很快作为中国走资派的第二号人物被打倒，而林彪则成为毛泽东的接班人，并史无前例地写入党章。当然这份报告也有令人称

美国《时代》周刊 1951 年 6 月 18 日的封面，人物是周恩来。标题是：共产主义者周恩来。

美国《时代》周刊 1966 年 9 月 9 日的封面。封面人物是国防部长林彪。右上角写着：中国人的噩梦。不知是在说林彪，还是在说刚刚开始的“文化大革命”。林彪身后的“二”字，表明了他是当时中国的第二号人物！

奇的论断：“相信一场争夺毛泽东衣钵的斗争已经爆发，而且将一直斗到毛最后逝去而其接班人能够巩固权力时为止”；“领导人间的斗争主要围绕权力而不是问题，其公开表现形式体现在绝对的革命纯洁性与对毛泽东思想的绝对忠诚方面”。相信将这些论断与“‘文化大革命’编”中的相关文件联系起来阅读会更有裨益。

3. 民众的态度及社会控制

1956 年是国际共产主义运动的“多事之秋”，从苏共二十大上赫鲁晓夫批判斯大林的“秘密报告”到波匈事件，都给国际共运带来巨大冲击；在中国国内，农村地区发生了闹社风潮，在城市则出现了罢课、罢工、请愿事件。这些因素促使中国共产党进一步独立思考与探索社会主义道路。1957 年 2 月 27 日，毛泽东作了题为《如何正确处理人民内部的矛盾》的秘密讲话，认为中国没有发生匈牙利事件的危险，要求把正确处理人民内部矛盾摆在第一位，认为中国的局势只是“风乍起，吹皱一池春水”。3 月 1 日，毛泽东在《在第十一次最高国务会议作结束语的提纲》中进一步提出“百花齐放，百家争鸣”，并说：“马克思主义是不怕批评的，应当允许批评，批评政府不犯罪。”3 月 12 日，毛泽东在《在中国共产党全国宣传工作会议上的讲话》中继续就如何正确处理人民内部矛盾、“鸣放”问题、知识分子思想改造等问题进行说明。

国务院情报研究所《关于毛泽东 1957 年 2 月 27 日秘密讲话的分析报告》对毛泽东发表这份“秘密讲话”的国内、国际背景及意义作了深刻的阐述，报告称：“该讲话是他自 1949 年以来主要的思想声明，将在共产主义阵营中产生重大的反响。虽然在为发表而对讲话进行的修订中，毛已大大削弱了其论点的新颖性，他的论点是社会主义国家存在人民与其共产党领导人之间的‘矛盾’，他坦承中国共产主义体系中的弱点。”的确，这篇讲话在理论和实践上都具有重要意义，它指明了社会主义社会的基本矛盾及其特点，明确提出正确区分和处理两类不同性质的矛盾，规定了正确处理人民内部矛盾的一系列方针政策，是对科学社会主义理论的一大贡献。

中情局的文件中有相当一部分是分析中国社会各阶层与政府间的关系问题。该问题涉及三方面：(1) 民众对政府（用美国情报机关的话来说就是中共政权）的态度；(2) 政府对民众的管理与控制方式；(3) 民众反抗以及政权的异己力量对政权的威胁程度，他们期望从基层的干群关系来判断中国大陆的社情民意。《关于 1962 年 5 月广东边民外逃香港事件的研究报告》、《关于 1960 年“信阳事件”的研究报告》与《关于中国的异议与反抗潜力的研究报告》是中情局关于中国的“异议与控制”问题的三份系列报告，旨在关注中国社会存在的所谓消极反抗、积极反抗以及政府的应对之道。

《关于 1962 年 5 月广东边民外逃香港事件的研究报告》分析的是 1962 年 5 月广东出现的大规模偷渡香港事件，该事件被海外媒体称之为“五月大逃亡”。该报告分三部分：(1) 广东边民外逃事件的起因（粤港移民的背景、1962 年削减城镇人口的政策与广州的人口压力）；(2) 五月大逃亡的过程；(3) 外逃事件所体现的异议本质与政府的应对措施。该报告认为“1962 年 5 月从广东省向香港的大规模外逃是一个突出的不容置疑的例证，即异议情绪在华南那个人口稠密的地区是普遍的，并无疑已表面化了。这些异议主要源于广东省业已存在的严重经济状况，但逃亡本身是由极少数情形中的一种所导致，在这种情形下，严格管制被故意放开。这次逃亡达到其显现的程度则源于北京当时对地方当局实施的监督相对宽松”。《关于1960年“信阳事件”的研究报告》也分为三部分：第一部分是“信阳事件”发生的背景与原因，指出河南的“大跃进”与人民公社化运动的失败导致群众由不满转为公开的反抗；第二部分是所谓的“反抗”，即信阳地区社会秩序的崩溃；第三部分是“控制”，即政府派驻军队帮助地方恢复社会秩序与发展生产。其结论就是：“1960年的后半年对中共政权而言是一个全国范围的紧张时期。农村公社的过度发展、构想拙劣的‘大跃进’计划的破产以及普遍歉收导致几乎各地都出现纪律败坏、法律与秩序局部崩溃的局面。在多数地区，当地的治安力量能够应付动荡的局面，但是在河南省——这是后来从缴获的机密军事文件中得知的——治安状况变得如此严峻，以至于政权被迫动用正规部队来恢复秩序作为最终的解决办法。”关于1957年的“反右”运动，中情局认为：“北京对知识分子中存在的反共情绪的强烈程度的估计是完全错误的，这种情绪近乎表面化。此外，它错误地相信依靠包括学校在内的许多机关干部，就可以把批评控制在一定范围内。领导们自身在对付始料未及的回应时就显出了最初的慌乱与怀疑，而这些回应正是他们邀请来的。最终，当局

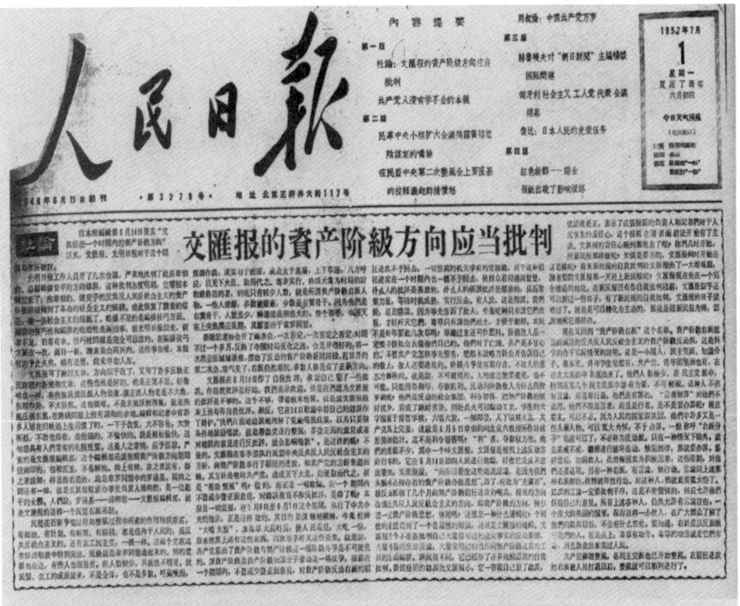
人民日報

1957年7月 1

社論

文匯报的資产阶級方向应当批判

1957年7月1日刊登的由毛泽东撰写的《人民日报》社论，文中点了浦熙修的名。

“反右”时批判《文汇报》

在‘反右’运动中显而易见的是要努力认定反抗的背后有一个组织和阴谋，并极力谴责某些杰出的非党人士领导了这次反抗，这显示出北京在这一事实上的尴尬，那就是如此众多的异议人士能够同时以相同的方式自发地行动。”近年来学界对 1957 年“反右”运动的研究基本上证实了中情局的上述论断。

《关于中国的异议与反抗潜力的研究报告》是有关中国的“异议与控制”问题系列研究的一个总结。该报告对新中国在建国后的十余年间所遭遇的三次大规模群体性事件进行比较研究，归纳出这些群体性事件的一个共同过程：基层控制的薄弱状态—群众不满与异议情绪的爆发—政府反应的迟滞—政府的“压制”—反抗的销声匿迹。报告认为这些所谓的反抗未对当局造成严重威胁，群众中的异己分子对武力“压制”的威胁极度敏感；虽然这些是消极的、无组织反抗，但它显示了中国大量未组织起来的知识分子、青年与农民有一种非凡的能力，能够利用政权控制机关的基本弱点来协同行动。同时该报告也详细分析了中国政府的应对之策，即在青年中开展“学雷锋”活动并加强共青团的工作；对知识分子进行政治灌输与思想改造，开展意识形态领域的批判运动；在农村发动社会主义教育运动以唤醒农民的冷漠。

中情局在 1964 年 3 月 16 日的一份文件《中国面临的知识分子中的异议问题》中引用中国漫画家华君武的两幅关于当时粗暴对待文化遗产问题的漫画。

中情局《关于中国民众的态度与士气的特别报告》则是“异议与控制”系列研究的扩大，该报告关注的对象不仅有农民、青年、知识分子，而且将基层党员干部与军人对政府的态度及其士气纳入分析的范围。报告认为：“直到 1958 年，北京政权一直得到多数中国民众的普遍赞同。自‘大跃进’的失败与 1959～

1961 年的经济灾难以来，领导层的革命目标与人民的目标间的分歧已经扩大，后者的目标是‘个人的、实物主义的’。政权能够博取顺从与服从，但它不能从群众的政治冷漠中唤醒他们。领导层意欲重新采取一些措施来恢复以前的革命锐气，并为此目的一直在开展持续与强烈的‘政治灌输计划’。目前，这些计划似乎很大程度上是无效的。”

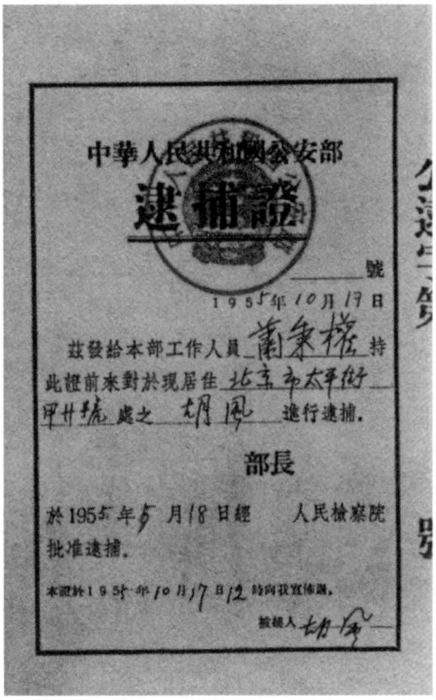
中華人民共和國公安部

逮捕證

號

1955年10月17日

茲發給本部工作人員 蘭象樑 特此證前來對於現居住 北京市太平街甲廿號 處之 胡風 進行逮捕.

部長

於1955年5月18日經 人民檢察院批准逮捕.

本證於1955年10月17日12時向我宣佈過.

被捕人 胡風

1955 年，中华人民共和国公安部签发的逮捕证。

中情局《关于中国“压迫”知识分子的特别报告》在很大程度上是《关于中国的异议与反抗潜力的研究报告》的一个补充，它集中讨论了中共在意识形态领域发起的批判运动。报告指出：“北京想当然地认为所有的知识分子都是异议人士，正在强迫几乎所有的重要精英去从事艰苦的体力劳动，这是长期且累人的定额劳动。知识分子必须将他们绝大部分的‘自由时间’用于政治说教与有监督的毛泽东著作的学习。”“北京的目的是全面的思想控制——用毛泽东的粗糙的、原教旨主义的哲学教导全体知识分子——但在这方面，政权是失败的。虽然我们对知识分子的心态知之甚少，但现在的所知表明许多人或多数人对中共深感疏远与不满。”而事实是，在中共八届十中全会上，毛泽东把社会主义社会中仍在一定范围内存在的阶级斗争作了扩大化和绝对化的论述，强调“千万不要忘记阶级斗争”，阶级斗争必须“年年讲、月月讲、天天讲”。于是在阶级斗争扩大化的“左”倾思想指导下，对文艺、经济、历史、哲学等学术领域的作品、观点与代表人物进行错误的政治批判，混淆了学术问题与政治问题的界限，严重妨碍了中国文艺事业与科研工作的发展。

4. 中国的经济政策及发展趋势

中情局最初的情报评估是由报告与评估办公室(ORE)提供的，不过其评估经常集中于短期分析而不是长期预测，中情局《关于中国大陆 1950 年可能发生饥荒的分析报告》就是一例。该报告分析由于 1949 年的普遍干旱与洪灾可能会导致中国大陆在 1950 年发生严重饥荒，不过它也承认虽然农村地区的动乱可能会妨碍中国稳定的政治和经济建设，但不会对共产党政权造成严重威胁，共产党也不会寻求美国或其他非共产党国家的援助。

到 1952 年，新中国恢复国民经济的任务胜利完成，并开始了部分重点建设项目，在年底对国家的行政机构进行大规模调整，以迎接大规模的经济建设。国务院《关于中国 1952 年发展趋势的分析报告》对中国 1952 年的发展成绩——党的建设、"三反"和"五反"运动、农村互助组的建立及政府的重组——予以充分肯定，指出："在 1952 年期间，中共政权实施了一系列措施，旨在创造一种国家有实力的局面，这将使中国继续承受朝鲜战争的负担，同时为国家计划和工业化的一个未来规划奠定基础。"

中情局《对中国国庆十周年庆典的预测分析报告》写于 1959 年国庆前夕，报告的序言称："在讨论北京庆典的各种可能时，我们应既明确又模糊地提出自己对中共政权历程的评估，对其近来与长远的未来进行预测。"于是该报告

1950 年代末欢呼三面红旗的游行队伍

就从国际共运(特别是中苏关系)、民族解放与政治统一、对党的赞颂、军事力量的展示、经济转型、社会与文化的变迁等六方面来分析与预测中国未来的发展方向。不过该报告的许多分析与预测是错误的,例如其分析中苏关系及国际共运的立论基础是“单个共产党国家的外交政策服从于国际共产主义的更高目标。我们相信苏联或共产党中国的领导人均不会承认在传统上被视为的‘国家利益’与从事为共产主义运动的世界胜利的活动之间存在任何根本冲突”。但实际上社会主义阵营并非没有矛盾,而中苏两党间的矛盾竟在苏共总书记赫鲁晓夫参加中国国庆十周年庆典之际爆发。在对中国国内政策的分析中,该报告虽然宣称缺乏关于政策调整的重要线索,却准确地预测到中国将会坚定地宣布人民公社是中国社会主义走向共产主义的桥梁。

海外情报活动总统委员会《关于中国未来发展趋势之分析及美国对策的报告》写于 1960 年 5 月,该报告通篇都是中国威胁的陈词滥调,认为“红色中国日益显现的力量和影响为美国和自由世界提出了一个愈加危险的问题”。却对中国“大跃进”运动带来的灾难性后果视而不见,所以其结论经不起考验。其报告的后半部分是美国已经或将要采取的针对中国大陆的庞大情报计划,也许上述夸大中国威胁的论调正是为了让“美国政府应更多地关注和推动那些旨在影响红色中国发展并抵制其在海外扩张影响的行动”。

中情局《关于中国 1961 年局势的分析报告》只对中国 1961 年的国内经济与社会形势进行分析,指出中国大陆正处于严重的国内困境之中:粮食供给不足,苏联专家的撤离与经济管理不善,工业化计划严重受阻,公社试验已经中止,外汇几乎耗尽;民众士气处于 1949 年以来的最低点,干部和地方官员中出现了纪律松懈的现象,献身精神低落,公开反抗地方政权的事件也零星出现。

国务院情报研究所《关于中国 1960 年代初的粮食危机及其影响的研究备忘录》则集中分析了中国在三年困难时期的粮食问题,并提出了解决中国的人口—粮食危机的办法,即实现农业现代化与实行计划生育政策。该报告认为 1950 年代是革命的十年、幻想的十年,而 1960 年代则是重建的十年与幻灭的十年,中共必须采取温和、稳定的补救措施,进行实质性的改革才能摆脱困境。但实际上中国的内外政策在 1962 年的八届十中全会后更加“左倾”,该报告猜想“北京总体的经济困难可能会鼓励它把注意力集中于国内事务,这有助于它在 1960 年代的外交政策上采取一条更温和的路线”。这显然是美国国务院的

在“超英赶美”的口号下，全民大炼钢铁，结果是得不偿失，劳民伤财。

美国《时代》周刊1963年9月13日的封面，这张图说明了太多的问题，如“大跃进”、三年困难时期等。

一厢情愿。但实际上中国大陆在1960年代的对外政策更加激进，这也的确表明美国的情报分析专家不太了解大陆。

中情局《关于中国1960年代初的经济思想与实践的特别报告》继续就“大跃进”失败后的中国经济思想与政策进行梳理，指出中共寻求解决迫切的经济问题已历经了三个明显的阶段：1960年末和1961年的削减开支阶段；1961年末到1962年夏是经济自由阶段；1962年9月后是自由主义的倒退与社会主义正统的回归阶段。虽然报告认为现在政策的走向(后退抑或是又一次“大跃进”)尚不确定，但认为现在的中国领导层似乎坚定地相信严厉的政治指导的效力。

中情局《关于新中国成立15年来国内政策走向的分析报告》长达190多页，完整地论述了从1949年至1963年12月期间中国国内政策的发展历程，归纳出15年来中国大陆发展的路线就是“跃进”—退却—“大跃进”—大退却—经济调整—“大踏步前进”(受控的跃进)。报告认为：“在评估共产党中国的国内政策之未来方向的过程中有一个至关重要的问题，即毛泽东及其副手

1958 年农业“大跃进”放卫星地图

们在多大程度上从其经济发展的‘跃进’方法的失败中吸取了教训。在着手回答这个问题的过程中，本文将努力再现中共在对一个人口稠密的不发达国家实行工业化的经济状况下所经历的痛苦的受教育过程。”该报告一针见血地指出：“他们已吸取了一些教训，但他们并未学到最重要的教训——即‘跃进’战略本身是有缺陷的——而且他们因而可能发动另一次‘跃进’，或许就在 1966 年。”中情局的这个预言不幸言中了，在中国的社会主义现代化建设过程中，令人记忆犹新的就有 1958 年的“大跃进”与 1978 年的“洋跃进”两次教训，“跃进”战略本身的局限性是值得中国学者继续深入探究的一个主题。报告还认为中国的国内政策走向深受苏联的影响，另外就是毛泽东倡导的看法与政策在中国国内政策的制定过程中至关重要，即该报告所言：“我们认为对共产党中国的国家发展政策的任何评估必须集中于毛泽东的人格与观念，他已承担起一个现代列宁的角色。”

现在呈现于我们面前的这些美国情报报告已经是四五十年前的文本了，是美国情报界“透过竹幕看中国”的成果，作为美国官方认识中国的一个平台，这些文件反映了其对华政策的认知理念与思考方式。这就要求我们在分析、研究这些文本时采取历史主义的态度，不溢美、不隐恶，尽量将其放在当时的历史语境中加以考察，而不是采取“后见之明”的态度，以冷战结束将近 20 年后的新语境来苛求 20 世纪五六十年代的美国情报分析专家。

首先，我们要充分认识到这些情报文件中所蕴涵的一些真知灼见，抛开那些刺耳的言辞，找寻值得我们深思与借鉴的点点滴滴。例如在有关中国的新闻报道的分析中，美国情报人员发现了大陆媒体在舆论监督方面的谨小慎微。在关于中国的异议与社会控制的系列研究报告中，我们也不难看到物资刺激与精神激励、中央与地方、国家与个人、干部与群众之间的矛盾与冲突。在关于新中国成立 15 年来国内政策走向的分析中，中情局的专家告诉我们“在中共发展政策中持续紧张的另一个根源在于北京的雄心与其极少的实现手段之间的根本矛盾，它的雄心是迅速成为一个主要的世界强国。似乎正是这种目标与手段间的根本不相容迫使中国领导层采用激进的创新来试验，这种创新是在继续寻求一条工业化与大国地位的捷径。虽然毛泽东与中共党内居支配地位的领导人无疑已从‘大跃进’的时期所犯的无节制与不能容忍的错误中吸取了许多教训，但他们似乎没有吸取最重要的教训——‘大跃进’战略本身无法解决共产党中国经济发展的复杂问题”。

其次，我们也要清楚美国情报机关在对中国大陆局势进行的分析与预测中，对错参半，鱼龙混杂，甚至闹了不少笑话。究其原因，大致如下：

第一，情报来源的失误与局限所导致的情报分析错误。1950～1966 年，中美两国正处于尖锐的冷战对峙期，双方的官方乃至民间往来基本断绝，所以美国对新中国的认识主要依靠其庞大的情报系统，就本编收录的对华情报报告而言，其消息来源大体分为四类：第一类是中国大陆的各种公开媒体，如报纸杂志、广播影视等，这是美国情报机关在冷战期间了解中国的主要渠道。在本编的情报报告中被引用最多的是《人民日报》、《红旗》、《解放军报》以及北京广播电台(即中央人民广播电台的前身)，其次是诸如《北京日报》、《河南日报》、《南方日报》、《中国青年报》等中国的省级、地级的地方政府及中央各部委所办的报章杂志。第二类是那些赴华旅行或访问的外国人士的信息，从其口述或印象中推测中国局势。他们在某种程度上承担起了中美关系的“传话筒”或桥梁角色，是美国了解中国的一扇窗口。第三类是来自香港等地的中国内地逃亡者的报告。前美国驻华大使李洁明就指出中情局通过雇佣中国难民与海外华人在中国大陆的间谍虽然能够观察到诸如雷达站与机场等目标，但这些信息仅有微小的价值，更重要的是他们从这些间谍得到了有关中国“大跃进”的灾难性后果的第一手报告，而这些关于中国内部混乱的情报才是有价值的。第四类就是从其他渠道获取的关于中国的消息。如西藏叛乱分子在 1961 年对中国边防军人的一次袭击中曾得到一批军内文件，而中情局对 1960 年“信阳事件”的分析就是依据这批解放军的机密文件。

既然美国情报机关获取中国情报的来源如此广泛、复杂，其获取的情报与资料有限，加之许多资料本身就不可靠，因而大大制约了情报分析与评估的深度与预见性。例如中情局于1964年3月提交的《关于中国领导层与接班问题的分析报告》就显示了其掌握的中国最高领导层的基本信息既不准确又不全面，姑且不论其给当时24位中共中央政治局委员与候补委员中的8位戴上诸如“不活跃”、“年老”、“失宠”等帽子是否合适，至少该报告将其中8人的年龄都弄错了。在对刘少奇的介绍中，说：“他在东南亚访问中由其第二任夫人陪同——这是一位年轻、有魅力的女人，他们于1960年结婚——她在其位置上留下的印象要比刘少奇好得多。”更荒唐的是该报告对邓小平的介绍：“与党的其他高层领导人不同，邓的妻子从来没有与他一同露面。很可能，邓未婚。”所以中情局的专家也不得不坦承他们对邓小平的私生活实际上一无所知。

第二，情报分析自身固有的缺陷。情报的分析与处理要受分析者过去的经验、教育、文化价值观、角色要求、体制规范以及所获情报的特性的强烈影响，即所谓的心理模式、心理定势、偏见或分析假设。在美国情报分析人员对中国大陆的研究中，有一个暗含的“斯大林模式”、“苏联模式”或“克里姆林宫学”作为分析中国的参照系。例如中情局的情报分析往往把毛泽东比作晚年斯大林，或把毛泽东与赫鲁晓夫进行比较，把周恩来比作米高扬等等。

此外，当美国情报界对中国不理解、不了解时，就自然采用他们熟悉的文化与知识架构来解释中国，难免发生削足适履的情况。例如在中情局对中国领导层的分析过程中，会自觉或不自觉地对他们进行派系划分。虽然中情局《关于中国领导层与接班问题的分析报告》指出有关中共内部的派别活动实质上是一种基于推测的猜想，但还是把中共的最高领导层分为两派，即所谓的刘少奇与邓小平领导的激进派(或曰教条主义者)与以周恩来为首的温和派(或曰实用主义者)。

还有一个因素是美国情报人员对新中国的偏见，这些情报文件中充斥着咒骂与恶毒攻击新中国政权的言辞，如描述三年困难时期大陆民众心态的用词是“幻灭与冷漠”、“绝望与顺从”。

总而言之，这些情报文件是冷战时期中美关系的特殊产物，固然带有时代的局限性与强烈的意识形态色彩。当我们今天心平气和地通过“敌人的眼睛”重新回顾共和国曾经走过的风雨历程时，仍可以发现我们在内外政策上的诸多失误与所受的挫折,美国情报分析人员以一种局外旁观者的姿态给我们指出了诸多的政策失误与教训,其中有的仍然值得我们深思与反省,这些情报报告无疑就是审视共和国历史的另一面镜子。

四、第三只眼：对中国经济的精准判断与深刻分析

华南师范大学　姚昱

如何看待中国经济发展这一问题是近年来国内外一致关注的热点问题。值得注意的是，美国一些学者在短短几年内就先后抛出了差别极大的"唱衰论"、"妖魔化论"和今天认为中美两国将并驾齐驱的"G2论"，这些看法不仅在中国国内引起了巨大的反响与争议，更让人不仅要提出这样的疑问：美国是否真正了解中国？

其实美国国内对中国经济不乏以客观严谨为基础的真知灼见，其代表正是负责评估中国经济状况的、以中央情报局为首的美国各情报部门。由于肩负着向美国决策者提供尽可能客观公正而且完整的情报评估资料，这些情报部门既竭尽全力地力求全面掌握中国经济信息，更尝试客观严谨地评判中国经济的实质与趋势，以便为决策者提供可靠的参考。即使从今天的角度来看，美国情报部门对中国经济状况与发展趋势的评估也是十分全面。就研究对象而言，既有对中国单个产业部门的分析，也有对中国总体宏观经济的判断与预测，更有对中国对外经济联系的研究。从时间范围上来看，美国情报机构既会根据现实情况的发展对中国经济发展进行短期评估，也会总结以前经验教训、对中国长期经济发展趋势进行深入的分析与预测。由于美国对中国经济的情报评估主要分为两大部分：对中国国内经济的评估，对中国与不发达国家经济联系的评估，因此，我们分别从两个方面来进行论述。

1. 中国国内经济

总的来说，美国情报机构对中国经济的认识有一个逐步发展的过程，这是由两个方面的因素所决定的。首先，美国所获得相关信息乏善可陈。虽然美国情报机构不仅从报纸、电台广播、领导人讲话中搜寻信息，更大量访谈中国离境者和访问中国的外国人，但效果依然不佳，这与中国本身经济统计与信息发布工作十分不足有关。中国经济统计部门于1950年代初步系统建立，虽然仿效苏联，但统计人才缺乏、方法落后。其后便因“大跃进”引发的经济混乱而彻底瓦解。此后经1960年代初的缓慢恢复，至1960年代中期又因为经济政策突变与“文化大革命”而再次陷于停顿之中。相应的统计数据公布工作也只限于1950年代。在这种客观条件下，美国政府相关情报中的数据质量自然受限，而出现一些误判也在所难免。不过总的来说，美国情报机构搜集经济信息时力求客观谨慎，并不断调整其分析工具与方法，到1960年代末已逐步缩小可能出现的误差。其次也是最重要的一点，那就是美国情报机构对中共领导人，特别是毛泽东的认识，经历一个由浅入深的过程。但无论怎样，从今天的角度出发来重新对照历史事实，美国情报部门在各个时期都提出的各种颇有见地的看法与分析都令人惊叹，特别是它们后来在分析与预测上日益走向成熟精准与深刻，更是值得国人深深反思。笔者认为，站在中国经济已经发生巨变的今天，国人阅读这些文件时更应注意的是当时美国情报专家们观察中国经济状况、研判中国经济发展症结的角度与方法。这些情报文件一方面的确展现了冷战与中美两国对立所产生的历史印记，但另一方面，它们的一些分析角度、预测结论却十分深刻，令人不禁感叹中国通向现代经济强国的道路曲折而又艰难。

对中国经济进行情报评估的工作主要由中央情报局承担，其研究评估的结果主要体现在国家情报评估(简称 NIE)13 系列中。NIE13 系列文件专是以中情局名义向美国情报界提交并得到美国情报界其他情报机构首肯的最高情报评估形式，专门负责处理中国的全面状况。NIE13 系列文件除了系统整理有关中国经济的信息以把握中国经济的现实状况之外，更尝试深入分析影响中国经济发展的深层次因素，以求对中国经济发展做出中长期预测。为达到目的，在中国经济数据来源十分有限的情况下，以中情局为首的美国情报机构竭尽所能加以搜集信息，并不断紧跟中国现实情况的变化而调整其分析的角度与看法。这一特点在1960年代表现得特别明显，每当中国国内外发生重大事件之后，中情局必会立刻完成一份专门关于中国经济状况的NIE13文件。由于缺乏系统完整的信息，中情局的情报评估文件未能对中国经济状况进行量化研究，在初期只能以叙述的方法粗略描述中国经济的状况，并在短期预测方面存在着许多问题。但是经过长期的积累，中情局情报专家们分析中国经济状况的方法日趋成熟，除了对中国经济状况进行较为全面细致的描述与分析之外，更尝试引进新的宏观经济研究方法来观察中国。例如，到1960年代末，美国政府情报部门已经开始尝试利用产生于发达的市场经济国家，并被世界大多数国家广泛采用的国民账户体系，来考察中国国民经济各部门之间的经济联系、国民投资情况等问题。而中国从2003年开始才正式使用这一体系(1984～1992年为试行阶段)。

(1) 被低估了的一五计划

1950年代为美国政府对中华人民共和国的经济情报评估工作的初步展开阶段，不仅没有专门评估中国经济状况的NIE文件，而且由于对中共的不了解，美国情报机构低估了中国经济工业化与现代化的第一步——第一个五年计划。

第一个较为详细分析中国一五计划的是中情局分析中国整体局势的NIE13－54文件(1954年6月3日)。由于当时中国一五计划尚未编制完成，因此该文件只能进行预测：一五计划的大致目标是实现1957年国民生产总

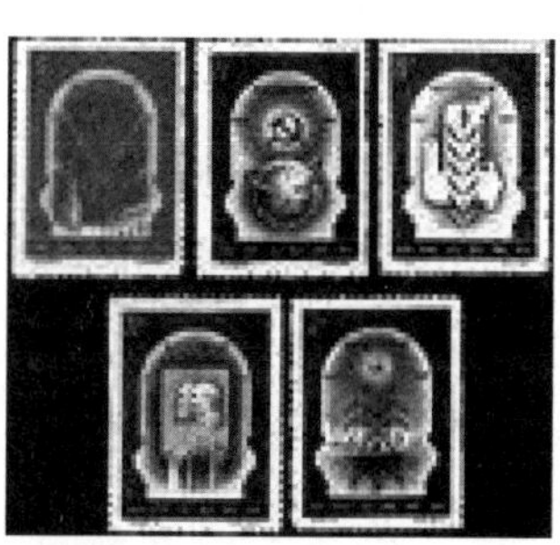

第一个五年计划及第一个五年计划完成的纪念邮票

值比 1952 年增长 20%～25%左右(年增长率约为 4%)。相比中国 1955 年正式公布的一五计划以及后来一五计划实现了国民生产总值增长 70.9%的事实来看,NIE13－54 文件的这一估计显得过于保守,这主要是因为美国情报机构认为中国经济基础十分落后。该文件指出,中国国民经济虽然历经三年恢复,但仍以农业生产为主。要以这样的经济基础来实现一五计划,中国的农业部门必须同时承担三项任务：喂养日渐增多的人口、向工业提供原料、出口创汇以支付资本物进口。其次中国领导人还必须能够有效地控制消费,以保证将中国的资源尽可能多的用于生产上。再次,中国领导人也必须争取到苏联的大规模援助。此外,避免农业合作化这样的社会经济改革运动影响到经济发展、解决缺乏足够的科研管理人才来建立高效的经济管理机制的问题,也是摆在中国共产党领导人面前的棘手问题。但 NIE13－54 相信,中国政府可以解决这些问题,并能基本实现 1957 年的预订目标。

值得强调的是,NIE13－54 所关注的农业基础薄弱、政治运动干扰与人才缺乏这几个问题,的确都是中国此时与今后经济发展中最难以解决的问题。这说明中情局的经济分析专家们对中国经济发展有一定的认识。但是 NIE13－54 的失误在于低估了中国政府进行社会动员的能力与社会主义改造进行的顺利程度。

这种对中国经济发展的保守观点也影响到了 1956 年 1 月 5 日完成的 NIE13－56 文件。该文件意识到估计过于保守的症结在于未能料到中国迅速完成进行了社会主义三大改造,后者保证了中国政府能够全面控制中国经济资源并加以重新配置以保证重工业的资源投入,同时又提高了农业、手工业与资本主义工商业这些部门的生产效率。NIE13－56 文件认为,加上苏联的大规模援助以及中共政府对中国消费的有效控制,中国有可能实现工业的快速增长,但难以实现农业与工业的预定目标,这是因为 NIE13－54 文件提出的中国经济发展所面临的长期问题——特别是农业要承担三项重任的问题——仍然存在,而且农村的合作化运动会损害农民的积极性。而农业发展的滞后会拖工业发展的后腿。

一五计划在 1956 年的提前完成,迫使中情局不得不在 1957 年 3 月 19 日 NIE13－57 文件中重新评估一五计划。NIE13－57 承认对一五计划工业发展的估计过于保守,因为中国工业的发展已经达到并超过了一五计划的预计目标。但 NIE13－57 坚持之前文件对中国农业发展的分析，认为中国农业不得不承担的三项重任以及中国政府对农业的相对忽略，导致了农业未能实现预计目标。这一点为后来的研究所证明，一五计划期间中国农业增长指标的确制定过高，而且农业增长缓慢对整个国民经济产生了严重影响。该文件强调，如果中国政府解决不好这样两个问题：一是在农业合作化过程中如何保持与刺激农民的生产积极性问题；二是在强调快速工业化的同时如何加强对农业的投入问题，那么农业生产的增长速度就难以跟得上二五计划期间人口消费、工业原料与出口三方面的需要，二五计划的农业目标仍然难以实现，同样也会对工业的快速发展形成干扰。NIE13－57 文件还提到了后来成为中国经济最棘手问题之一的人口增长过快问题，但是强调的是这一问题对中国就业所产生的压力，而人口迅速增长对粮食生产所产生的压力与计划生育问题则是被当作一个不具有紧迫性的长期问题。NIE13－57 文件虽然考虑到这些问题与其他像消费水平过低、计划协调不够、技术人员不足等问题，但它对二五计划的总体前景是乐观的，认为在苏联的援助下中国能够实现二五计划的工业目标，农业虽难以完成目标，但也会以相当快的速度发展。

中情局的专家们也敏锐地注意到中国领导人对中国一五计划期间的问题有相当深入的反思。NIE13－57 文件就已经发现中国领导人准备在 1957 年放缓经济发展速度以避免出现严重的经济发展失衡，并强调消费与对劳动者的经济刺激。而 1958 年 5 月 13 日完成的 NIE13－58 文件更是强调了中共领导人对农业投入不够、农业发展缓慢的关注，以及在二五计划中赋予农业的经济优先性。但中国庞大人口迅速增长的事实令 NIE13－58 文件对二五期间中国农业发展持谨慎态度，认为在人口快速增长的巨大压力下，如果集体化运动严重打击了农民生产积极性并出现恶劣天气，中国农业会遭到重大打击。不过由于相信中苏良好关系会维持相当一段时间，该文件认为即使中国农业出现问题，中国会在苏联的援助下以减少粮食出口并增加粮食进口的措施加以应对。在工业发展方面，该文件更是保持了之前的乐观态度，认为虽然有资本短缺、科技人才不足、部分原料不足、苏联贷款减少的问题，但是仍然可以保持高速发展。

就一五计划而言，上述论述说明中情局经济分析专家们的认识还是具有相当深度，在某些方面丝毫不亚于国人自己的认识。上述 NIE 系列文件虽然只是从长期性问题的角度提出中国人口增长过快问题，但是与以马寅初为代表的中国学者的认识几乎同时。同时，毛泽东1956年发表《十大关系》反思苏联模式的工业化道路在许多方面也与上述NIE文件的一些看法不谋而合。特别值得强调的是，这些NIE文件都指出了这样一个在文件中虽未特别强调，但无处不在的事实，即获得苏联的支持对于中国实现工业化所具有的极端重要性。相比之下，中国领导人对此虽然有所认识，但却未能在实践中加以贯彻，以至于后来的“大跃进”与中苏政治分歧都干扰了苏联对华援助并致使苏联撤销对华援助，从而对中国经济发展造成了极为深远的负面影响。但这些NIE文件也说明了中情局相关认识中的一个重大缺陷，那就是未能了解毛泽东对经济发展的看法与态度。这些文件并未认识到1956年中国经济发展过快是因为毛泽东的鼓动而发生的，而周恩来、陈云在1957年的反冒进反而招致了毛泽东的反反冒进批评，并随之引发了“大跃进”。直到1960年代，中情局的专家们才确定毛泽东对经济发展持十分急躁的态度。

(2) 被高估了的“大跃进”

正是对一五计划内在矛盾的较为深刻的认识以及对中国领导人政策调整的敏感，中情局十分重视1958年下半年开始的“大跃进”与人民公社。1959年2

“大跃进”宣传画

月10日完成的NIE13－2－59号文件与1959年7月28日完成的NIE13－59文件，都花费了很大的篇幅来讨论“大跃进”与人民公社。两份NIE文件都将“大跃进”与人民公社的出现看作是中国领导人探索新的经济发展模式的重要尝试。两份文件认为，一五计划期间强调重工业、忽视农业的不平衡发展模式使得农业已经难以承担喂养人口、提供工业原料、提供出口物资的三重任务。而中国人口的快速增长对农业生产产生的巨大压力，以及苏联在二五计划期间不再提供贷款这一事实对中国农产品出口创汇能力提出了更高要求，都使这一问题更加严重，并使得中国工业的迅速发展受到影响。在此困境之下，中国领导人发动“大跃进”、推行人民公社的目的就在于动员中国最丰富资源——农村非熟练劳动力，以加强劳动力投入的方式促进农业、农村工业与地方工业的发展，从而打破苏联发展模式的瓶颈，实现中国经济的全面快速发展。

这两份文件认为“大跃进”是中国领导人对新发展道路的探索这一观点相当深入，后来已被中国与美国学者普遍采纳，但是它们对“大跃进”运动中的非理性因素却估计不足。NIE13－2－59与NIE13－59文件虽然都发现“大跃进”与人民公社引起了不少问题，如人力储备耗尽、人民筋疲力尽、农业丰产不丰收、统计数据混乱并出现浮夸、缺乏管理技术、经济计划变动大等，却肯定“大跃进”与人民公社对1958年农业丰产的促进作用，并预计中国领导人会在1959年对两个运动进行调整，取消其中的极端行为。该文件认为，这些调整将保证中国经济——包括农业——继续高速发展。

“大跃进”的浮夸风：农业产量到处放“卫星”

中情局经济情报专家对“大跃进”中非理性因素的误读在随后的相关情报评估文件中表现得更加明显，其中最为典型的是1959年9月1日中情局下属国际共产主义高级研究参谋提交的题为《中华人民共和国十年大庆》的CIA/SRS－12情报文件。庐山会议公报与决议发布后，美国舆论普遍认为这说明中国领导人已经承认“大跃进”失败。但通过细致的分析，该情报的看法恰恰相反，认为中国领导人虽然承认“大跃进”出现了失误，但这恰恰表现出中国领导人的自信。CIA/SRS－12 文件认为中国仍然将坚持“大跃进”与人民公社，同时会对其中的问题进行调整。不过，该文件严重高估了毛泽东对“大跃进”出现的问题的理性认识。* 虽然该文件也质疑“大跃进”中愈演愈烈的浮夸与虚报，但确信中国领导人——特别是毛泽东——对此有着十分清醒的认识，认为毛泽东之所以鼓励“大跃进”中的浮夸，目的是要通过制定过高的目标来动员人民以实现更为实际的目标，也就是“取乎其上，得乎其中”。令人啼笑皆非的是，该文件反而担心“大跃进”会令中国农业实现极大的发展，从而打破整个亚洲的经济均衡，而对美国构成挑战：

> 中共领导人是否清楚他们自己正在做什么，或者他们自己只不过是自我陶醉的牺牲品，也就是他们在他们的干部中以前谴责的“胜利冲昏头脑”？

“很难相信，中共领导人事实上被大量夸大统计数据所迷惑。我们宁愿得出这一结论，他们允许继续夸大并暂时对之认可，因为他们充分认识到之后将不得不缩水。因此问题是，他们为什么要将 1959 年计划的目标制定到不切实际的高以至于不可能？很可能他们是故意这样做，其心理目的我们很难探究，但是很可能是理性的。我们现在面对的是一种很少有历史例证的经济动力学——可能苏联在新经济政策之后的强迫性集体化是一个例证，但是这也许会被证明是中国前进动力的关键。比国外——也许包括国内——批评者更加了解中国农民的毛泽东，将他关于行动的经典原则‘不平衡—平衡—不平衡’以最大的勇敢付诸实施，这一点也许并不牵强。从 1.75 亿吨粮食跃进到 2.5 亿吨，这是一个惊人的杂技表演。当参与者与旁观者停下来休息时，留下的是一个部分实现了的——很可能最终可以全部实现——扩张了的中国农业，这

* 1959 年 7、8 月庐山会议上的毛泽东与彭德怀。通过对庐山会议公报和决议的分析，美国情报机构准确地分析出中国仍将进行“大跃进”。不过在毛泽东对中国农业的认识问题上，美国情报机构出现了极大偏差。

将能改变整个亚洲的经济平衡。数百万吨可以出口的大米这一悬在东南亚的头上的威胁将很可能成为明天的噩梦。”

中情局对“大跃进”的误判似乎十分普遍，因为1960年12月完成的NIE13－60文件仍然采用了上述看法。虽然NIE13－60文件较为冷静，已经注意到1959、1960年天气恶劣影响了农业生产并随之影响了中国国内的粮食供应与农产品出口，也发现了中苏之间出现的争吵，但该文件对问题的严重性明显估计不足，认为中国领导人已经认识到人口迅速增长的问题并加强了对农业的投入，即使1961年出现恶劣天气而进一步打击农业生产，中国政府也可以在苏联的援助下加以应对，其影响只是减缓中国工业部门的发展速度。而它对中国工业的发展更加乐观，认为重工业会在1961～1965年有迅速增长，并会在煤炭、粗钢、电力、机械等领域取得长足进步。

全国最早的人民公社及公共食堂之一：河南嵖岈山卫星人民公社第一大队四小队公共食堂

“大跃进”时期河南新乡农村人力拉车

(3) 逐渐成熟的判断：三年调整

随着中国出现了严重的经济困难这一事实在1961年初表现得十分明显，原先一直确定中国经济会相当快速发展的中情局专家们显得十分被动。为此，在NIE13－60出台之后不到半年，1961年4月4日中情局就迅速完成了第一份专门分析中国经济状况的NIE文件——名为《中国经济局势》的特别国家情报评估 SNIE13－61，其重点在于评估当时中国农业问题的严重性及其对中国整个国民经济所产生的影响。此后，由于中国国内外环境的复杂变化，中情局接连生产了系列 NIE 文件专门处理中国经济问题，以求及时准确地把握中国经济的动态。至此，可以说中情局对中国经济情报评估的工作进入了一个相对成熟的时期。

SNIE13－61 文件在分析“大跃进”成因时继承了之前 NIE 文件的基本看法，认为这是中国领导人为了突破苏联模式工业化中农业发展落后这一瓶颈而进行的尝试。但以促进农业发展为目的“大跃进”与人民公社反而引发了中国全国经济管理混乱与农民过度疲劳和政治淡漠，再加上 1959 年与 1960 年的恶劣天气，中国农业生产反而出现了极大的倒退。由于中国农业承担着喂养人口、提供工业原料、出口创汇三项重负，因此农业出现问题动摇了整个国民经济。第一，中国粮食的生产与供应不能满足人口消费的需求，甚至在某些地方出现了饥荒。估计中国的粮食生产从 1958 年的 2.12 亿吨降到了 1959 年的 1.9 亿吨，1960 年估计只有 1.8 亿～1.9 亿吨。同时中国人饮食质量下降，肉类、植物油与豆类这样高营养食物的摄入量降低。第二，相比 1958、1959 年的高增长速度，国民经济增长率急剧降低，有些部门甚至出现了倒退。中国国民生产总值在 1958 年增长了 18％与 1959 年增长了 12％之后，估计在 1960 年的增长率只有大约 8％，仅相当于一五计划时期的平均水平。第三，农业生产的倒退使得中国出口产品大量减少。在中国为工业化而大量进口各种资本物的情况下，中国农产品以及相关轻工业产品出口的减少以及粮食进口的增加，使得中国外贸的收支平衡出现了严重的赤字。相比之下，苏联撤走技术专家与工业“大跃进”的失败只是加重了中国的经济困难，其影响主要限于工业领域。前者主要导致了中国一些工业建设项目的拖后，以及中苏贸易可能

三年困难时期甘肃武威某农场缺衣少吃的孩子

出现了某种暂时性中断，而后者则引起了生产效率降低、损耗过大、产品质量差、工业管理混乱等问题。

面临农业生产出现的严重问题，SNIE13－61分析了中国的补救措施，认为其目的主要在于恢复农业生产。为了减少对农业的压力，中国开始实行严格的食物配给制度并将食物配给数量减少约10%。同时还采取了降低工业增长指标与重工业投资率、大幅削减工业进口等措施以减轻工业在资本与进口上对农业的压力。为了解决农业已经难以喂养人口的问题，相比一五计划期间中国每年平均粮食净出口超过100万吨，中国开始大规模进口粮食，仅1961年上半年，中国已经达成协议要进口价值2亿美元的约300万吨粮食。同时，为了恢复农民的生产积极性以加快农业的复苏，政府着手给予农民更大的生产自由，一方面调整人民公社减少集体控制，另一方面允许农民保有自留地并恢复了自由市场。

即使有这些调整，SNIE13－61文件对中国未来几年的经济前景并不乐观。在农业方面，即使中国幸运地获得连续几年的好天气，但中国人口快速增长仍然使得粮食供应问题难以解决。同样，工业化仍然是中国经济发展的核心与重点，在这样政策取向下农业很难获得充足持久的投入以保证长期稳定的发展。而农业前景黯淡与苏联撤销援助也决定了中国工业发展势必要放缓，SNIE13－61还预计，在没有苏联援助的情况下中国可能会改变工业发展方向，会放缓甚至放弃发展高精尖工业，而将注意力放在填补中国已经有所发展的领域——主要是冶金、化学与机器制造等基础工业——在技术上的差距。此外，农业出口减少导致的中国外汇收入也影响到中国外贸，该文件预计中国会大大减少从苏东国家的工业进口——主要是机械与设备，并会缓和与苏联的关系以求延缓偿付对苏债务。同时，中国还会加强与西方国家的联系来增加中国的粮食进口并出口创汇。

1960年代初中国缓和中苏矛盾的事实证实了SNIE13－64文件相关估计有一定的准确性。苏联在此时虽未大规模恢复对中国的援助，但是1961年在米格歼击机等方面向中国提供了援助。同时中国接受了苏联50万吨蔗糖的援助，而拒绝了100万吨粮食援助的提议。1961年4月，中国与苏联达成协议，将1960年中国贸易欠款分5年期分期归还。1961年苏联还向中国贷款3.296亿卢布等。此时中苏之间的争吵也暂时停息。

但是该情报评估在估计中国工业发展方向上出现了严重失误。事实说明，中国非但没有因苏联撕毁协定而放弃开发高精尖工业，反而决定要加速发展尖端武器，并在1960年代中期左右先后在核武器、导弹等方面实现了重大突破。美国情报之所以出现这样的错误，究其原因，依然是中央情报局的情报专家们未能深刻把握中国领导人对待尖端武器的态度并不是从经济的角度出发，而是以政治考虑为先。

1961、1962年中情局先后完成了NIE13-2-61、NIE13-4-62两份关于中国综合状况的文件，在经济问题的看法都采用了SNIE13-64文件的结论。但到1964年初，上述看法已经急需修正。中国经济到1964年初已经基本恢复，正在着手进行三五计划的编制。同时，越来越多的迹象表明中国正在加紧发展以核武器为核心的先进武器系统，这证明之前对中国工业发展方向的预计出现重大失误。此外，中苏关系经过短暂的缓和之后已经走向彻底决裂，这意味着中国彻底地失去了获得苏联经济援助的可能性。为此，1964年1月28日中情局完成了第二份专门分析中国经济的NIE文件——NIE13-64文件。

相比之前的分析，NIE13-64文件通过回顾中华人民共和国过去15年经济发展史而简练概括出中国经济发展所面临的根本性矛盾——经济资源十分有限，但又要实现快速工业化。中国领导人发动“大跃进”的目的就是为了以群众动员的手段来突破资源限制而实现快速发展，但所导致的农业生产倒退反而加剧了资源有限与快速工业化这一矛盾。为了恢复经济，中国政府在1960年代初采取了一系列补救措施：较之以往给予农业以很大的优先性，缩小人民公社的规模并允许农业方面实行分权，放弃强迫动员大规模劳动，放松对私人经济成分的控制；在工业方面放慢速度，降低生产目标，强调质量，实行严格统计，加强工业管理，部分重建一五计划时期的经济管理体制；在社会领域恢复计划生育以降低中国人口的出生率。但这些措施未能从根本上触及资源有限与快速发展这一根本问题。由于中国希望成为世界强国的强烈民族主义情绪，中国领导人非但没有放缓工业化速度，反而更寻求开发先进武器系统，这对中国有限的经济资源造成了沉重的压力。另一方面，对利用外国经济资源（包括苏联）的敌视，意识形态上的集体主义对农民生产自由的限制，政治教育对劳动力时间与精力的占用，中国群众政治上的淡漠，都使得中国领导人缺乏手段来解决资源不足问题。使问题更加严重的是中国庞大的失业与就业不足的人口。

考虑到上述限制因素，NIE13－64 文件对中国在短期之内解决农业问题的关键——粮食生产问题——并不乐观。虽然 1963 年粮食总产量很可能为大约 1.75 亿～1.8 亿吨，接近 1962 年与 1957 年的水平，但是中国人口却增加了几千万。另一方面，中国促进农业发展的政策的重点是农业生产电气化、使用动物驱动机械、加强灌溉与大力发展化肥工业，这些措施都需要相应的配套发展，其效果要很久之后才能显现出来。而已经开始了的计划生育运动在农村进行并不顺利，而且在短期之内也很难减轻人口对粮食的压力。

1963 年整体状况已经恢复到 1957 年水平的中国工业发展前景也面临许多问题。具有优先性的工业部门(如石油、合金钢、军事工业等)虽然恢复与发展速度很快，但因为中国领导人不愿意从苏联或者西方国家获得大规模经济技术援助，因此技术落后与缺乏关键进口设备与部件成为这些部门进一步发展所面临的主要限制。而不具有优先性(如原钢、轻工业等)的工业，由于原料供应不足或产品需求不大，不仅恢复十分缓慢，其未来发展前景也不乐观。同时中国整个工业发展都面临高级人才缺乏和人才培养制度十分落后这样一个普遍性矛盾。

NIE13－64 文件颇有见地的指出后来被中国改革开放所实践的中国经济发展最佳路径：一是真正重视农业，并在资源分配上以农业为中心，让其他经济部门的发展服从农业的发展；二是采取鼓励自留地发展、扩大私人贸易、保存私人小企业等办法来使经济刺激与生产效率最大化；三是积极引进外国先进机械设备与援助。这些措施虽然需要两三年才能发挥效果，并且需要推迟中国工业的现代化(可能推迟 5～10 年)，但会使中国农业与整个经济的发展基础更为牢固与健康。但 NIE13－64 文件认为由于僵硬的意识形态，中国政府不可能采取这些政策。同时该文件还提出了两个后来被证实了的忧虑：一是中国政府并未改变其工业发展优先的经济取向，因此中国政府非常有可能急于重新调整经济政策以强调工业的发展，甚至会在条件还不成熟的时候就这样做。二是中国领导人中激进主义者力量强大，中国当前的务实主义经济

1959年中国在东北松辽平原发现特大油田，1960年开始在萨尔图建设大庆油田。美国情报机构早在1959年就已经预计中国会于1959年发现大型油田或煤田，并最晚于1964年已经知道大庆油田(原名安大油田)的存在与发展，最晚到1967年已经了解大庆油田的确切位置在萨尔图。

政策很有可能会被打断。为此，NIE13－64文件强调，中国经济未来发展的最大问题来自意识形态方面的限制，认为在既有的意识形态下，中国政府只能选择次优经济政策：为了防止粮食生产出现问题而有限度地支持农业与相关工业，并很可能在农业情况出现好转的情况下停止目前对农业的投入。目前已经开始的与西方的经济联系会继续，但会限制在相当有限的范围之内。在经济发展优先次序上，军事工业的发展仍然占据主导地位，但中国工业发展不平衡问题与技术落后问题仍将难以解决。

(4) 走向深入的分析：1964年以后

1964年与1965年中国与世界发生的一系列事件所透露出的信息让中央情报局的经济专家们对中国经济有了进一步了解。1964年10月与1965年4月中国两次成功实现了核试验，以及中国在其他先进武器研发领域的飞速进步，使得经济分析专家们已经确定了中国军事工业——特别是尖端武器工业——在中国经济发展所具有的最优先地位。因此分析优先发展军事工业对中国经济产生的影响成为这一时期情报评估的关键。同时中国因为越南战争升级而进行的经济动员也是情报评估的中心之一。为此，1966年1月13日，中央情报局就提交了 NIE13－5－66 文件。

NIE13－5－66 文件认为，中国经济虽然有了进一步恢复与发展，并在先进武器系统方面取得以核试验为标志的重大进步，但是中国经济发展的道路仍然十分漫长，中国副总理陈毅宣布中国将用 30 到 50 年的时间成为一个强大的大国这一声明证实了这一点。

在 NIE13－5－66 看来，越南战争引发的中国经济动员并未对中国经济产生太大的压力。虽然中国在 1965 年加大了对北越的军事与经济援助，并相应地加强了中国南方地区以七个机场、三条铁路干线、若干条公路为中心的军事与交通能力的建设，但这些活动并未对中国经济造成很大的压力，其负面影响主要表现在中国与苏联援越物资的运输使得中国铁路系统产生了一些暂时的拥挤与拖延。不过该文件估计，如果越南战争持续升级导致中国援助以及中国国防措施的相对升级，将会极大地加重对中国经济的压力。

制约中国经济发展的两个主要因素是中国农业发展的缓慢与中国领导人下定决心要发展费用很高的先进武器计划。在这两个问题之中，农业问题最为重要与复杂。NIE13－5－66 文件指出，中国农业虽然有所恢复，但是其增长十分缓慢，究其原因，主要是中国政府只愿意将允许农民自由生产的政策限制在非常有限的范围之内，甚至有可能会随时取消。同时，虽然也强调发展化肥、农业机械等工业以支持农业，但已有的农业投入还远远不够。在这种状况下，面对中国人口以大约每年 2.25% 速度的快速增长，农业的缓慢发展不仅未能缓解人口粮食消费的压力，反而迫使中国政府每年花费 4 亿美元来进口 500 万～600 万吨粮食，因此根本谈不上在原料供应与创汇两个方面对工业有所贡献。由于中国

1964 年 12 月，周恩来在全国人大三届一次会议上作《政府工作报告》，宣布"大跃进"之后国民经济调整的任务已经完成，提出国民经济发展分两步走、把我国建成四个现代化社会主义强国。美国情报机构对中国当时经济发展并不乐观，认为国民经济调整时期的务实经济政策能否持久是中国经济得以稳健发展的一个关键性的问题。此后三线建设与"文化大革命"的爆发果然打断了原定于 1966 年开始的三五计划。

农业出口能力有限而外汇储备很少，而苏联已不可能提供大规模援助，1964年中国只能从西方进口总额只有2亿美元的急需机械与设备，而这一进口额在1959年为10亿美元！

NIE13-5-66文件认为，在农业发展拖后的情况下，中国领导人强调先进武器计划的最高经济优先性使得中国经济问题更加严重。NIE13-5-66文件承认中国在核武器、导弹、飞机、潜艇等先进武器的研制开发上取得了突破，但指出中国的代价也是十分巨大的。中苏关系破裂之后，中国不得不依靠自己的力量来发展先进武器。但由于中国科学与工业基础薄弱，这些先进武器的研发工作实际上抽走了中国最稀缺的经济资源——高级科技人才、高级工业原料、高级机械与设备。其中从大学抽走高级科技人才所造成的后果最为严重，因为这直接损害了大学培养新的高级人才的能力。而中国不愿大规模获得外国援助以及缺乏外汇的现实状况也决定了中国不可能从外国获得这些资源的补充，其结果只能是其他不具有优先性的工业的发展被严重滞后，从而致使中国工业基础的发展受到极大的限制。

在上述两个制约因素的影响下，NIE13-5-66文件认为中国未来十年经济发展将十分缓慢，虽然中国仍有能力在先进武器领域实现新的进步。除了继续强调农业生产落后与人口快速膨胀之间这一长久的问题之外，该文件还特别担心中国发展先进武器计划的进一步展开会对中国十分有限的经济资源的构成更加激烈的竞争，从而会削弱中国经济的稳定性并使中国经济问题更加严重。而历史事实证明，NIE13-5-66文件的上述看法过于乐观。此时毛泽东已经开始酝酿发动“文化大革命”。而NIE13-5-66文件一直怀疑是否存在的、以继续调整为主旨的三五计划也被毛泽东于1964年5月突然否定，中国开始进行以建设军事工业——特别是尖端武器——为核心内容的三线建设。后来的事实证明，从经济角度来看三线建设的确效果不佳，而且曾几度引起国民经济失调，后来于1980年停止。

1966年5月中国的“文化大革命”开始全面爆发，并在1966年底、1967年初扩大到经济领域。中央情报局研究报告处立刻在1967年1月提交了一份题为《“文化大革命”对中国经济影响》的备忘录，专门讨论“文革”对中国经济产生的影响。该文件观察到，到1966年末为止，“文革”对经济的负面影响有限。虽然出现了一些工厂停工、运输堵塞，以及原定涨工资的取消对工人积极性造成了打击，但都影响有限。“文革”产生的破坏性影响表现最严重的是教育方面与经济管理方面：各种学校的关闭以及研究人员被迫从事革命；党的系统在经济管理方面的权威被打倒，经济管理出现了混乱。该文件认为，如果“文革”继续扩散，军事工业与农业会遇到麻烦，而且各种混乱将可能会产生互动而使负面影响进一步扩大，因此中国经济的前景并不乐观。

此后不久的1967年6月29日，中情局完成了1960年代最后一份专门关于中国经济状况的评估文件NIE13-5-67，着重考察“文革”对中国经济发展所产生的影响。中情局的专家们认为，毛泽东发动“文化大革命”有两方面原因。一是毛泽东对经济发展的看法。NIE13-5-67文件指出，毛泽东是一个革命领袖，而不是一个经济计划者。他担心随着中国经济的发展官僚主义也日益发展，因此他强调社会革命、反对物质刺激与专家主义，并不断发动政治运动干扰中国经济。这种运动已有先例，那就是以失败告终的“大跃进”。而“大跃进”之后毛泽东与中国其他领导人在经济政策上的分歧以及毛由此产生的愤怒，是毛泽东发动“文革”的第二个原因。相比“大跃进”阶段NIE专家们认为毛泽东是十分精明的经济专家的看法而言，此时对毛泽东经济思想的理解无疑更为深刻。

不过NIE13-5-67文件发现，可能是由于“大跃进”的经验教训，在“文革”的政治运动干扰了经济生产之后，毛泽东立刻下令加以控制。因此到目前为止“文革”对中国经济并未产生太大的干扰。到1967年初，农业尚未受到“文革”的严重影响，工业增长与生产效率因为“文革”而放缓，“文革”对运输、外贸、对外援助领域的影响也有限。目前“文革”对经济造成的最大损害是，清洗党的干部与打倒掌权派削弱了对经济的指挥与控制，这使得经济宏观与微观管理都出现了问题，并从长远来看损害了中国的经济基础。该文件颇有远见地指出，如果中国的政治动荡不加以解决，那么中国经济领域的调整就会一直受到政治领域的干扰。这一点后来的确得到了历史的印证。

从长远来看，NIE13-5-67指出，“文革”造成最大损害的是中国教育。高校被关闭而中小学停课学习毛泽东的著作，这进一步打击了中国原来就十分落后的人才培养。该文件认为，虽然“大跃进”的教训使得毛泽东不太可能发动另一场“大跃进”并导致中国经济出现危机，但中国教育体系的破碎，再加上之前NIE文件指出的两大制约因素——中国农业发展缓慢难以解决人口消费问题,代价巨大的先进武器计划,这决定了中国未来十年经济发展仍然是以缓慢为特征的。从后来中国经济发展的历程来看,虽然中美关系在1970年代初的迅速发展证明NIE13-5-67文件关于中国会继续与美国对立的预测错误,但是它的其他分析与结论都被证明是极具前瞻性的。

2. 中国与不发达国家的经济联系

中华人民共和国是世界上最大的不发达国家,中国与其他不发达国家之间的经济联系,不仅是中国对外关系中的重要内容,更是南南合作的杰出典范,在国际舞台上产生了极为深远的影响。正因为此,一直十分关注这一问题的美国政府对此专门进行了一系列情报搜集与分析工作,以作为其相关对外经济决策的基础。就编者所见,已经解密了的美国政府相关情报评估文件主要集中在1950、1960年代。美国情报所指的"不发达地区"包括：所有南亚和东南亚国家;中东所有国家,包括埃及、苏丹、土耳其、希腊、阿富汗和巴基斯坦;非洲独立国家,不包括南非联邦;南斯拉夫、冰岛、西班牙和葡萄牙;拉美所有独立国家。从内容上看,美国政府关于中国与不发达国家经济联系的情报评估主要有以下几个特点：第一,就情报评估的内容来看,它们一般将中国与不发达国家的经济联系分为三类：贸易、经济援助(贷款与赠款)、技术援助,并将不发达国家分为以下几个地区而分别加以考察：南亚、东南亚、中东北非、撒哈拉沙漠以南的非洲、拉丁美洲。第二,从情报评估重点来看,美国情报文件在1950年代时特别关注中国的对外贸易,而在1960年代主要关注中国的经济援助。第三,从情报评估的资料来源看,美国这一类情报评估主要以与中国发生经济联系的各国相关统计数据为基础,因此可靠性与准确性相当高。

美国政府情报机构的相关情报搜集分析工作有一个非常明显的演变过程。在1950年代,美国情报机构是从当时整个社会主义阵营所谓对不发达国家的"经济攻势"的角度来观察分析中国与不发达国家的经济联系,因此主要负责的机构是美国中央情报局、经济情报委员会两大情报部门。同时中情局与国务院关于中国整体局势的情报评估中也有专门章节进行论述。而随着社会主义阵营在1960年代初出现分裂,美国情报机构逐步从中国自身的角度出发来分析中国这一对外经济联系，因此负责中国整体局势评估的中情局与国务院承担了重要情报搜集与评估责任，但是经济情报委员会的相关情报工作仍在继续。我们根据美国情报文件所观察到的中国与不发达国家经济联系的巨大变化，将这一时段分为1952～1958、1959～1962、1963～1969年三个阶段，以此对美国相关情报文件加以整理总结，以凸显各个时期的特点。

(1) 第一阶段：1952～1958年

在美国情报机构眼里，新中国与不发达国家建立并加强经济联系始于1952年中国参加莫斯科国际经济会议，是1950年代初整个社会主义阵营对不发达国家发动的“经济攻势”中极为重要的一部分。美国情报机构的这种看法除了源自其假设的中苏两国在对外政策方面高度一致，也与当时中国与不发达国家之间的贸易为社会主义各国之最这一现实有关。美国情报机构发现，1955年中国这一贸易总额为5.5亿美元，而其他社会主义国家的这一贸易量总和只有9亿美元。就地区而言，中国与不发达国家的贸易主要集中在东南亚、南亚地区这两个传统贸易地区。在整个社会主义阵营与这两个地区的贸易总额中，1955年中国所占比重为80%，1958年略有下降，但仍然高达73%。相对而言，1950年代中国与非洲、拉丁美洲的贸易联系还处在起步阶段，但也有了一定的发展。中非贸易的主要内容是中国分别向北非与热带非洲出口的茶叶与棉纺织品，并分别从这两个地区进口磷酸盐和棉花，这一贸易在1955～1958年间迅速增长了1 700万美元。中国与拉美的贸易从1958年开始出现大的增长，当时中国从巴西和古巴购买了大量蔗糖，并从乌拉圭购买大量羊毛。

在美国情报机构看来，中国与不发达国家贸易的迅速发展，主要是因为中国配合苏联发动经济攻势以及西方国家(包括不发达国家)未能坚持对华经济封锁，而中国的一五计划加强了中国工业品在国际市场上的竞争能力只起到了次要作用。就中国发动经济攻势而言，美国情报机构认为中国为了配合苏联达到对不发达国家的经济渗透目的，采取了积极参加各种博览会、派出各种贸易使团、与各国政府签订官方贸易合同、提供经济技术援助等措施，极大地推动了中国与不发达国家贸易的发展。就西方国家未能坚持朝鲜战争爆发以后对中国进行的经济封锁而言，1956年1月5日由中情局牵头、美国政府各主要情报机构参与写作的《到1960年中国共产党的能力与可能的行动方针》

NIE13－56 文件估计，如果资本主义各国像美国一样恪守对华贸易禁运，那么中国将失去其 1956 年出口份额中的 20%。

中国此时对不发达国家的经济援助也引起了美国情报部门的特别注意。到 1958 年初，中国的经济援助已经扩展到缅甸、柬埔寨、尼泊尔、斯里兰卡、也门、埃及等国，对不发达国家的经济援助（贷款与赠款）总数达到 7 600 万美元。相比其他社会主义国家，中国对不发达国家的经济援助在规模上不大。根据美国情报部门的估计，到 1958 年初，中国对远东地区的经济援助只占社会主义国家对这一地区援助的 15%。但是美国情报部门还是相当敏锐地注意到中国对外经济援助所具有的独特之处，那就是中国是最早向不发达国家提供无偿赠款援助的社会主义国家，而且无偿赠款援助在中国对外经济援助中占有相当大的比例。美国情报机构发现，苏联与东欧国家虽然已经实现工业化并有相对较大的剩余资本与黄金储备，但对不发达国家进行经济援助的主要形式是以必须偿还本息为形式的贷款（长期低息）。而经济落后、工业化才刚刚开始、自身也十分需要资本投资的中国此时对不发达国家的经济援助却主要是无偿赠款，中国的这一特点令美国情报机构感到十分惊奇：

> 共产党中国到现在为止根据协定所提供的援助在数量上不大，只占该集团向自由世界提供的援助总数的大约 3%。但是，这对中国共产党来说是真正的经济牺牲，因为他们正在其国内计划上遭受着严重的资本与物资短缺。

总的来说，这一时期美国情报部门在资料搜集方面的工作是比较全面的，但在分析中国与不发达国家的经济联系却有偏颇之处。例如，这一时期中国与东南亚、南亚地区贸易之所以有迅速增长，很大程度上是美国禁运政策被突破后中国与这一地区长久以来就已存在的大规模贸易的恢复与回升。但是美国情报部门对这一点视而不见，坚持从僵硬的冷战对峙的角度出发，认为中国的这一贸易乃是中国参与“经济攻势”的一个重要表现。同样，虽然美国情报机构发现中国在经济尚不宽裕的情况下毅然向不发达国家提供无偿赠款援助，但是仍然将中国的相关经济活动视为是对不发达国家的政治经济渗透，强调的是中苏在对外经济政策领域的一致性。这些都集中体现了当时美国在认识中国对外关系时所具有的两个明显特征，一是冷战意识，二是从中苏同盟的大角度来对待中国，而未能充分重视中国的独立性。美国政府情报机构这种认识十分僵硬，只是随后中国在这一领域的活动发生了很大的变化之后，美国情报机构的看法才开始进行缓慢的调整。

(2) 第二阶段：1959～1962 年

1959～1962 年期间，美国情报机构发现由于中国国内外因素的影响，中国与不发达国家的经济联系在内容上发生了很大的变化。就中国国内因素而言，主要是“大跃进”失败所造成的经济困难制约了中国与不发达国家经济联系的进一步发展。就国外因素来说，此时中国与印度、印尼关系的恶化影响了中国与这些国家之间的经济交往。但是从 1950 年代末开始，随着非洲反殖民运动的兴起与大批新兴国家的出现，中国与非洲各国经济联系日渐加强。不过，美国政府情报机构虽然积极搜集追踪中国这一对外经济活动的变化，但其立场与看法的变化却较为缓慢。

美国情报机构发现，中国国内自 1959 年开始出现的经济困难对中国与不发达国家的贸易产生了相对较大的影响。经济情报委员会在 1959 年 8 月 28 日的一份情报中指出，中国因国内出现供给困难，与东南亚这个最重要地区的贸易增长速度已经放缓。中国国内经济困难还导致中国未能继续在 1959 年购买巴西与古巴的蔗糖，从而导致中国与拉美的贸易在 1959 年出现萎缩。中国虽然在扩大对非洲新独立各国的贸易方面十分积极，例如中国在 1959 年加大了从摩洛哥和南非联邦的进口，并在 1960 年摩洛哥的卡萨布兰卡国际贸易博览会上布置了社会主义国家中最大的展台并引起了广泛注意，并参加了突尼斯在 1960 年举行的国际贸易博览会，但是受制于非洲经济资源有限以及当时中国的经济困难，中非贸易并未出现太大的增长。1960 年到 1963 年期间，美国政府情报评估文件在贸易方面关注的重点已经转向此时迅速发展的中国与西方发达国家的贸易，这说明中国与不发达国家的贸易在这一阶段缺乏重大进展。

在中国对不发达国家的经济援助方面，情况较为复杂。美国情报部门认为，经济困难也对中国对不发达国家的经济援助产生了一定影响，但主要是集中在 1962 年。1962 年中国新援助承诺数额与旧援助协议的提款额比之前八年的平均水平分别下降了大约 40%与 10%，分别只有 1 700 万美元和 1 300

万美元。但到1963年,中国对不发达国家新经济援助就恢复到约9 000万美元的水平。

相对而言,美国情报机构认为对中国这一经济援助影响最大的因素是1950年代末、1960年代初国际一系列重大事件。1960年中印度边界冲突与印尼政府的排华运动,不仅导致了中国与印度的经济交往萎缩,更致使印尼取消了中国1959年提供的3 000万美元发展贷款。但中国对非洲一系列新独立国家的经济援助却在此时取得了长足进步。1959年中国两次向几内亚赠送大米,并在几内亚的阿加迪尔地区发生地震后,提供了紧急财政援助。1960年中国又在几内亚脱离法郎区之后提供了10 000吨大米作为援助,以缓解当地出现的严重粮食短缺。1960年中国还在稻米种植与农业管理方面向几内亚派出专家提供技术援助,并向摩洛哥提供茶叶种植技术援助。中国在1960年第三季度与几内亚签订了2 500万美元的经济与技术援助协议。1961年中国对非洲的经济援助达到了一个高峰,仅上半年就向非洲国家提供了超过9 200万美元的经济援助,为到那时为止半年援助数额的最高历史纪录。

在分析此时中国与不发达国家经济联系时,美国情报机构依然坚持了之前将中苏视为一体的僵硬看法。正是遵循着这种思路,美国未能充分注意到此时中苏在对外经济政策领域出现的一系列重大分歧。例如,美国情报部门发现在中国与印度、印尼交恶的情况下,苏联非但没有支持中国,反而努力将自己与中国区别开来,与印度和印尼建立了更加紧密的经济联系:为印度的三五计划提供了两笔价值高达4亿美元的贷款,在印尼取消了中国援助之后向印尼提供了一笔2.5亿美元的巨额贷款。但是美国情报机构并不认为这是中苏同盟出现分裂的征兆,反而认为这是苏联采取灵活手段、维持社会主义集团在这两个国家影响力的表现。美国情报机构也认识到中苏两国在如何引导第三世界发展方面存在着竞争,但认为由于中苏两国各有所长,中苏在这一领域的竞争是互补与良性的,对于社会主义集团整个"经济攻势"起到了促进作用:

不论如何,中国将坚持认为它的"大跃进"是不发达国家的一个样板,也许这暗示着对于不发达国家来说,这一模式要比高度完整的苏联经济更符合他们的需要和期望。但是这并不意味着苏联对这一声明完全不感兴趣，因为苏联和美国一样知道他们的先进模式和技术远非世界上绝大多数落后国家所能接受。当然，可以使用的中国模式和不能使用的苏联模式之间的互动，恰恰解释了共产主义经济攻势的效果的绝大部分。

(3) 第三阶段：1963～1969 年

到 1963 年，中苏分裂的趋势已经变得十分明显与不可挽回，同时，中国对外经济活动的对象国迅速转向了非社会主义国家，并与苏联在对不发达国家援助这一领域展开了积极竞争。美国政府的情报机构对这些变化多多少少都有些意外，并开始全面调整其相关情报评估的立场与态度。从此时开始，美国情报机构不再从社会主义阵营的整体角度来分析中国与不发达国家的经济联系，相反，中国自身的因素得到了越来越大的强调。因此，随后对中国与不发达国家经济联系的情报评估就纳入了国务院与中情局负责的对中国整体经济局势的情报评估中。

此时中国与不发达国家的贸易并不是美国政府情报机构关注的重点，这主要是因为虽然中国对外贸易在此期间有了迅速的恢复与发展，但中国与不发达国家的贸易不仅比重较小，而且并不稳定。中国与不发达国家的贸易在 1964 年出现了较大增长。1964 年上半年中国与非洲的贸易总额比前一年同期增长了 50%。同时中国还与拉美国家进行了较大规模的贸易，包括从墨西哥和阿根廷购买 150 万吨的粮食，从墨西哥购买了价值可能为 2 800 万美元的棉花，以及从智利购买的铜和硝酸盐。但之后 1965 年中国这一贸易出现急剧下跌，之后保持在一个较低的水平。

此时美国情报机构最为关注的是中国对不发达国家的经济援助。美国情报机构发现，从 1963 年开始，中国对不发达国家的经济援助有了大幅度的回升与增长，但是起伏很大。中国对不发达国家的经济援助金额，从 1962 年的 1 700 万美元急剧跃至 1963 年的 9 000 万美元和 1964 年的 3.38 亿美元之后，1965、1966 年又回落到每年大约 1.2 亿美元的水平，随后 1967 年中国对不发达国家的援助又达到了 3.5 亿美元。随着中国决定援助建设金额估计为 3 亿美元的坦桑尼亚—赞比亚铁路项目，1968 年中国对不发达国家的援助达到了一个新的顶峰。

中、坦、赞三国工人一起劳动修建坦赞铁路。中国从 1960 年代初开始加强了对不发达国家的经济援助，而非洲成为中国援助的重点。美国情报机构对中国与不发达国家经济联系的发展一直保持高度关注。1967 年中国与坦桑尼亚、赞比亚签订了援助修建坦赞铁路的协议后，立刻引起美国情报机构的注意。

1963 年之后中国经济援助的重点地区也发生了变化。1963 年之前，中国经济援助中的超过 75%给了亚洲国家。而此后中国经济援助的主要对象转向了非洲和中东国家。1964 年中国对不发达国家经济援助的 3.38 亿美元，其中 1.95 亿美元是给了非洲国家，占到了约 66%。美国政府的情报部门估计，加上坦赞铁路项目，到 1968 年为止中国对黑非洲的经济援助金额高达 6.65 亿美元，占了中国对所有非共产党国家经济援助的将近一半。同时，中国对非洲的技术援助也不断增加。1965 年美国情报部门估计，中国已经向非洲国家派出了超过 1 500 名技术工人与劳工，主要帮助非洲国家发展农业与建立小规模的食品加工与消费品生产工业。其中规模较大的援助项目为在马里的蔗糖、稻米与茶叶种植援助计划，加纳的水稻种植援助计划等。而到 1967 年，美国情报部门认为中国在非洲的技术援助人员与顾问已经达到了 3 000 人。

虽然中国此时对亚洲不发达国家的经济援助在规模上要逊于对非洲的援助，但依然十分活跃。美国情报部门指出，这一时期中国对亚洲国家的援助主要集中在巴基斯坦、尼泊尔与缅甸三国。中国一直积极向巴基斯坦提出各种经济援助的建议；帮助尼泊尔建设了高速公路、造纸厂和水泥厂，并在 1966 年向尼泊尔提供了 2 000 万美元的赠款；同时中国还向缅甸提供了 4 300 万美元的贷款。

美国情报机构发现，1966 年发生的“文化大革命”对中国的对外经济援助活动产生了一定的干扰。“文化大革命”发生使得中国更加关注自己的内政问题，而许多外交人员被召回参加“文化大革命”导致了中国减弱了相关方面的工作。同时，非洲一些国家的政治变动——如布隆迪(1965)、加纳(1966)等国的政变——也不仅使得中国与这些国家的政治关系降温，也影响到中国与这些国家之间的经济联系。但是中国与坦桑尼亚、马里、几内亚等国关系稳定，彼此的经济联系仍然不断加强。

美国情报机构认为，中国之所以从 1964 年开始加强对不发达国家——特别是对非洲国家——的经济援助，这与中苏分裂以及随着而来两国在对外经济政策领域的竞争有关。为了回击苏联指责中国只在口头上支持不发达国家而缺乏行动，中国通过加大对不发达国家的援助而从实际行动上证明自己是新兴独立国家的真正朋友。同时，中国经济援助的重点之所以会转向非洲与中东，主要是因为中国领导人决定要与苏联在这些地区的扩张进行竞争。例如，中国之所以向肯尼亚、也门、坦桑尼亚大力提供经济援助，主要是因为苏联向这些国家提供了援助。

美国情报部门发现，中国对不发达国家的经济技术援助规模有着自己鲜明的特点与优势。第一，中国援助的各种项目符合当地的具体情况，运行情况良好，为受援国带来了实在的净收益，这令受援国十分满意。例如，中国援助非洲国家的工业项目几乎全部都是劳动密集型，因此雇用了当地大量难以找到工作的非熟练工人，不仅增加当地人民的收入，而且还减轻了当地就业压力。而中国援助的农业项目则强调生产人民生活所必须的粮食作物，特别是大米和糖，这既有效地改变了非洲国家以经济作物种植为主的单一出口型农业经济，还大大减小了非洲国家对进口粮食的依赖。同时，中国在援助建设各种项目时会派出中国自己大量的技术人员，因此避免了受援国承受技术人员短缺的压力，并保证了援助项目的顺利进行。第二，中国经济援助的条件要优于西方国家与苏联的援助。中国对不发达国家的经济贷款通常是无息并有 10 年的宽限期，并允许不发达国家再将支付时间延长 10 年。中国的贷款允许不发达国家用自己本国产品进行偿付，而不像西方国家援助规定的必须用硬通货币偿付。与西方与苏联通常的程序相反，中国通常资助他们援助项目的地方开支的一大部分。这些慷慨的条件对非洲国家有限的财政资源压力很小。第三，中国进行技术援助时动作迅速。马里的发展部长就提到，要获得技术人员，从美国则要"一年或者根本就不可能"，从苏联则需要"六个月到一年"，而从共产党中国只需要"四十五天"。第四，中国派出的技术援助人员保持了艰苦朴素的优良作风、与当地人民保持同样的生活水平，并能与当地群众打成一片，而且在工程完成后立刻回国，相对于西方国家与苏联技术援助人员对当地生活条件的高要求，中国援助人员的这种作风赢得了非洲群众的热烈欢迎与好评。

但是美国情报部门也指出中国对不发达国家的经济技术援助存在着很大的问题。通过对比苏联与西方国家的经济技术援助，这些情报机构指出中国对外经济技术援助的最大问题就是规模有限。以对非洲国家的经济援助为例，虽然到 1968 年中期为止，中国对这些国家的经济援助已经累计达到 6.65 亿美元，并且 1967 年全年向非洲派出了大约 3 000 名技术援助人员，但是相比苏联还是差得很远。苏联仅在 1964 年上半年就向非洲国家提供了 6.62 亿美元的经济援助，而仅援助阿斯旺大坝项目苏联就在 1964 年上半年向埃及派出了 2 000 多名技术人员。由于中国的经济与技术援助由于在总量上有限，不仅难以与苏联、美国相比，也难以在不发达国家发挥很大的经济影响。同时，中国由于自身技术水平有限，在援建的工厂、提供的设备方面相对落后，这一点成为苏联攻击中国对外援助的借口。

综合美国政府从 1950 年代初到 1960 年代末关于中国与不发达国家经济联系的评估来看，美国政府观察与分析中国这一对外经济活动的一个重要视角就是中苏两国在这一领域的合作与竞争。1964 年以前美国政府一直认为中国与不发达国家的经济联系是由苏联领导的、整个社会主义阵营发动的对不发达国家的经济攻势的一部分。即使注意到中国的独特指出或者是发现了中苏不一致的地方，美国政府的相关情报文件也都倾向于认为中苏的这种差异也起到了互相弥补的作用，而不是彼此对立。在分析 1964 年之后中国对外经济活动时，挑战苏联更加成为美国进行分析的一个重要出发点。

同时，美国的情报评估也带有极为强烈的偏见，这一点特别突出地表现在相关情报在分析中国进行发展援助时的动机上。无论是从中苏合作还是从中苏竞争的角度来看待中国与不发达国家的经济联系，美国政府情报文件反复强调的是中国企图利用这一对外经济活动来对不发达国家进行经济渗透，以打击西方或者苏联。美国这些情报评估即使承认中国这一对外经济活动中的许多现象难以用经济动机或者政治动机来解释，但却一直有意无意地回避中国完全有可能出于道义或者共同的殖民地经历而对不发达国家进行无私援助这一论题。这多少反映出美国在看待中国这一经济活动时有着强烈的偏见。

五、管中窥龙：美国情报部门对中国尖端武器计划的评估

东北师范大学　詹欣

在冷战时期，中美关系从对峙、对抗，到缓和，再到合作，发生了巨大的变化。如何认识中国，始终是困扰着美国外交政策制定者们的难题。从 1950 年代始，包括中央情报局在内的美国国家情报部门对中国进行了大量的评估，其中最重要的当属“国家情报评估”(NIE)和“特别国家情报评估”(SNIE)。而在这些评估中，有关中国军事方面的评估又占据了相当大的比重。1960 年以前，美国情报部门主要关注中国的常规军备，其内容较少，大多作为对中国综合评估的一部分出现。从 1960 年始，美国情报部门着重对中国尖端武器的分析与预测，并形成每年专项评估的模式固定下来，在遇到特殊事件(如中国进行第一次核试验)，还会发表特别国家情报评估。所有这些评估报告代表着美国情报部门对中国军事力量的基本看法。

1. 中国第一次核试验：是钚还是铀？

朝鲜战争和第一次台海危机后，中国开始重视核武器的发展，并将发展核武器界定为中国重大的国家利益。1955 年 1 月 15 日，毛泽东主持召开中共中央书记处扩大会议，会议听取了地质部长李四光、副部长刘杰和中科院近代物理研究所所长钱三强的汇报，研究了发展原子能事业问题。会后通过了代号为“02”的核武器研制计划，标志着中国核武器计划的开始。

美国情报部门对中国核武器计划关注由来已久。早在 1956 年 1 月 5 日的一份国家情报评估中，就已提及“没有证据表明中国拥有核武器，它仅有最

初的核研究能力。但是如果苏联提供必要的设备和技术人员，中共可能在短时间内获得使用核武器的能力”。从该评估的时间来看，美国情报部门对中国核武器计划的关注肯定在 1956 年以前，也许在苏联决定对中国进行核技术的援助后不久就已开始。

随着中国核技术的发展，1960 年 12 月美国情报部门第一次以中国原子能计划为题进行了专项评估(NIE13－2－60)。文件从原子能计划的历史沿革、技术能力、核材料生产、核武器以及苏联的援助等方面进行分析，认为“中国正在原子能领域大力发展自身的能力，从 1950 年代初期开始，它就致力于培养一批科学家和技术人员，并建立有关核能利用的基本性研究机构”。他们估计“第一台中国制造的反应堆大概在 1961 年末会达到临界状态；第一个钚反应堆有可能在 1962 年末建成”。以此为基础，进而预测“中国爆炸第一个核装置的时间，最大可能是在 1963 年，当然也可能晚到 1964 年或提前到 1962 年”。不过上述预测他们认为取决于苏联援助的程度。1960 年 7 月 16 日，苏联政府照会中国政府，将于 7 月 28 日到 9 月 1 日，撤走全部在华苏联专家。文件注意到中苏关系恶化的征兆，判定苏联对中国核能计划援助的缩减将极大地阻碍中国成为核大国的进程。NIE13－2－60 是美国情报部门专业化分析中国核武器计划的起点，此后这种模式被固定下来，虽历经变化，但是中国核武器计划一直是美国情报部门关注的重点。

美国情报部门判断中国核武器计划的进程是从分析核装料开始的。一般来说，制造原子弹可用两种核装料进行核爆炸，一种方法是通过浓缩铀，提高铀同位素铀-235 对铀-238 的比重；另一种方法是用二氧化铀作为钚生产反应堆的燃料生产钚。从技术上讲，制取钚要比制取高浓缩铀-235 容易些，美国和苏联的第一颗原子弹都使用的是钚。因此他们在评估中国的核装料时，首先认为中国会选择钚作为核装料，即使看到大量铀-235 的证据，仍坚持认为铀-235 是为生产钚而进行准备的。1960 年的情报评估认为中国在铀资源开发、可能进行的选矿厂和金属铀提炼厂的建设等方面取得了进展，当然也意味着他们计划在生产钚时使用铀。他们估计在 1961 年末第一座中国制造的反应堆将会达到临界状态，第一个钚反应堆有可能在 1962 年末建成；而正在建设的铀-235 工厂由于开发工作庞大以及需要建设一个气体扩散厂，因此判定中国在 1962 年末之前不可能制造出高浓缩的铀-235。

随着中苏关系的破裂,美国情报部门对中国核计划进行重新评估,但仍旧认为钚是核武器的首选材料。他们认为在苏联撤走技术人员以前,中国已建造了一座天然铀金属回收工厂,如果该工厂进展顺利的话,到1960年可能已经全部建成,铀金属可能在1961年开始生产。情报部门特别强调铀金属生产是为中国生产钚提供原料,尽管还没有发现中国建造钚生产设施的证据,但是他们怀疑这样的反应堆是可能存在的。其实美国情报部门已通过卫星照片看到了在兰州有一座与苏联气体扩散厂极为相似的建筑物,并认为它就是为生产铀-235准备的,不过他们预测即使中国还另外建造一组气体扩散厂的话,在1965年以前中国也不可能生产出武器级铀-235。到年底在另一份评估报告中,中苏关系的破裂对中国核计划的影响是其重点考虑的因素,认为苏联专家的撤走使铀金属工厂面临困难,而随后的钚生产则更加困难。

事实上苏联撤走专家确实给中国核计划带来巨大的影响。早在1958年底,由于中国还不具备生产裂变材料的技术基础,因此他们不知道应该设计哪种原子弹,不得不以很高的附加条件为代价,从苏联购买设备,同时建设两条生产线,一条是铀-235生产线,即通过生产铀浓缩获得高浓铀作为装料;另一条是钚生产线,即通过生产堆获得钚-239作为装料。苏联停止援建时,铀-235生产线的主要环节——兰州铀浓缩厂已基本建成,设备也比较齐全配套;而钚生产线中的主要环节——生产反应堆工程,则只完成了堆本体的地基开挖和混凝土底板的浇注,后处理厂的工艺线路还有待确定。因此中国为了争取时间,及早获得制造核武器的核装料,1960年4月决定把铀-235生产线作为"一线"工程,作为重点工程全力突击抢建,并加快兰州铀浓缩厂的建设,促其早日投产。而钚生产线则被列为"二线",暂停建设,加紧科研攻关而不上工程,以便集中人力、物力建设"一线"工程。

直到中国核试验的前一年,美国情报部门对中国核装料的选择上仍然十分头疼。关于铀-235,情报部门认为兰州气体扩散厂的主体建筑已接近完成,其附属设施正在建造中。但是当前的建筑只能生产低浓缩铀-235,如果要生产武器级的铀-235,其建筑主体必须还得增大两倍。他们预测即使这种扩建已经开始,到1966年才能获得武器级的铀-235,如果要考虑到中国所面临的技术困难和所需要的扩建工程,最可能是1968～1969年之间;关于钚-239,情报部门则认为包头的钚生产反应堆是一个约30兆瓦的小型空气冷却钚生产反应堆，在设计和建造上具有简易性的巨大优势，对石墨减速剂和铀燃料的纯净要求并不太严格。但是钚反应堆的最大缺点是低生产力，即使包头反应堆全部生产，最多也仅能为一至两个低当量的核武器生产钚。综合上述分析，情报部门认为中国的核武器计划包括铀-235和钚-239，但是包头生产钚-239的数量要少于兰州生产铀-235的数量，因此认为中国至少可能还要计划建造其他钚生产设施，尽管当前尚未发现这种设施存在的迹象，但是并不能排除这种可能性。可见情报部门仍然认为钚-239是中国核武器计划的首选装料。

1964年8月美国情报部门认为中国核试验迫在眉睫，但仍把重点放在侦察中国的钚-239生产设施上，认为包头反应堆是唯一被确认的生产反应堆，其主体工程已基本完成，可能在1963年或1964年投入使用。其实美国情报部门所认定的包头钚反应堆，确切的来说是核燃料元件厂，该厂始建于1958年，直到1965年才开始投料试生产。当然他们也怀疑其他钚生产反应堆的存在，认为如果存在一定是水冷式生产用反应堆，估计在四川附近。而中国在当时确实还存在着一个反应堆，它就是建于1959年的甘肃酒泉的石墨轻水反应堆，由于苏联撕毁合作协定，撤走全部专家，导致反应堆的建设遇到严重的困难，直到1966年才正式建成。

总体来说，美国情报部门在中国核装料上发生了明显的误判，从而对中国第一次核试验的进程产生了一定的偏差。1964年8月在对中国进行核试验前所做的一份特别评估中，其前后矛盾：一方面从罗布泊核试验场来看，显然中国已经准备就绪；另一方面从核装料来看，他们所认定的钚对于中国立即进行核试验又是不充足的。因此在最后在报告中不得不把两种情况都罗列了进去，判定核试验在1964年底以前不可能进行。

然而，1964年10月16日中国成功进行了第一次核试验。

2. 中国核武器计划：孰先孰后？

中国成功进行第一次核试验后，便开始着手制订下一步的发展方向。1965年2月3日，二机部向中央呈报《关于加快发展核武器问题的报告》，提出了两个目标：一是要加速原子弹武器化，装备部队，形成战斗力；另一个是要尽快突破氢弹技术，向战略武器的高级阶段发展。从已有情报评估来看，美国情报分析人员很早就注意到中国在上述两个目标上的进展情况，但搞不清何为重点，事实上中国是朝两个方向同时迈进的。

一般来说，原子弹武器化主要通过运载工具来实现，运载工具可分为轰炸机和导弹。情报部门在 1962 年在一份评估报告中认为相对于核导弹，中国获得轰炸机较为容易。他们估计中国当时拥有 325 架伊尔-28 喷气式轻型轰炸机和两架图-16 中型喷气式轰炸机。不过轻型轰炸机不可能执行运载庞大的核武器的任务，中型轰炸机又很少，因此他们判定中国的运载能力有限。随着中国成功地进行核试验，他们逐渐改变对中国运载能力的看法，预测在未来两年中国将拥有足够的裂变材料进行试验计划，并能够储备至少几枚原子弹，也能够制造出可由两架图-16 中型喷气式轰炸机或约 12 架图-4 轰炸机运载的核航弹。实际上，中国从 1960 年就开始对核航弹的气动外形、弹体结构和引爆控制系统进行研究，到中国第一个核装置试验成功时，航弹结构和总体布局以及引爆控制系统设计都已确定，运载航弹的飞机改装也已完成，在经过一系列从部件到全弹的各种模拟和实物试验后，于 1965 年 5 月 14 日成功地进行核航弹试投，这也标志着中国拥有可用于实战的核武器。

核导弹是由导弹运载的比核航弹更为先进的核武器。美国情报部门关注核弹头与导弹结合也是由来已久，1962 年 4 月他们认为中国首先将部署不携带有核弹头的短程地对地导弹，但是 1960 年代后半期将在中程导弹上部署核弹头。几个月后在另一份评估中，他们又认为如果中国在 1963～1964 年进行第一次核试验的话，那么在 1960 年代末以前不能把核弹头配置在导弹系统上，如果核试验在 1960 年代后半期才进行的话，那么这个目标将在 1970 年代初实现。随着情报部门对中国核导弹的日益关注，他们在分析中国导弹的型号上也越来越具体化，认为中国可能集中在苏联设计的中程弹道导弹系统上，或者是 630 里的 SS-3 导弹或者是 1 020 里的 SS-4 导弹。但是他们并不认为这些导弹在 1967 年以前将准备部署，考虑到生产与导弹相匹配的弹头所涉及的时间与困难，他们也不认为中国在第一次爆炸后的三四年里能够开发出这种弹头。1964 年中国成功进行核试验后，美国情报部门仍然认为将在 1967 年或 1968 年拥有几枚可以运载核弹头的中程弹道导弹。

从上述情报评估中可以看到美国低估了中国的核导弹能力。实际上中国早在第一颗原子弹研制攻关期间，就着手考虑在导弹上配置原子弹头的研究工作。从1964年4月开始，在第一颗原子弹设计的基础上，结合导弹的具体要求，进行了核弹头设计。同时为此做了大量工艺试验、爆轰试验和环境条件试验。最后为了鉴定研制出来的核弹头在飞行状态下的性能，还进行原子弹和导弹结合的全当量、全射程的飞行核试验。1966年10月27日，也就是中国核试验的两年后，成功进行了导弹核武器试验，这是中国迄今为止所进行的第一次也是最后一次试验。毛泽东宣告："谁说我们中国人搞不成导弹核武器，现在不是搞出来了吗！"对于这次核试验，美国情报部门立即做出了反应，在11月3日的国家情报评估中，他们确认了这次核爆炸。至于其意义他们尚不能断定，认为中国也许是处于政治宣传的目的，使用了尚不能完全适用于武器系统的装备；也许使用一枚加装了核弹头的导弹。他们虽然认为其水平与美苏相比尚有相当距离，但也不得不承认中国已经具备了实战能力。

氢弹的研制，在理论上和制造技术上比原子弹更为复杂。美国情报部门最初由于集中关注中国的原子弹研制，因此并不太重视对其热核武器的分析，他们普遍认为中国在1960年代不太可能开发出热核武器。实际上早在1960年12月，二机部部长刘杰就提出考虑到当时核武器研究所正忙于原子弹攻关，氢弹的理论探索工作可由原子能所先行一步。1964年10月，在完成原子弹研制工作后，核武器研究所决定抽出三分之一的理论研究人员，全面开展氢弹的理论研究。1965年8月，二机部向中央呈报了《关于突破氢弹技术的工作安排》：一方面进行理论上的探索，另一方面要进行若干次核试验，以求通过试验，检验理论是否正确，提高理论认识。一般来说，热核武器分为两大类型：聚变加强型裂变武器和多级热核武器，从理论上来讲多级热核武器要比聚变加强型裂变武器水平更高，更适于配置在导弹上。1965年12月在讨论1966年至1967年氢弹科研、生产两年规划时，西北核武器研制基地同意了"突破氢弹，两手准备，以新的理论方案为主"的方针，即一方面按照新的理论方案，以研制由导弹运载的氢弹头作为主攻方向，为此需要相应增加一次新的"热"试验；另一方面继续进行原定的氢航弹方案。

1966年5月9日，中国进行了一次含有热核材料的原子弹试验，其目的主要是解决热核材料的性能问题。美国情报部门则理解为中国的第三次核试验,效率低,氢弹庞大而笨重,认为中国在热核技术方面还有许多东西要学,不过他们也承认这是中国向热核能力迈出的第一步,因此不排除中国在1970年代初开发出热核弹头的可能性。1966年12月28日,中国再次进行了一次核试验,检验了热核爆炸的基本原理,使用了30万～50万吨当量的铀-锂装置,结果表明按照新的理论方案切实可行,先进简便。情报部门也发现了这次核试验所体现的两级设计概念,体现了技术的进步。两次核试验的成功,促使中国决定中止氢航弹的研究试制,集中力量,按照新理论方案进行设计,直接进行全当量的氢弹试验。1967年6月17日,中国第一颗氢弹爆炸试验成功。从第一颗原子弹爆炸试验到第一颗氢弹试验成功,中国仅用了两年零八个月,同世界其他国家相比,速度是最快的。美国情报部门对中国取得的成就颇为震惊,从时间上来说,他们没有料到中国会这么快就进行了氢弹试验;从技术上来讲,他们对中国的核能力估计不足。

中国在实现原子弹武器化和突破氢弹技术后,决定加速热核弹头的武器化工作。美国情报部门从中国原子弹武器化的经验来看,中国迟早要进行热核武器的武器化。然而由于"文化大革命"的影响,中国的核计划受到了严重的干扰和破坏。美国情报部门在一份情报评估中指出,革命运动已经发生在负责核武器和导弹开发的政府部门,聂荣臻也受到了零星的攻击。另一个政治干预迹象是他们发现北京对待第六次核试验带有一种明显"大跃进"式的宣传。因此他们认为只要这种狂热和无序继续影响中国,那么对于尖端武器计划的负面影响将始终会存在。

3. 中国导弹计划：仿制还是自行研制?

美国情报部门是从1958年才开始注意到中国导弹计划的。以中国当时的实力,他们认为"由于缺少技术人员,以及其他军事和经济计划对其有限资源的需求,到1962年中国肯定不具备自行开发导弹与核武器的能力"。考虑到当时中苏之间的同盟关系,他们判断中国"肯定会向苏联寻求导弹技术,在未来五年,苏联可能提供给中国某些种类的导弹和适合核武器使用,但并不携带核弹头的武器"。这是美国国家情报评估关于中国导弹计划的最早记录,虽然关于中国导弹计划的细节概不清楚，但是认定它一定与苏联的援助相关。

实际上早在1956年初，中国就考虑在导弹技术方面获取苏联援助的问题。1月12日彭德怀与陈赓在会见苏联军事总顾问时，就提出过请苏联向中国提供火箭制造方面的图纸资料。不过苏联对此并不热心，只是同意供应两枚P－1型教学用导弹样品，接收50名中国留学生到苏联学习火箭专业，并派5名苏联教授来华教学。聂荣臻对此“大失所望”。为加速中国导弹计划，1956年10月聂荣臻召集航空工业委员会会议，提出了“自力更生为主，力争外援和利用资本主义国家已有的科学成果”的发展中国导弹计划的方针。不过1957年3月苏联态度开始发生转变。3月30日，中苏代表在莫斯科签订了《关于在特种技术方面给予中华人民共和国援助的议定书》。10月15日，中苏又正式签署了《关于生产新式武器和军事技术装备以及在中国建立综合性原子能工业的协定》(简称《国防新技术协定》)。中国导弹计划开始慢慢发展起来。

1950年代末、1960年代初的几份国家情报评估基本延续了1958年那份评估的观点。首先，他们认为中国并不具备自主研发导弹的能力。NIE13－59认为“中国在本评估时段内可能不会研发出本国的导弹项目”。1960年12月中国已经成功发射三枚“P－2”近程地对地导弹，在当年的国家情报评估中仍然认为“共产党中国仍然不具备自己的导弹或核武器能力”，“中国的导弹计划还处于早期研发阶段”。直到1962年中国已经开始试制中近程地对地导弹时，情报分析人员仍然坚持原有观点，认为中国在“进行导弹研究所利用资源是极为有限的”，尽管拥有“世界上顶尖空气动力学家——钱学森”，但是“由于缺少能够胜任的年轻人、行政职责的压力、意识形态培训上的要求和缺少第一流的科学设备”，因此“这些因素综合起来阻碍了中国在导弹领域上重大研究上的成就”。其次，他们相信中国会寻求苏联的援助。在1959年的评估中他们再次肯定上一年所做出的判断，认为“苏联可能提供或帮助中国共产党人生产不够精密的导弹。在本评估时期，中国共产党可能有以下一种或多种导弹是苏联设计的，它们是地对空、空对空、空对地、短程地对地导弹”。由于中苏在导弹问题上的高度保密，美国情报部门根本无法了解苏联对中国援助的细节，他们只能大体上判断苏联会援助给中国一些初级的导弹，至于型号、种类，没有一份国家情报评估能够预测到。

1950年代末,中苏关系开始恶化。面对紧迫形势,中国加快导弹技术的自主研发。1959年10月,中央军委在向中共中央的报告中提出,国防工业应以尖端技术为主,目前主要是导弹问题,同时也要注意核弹头问题。1960年初,在中央军委召开的扩大会议上,又进一步明确了发展国防尖端技术的方针是“两弹为主,导弹第一”,并要求军队装备建设的各项工作都要根据这个方针,突出重点,合理安排,集中人力、物力、财力,保证“两弹”研制的需要,以最大的努力在最短的时间内突破国防尖端技术。

1960年7月28日至9月1日,苏联撤走全部在华专家,停止提供建设急需的设备、关键部件和重要物资。苏联对中国导弹计划援助的限度,美国情报部门很早就察觉到了。他们认为“苏联在尖端技术领域的援助要比其他类型的军事援助更加谨慎”,并判断“到1960年代中期苏联的技术援助将会实质上地减少也许还会中止”。不过,他们认为“到那时中国核计划与导弹计划可能已经相当的尖端,即使苏联援助全面停止也不可能迫使他们放弃”。与此同时,美国情报分析人员也注意到中国在自主研发导弹的努力。他们发现“即使在苏联帮助的时候,中国仍旧为飞机、潜艇和电子设备的生产寻求发展本国的能力”。因此他们判断“中国在寻求尽可能多的苏联援助的同时,在导弹和核武器领域企图发展独立的能力”。不过“中国全部依靠自己的资源获得弹道导弹生产能力的未来进步可能是非常缓慢的”。

中国导弹的研制是从仿制液体近程地对地战略导弹开始的,经历了从初级向高级、由液体转向固体的发展过程。

1956年10月8日,中国成立导弹研究院(国防部五院)。根据中共中央关于发展导弹的决策,贯彻“自力更生为主,力争外援和利用资本主义国家已有的科学成果”的方针,导弹研究院首先开展了对苏制P－2近程地对地导弹的仿制工作。

关于仿制苏联导弹,美国情报部门认为,由于中国并不具备自主研发导弹的能力,因此“在导弹领域的努力可能局限在对苏联导弹的大量仿制上”。他们发现“苏联可能同意帮助中国获取一套射程约1 100海里的地对地导弹和其他种类导弹的作战能力”。考虑到过去苏联军事援助的模式,他们认为:“在1960年代中期以前中国可能获得的一些援助促使他们开发独立的导弹生产能力。中共可能首先试图生产近程SS－2(350海里)地对地弹道导弹。”因为这种导弹“生产相对容易，覆盖范围也是中国周边目标”。但是他们也认为“中国生产苏制近程导弹至少最初在建立生产设施和提供某些精密组件，特别是推进器和电子组件方面将严重依赖于苏联的援助”。关于苏联援助的程度，情报分析人员并不能确定，但是估计“中国在1960年代中期以前是不能达到独立生产的能力的”。

当中苏关系恶化时，美国情报部门对这种变化将给中国的导弹计划带来多大影响，认识不足。直到1960年12月，国家情报评估仍然着重分析苏联对中国核武器计划的援助问题，对导弹计划的分析只是只言片语，没有关于中苏恶化对导弹计划影响的内容。当中苏关系恶化已经公开化时，情报分析人员才认识到“由于苏联技术援助的撤走和一些重要部件的中止供应，使得正在显现出来的中国生产能力受到严重的阻碍”。不过他们认为“如果给予充分的优先权，这些挫折是能够被克服的。那么中共能够在下一年内部署近程地对地导弹”。事实上中国是在1960年11月和12月，对仿制的近程地对地导弹进行了三次发射试验，都获得了成功。

(1) 东风二号：中程地对地导弹还是中近程地对地导弹?

1960年春，中国在仿制苏联P-2型地对地近程弹道导弹取得一定进展的时候，开始考虑未来的发展方向。当时摆在中国面前有两种途径：或者直接研制中程地对地导弹，或者在仿制近程地对地导弹的基础上先研制中近程地对地导弹。考虑到中国还缺乏导弹设计、研制的经验，一些关键技术还未开展预先研究。聂荣臻认为，战略导弹的发展，应先从仿制起步，吃透技术，摸清规律，再进行自行研制，然后逐步提高；赞同战略导弹自行研制的步子迈得小些，先对近程地对地导弹进行改进设计，研制成中近程地对地导弹，摸索独立设计的经验，同时抓紧进行中程、中远程导弹的预先研究，为迈大步奠定技术基础，逐步建立中国自己的导弹技术发展体系。1960年6月30日，聂荣臻就“对P-2进行改进，搞出一个射程1 000～1 200公里的型号问题”报送中央军委，中央军委批准了这个报告。

从已解密的国家情报评估来看，美国情报部门注意到中国在成功进行近程地对地导弹之后，一定会把“在弹道导弹上的努力集中在1 020海里的SS-4型或630海里的SS-3型中程弹道导弹系统上”，但是他们对中国到底是先研制中近程地对地导弹作为一个过渡，还是直接研制中程地对地导弹弄不清楚。只是猜测，无论是研制哪种系统，“这些导弹在1967年以前不可能进行部署，到那时也不太可能研制出可匹配的核弹头”。1962年他们发现中国已经开始进行导弹试验，但是“零星的和有限的”，不过不能判断导弹的类型，干脆认为“中共可能使用苏联设计的射程从150～1 100海里的导弹”。而事实上，中国是在1962年3月21日进行了第一发中近程地对地导弹试验，但是导弹起飞数秒钟后即出现较大的摆动和滚动，接着发动机起火，导弹坠毁在发射台附近。关于这次导弹失败，美国情报分析人员1962年6月通过卫星照片侦察到了，他们发现“照片显示在离一座发射台约1 500米有一个大弹坑”，这“表明是一次巨大的失败”。针对试验中暴露出来的问题，技术人员对总体方案重新进行论证，并做了相应的改进。1964年6月至7月中国进行了三次飞行试验以及尔后接连进行的八次飞行试验，均获成功。

鉴于中国进行的几次导弹飞行试验，美国情报分析人员判断：“中国正在开发中程弹道导弹，该系统实质上是苏式的，可能是SS-4，也许经过中国的一些修改。中国可能在1967年或1968年拥有几枚可运载裂变弹头的中程弹道导弹。”这种判断实际上是不准确的，虽然按照美国的标准，中国正在开发中程弹道导弹是不争的事实，其实质确实也是苏式的，但是它并不是SS-4，而是以(P-2)SS-2为基础进行的改进，加入了许多中国自主研发的因素，中国称之为“东风二号”。后来在1971年，美国情报部门对中国的导弹计划进行阶段性总结时，认为“它最接近于苏联的SS-3”。

1965年2月中央军委决定对中近程地对地导弹进行改进，以增大射程。从1965年11月开始，改型的中近程地对地导弹在西北综合导弹试验基地连续多次进行飞行试验，均获得成功。1966年10月27日，中国用改进型的中近程地对地导弹，运载真实的核弹头，成功地进行了发射试验。至此，中国不仅掌握了导弹核武器，而且走完了中近程地对地导弹研制的全过程。美国情报部门对中国的“两弹结合”试验，颇为震惊，极其罕见地在中国核试验仅仅一周后就提交了一份特别国家情报评估。该评估并不长，但着重分析了中国的导弹能力。关于刚刚进行的这次核试验，他们判定：“该装置是由一枚弹道导弹所运载的。这种导弹属于或接近中程弹道导弹，可能是从双城子导弹试验靶场发射升空的，跨越约400海里的距离。”虽然他们认为“其水平与美苏相比尚有相当距离，但可以用于近程或者中程的武器。如果这种情况属实，则中国人将于1967年或1968年拥有几枚准备部署的这种武器”。

此后他们在分析中程弹道导弹时，顺理成章地认为中国肯定会尽快地进行部署。在1967年的评估中，他们预测中国“可携带核弹头的中程弹道导弹的有限部署可能将在未来约半年内开始。1968年后当核弹头的数量不断增加时，这种部署可能会以更快的速度进行。这些部署将可能威胁美国基地、从日本到菲律宾、南亚和印度北部的重要城市”。但是1969年2月美国情报分析人员在观察中国的导弹发射场时却发现部署中程弹道导弹明显地推迟了，他们并不清楚真正的原因，只是猜测也许是技术上的问题，也许是受到“文革”因素的影响。不过他们仍然相信中国正在准备部署中程弹道导弹，现在可能在准备永久性发射场，如果不久将开始的话，中国将在1970年拥有中程弹道导弹作战能力。同年10月，他们在国家情报评估中仍然对中国尚未进行部署中程弹道导弹迷惑不解。至于原因，他们认为“中国可能等待热核弹头或者使用固体推进剂的已改进的导弹”。但是“如果不想进行部署的话，对于中国人来说投入那么多的时间与精力似乎又不太合理”。因此猜测“中国正在朝着部署方向发展”。直到1969年他们才开始发现有关中国中程弹道导弹的新迹象，因此不得不承认“中国会尽快部署中程弹道导弹”的观点是错误的。“从1966年秋到1969年初在中程弹道导弹计划上显然有一个明确的间断期”，“特别是可以提供临时战略力量的图16轰炸机能够携带热核武器以后”，显然“中国根本就没有部署中程弹道导弹”。至于为什么间隔三年，中国才开始部署中程弹道导弹，情报分析人员认为可能原因有二：一是中国确实想放弃中程弹道导弹的部署，但是由于中苏关系的持续恶化和苏联入侵捷克斯洛伐克导致他们对中程弹道导弹的重新定位；二是到1966年末导弹还没有真正的准备部署或中国决定等待相匹配的热核弹头。

其实，中近程地对地导弹是考虑到对苏联援助导弹的继承，也结合自身的实际情况，在设计中程地对地导弹之前，为获得必要的数据，研制的一种导弹。虽然它特性上高于近程地对地导弹，后来又经过不断地改进，甚至用它进行“两弹结合”试验，但是其设计核心仍是仿制苏联的P-2，有着“推进剂燃料不好贮存，临时加注很费时间”的缺点。实际上中国在对中近程地对地导弹进行改进的同时，开始准备着手研制中程地对地导弹，因此聂荣臻在1966年12月30日曾指示“东风二号地对地导弹的生产数量要少些，将来东风三号地对地导弹可多生产些”,很能说明当时中国领导人对导弹计划的想法。除了受到“文革”的影响以外,型号的更新换代也许是最重要的因素。

(2) 东风三号：没有察觉到的中程弹道导弹

1963 年中国废弃了东风三号的前身东风一号。经过一年多的反复论证,中央军委于 1965 年 3 月批准并下达了研制液体中程地对地导弹的任务。中程地对地导弹是中国独立进行研制的液体导弹,采用了与中近程地对地导弹全然不同的设计方案,集中地应用了中国 1960 年代前期进行预先研究取得的最新技术成果。它采用更大的推力和更大功率的可贮存燃料,射程 2 800 公里,弹头为尚待完善的热核弹头。1966 年 12 月中国进行了液体中程弹道导弹的首次试验,不过发现发动机出现推力下降的问题。1967 年 1 月的第二次试验仍出现同样的问题。5 月,经液体火箭发动机研究所改进设计,提高发动机可靠性后,第三次飞行试验获得圆满成功。

与前两种型号的导弹相比,情报部门基本上没有察觉到中国的中远程弹道导弹,按照他们的理解,中国似乎在完成中程弹道导弹的研制后,下一种型号应该是洲际弹道导弹,因为中国可以“利用一组中程弹道导弹发动机来达到洲际导弹发动机所需推力”,所以他们把大部分精力都放在中国的中程弹道导弹和洲际弹道导弹上。直到 1970 年,他们通过卫星照片突然“发现在山西省靠近五寨县有一个导弹发射基地”,这才重新对该地区过去的照片进行分析,判定该发射基地“始建于 1966 年末,发射台在 1968 年中期完成,导弹演习正在进行之中”。由于五寨发射基地与弹着区和田相距“1 300～1 400 海里”,因此他们认定这是中国的一处中远程弹道导弹基地,并已进行了七次发射。对于 1966 年末至 1967 年中在双城子导弹试验基地进行的发射,他们重新判断认为这些导弹可能“从来没有达到过 1 000 海里”,也就“约 600～700 英里”。他们对地面辅助设施进行重新评估也表明“这种导弹使用低温氧化剂而不是先前估计的可贮存燃料”。因此认为“中程弹道导弹的一些活动可能就是五寨系统的导弹试验和研究与开发工作”。至于中远程弹道导弹的部署,他们认为“越来越多的迹象表明中国正在充分地进行战略导弹的部署”。“如果重大的导弹部署计划被确定的话,由于其较远的射程和较大的有效荷载,我们认为中国将会把五寨系统置于最优先的位置。但是如果它接近完成的话,永久性的、易受攻击的地区的初始作战能力似乎很可能将在约一年内实现。如果中国选择在发射井上部署系统的话，初始作战能力的实现至少还需要一年的时间。”

在 1971 的一份评估报告中，美国情报部门对中远程弹道导弹的评估要比过去详尽得多，除了对其特性进行分析以外，重点预测了部署情况。他们认为这种导弹“使用可贮存推进剂和使用全惯性导航系统，最远射程可能超过 1 500 海里”。虽然他们并不支持中远程弹道导弹于 1969 年开始训练发射的观点，但是认为“到 1971 年中期中国可能已经准备开始进行中远程弹道导弹的训练发射。如果部队训练确实在那时开始的话，那么现在正在进行初始部署是合理的”。尽管“没有部署的显著证据”，但是他们认为“在计划的早期阶段，当导弹部署的数量很少时，中国可能隐藏部署计划”。从威慑性的角度来说，他们认为这种导弹“能够影响到约 40 个苏联人口 10 万以上的城市，这包括所有从海参崴向西到斯维尔德洛夫斯克的西伯利亚大铁路沿线的所有城市”。至于美国，“当前中国还不具备打击美国大陆的显著能力”，但是可以威慑“美国在远东的军事基地和美国在该地区盟国的重要城市，特别是日本。依照选择的标准，这将增加 40 到 50 个额外的目标”。如果再加上印度，“还有 16 个人口超过 10 万的城市”。在这约 100 个目标中，他们不能判断中国到底会选择哪些目标，但是认为中国至少需要几百枚 1 400 海里的导弹。此外，美国情报部门还认为，与易受攻击的发射场相比，中国可能选择在发射井上部署中远程弹道导弹。他们认为中国每年在发射井上部署 10～20 枚中远程弹道导弹应该不成问题，如果发射井部署在 1973 年或 1974 年开始的话，那么中国可能到 1976 年中期能够建立一个拥有 20～30 个中远程弹道导弹发射井的部队。

直到 1974 年，美国情报部门认为“中国的中远程弹道导弹系统的部署将继续以稳健、谨慎的速度进行，据估计当前有 30～35 座发射装置可投入使用”。但是他们发现部署的速度缓慢，他们判定“中国并不打算显著地增加中远程弹道导弹部队的规模”。他们认为中国可能会把更多的精力放在洲际弹道导弹的研发上。

(3) 东风四号：“靖宇导弹”是一种新型弹道导弹吗？

早在 1964 年夏，为适应新的需要，中国决定尽快研制中远程地对地导弹。当时国防部五院在主持进行研制中远程地对地导弹的技术途径的论证时，提出要通过这个型号的研制，突破多级火箭技术。后经反复论证，决定中远程地对地导弹采用两级火箭方案：第一级以中程地对地导弹（东风三号）为基础，稍加修改；第二级为新设计的火箭。这样，可充分利用中程地对地导弹的技术成果和研制条件，缩短研制周期，节省研制经费。1965 年 5 月，中央军委批准了中远程地对地导弹的研制任务。1969 年 11 月，中国在西北导弹试验基地首次进行中远程地对地导弹飞行试验，由于指令系统发生故障，致使第二级未能点火，两级未分离，导弹在空中自毁。经过改进，1970 年 1 月再次进行飞行试验，获得成功。

美国情报部门最初并未注意到中国的液体中远程地对地导弹，而是把更多的精力放在了中国的洲际弹道导弹上。1970 年 8 月，美国侦察卫星在对中国大陆进行例行监视时，发现在山西靠近五寨县有一处导弹发射基地，美国情报部门立即对自 1967 年以来所有大陆地区卫星图片进行重新分析，发现在“一个距离朝鲜边境以北约 30 英里处，靠近临江有一个导弹发射场，该设施已进入建设的后期阶段”。与此同时，还发现“一处导弹发射井”，“导弹的运输安装设备与先前在五寨和靠近北京的南苑导弹生产厂看到的极为相似”。不过他们对中国为什么选择这个地区作为导弹发射场感到极为困惑，因为该设施离朝鲜边境很近且地形险峻不易施工。但是从射程角度来看，从临江到弹着区和田约 2 200 海里，他们判断这是一种新型弹道导弹。

1971 年 10 月，美国情报部门开始着重分析这种新型弹道导弹，他们把归属为“洲际弹道导弹，但是认为它不具备影响到美国大陆的显著能力”。此外，他们发现该导弹发射场更靠近于靖宇，因此在国家情报评估中把它称为“靖宇导弹”。由于他们发现“靖宇发射场在 1970 年秋处于活跃期”，因此判断“到 1971 年中期在靖宇会进行一次发射”。关于“靖宇导弹”，他们倾向于认为是“一枚经改装的两级中远程弹道导弹”，其最大射程约“3 000～4 000 海里”。从威慑性的角度来看，它只能影响到美国大陆的一部分，而如果它部署在中国北部靠近苏联边境，那么具有一定的威慑性，因此情报分析人员认为这种导弹并不是针对美国的。由于他们发现中国只进行过一次试验，因此“无法评估其初始作战能力或部署的速度和广度”。然而他们预测：“如果没有遇到严重困难的情况下开始进行试验计划，初始作战能力将可能在 1973 年末或 1974 年初达到。在发射井进行部署，假如在 1974 年达到初始作战能力的话，到 1976 年中期可能达到 25～40 枚导弹的力量。”

实际上，美国情报分析人员对中国液体中远程地对地导弹的分析部分是准确的。这种导弹确实是两级系统，不过第一级是以中程地对地导弹为基础，第二级是新设计的。1969年中苏边境冲突爆发后，苏联的一些城市立即成为指定目标，1971年中国组建第一个东风四号导弹部队转移到青海（小柴达木和大柴达木）和中国西北的其他基地，更靠近苏联的要害目标。此外，由于当时东北试验场（靖宇）尚未完工，中国对液体中远程地对地导弹的前两次试验是在西北综合导弹试验基地进行的，是短射程试验。1970年8月东北试验场建成之后，11月首次进行了长射程飞行试验，但由于出现了与首次短射程试验相似的故障，致使一级火箭预令信号未能发出，二级火箭未能点火，导弹飞行至一级推进剂耗尽关机后，因姿态失稳在空中自毁。在总结经验后，1971年11月15日，中远程地对地导弹长射程试验获得成功。

自1971年末试验以后，中国在很长时间内没有再进行中远程地对地导弹长射程试验，这一点使得美国情报部门颇为迷惑，他们不知道发生了什么，但是认为“中国并没有放弃这项计划，他们以象征性的数量部署该系统”。至于未来，他们预测：如果在1974年末或者1975年上半年达到初始作战能力的话，中国将具备覆盖可能包括莫斯科在内的苏联欧洲目标的象征性能力。而事实上，由于“文革”的影响，中远程地对地导弹的进一步研制工作几乎陷入停顿状态，直到1975年经过调整、整顿，才出现转机。

(4) 东风五号：是洲际弹道导弹吗?

1965年3月，中央军委决定研制洲际弹道导弹。不久中国组织两个小组就液体燃料的优缺点进行讨论，大多数人认为不可贮存燃料在严重的国际紧张时期是无能为力的。这种导弹在迅速升级的最后较量中因准备时间太长而发射不成，并且不可能长时间保持戒备状态。因此中国设计的洲际地对地导弹采用可贮存液体燃料，与东风三号和东风四号的类似，但不完全相同。液体洲际弹道导弹是两级导弹，最大射程为13 000公里。

美国情报部门对中国洲际弹道导弹的关注由来已久。早在中国尚未具备研制洲际弹道导弹的能力时，美国情报分析人员就在其国家情报评估中，谈到中国在1960年代不太可能具备独立地研制洲际弹道导弹的能力。这种论调一直持续到1966年末，他们发现中国正在“开发一种更大、更复杂的导弹系统”，因此判断是“一种洲际弹道导弹”。他们认为该导弹“在1967年初将能够完成发射装置”，虽然尚未发现其主要部件，“但是有证据表明到1967年下半年中国可能开始进行飞行试验。如果是这样的话，如果他们能够制造出导弹以及其他能够进行积极和成功地试验计划所必要的设备，则到1970年代初就会有几枚携带裂变核弹头的洲际弹道导弹投入使用”。由于当时尚未建有东北试验场，因此情报分析人员“还不能确定中国人将如何进行洲际弹道导弹的全程试验”。1967年6月17日随着中国成功进行了第一次氢弹试验，美国情报机构进一步认为“中国可能将在1970年初研制出百万吨级当量的洲际弹道导弹弹头”。不过他们也认为“在1970年代初准备部署洲际弹道导弹系统”是“一个严格的时间表，应该允许出现较小的困难和推迟”，“如果中国遇到重大的问题，那么洲际弹道导弹的初始作战能力将会推迟”。

但是到1968年夏，他们发现“中国在现代武器的开发和生产上所用的时间要远远超过几年前我们根据他们明显的进步而做出的判断”，究其原因，他们认为肯定与“‘文化大革命’的破坏和混乱”相关，“有充分的证据表明不仅仅贯穿于经济的生产和运输出现推迟，而且在涉及指挥和管理尖端武器计划的重要机构内部出现了政治上的混乱”。除此之外，他们认为“中国缺少广泛的科学工业机构”是另外一个因素。尽管有这样那样的原因，但是美国情报分析人员并不认为“中国的尖端武器计划注定陷入停滞，或者持续性的推迟”，只是把时间推迟了几年，认为“1972年初拥有初始作战能力是可能的；但是根据中国的记录和考虑中国的政治经济形势，很可能将会晚些，也许两至三年”。至于部署，“如果最早到1972年达到初始作战能力的话，到1975年中国不太可能部署超过约20枚的洲际弹道导弹。如果中国尽最大的努力并取得成功的话，他们也许能够达到这个数字的两倍。但是我们认为推迟和遇到困难的可能性会很高，到1975年估计中国能够达到约40个洲际弹道导弹发射台的水平是不现实的”。

1970年虽然美国情报部门仍旧没有发现中国洲际弹道导弹试验的迹象，但是“没有改变对洲际弹道导弹开发的早先估计”。直到1971年9月10日，他们发现“从双城子发射的导弹似乎是针对美国的具备显著能力的洲际弹道导弹”，并预测“如果它是洲际弹道导弹的话，那么该系统最早的初始作战能力将是在1974年末，也可能还要晚于一至两年实现”。可是到1974年，中国在洲际弹道导弹方面并没有取得突破性的进展，美国情报分析人员认为中国“继续陷入技术上的困境”，他们发现“到现在为止四个发射装置，仅有一个——在

1971 年 9 月——似乎完全的成功”。“如果发射井不久将开始使用的话，那么该系统最早可能在 1977 年达到初始作战能力。如果花费很长时间去克服困难，或者新问题的出现，初始作战能力甚至可能将在 1979 年才实现。”

整体而言，美国情报部门过高估计中国洲际弹道导弹的发展速度了。中国在 1971 年 9 月 10 日进行了洲际弹道导弹的首次低弹道飞行试验，但二级火箭发动机关机时间稍有提前，弹头未落于预定落点。此后 1972 年 11 月 9 日至 1973 年 4 月 8 日，中国又进行了洲际弹道导弹第二发遥测弹飞行试验，由于质量和可靠性方面的问题，两次发射均未获得成功。直到 1980 年 5 月 18 日中国才成功进行了洲际弹道导弹的全程试验。

4. 中国核潜艇计划："毛级"潜艇是核动力吗?

与中国核武器计划和导弹计划相比，中国的核潜艇计划更带有神秘色彩。美国情报部门关注中国核潜艇计划源于中国的常规动力潜艇。1965 年他们发现“中国下水了一艘外表与可发射射程约 350 海里 SS－N－4 弹道导弹的苏联 G 级潜艇极为相似的潜艇”，但是尚无证据表明“中国已经计划把导弹部署在潜艇中或苏联在这方面给他们援助”。当然“也尚无证据表明中国正在建造任何更多的这种潜艇，部署中国生产的导弹至少还需要几年的时间”。从美国情报部门的评估来看，虽然他们认为中国的潜艇是初级的，但是“中国对开发潜艇能够或者至少对美国构成有限核威胁的导弹潜艇部队极感兴趣”。

关于常规动力潜艇，中国也是从仿制入手的。早在 1953 年，中国先后在江南和武昌两个造船厂装配制造苏联转让的中型常规动力潜艇，1956 年 3 月下水，1957 年 10 月建造成功。这是中国成批建造潜艇的开端。1959 年 2 月 4 日，中苏签订《关于在中国海军舰艇制造方面给予中华人民共和国技术援助的协定》，根据这个协定，中国开始制造苏联转让的改进型中型常规动力潜艇和常规动力弹道导弹潜艇，虽然 1960 年代初苏联撤走专家，给潜艇制造带来巨大的困难，但是中国决定压缩其他海军装备科研项目，集中力量建造这两型潜艇。第一艘中型常规动力潜艇由江南造船厂于 1965 年 12 月建成，后来黄埔、涪陵等造船厂也安排生产，成为中国生产批量最大的一种潜艇。大连造船厂建造的常规动力弹道导弹潜艇于1966年8月建成。美国情报部门在1965年2月所发现的那艘潜艇一定是大连造船厂所建造的常规动力弹道导弹潜艇，但是当时并未完工。

与中型常规动力潜艇相比，美国情报部门更关注中国的常规动力弹道导弹潜艇，因为这种潜艇可从水下发射攻击地面固定目标的导弹，这无疑对美国构成了一定的威胁。虽然他们并不了解苏联是否在潜地导弹方面给予了援助，但是他们估计，如果中国正在进行研发的话，那么"到1970年可能开发出可配备核弹头的导弹"。不过这种潜艇也有诸如续航力小等缺点，"最多只具备威胁美国西海岸的最低能力"，因此他们判断"中国可能不会开发这种系统作为远程打击能力，而是把它作为亚洲地区力量的一部分"。此后一直到1960年代末，美国情报部门发现中国的常规动力弹道导弹潜艇"并不活跃"，"除进行训练的例行公事以外"，从不远离母港。同时他们认为"尚无证据表明中国拥有潜地导弹，也没有发现任何这种导弹的试验"，因此推翻了早先"到1970年可能开发出可配备核弹头的导弹"的判断。至于是否还有其他同一级别的潜艇正在建造，美国情报部门尚未发现，但是他们预测"如果中国不久将开始建造的话，到1975年最多将有3～4艘配备射程约350英里导弹的潜艇"。

概而言之，美国情报部门当初在发现中国的常规动力弹道导弹潜艇时，过高估计了中国的实力，甚至耸人听闻地预测到1970年可能开发出可配备核弹头的导弹。但是随着常规动力弹道导弹潜艇的缓慢进展，他们才发现事实并非如此。1971年美国情报部门对中国潜艇计划做阶段性分析时，认为"中国没有建造其他的G级潜艇或开始类似于SS-N-4的海上导弹试验，表明这种潜艇根本没有生产，也没有部署"。至于中国唯一的那艘常规动力弹道导弹潜艇，他们发现它"从1968年末开始进行了大范围的修改"。美国情报分析人员判断"中国准备把潜艇作为开发自己研制新型导弹的试验平台"。

至于常规动力弹道导弹潜艇进展缓慢的原因，美国情报部门认为：首先是中国国内政治的因素。"大跃进"所带来的经济上的崩溃以及"文革"的破坏，导致整个中国国防工业陷入停顿，常规动力弹道导弹潜艇的研制也不能幸免；其次是技术上的问题。中国的常规动力弹道导弹潜艇仿制于苏联，由于苏联在1960年代初撤走专家，无疑会给中国带来巨大的困难。最后，这种巡航力小、高噪声的柴油动力弹道导弹潜艇对美国构成实际的威胁很小，可能也是中国放弃进一步研制的重要原因。

因此，美国情报部门判断核潜艇可能是中国的选择。中国早在1958年6月就着手准备研制核潜艇。经过三年多的努力，在艇总体设计和核动力装置的研究方面都取得了一些初步成绩。由于1960年代初中国陷入经济困难，科研力量又不足，1963年3月中央军委决定暂停研制，但保留一部分科技骨干，重点对核动力、艇总体等关键项目进行研究，待国民经济有所好转时，再全面展开。1960年代中期，国民经济有所好转。中央军委于1965年3月20日决定将核潜艇工程重新列入国家计划，全面开展研制工作，并要求二机部于1970年建成陆上模式反应堆，作为研制潜艇用核动力装置的阶梯。先经陆上模式堆试验验证后，再将为潜艇研制的核动力装置装艇。

当中国在核技术方面有所突破，并于1964年10月16日成功进行第一次核试验的时候，美国情报部门就开始预测中国研制核潜艇可能性问题。从已解密的国家情报评估来看，美国情报部门是在1966年，也就是中央军委决定核潜艇工程重新上马的第二年，开始关注中国核潜艇计划的。从威慑性角度来讲，他们认为中国会选择核动力潜艇，而非柴油动力潜艇。但是考虑到"核潜艇工程将会从中国核计划上转移一些物力和人力，同时它远比洲际弹道导弹更为昂贵和复杂"，因此他们判断中国核潜艇的"开发也更漫长"。作为同样对美国构成极大威胁的尖端武器，他们并不认为中国能够"同时优先开发洲际弹道导弹和核潜艇"，而倾向于"洲际弹道导弹作为他们首要的洲际打击能力"。其实美国情报部门在当时低估了中国的决心，1965年3月，中央军委同时决定核潜艇重新上马和研制洲际弹道导弹。

从1966年到1969年，美国情报部门注意到了中国对核潜艇研发的动向，但是他们认为即使中国开始设计的话，那么"在1970年代末以前仍不可能研制出核动力潜艇"。

而事实上，鉴于导弹核潜艇的技术复杂性，为分散难点，缩短研制周期，1965年8月中央军委决定核潜艇研制分两步走：第一步研制鱼雷核潜艇，先解决核动力用于潜艇和反潜鱼雷等重大技术问题；第二步再研制导弹核潜艇，解决潜地导弹及其发射系统等关键技术问题。随后，中央军委又确定，争取第一艘鱼雷核潜艇于1972年下水试航，并达到主要战术技术指标，以便作为战斗艇交付海军使用。

美国情报部门并没有注意到中国研制核潜艇采取的“两步走”方针，他们仍把注意力集中在导弹核潜艇上。但是在 1971 年他们发现中国“已经建造了一艘巨大的新型潜艇”，该潜艇是“由本国设计的，其外壳特别适合快速潜水的鱼类攻击型潜艇”，从“外壳的外观和构造表明它可能是核动力的”。他们认为“如果它是核动力的，那么中国在朝向核动力导弹潜艇方面迈出了重要的一步。即使它是柴油动力的，这种设计表明中国有能力开发现代核动力导弹潜艇”。此外他们还发现“中国已经开发——或正在开发——现代、复杂的造船设施以充分地支持核潜艇计划”。有趣的是，由于这艘潜艇过去从未发现过，也没有相关的情报，美国情报部门把它暂称为“毛级”(Mao-class)。事实上，美国情报部门发现的这艘核潜艇是中国第一艘鱼雷核潜艇，后来一般把它称为“汉级”(Han-class)。该潜艇于 1968 年开工建造，1974 年 1～4 月，在进行了检验性航行试验后，于 8 月 1 日交付海军使用。

虽然美国情报部门判定中国已制造出鱼雷核潜艇，但从威慑性来说，他们认为中国迟早要研制导弹核潜艇。1971 年他们预测中国可能“开发可携带 16 枚导弹的核动力潜艇。如果第一艘这种型号的潜艇于 1971 年中期开始建造的话，我们估计中国最早于 1976 年拥有第一艘导弹核潜艇。如果中国并没有为潜艇装配核反应堆的话，导弹核潜艇最早完工的日期将可能推迟一两年”。至于潜地导弹，他们认为如果中国选择液体导弹的话，那么试验发射的时间可能是在 1974 年末；如果是固体导弹的话，可能最早将在 1975 年进行。不过美国情报部门也相信，中国要制造出导弹核潜艇还会遇到许多技术性的困难。首先导弹核潜艇需要某种精确的导航系统，例如海洋深测或卫星导航，但是尚无中国正在进行这项活动的迹象；其次把潜地导弹融在核潜艇上也面临巨大的困难。1974 年他们再次预测中国“可能正在建造一两艘核潜艇，第一艘也许在今明两年下水。该系统的导弹可能是两级固体推进剂潜地导弹，其外形与早期美国北极星相似，可能携带射程 1 500～2 000 海里的核弹头。这种导弹的飞行试验并未开始，可能至少需要三年的时间。因此即使试验发射不久将开始，在 1977 年中期以前导弹不太可能装配到第一艘导弹核潜艇上。考虑到装配到系统上最少需要半年，最早的初始作战能力日期可能是 1978 年。但是由于中国在固体推进剂系统飞行试验缺少经验，初始作战能力可能还会推后”。

其实对于导弹核潜艇，中国为了分散难点，也采取了两步走的设想：第一步，在鱼雷核潜艇的基础上研制导弹核潜艇；第二步，在第一艘导弹核潜艇的基础上，再考虑研制性能更好的第二艘潜艇，其研制重点是突破潜地导弹系统及其应用于潜艇水下发射的关键技术。中国的导弹核潜艇(夏级 Xia-class)于1970 年 9 月开工建造，直到 1981 年才下水，1983 年 8 月加入海军，其时间要远远超出美国情报部门所估计。

综上所述，美国情报部门对中国核潜艇计划的分析差强人意。在 1970 年代以前，他们低估了中国研制核潜艇的能力，基本认为中国在 1970 年代末之前不可能研制出核潜艇。当 1971 年他们发现中国的第一艘鱼雷核潜艇以后，又高估了中国的能力，预测到 1976 年中国将拥有第一艘导弹核潜艇，而实际上中国是在 1981 年才下水。

5. 中国太空计划：令人困惑的发射时间

中国早在 1950 年代末就致力于人造地球卫星的理论探索和探空火箭的研制工作。1957 年苏联成功发射世界上第一颗人造地球卫星后，中国的许多科学家就积极倡导开展自己的人造地球卫星的研制。1958 年 5 月 17 日，毛泽东在中共八大二次会议上提出“我们也要搞人造地球卫星”。聂荣臻随即责成中国科学院和国防部五院负责人，组织有关专家拟定人造地球卫星的发展规划。中国科学院把研制人造地球卫星列为 1958 年的第一项重点任务，并筹建了三个设计院，分别从事人造地球卫星和运载火箭的总体、控制系统、空间物理和卫星探测仪器的研究、设计与试制工作。不过由于受到“大跃进”的影响，中国提出了一些不切实际的设想。1959 年 1 月中国科学院根据邓小平关于现在发射人造地球卫星与国力不相称、要调整空间技术研究任务的意见，提出了“以探空火箭练兵，高空物理探测打基础，不断探索卫星发展方面”的发展步骤。1960 年 2 月，中国科学院上海机电设计院自行设计的小型液体火箭 T－7M 发射成功，虽然射程仅 8 公里，但为人造地球卫星工程的研制打下必要的技术基础。

从已解密的国家情报评估来看,美国情报部门最早关注中国的太空计划始于 1962 年。由于苏联成功发射人造地球卫星,也许他们也注意到毛泽东的言论,他们发现“中国已经对发射人造地球卫星发生了兴趣”,至于是否有这种计划,尚无法判断。鉴于中苏关系的破裂,情报分析人员对苏联能够在太空计划上给予中国实质性的帮助表示怀疑,他们预测“如果没有苏联的帮助,太空发射系统的开发将是极其困难的,并要花费许多年”。因此他们认为“在未来几年里中国仅仅可能制造和发射高层大气探空火箭”。

美国情报部门对中国早期太空计划的分析基本上是正确的,中国确实在太空计划上面临许多困难,首先就是运载火箭问题。虽然中国在 1960 年发射了 T－7M 探空火箭,但那是一个极其原始的火箭,根本不足以把卫星发射升空。1964 年中国成功试射中近程地对地导弹后,研制和发射人造地球卫星才提上了议事日程。1965 年 3 月国防科委提出了《关于开展人造地球卫星研制工作的报告》,5 月,中央军委批准将卫星工程研制列入国家计划,并明确工程技术主要抓卫星、运载火箭、测量、跟踪、遥测设备的研制,以及整个工程的组织协调等各项任务的分工。8 月,中央军委原则批准了中国科学院提出的卫星发展规划纲要,并同意第一颗卫星争取在 1970 年左右发射。

由于运载火箭与弹道导弹有着千丝万缕的联系,美国情报部门判断中国的运载能力是从弹道导弹的分析开始的,所以在中国成功试射中近程地对地导弹之前,并没有特别关注中国的太空计划。美国情报部门再一次对中国太空计划进行评估是在 1967 年,他们从狂热的“文革”宣传中发现了中国人造地球卫星工程的蛛丝马迹,并预测“中国可能会尽快发射人造地球卫星”。关于运载工具,他们判断中国可能使用“增加级数或加大有效荷载的中程弹道导弹,也可能使用洲际弹道导弹的早期试验工具”。随着中国导弹技术的提高,他们愈加认为中国发射人造地球卫星迫在眉睫,特别是在 1969 年,中华人民共和国成立 20 周年以及中共九大的召开,把人造地球卫星作为献礼工程是中国在特殊年代的惯例。

但令美国情报人员困惑的是,从运载能力来看中国在 1967 年成功发射中程地对地导弹,已具备发射人造地球卫星的能力,但是直到 1969 年 10 月中国仍然没有进行发射,他们不知道是何原因？事实上,中国的人造地球卫星工程受到了“文革”的严重影响，运载火箭的研制工作基本上处于停滞状态，拖延了整个工程的进度，使本来有可能争取在1968年底发射卫星的设想未能实现，这是美国情报部门所没有料到的。

1970年4月24日中国成功地发射了第一颗人造地球卫星，但所使用的运载火箭并不是美国情报部门所猜测的中程地对地导弹的改型，而是一个串连式三级火箭。第一级和第二级采用中远程地对地导弹使用的液体火箭发动机，第三级采用固体火箭发动机，中国称之为长征一号火箭。美国情报部门实际上低估了中国发射人造地球卫星的能力。当中国成功发射并宣布卫星的高椭圆轨道和有效荷载381磅后，美国情报分析人员才排除了他们原先所估计的中程地对地导弹，认为中国“可能选用的运载火箭是一至两级的五寨导弹、带有较小第三级的两级洲际弹道导弹，或为太空目的而紧急开发的运载火箭”。中国的第一颗人造地球卫星的总量要比苏联(83.6公斤)、美国(8.2公斤)、法国(38公斤)、日本(9.4公斤)第一颗人造地球卫星的总量总和还要重。其卫星的跟踪手段、信号传递形式、星上的温控系统，也超过了其他国家第一颗卫星的水平，这是美国情报部门所没有估计到的。当然东方红一号卫星带有“文革”时期的强烈烙印，政治意义要远远超过其本身，但是它标志着中国成为世界上第五个能发射人造地球卫星的国家。

当中国成功发射人造地球卫星以后，美国情报部门通过其间谍卫星发现双城子导弹试验靶场“第二座发射台B2的工程也取得快速的进展，它装配了一个约150英尺高的勤务塔，比发射台B1的勤务塔高约30英尺”。他们判断“发射台B2的规模和复杂性表明它是为发射大型太空飞行器而设计的，这也表明中国拥有雄心勃勃的太空计划”。美国情报部门对中国的人造地球卫星计划的细节并不了解，但是通过对发射场的观察，他们判断中国可能尽快再次进行发射。1971年3月3日，中国成功发射实践一号卫星，其总体方案，沿用了东方红一号卫星的技术成果和经验。不过比较起来，其科学目的性是第一颗人造地球卫星无法比拟的，其主要目的是测量高空磁场、宇宙射线等空间环境参数、进行长寿命应用卫星的一些关键技术的试验等。

从中国已进行的两次人造地球卫星发射，美国情报部门判断其运载工具“是同一型号的运载火箭”，这种火箭与中国的中远程弹道导弹有着极为相近的关联，可能就是这种导弹的改装。他们通过对“对两颗入轨卫星的小型、已耗尽燃料的助推火箭进行观察”，认为“中国的第一枚运载火箭是三级系统”。此外，根据前两次发射，他们认为“中国并没有全部地利用运载火箭最大的能力”，因为“这种系统能够把有效荷载约1 300磅的物体发射到100海里的低地球轨道”。他们预测中国未来会继续使用这种系统。事实上，这一点也是错误的，中国用长征一号火箭只进行了两次试验，此后被长征二号火箭所取代。

毋庸置疑，与其他国家的太空计划一样，中国早期太空计划也具有浓厚的军事色彩。其运载火箭是以中远程地对地导弹为跳板的，发射场也是在双城子导弹试验靶场，因此美国情报部门在预测未来中国的太空计划时，强调其军事性。“尽管未来几年太空计划的某些方面具有一些纯科学利用的功能，但是我们认为在可预见的未来军事需求仍占据支配地位。一是支持战略导弹部队瞄准和测量数据。另一个是基于情报目的进行侦察。我们认为到1970年代中期中国可能在这些领域获得这些能力。”

值得指出的是，在1971年的国家情报评估中，美国情报分析人员第一次对中国的载人航天进行了评估。众所周知，1960～1970年代是美苏太空争霸最为激烈的时期，尤其是1969年7月20日美国的阿波罗11号成功登月，把太空争霸战推上了一个高潮。因此美国情报部门在预测未来中国太空计划的走向时，不可避免地提及到中国的载人航天。他们发现“自1959年中国人民解放军在北京建立航空医学研究所以来，中国已经开始了对高性能飞机和太空飞行的生物医学方面产生兴趣”。但是“尚未发现支持载人航天计划的太空医学计划的存在”。此外，他们认为“中国已具备技术能力准备和监控轨道飞船的生物试验，但是目前尚无迹象表明中国具备载人航天的能力，不过我们认为他们能够制订这样的计划”。这是迄今为止在已解密的国家情报评估中，第一份有关中国载人航天的评估，虽然只是寥寥数语，但这是美国情报部门对中国载人航天关注的开端。

综观已解密的国家情报评估，美国情报部门对中国太空计划的评估有如下几个特点：首先他们十分强调中国太空计划的军事性。他们最初是以中国的导弹能力来判断中国人造地球卫星发射的，在中国的双城子导弹试验靶场发现正在修建的发射台和发射塔也进一步验证了他们的判断。此后虽然中国发射了几枚科学卫星，但他们仍然认为军事需求是其主要目的。其次他们低估了中国在太空计划的能力。他们错误地认为中国会利用中程地对地导弹的改型，当中国成功发射第一颗人造地球卫星并公布其数据时，他们才认识到中国所使用的运载火箭要远比他们所估计的性能要高。最后有关“文革”对中国太空计划的影响，他们估计不足。虽然以中国掌握弹道导弹的技术能力，他们判断中国很快要发射人造地球卫星，但是直到1970年4月才进行，他们一直迷惑不解。以西方人的思维理解那场“运动”是相当困难的，在中国人还在为是否要在卫星上镶嵌毛泽东像章吵得不可开交时，美国人早已实现了“人类的一大步”。“文革”延误的不仅仅是中国的太空计划，而是整个中国的现代化进程。

作为代表中国军事实力重要指标的国防现代化技术，一直是美国关注的焦点。从1960年代初开始，美国情报部门每年都对中国的尖端武器计划进行评估，形成了国家情报评估或特别国家情报评估。这些评估报告少则几页，多则数十页，涵盖中国的核武器计划、导弹计划、核潜艇计划、太空计划等方面。按照中国军事现代化的发展顺序，国家情报评估在内容上也呈现着一定的变化。最初的国家情报评估是以中国核武器计划为主，1964年这种评估达到了顶点，他们在中国核试验之前公布了一份特别国家情报评估（尽管这份评估出现重大误判）。随着中国在导弹技术的发展，国家情报评估开始更多地关注中国导弹计划，甚至在特殊时期公布特别国家情报评估（例如，中国在进行“两弹结合”试验后一周公布）。当中国开始研制核潜艇并进行太空探索时，国家情报评估的内容扩大化了，因此从1967年开始评估报告的名称发生了变化，从“中国尖端武器计划”改为“中国战略武器计划”，一字之差，说明国家情报评估在分析中国军事情报上重心的转移。

随着中国军事实力的日益强大，从1965年开始，美国情报部门另设专题，对中国军事战略进行专项分析。从模式上，它不过是1950年代末到1960年代初“中国综合评估”（例如NIE13－56）军事部分的扩展，但从深度来说，这些文件更加从全局方面分析中国的军事战略，也更加关注中国的防御政策，其重要性甚至要高于对中国战略武器的评估。

迄今为止，尚未有一个国家能像美国那样，以如此系统、如此专业化的手段对另外一个国家进行如此详细的分析和评估。单纯从中国军事情报来说，大多是由美国的军队情报部门来完成，收集情报的手段也是多种多样。一是间谍卫星和侦察飞机。美国情报部门在收集中国军事情报时大量依赖于高科技,中央情报局下属科技分局在这方面起到了巨大的作用。冷战时期科技分局所掌控的“科罗纳”间谍卫星和 U-2 间谍飞机,拍摄了大量关于中国核设施、导弹试验靶场与核潜艇母港的照片,是分析中国尖端武器计划的重要情报来源。如果没有间谍卫星和间谍飞机的话,在中美关系处于敌对,缺乏交流的平台、中国又把其国防工业作为极其保密的部门的情况下,美国很难了解中国的尖端武器计划。二是监听站。冷战时期美国在中国周边地区设立了大量的监听站,每天 24 小时全天候监听中国的情报。这包括设在巴基斯坦和蒙古的机动监听站,设在中国台湾、日本和韩国的大型监听站以及潜艇对深海通信电缆的监听,此外还有设在中国香港的工作站。三是招募间谍,窃取中国机密文件。在国家情报评估中经常引述来自中国的高层文件,其来源显然来自间谍的行为。

通过上述手段,美国情报部门基本勾勒了一个中国军事现代化的脉络。从苏联的军事援助到中国的自力更生,从对苏联尖端武器的仿制到自行研制,中国的军事现代化走了一条并不平坦的道路。值得注意的是,美国情报部门在分析中国军事情报时,是把中国作为一个对手或潜在的敌人来对待的,这种思维贯穿于所有情报评估于始终。一方面他们极尽夸大中国的威胁,另一方面他们又站在军事大国的立场,对中国军事力量不屑一顾,这种矛盾的心态在国家情报评估中随处可见。

虽说美国情报部门从全方位基本展示了中国军事现代化的图景,但是在细节方面的失误堪称俯拾皆是：他们错误地认为中国第一颗原子弹是以钚作为燃料,错误地把包头当作钚生产设施所在地,直到他们通过卫星发现罗布泊核试验场已经准备就绪,仍然固执地认为中国的钚燃料并不充足,判定中国在 1964 年底以前不可能进行核试验;他们错误地认为中近程地对地导弹(东风二号)是对苏联 SS-4 的仿制,并相信中国会尽快部署,但事实并非如此;他们在很长时间内并没有察觉到中程地对地导弹(东风三号)的存在,直到 1970 年发现华北发射场(五寨),才认识到中国正在开发中程地对地导弹;同样地,他们过于关注中国的洲际弹道导弹,以至于忽视了中远程地对地导弹(东风四号);他们认为在 1970 年代末以前中国不可能研制出核动力潜艇,而事实上中国采取“两步走”的方针,第一艘核动力潜艇于 1974 年 8 月 1 日就交付海军使用了;而 1970 年 4 月 24 日中国成功发射的第一颗人造地球卫星,所使用的运载火箭并不是他们猜测的中程地对地导弹的改型，而是一个串连式三级火箭，第一级和第二级采用中远程地对地导弹使用的液体火箭发动机，第三级采用固体火箭发动机……

那么造成这些误判的原因是什么？笔者认为既有主观因素，又有客观因素。在情报评估中，先入为主是误判的主要原因。美国情报分析人员往往习惯于第一印象或第一感觉做出结论，即使这种结论被后来的许多与之相悖的情报证明是错误的，也很难扭转认识上已形成的偏差。仍以美国情报部门对中国核武器计划的评估为例，由于美国和苏联的第一颗原子弹都使用的是钚。因此他们在评估中国的核装料时，首先认为中国会选择钚作为核装料，即使看到大量铀-235的证据，仍坚持认为铀-235是为生产钚而进行准备的。这种先入为主的思维模式导致美国情报部门在对中国第一次核试验的评估中出现重大的误判。此外文化差异也是另外一个因素。例如1960年代初，广州附近四个废弃的军用机场突然建造了许多仓库似的房子，尽管进一步的观察并没有发现军事性的活动，但是中央情报局仍然将这几处作为重点侦察目标，并千方百计寻找答案。最后，中国的一本名为《人民公社》的书帮他们解开了疑团，原来这些仓库似的建筑只是一间鸡舍。由于中国内政的极为特殊性，"大跃进"、"文革"对中国军事的影响是美国情报分析人员难以理解的，那么情报误判在所难免。当然中美关系的敌对导致信息的缺乏是不能忽视的，情报分析人员无法了解中国军事情报的更多细节，大多要靠推测，那么其准确性就大打折扣了。正如美国情报专家苏葆立所说，"早期缺乏铁一般消息来源并不稀奇。美国与中国当时没有正式的外交关系，商业制裁将商业来往减少到最低限度，朝鲜战争以后极端的敌视意识形态贯穿着双边关系，台湾方面的信息不被认为准确和可靠，而且中华人民共和国本身组织了非常有效的宣传与新闻管制，以便严守有关内部政治和政策讨论的机密"。而事实上，通过一些照片和其他不足够的线索对一个国家的军事实力进行评估，从一开始就不是一门精确的科学，更何谈对其意图的分析。

美国情报部门投入如此巨大的人力、物力和财力，其目的在于了解中国真实的军事实力，以便为美国决策者提供参考。在所有这些国家情报评估中，"如果是主要决策者具体要求或者针对正在发生的危机所编写的，则它们很可能被兴致勃勃地阅读，而且成为处理危机与决策过程中的重要因素"。例如在中国进行第一次核试验之前，美国情报部门向决策者提供了大量的情报，包括1964年8月26日的特别国家情报评估，尽管该报告在预测中国核装料和进行核试验的时间上面发生了重大的误判，但是并不影响决策者的决断。正是因为特别国家情报评估所提供的信息表明中国即将进行核试验，而美国政府曾经考虑的一些应对中国核试验的手段又都不能完全令人满意，才有决策者“不赞成此时无缘无故地针对中国核设施采取单方面军事行动”的立场，才有国务院发言人事先宣布中国的核试验“可能就在不远的将来”；而“如果这些评估非常专业化和涉及大规模杀伤性武器，则将被仔细阅读，而且将被纳入长期规划过程中”。从1960年开始的每一份关于中国军事的国家情报评估，都非常系统地对中国的军事实力、未来发展趋势做一番评估与预测，这些评估报告是决策者判断中国军事力量最重要的依据，也是美国对华政策的主要参考。

从“小米加步枪”到“两弹一星”，中国在国防现代化方面取得了令人瞩目的成就。无论冷战初期美国把中国当作对手，还是冷战后期把中国当作战略伙伴，对中国军事力量的关注都有增无减。冷战结束后，随着中国实力的提高，中国这个“潜在的对手”将如何发展一直是美国决策者所认真思考的问题，“中国威胁论”仍旧不绝于耳。重新解读冷战时期美国情报部门对中国军事的评估，有助于我们熟悉美国对华政策的情报评估模式，更加理性地认识过去的中美关系，更加娴熟地处理现在的中美关系，更加有预见性地指导未来的对美方针和政策。

六、迷雾中的红色异邦：美国情报评估视野中的中国外交

武汉大学　徐友珍

1948 年底 1949 年初，随着中国国共内战形势日趋明朗，一个新生的革命政权取代国民党反动统治已指日可待。在中国新旧政权交替之际，美国政府一方面意识到国民党政权在中国大陆的失败已无法挽回，开始同蒋介石这艘"沉船"拉开距离，另一方面又不愿意接受在中国出现一个强大的共产党政权的现实，在对新政权的承认问题上附加条件，百般拖延。不论美国在承认新中国的问题上究竟持何种态度，但保持在华存在以最大限度地维护美国在华利益和影响力则是确定不移的立场。由于美国的在华意图客观上危及新中国的政权稳定和国家安全，与新中国的立国方针根本冲突，中美敌视已在所难免。1950 年初，新中国决定采取行动将美国势力"挤出"中国。1 月中旬，中国政府决定"征用"美国在华兵营地产，一个月之后，中苏结盟，这对美国在华继续呆下去的打算是沉重打击。4 月 30 日美国撤离在华侨民。6 月 25 日朝战突发，美国在对新中国的承认问题上最终关上了大门，并派第七舰队进驻台湾海峡，公然破坏中国的领土完整。10 月，随着美国为首的联合国军越过三八线，直接威胁到中国的国家安全，中美在朝鲜战场上兵戎相见，美国对新中国实施政治孤立、经济封锁和军事打击的全面敌视政策最终定型。从此直到 1972 年中美关系解冻，中美两国处于全面敌对状态，美国也因此失去了在新中国内部获取情报的合法渠道，只能通过派遣特务的方式进行，但是由于派遣工作屡遭失败，到 1956 年中情局便关闭了所有旨在对付中国的海外行动中心。

那么在中美全面敌视和隔绝的特殊时期，为决策高层提供决策依据的美国情报界到底如何评判中国外交，其对中国外交的实情和核心问题的认识与预测到底达到了一种什么样的程度、存在着怎样的偏向性，其优势和误区又有

哪些，最近解密的美国对华情报档案为我们解开上述疑团提供了一条捷径。

1. 美国情报界对中国外交走向的追踪与预测

大约1948年底1949年初，新中国外交原则便基本确定下来了，这便是众所周知的三原则：“另起炉灶”、“打扫干净屋子再请客”和“一边倒”。在这种具有鲜明革命色彩的外交方针之下，维护民族独立和领土主权完整、捍卫新生的革命政权成为中国外交的优先目标。所以新中国建国后并不急于得到西方国家的承认，而是旗帜鲜明地向世界表明了其革命立场：1949年10月1日中华人民共和国中央人民政府向各国政府宣告：“本政府为代表中华人民共和国全国人民的唯一合法政府。凡愿遵守平等、互利及互相尊重领土主权等项原则的任何外国政府，本政府均愿与之建立外交关系。”1950年2月14日，中苏正式结盟，随后新中国又义无反顾地承担起了援助革命友邦朝鲜和越南反对美国为首的帝国主义的国际主义使命，直到1953年斯大林去世，朝鲜停战，中国外交的革命色彩才逐渐淡化。此后中国政府的工作重心转向致力于改善国计民生。1953年6月15日，中共中央明确提出了党在过渡时期的总路线和总任务，是要在一个相当长的时期内，逐步实现国家的社会主义工业化，并逐步实现国家对农业、手工业和资本主义工商业的社会主义改造。因而外交政策上也很快做出了相应调整，逐步转向了灵活与务实。

1949年12月21日，毛泽东应邀出席斯大林七十寿辰庆祝大会，受到高规格接待。

1951年6月，毛泽东和金日成在北京就朝鲜战事进行会谈。

1949 年 12 月 16 日，毛泽东访问苏联，抵达莫斯科车站时，受到苏联党政领导人布尔加宁(右一)、莫洛托夫(右二)等的热烈欢迎。

对于新中国外交的革命性及其转轨，美国情报界是如何评判的呢？从形成于 1953 年 7 月的两份文件之中，我们也许可窥一斑。

美国驻香港"总领事馆"《关于中国外交政策目标的电报》(1953 年 7 月 16 日)通过研究中国共产党的公开声明和实际行动，对新中国过去四年的外交进行了分析，并在此基础上进行了预测。通过该文件，首先可以得到的信息是，美国驻香港总领事馆并未掌握中国外交政策的核心机密，因为在其看来，"中共的外交政策并未事先特意规定，亦未在其任何公开文件中全面阐述，只能是从他们的公开声明和行动中加以推论"。该文件也并未涉及中国对外政策的形成方式，亦未提及决策人的观点，是因为"对此我们所知甚少"。所以该电文基于现象分析认为，中共目前最为关注的头等大事是国家安全。而在该文件看来，中国认为世界上只有三个强国——苏联、日本和美国可能威胁中国的安全。而由于中共领导人的意识形态取向、苏联先前对中国共产党的援助以及中国与苏联之间存在的漫长陆上边境问题，中国倾向于视苏联为朋友，日、美为敌人，尤其担心日美结盟的前景，即日本提供人力，而美国提供海军和空军支持以及补给和装备。所以，中共的对外政策必定要在这种可能的力量联合面前实行自卫。因而其对外政策的主要目标似乎是：巩固他们同苏联的联盟；与中国周边国家建立友好关系；尽可能破坏日美同盟关系，干预美国对驻日军事基地的利用，阻止日本的重新武装，削弱日本政府；准备收复失地(主要是台湾），以防止其作为日、美进攻中国大陆的跳板。同时该文件也指出，在中共政权已得到巩固，并实际消除了叛乱的威胁之后，他们将集中精力发展生产，以期尽快为国防建设打下坚实的工业基础。“这似乎是他们目前最主要的目标。即使这本身不是一个对外政策目标，中共在这方面成功与否势必对其对外政策造成重大影响。这些影响将会牵动其对外政策策略，而且从长远来说，甚至会使他们改变上述战略目标。”应该说这些判断基本准确，特别是最后一点甚至还具有相当的预见性。

国务院情报研究所《关于共产党国家对中国在联合国的席位问题的态度的情报报告》（1953 年 7 月 31 日）追溯了中国联合国席位问题的历史及新中国在该问题上表现出来的矛盾现象，并由此切入，渐次分析了苏联和中国在新中国获得联合国席位问题上的一些基本考虑。文件认为：尽管从新中国建国伊始，中苏就积极致力于争取中国在联合国的席位，但事实上联合国席位并不是它们优先考虑的政策目标。报告并以新中国对西方承认新中国的反应为例，说明中、苏并不在乎西方的承认和获得联合国的席位：中共在一种“谈判”状态任由英国对新中国的承认被忽视多年；南斯拉夫对新中国的承认没有在共产党出版物中的任何一个新闻条目中出现过；1950 年上半年，当法国正在权衡是否承认新中国的关键时刻，而且法国在安理会中拥有也许是决定性的一票时，北京和莫斯科却通过承认胡志明政权，使法国的天平偏向反对中国的一边……该情报报告解释新中国这样做的理由是：在朝鲜战争之前，中共的最高军事目标是解放台湾。中共可能相信，一旦拔掉蒋介石在台湾的据点，中国在联合国的席位问题将自动解决。所以，在北京的计划中，其他目标比通过外交或者和平途径获得联合国席位更具优先性，这些更具优先性的目标还包括清除西方在华的一切影响力、在亚洲建立一个共产主义集团，对胡志明的承认，对东南亚起义行动的援助，以及对朝鲜战争的干预等，这些优先目标妨碍了共产党方面采取一致行动获取在联合国的席位。“北京不愿意为继续维持西方与中国接触付出代价，无论是外交上、商业上、文化上还是其他方面，不愿以这些方面的代价来换取国际社会对中国的承认或联合国席位。”但是，该文件也捕捉到中国外交的新动向，认为，“现在，随着北京几乎控制了中国人民生活的每一方面，它可能会更愿意允许与西方进行有选择的交往”，并预言，“尽管北京不太可能放弃与越南胡志明政权的联系，但目前在东南亚其他地区对

‘武装斗争’的降调，使得北京更有可能与许多亚洲国家开始一种更为正常的外交关系，而不是像1949～1950年那样公开号召在整个亚洲进行武装叛乱”。这一预见显然与后来的事态发展基本符合。

事实上，随着斯大林逝世后苏联外交的转轨、朝鲜战争的结束和中国第一个五年计划的推行，中国需要和平的国际环境，希望通过大国之间的协调合作实现国际形势的缓和。1953年12月31日，周恩来在同印度代表会谈时提出了国家之间和平共处的五项原则，即互相尊重主权和领土完整、互不侵犯、互不干涉内政、平等互利、和平共处。1954年4月29日中印签署的《关于中国西藏地方和印度之间的通商和交通协定》的序言中载入了和平共处五项原则。6月周恩来访印，不仅促成了中印两国总理发表联合声明，表明双方谋求和平和合作的愿望以及在国际交往中应用和平共处的五项原则的立场，而且在6月27日于新德里召开的记者招待会上，周恩来总理表达了革命不能输出，不得干涉别国内政的思想，受到印度和其他亚洲国家舆论的好评，中印关系得到发展。在4～7月召开的日内瓦会议上，中国灵活务实的态度和多方努力，终于促成了印度支那停战协定的签署，从而缓和了印度支那紧张局势。通过此次会议，中国和老挝、柬埔寨改善了关系；中英宣布互换代办，两国关系有所突破；中、法代表直接商谈，为双方相互了解提供了机会；中美两国代表也就双方公民回国的问题进行了接触。在1955年4月18～22日的亚非会议上，周恩来总理针对亚非国家间由于复杂的历史原因造成的彼此隔膜和大多数亚非国家对共产主义的疑惧态度，提出了求同存异、平等协商的原则，得到了与会各国的支持，为亚非会议的成功做出了重大贡献，也树立了新中国灵活、务实、爱好和平的国际新形象。在与西方国家缺乏正式外交关系的情况下，中国也广泛开展形式多样的民间外交。与此同时，1955年8月1日，中美大使级会谈在日内瓦举行。尽管会谈本身并没有取得任何实质性的结果，但在没有正式外交关系的情况下，中美保持接触实际上打通了一条表达意见的通道。由于奉行和平外交，中国消除了周边国家的疑惧，改变了在国际上的孤立地位和“好战”的形象。

国务院情报研究所《关于中国“人民外交”的情报报告》(1957年2月7日)从一个侧面对1954年以后中国外交政策变动进行了全面评估。这份情报报告长达280多页，非常详尽地收集了中国与世界78个国家进行民间交往和举办国际会议、庆典的情报。报告中的“人民外交”系指中国与其他共产党和非共产党国家间非官方往来，即我们习惯所称的“民间外交”。该报告从到访、出访以及中国与这些国家达成的协议三大方面，逐一展示了中国与这些国家的交往和参与国际活动的信息，并在此基础上综合分析了“人民外交”的目标、进展、代表团的性质、开支、政治取向及成效等。报告认为：从1950年开始，为了促进本国公民个人以及半官方代表与其他国家之间的互访，中共投入了巨大的精力与资源。朝鲜战争期间，它们还只是小规模，但现已得到迅速发展，尤其在过去的三年中，这些交流因诸多对等的国事访问而得到进一步增强，其中涉及交流各方的总理、外交部长和其他一些高官。这些交流不断将一些非共产党人士，甚至是反共名流卷入其间。据北京称，1956年总共有5 400名中共党员以个人名义出访了49个国家；而同期，有代表75个国家的超过5 200名外宾访问了中国。这些访问者或者以科学家、教育工作者和技术人员的身份，或者作为剧团、体育代表团、贸易促进会和其他社会组织的成员，或者作为各种各样的半官方组织的代表，单个或结伴出访。该报告认为，虽然中方声称的目的是文化技术交流，但它们实际上被用来推进中国的国际目标，不论是在共产党国家还是在非共产党国家，尤其是在那些与之没有外交联系的国家。至于人民外交的成效，该报告认为，在中国不能获得它所期盼的外交承认时，“人民外交”作为一种与非共产党国家交往的渠道，对中共来说已变得日益重要。根据该情报报告的说法，当时中国获得了30个国家的承认，其中25个为联合国成员国，26个国家是在朝鲜战争爆发之前就承认中国的，只有4个国家是在朝鲜战争结束后才给予承认的。而与这种有限外交承认形成鲜明对照的是，中国通过“人民外交”已经与70多个国家建立起直接联系。文件援引中方的声明认为，1955年代表63个国家的外宾访问了共产党中国，而同期中共出访了涉及亚、欧、非、美等各洲的33个国家。1956年到中国访问和中国出访国家的数目分别增长到75个和49个。该情报报告认为，中国的“人民外交”运动卓有成效，特别突出地体现在中国同亚洲国家的交流、宣传中共的国内“成就”，塑造“北京和平”意图与“理智”行为的形象，以及打破中国的国际孤立等诸多方面。

对于代表团的政治取向，该情报报告认为，“人民外交”在其初期阶段几乎完全局限于来自共产党中国国内的可靠的共产党员及其合作者组成的代表团与经过挑选的、非共产党国家的政治同路人与同情者组成的代表团之间的互访。但中共后来逐渐开始利用经过挑选的、原本基本上对共产主义保持中立甚至是反共的来访者。随着斯大林逝世后国际“和平共处”运动的进一步发展，“北京开始认识到，即使是对其持批评态度的访问者，也可以借他们的口来证实共产党中国存在‘自由’，从而服务于中共的目的”。例如英国经济学家尼古拉斯·考得就曾获准到北京给一个大型学生集会作关于马克思经济学谬误的演讲。报告认为中国这样做的效果是显而易见的，因为“即便是那些极度挑剔的来访者也倾向于用对共产党物质进步的承认来使他们的批评黯然失色，而且这些批评本身常常也被北京用来作为‘共处’可行性的证据”。但是该情报报告坚持认为，中国给予到访者的自由只是表面上的：首先是众所周知的导游法；即尽可能将来访者带去参观“模范”工厂、农场、村庄甚至监狱；同时，其日程常常被与重要人物的会面和游览风景名胜而塞满，以至于很少有时间来享受表面给予的自由；即使在被许以相对自由的地方，时间的限制、语言的障碍、交通的困难，都使得代表团们不能到达“敏感区域”。而最近的趋势是在选择参观地点上给予代表团更大的自由。

总之，该情报报告认为，虽然中国只获得30个国家的承认，但是通过这些非正式的渠道，它已与70个国家的人民或政府建立了联系，尽管这些联系或脆弱或坚实。这些接触在打破埃及和叙利亚对承认共产党中国的抵制方面起了重要作用，并且已被同样应用于苏丹、埃塞俄比亚、日本、大多数阿拉伯国家以及其他一些国家。据一份美国大使馆新闻处的报告称，在一个由75人组成的中共戏剧团访问埃塞俄比亚之前，埃塞俄比亚人对中共的唯一认识就是他们一直在朝鲜杀埃塞俄比亚人。然而，这次访问后，提及中共很难激起像以前一样的敌对反应。“人民外交”还弥补了周恩来和中国其他领导人的出访以及国外政府要人对中国的国事访问的不足，大大缓解了国际社会对中共好战和侵略性的恐惧，并且在塑造中共领导人及其政策的“理智”和“寻求和平”的形象方面取得了巨大的成功。这尤其给某些亚非国家的领导人留下了深刻印象。通过“人民外交”，中国领导人促使国际社会形成了这样的印象，即只要西方取消对中共的贸易限制，与中国的自由贸易就会发展起来，而且这种贸易将会解决西方国家的许多经济困难。日本尤其容易受到这种看法的影响。然而，中共的贸易动议并不仅限于远东，而是已扩展到南美、欧洲、中东和非洲了。中国已认识到，开展贸易可开辟实现其他目标的沟通渠道。这样，在日本，中日贸易的结果是为中共提供了攻击美国政策和试图削弱美国在日本影响的有力杠杆。贸易提议也为中共渗入中东开辟了道路。万隆会议看来已为中共向埃及和叙利亚派遣贸易使团铺好了路，这对削弱中国国民党在中东的地位和为这些国家最终承认共产党中国扫除了障碍。其后，埃及、叙利亚和也门相继对中共政权予以承认。此外，在日本，一股由中共日语宣传的洪流所支持的"人民外交"为形成日本公众强烈支持恢复与中国邦交的思潮作了贡献。一半以上的日本国会议员已经访问了共产党中国。最后，情报报告鉴于中国民间外交所取得的巨大成就，进而断言，"毫无疑问，北京也坚信，'人民外交'的进一步发展，将为最终带来对共产党中国作为世界大国地位的普遍认可发挥重大作用"。

但是中国灵活、务实的外交并未持续多久。进入 1958 年，"大跃进"与人民公社运动使中国国内政治和社会生活急剧左转，对外政策亦出现了一系列重大变化：中国发动第二次台海危机，对美国在远东的政策提出了新的挑战；中苏之间由于长波电台、联合舰队、"大跃进"、人民公社、炮击金门及对美、对印政策等问题发生了一连串的误解、分歧和猜忌，导致中苏同盟根基动摇。1959 年，大饥荒、西藏叛乱与中印边界冲突相互交织，印度支那地区亦因老挝局势动荡而趋于紧张，特别是美国明显加强了对这一地区的直接干涉，中国内外环境开始恶化。

在中国内外政策和环境急剧变动之际，从 1959 年底到 1961 年上半年，中国领导层一度尝试改善开始恶化的周边环境与对外关系。为争取缓和与改善中苏关系，中共中央尽管并没有放弃与苏联共产党之间意识形态的正面斗争，但是明确提出，要争取"达到新的基础上的团结"，甚至要"赖着"跟赫鲁晓夫"搞团结"，"赖着不分裂"。因此，虽然中、苏两党之间的意识形态争论日趋激烈，但直到 1961 年，中、苏两国国家关系仍旧保持友好。为缓和中印关系和解决中印边界问题，中国领导人仍然决定争取谈判解决中、印边界冲突，并在 1960 年 1 月中央政治局常委会期间确认了和平解决中印边界问题的方针，还明确提出了"互谅互让"的办法，即"我们做点让步，印度也做点让步"，从而达成妥协。会议还决定派周恩来访问印度。与此同时，中国领导人还制订了尽快和有步骤地通过谈判解决边界问题的基本方针。在印度支那地区，针对此时越南劳动党领导人开始改变日内瓦会议后执行的“加强北方建设，争取和平统一”的战略方针，越来越明确地支持越南南方的武装斗争的新形势，中共中央一方面基于无产阶级国际主义原则，支持越南劳动党开展武装斗争的决定；另一方面又不希望越南劳动党放弃政治解决的途径，甚至担心越南南方的战争升级可能导致美国大规模的军事介入，危及中国的安全利益。鉴于美国在老挝的军事介入对中国安全利益构成了更直接的威胁，中国坚持和平解决老挝问题的立场，并积极努力，为最终签署《关于老挝中立宣言》及相关的议定书发挥了重要的作用。即使认为美国正在开始加强对印度支那的干涉，中国领导人仍尝试打破中美关系的僵局。1960 年初的政治局常委会议确定了处理对美关系的“谈而不速，谈而不破”的基本方针，使中国对美政策表现出一定的弹性。但是中国对外政策纠“左”努力未能实现，1963 年以后愈演愈烈的中苏论战更加剧了中国对外政策指导思想的“左”倾。

国务院情报和研究署《关于周恩来外交的情报报告》(1960 年 5 月 20 日)对周恩来 1960 年 4 月中旬到 5 月中旬对南亚、东南亚的访问进行了评估。该情报报告注意到周恩来对缅甸、印度、尼泊尔、柬埔寨和北越的访问是“周在三年多的时间里第一次对这一地区进行访问。其主要任务是应印度总理尼赫鲁的邀请，前去同他讨论中印边界纠纷问题”。文件认为周恩来将其他一些非共

1960 年 4 月中国国务院总理周恩来出访印度，就和平解决中印边界问题与印度总理尼赫鲁会谈，图为尼赫鲁前往机场迎接。

产主义国家纳入访问之列是“一种友好姿态”,“或许是希望借此修复北京在亚洲的形象”。该情报报告认为:“尽管周在其他国家取得了一些成功,凸显了他个人作为一位理性政治家的风范和共产党中国作为一个希望与邻国建立友好关系的国家形象,但他在印度的使命的失败使其行程的所有其他成就黯然失色。”对于这次访问的成果,该情报报告的看法是,“周在缅甸、尼泊尔或柬埔寨没有重大使命,这一事实无疑有助于他将自己作为亲善使者的角色付诸实施”。但在印度,“尼赫鲁以前所未有的严苛对待周,在印度边界问题上拒绝任何妥协方案,并公开申斥北京对印度的行动”;周恩来到达机场后直接被专车经僻径秘密送到尼赫鲁家;他的行动受到严格限制,官方礼节也降到了最低限度;除了临别时召开的记者招待会外,周恩来没有得到任何向印度公众发表演说的机会;4 月 25 日,周恩来试图在公报中提及亚非友谊和和平共处五项原则,也遭到尼赫鲁拒绝;尼赫鲁甚至于 4 月 26 日在国会指责中国侵略印度,这当然迅速遭到周的有力反驳……所以报告得出结论——这次访问的直接影响是“使中印争端更趋激化”。

国务院情报和研究署《关于中国外交政策走向的情报报告》(1960 年 7 月 28 日)评估了中国这一时期的一些外交现象。它观察到中国外交的言论和行动之间的不一致现象,并感到迷惑不解:“自 1959 年秋以来,中共在言辞方面的极端好斗和在具体外交行动上的相对克制形成了一个有趣的但不能完全加以解释的对立现象。”该情报报告并进一步推断:“看来到 1959 年底,北京外交政策的困难和它对苏联政策的顾虑促使中共对其对外政策的前提进行了基本的重新评估。”对于此时已不断加深的中苏分歧,该情报报告认为:“中苏外交政策上的分歧已完全解决,这一点很值得怀疑,但看来双方似已达成部分的谅解”,并认为有可能是在 6 月份的布加勒斯特会议上达成谅解的。该情报报告还注意到,《人民日报》关于布加勒斯特会议公报的社论并未就公报本身加以讨论,而是对 1957 年 12 月的莫斯科宣言进行了讨论,进而推断中共真正关心的问题决不是布加勒斯特会议公报而是别的东西;根据布加勒斯特会议之后,苏联的一系列重要声明仍继续对北京的观点进行攻击,该情报报告推测此次谅解中的一个因素是苏联更为好斗的姿态。

上述评估中对“中苏外交政策的分歧已经解决”表示质疑,并察觉到此时中苏关系所出现的和解迹象,并认为此次谅解的主要因素是苏联更加好斗的态度，这些判断都是符合实情的，但是它认为中苏有可能是在 6 月份的布加勒斯特会议上达成和解，这一判断不准确，表明国务院情报和研究署对中苏关系的内情并不十分清楚。事实上，为了还击中共代表 1960 年 6 月 9 日在北京举行的世界工联理事会第十一次会议上首次对外界公开中苏两党的分歧，1960 年 6 月 24～26 日在布加勒斯特举行的社会主义国家共产党和工人党代表会议和 51 国共产党和工人党代表会议(通称布加勒斯特会议)上，苏共代表有预谋地组织了对中共代表团的围攻。中苏两党在会上发生了尖锐的意见冲突。尽管中共代表迫于压力，不得不于 6 月 24 日在反映赫鲁晓夫观点的会议公报——《社会主义国家共产党和工人党代表会谈公报》上签字，但又于 26 日发表并散发了一个书面声明，表明"我们在一系列基本原则上是同赫鲁晓夫有分歧的"，"首次在国际会议上点名批判赫鲁晓夫"。会议结束后，6 月 28 日《人民日报》在发表布加勒斯特会议公报的同时，全文刊登了 1957 年的莫斯科宣言，"以示公报观点与宣言之间的距离"，赫鲁晓夫对此做出了强硬反应。7 月 16 日，苏联政府突然照会中国政府，单方面决定召回在中国工作的全部苏联专家，并不顾中国政府请求重新考虑的意愿，坚持将所有专家从中国撤出，废除两国经济技术合作的各项协定，"率先将中苏两党之间的意识形态分歧扩大到国家关系之中"。面临中苏两党两国关系可能走向分裂的严峻现实，当时在国内外承受着巨大压力的中国政府选择了缓和方式。中共中央制订了"坚持原则、后发制人；坚持斗争、留有余地；坚持团结、反对分裂"的对苏方针，以挽救两党两国关系。"意识形态上也开始显示出一种妥协、让步的色彩。"所以，从 1960 年 9 月 10 日中共中央致函苏共中央，就解决中苏分歧提出五点建议起，到 12 月 1 日莫斯科 81 国共产党和工人党会议期间，尽管中苏两党在很多问题上仍然争论不休，但是由于中方争取团结、对苏缓和、灵活应变的立场，中苏两党终于在莫斯科会议上达成了妥协，从而避免了国际共运的过早分裂。

尚需进一步指出的是，该情报报告还预测："如果中苏之间最终达成重大和解，那么苏联仍有可能加大对北京欲采取的任何行动的支持，并且北京和莫斯科可能会寻求更多的机会去压制它们之间的争论，通过具体行动，集团的力量将阻止西方在'革命'形势下或涉及其阵营成员的核心利益的情况下采取有效行动。"对于 1960 年 7 月至 1961 年 12 月这一特定时期而言，这一预见无疑是对的，事实上，经过 1959 年夏到 1961 年上半年的冲突和莫斯科会议前后的妥协，中苏关系从形式上看有所缓和。1960 年夏季以后逐渐显露的中苏关系和解的迹象，以莫斯科会议为转折点，至 1961 年后期止，上升为中苏两党两国关系的主色调。但从长远来看，这一判断又是不准确的。实际上，中苏关系暂时缓和是中国在面临重大国内外压力的情况下被迫做出的选择，中苏深层的意识形态问题并未解决，只是暂时让步于更加紧迫的国家利益。到 1961 年后期，随着中国国内经济状况的好转和苏联在苏阿关系问题上对阿尔巴尼亚劳动党的尖锐批评引起中国领导人的强烈不满，中苏关系再度恶化。而 1962 年发生的新疆中国边民外逃苏联的伊塔事件、古巴导弹危机和中印边界战争，都不同程度地影响了中共中央对中苏关系性质的认识，"特别是毛泽东把党内出现的反省政策失误时显露出来的否定'大跃进'、人民公社、总路线的倾向，当作是呼应赫鲁晓夫对中共国内政策的批评，进而重新检讨与苏联的关系问题"，而此时国际"左派"队伍的形成又使中国领导人对国际共运的形势做出了乐观估计。因此，"毛泽东最终调整了对苏方针的基调，将以妥协、让步、缓和关系为主改为以主动进攻、做针锋相对的斗争为主，开始与苏共进行意识形态的大论战"，这场论战一直持续到 1963 年初。尽管随后双方就停止论战、高层协商进行了接触，但 1963 年 7 月 5 日开始的中苏两党会谈因为双方互相攻击和此间进行的美、英、苏莫斯科核试禁会谈而归于失败。25 日，苏联在未通知中国的情况下，与美、英共同签署了部分禁止核试验的条约，引起了中国的强烈反应。9 月 6 日，中国开始发表批判苏联的系列文章，苏联也对中国展开全面攻击。中苏两党会谈失败不仅是中苏关系全面破裂的标志，它与几乎同时发生的美苏共同签署核禁试条约结合在一起，预示着中国将面对美苏联手反华的困难局面。

中苏关系破裂后的宣传画

这一时期中苏关系变幻不定、扑朔迷离，给美国对华外交情报评估带来了很大的困扰。国务院情报和研究署《关于中国外交政策走向的情报报告》不得不坦言："以上有关中苏和解性质的假设不可避免地带有猜测性。"对于中苏关系会何去何从，这份报告仍然感到难以把握，实际上对两

有关援越抗美的宣传画(1963 年发表)

种可能性都加以预测。但总体上讲，该情报报告的基调是，“不论中苏是和解还是继续分歧”，中国对西方，特别是对美政策都会更趋强硬，“在这个(联盟)阵营政策转向好斗，而且这种好斗性的限度甚至连中苏自己也不甚清楚的时候，非常可能的情况是前面提到的中共言行不一的现象将因为行动上的好斗而非言论上的缓和来进一步减少”。应该说这一预见和 1962 年以后中国外交的再次转向基本吻合。

继 1964 年 8 月初美国挑起“北部湾事件”，开始轰炸越南北方境内的目标之后，1965 年 3 月初，美军又发动所谓“雷鸣行动”，开始持续轰炸越南北方。以此为契机，美地面部队开始在南越与越南人民武装力量直接作战，美国海空军亦加强了对中国领海、领空的侵扰活动，严重危及中国南部边境的安全。全力以赴支持越南抗美救国战争成为中国维护国家安全的重要措施。大约是从 1965 年春季起，中国领导人开始反对越美和谈，大规模援越抗美，但为防止因误解而导致与美国的直接战争，也试图利用外交途径，向美国转达中国对美国在越南扩大战争的严重关切。

对于中国抗美援越行动，美国情报界是从中苏论战、中美对抗的角度来进行评估的。在它们看来，这一行动承载着远比维护国家安全更为重大的使命。中情局《关于中国外交政策的国家情报评估》(1965 年 5 月 5 日)认为中国“视在越南的斗争为一个可以用来向所有心存疑虑者证实中共路线正确性的机会，借此不仅可以证明美国是‘纸老虎’，而且将使中国在世界事务中取得重大突破：在中苏分歧中证明中国路线的正确性，使苏联对国际共运的领导地位受到动摇；美国对抗越南游击战争的能力将遭到世人怀疑，其威信也将严重受损；中共的傲慢和好斗性将会不断增加；其攫取共产主义运动和第三世界领导权的努力将会取得重大进展”。因此，对中国领导人来说，“现阶段的争夺比控制南越所下的赌注更大”。同时这份国家情报评估也肯定地认为：“北京急于避免越南战争升级为一场更大规模的中美战争”，但是“如果中共领导人认为他们至关重要的直接安全受到美国的威胁，他们将不惜一切代价予以还击，即便与美国发生更大军事冲突也在所不惜。中共也几乎肯定地觉得，南越的战事发展对他们越来越有利。因此，他们几乎肯定会不失时机地鼓励越共和北越顶住美国的轰炸坚守阵地，继续维持或者增强对南越的压力。同时，他们将不遗余力地促使美国国内外要求其停止轰炸和撤出越南的压力达到最大限度”。

这一时期中国的安全形势恶化，并不只是南面受到来自美国的威胁，还包括在北面来自苏联的压力。中苏关系破裂后，“边界问题实际上已经成为中苏敌对升级的表现形式和双方斗争的手段，特别是成为苏联向中国施加政治和军事压力的特殊手段”。1964 年 2～8 月中苏两国在北京举行的边界谈判破裂后，苏联决定向中苏边境增兵，致使双方存在争议的边界地段逐步发展为引起军事冲突的热点。中国一方面积极备战，准备应对苏联可能发动的战争，但主要是由于在南面面临美国的压力，在中苏边界谈判结束后，中国在处理边界问题上总的说来是谨慎的和有节制的，对边界争论采取了冻结的态度。1964 年 10 月 14 日赫鲁晓夫突然倒台，中国领导人立即决定利用这一机会，尝试改善中苏关系，遗憾的是，中国的努力并没有奏效。1965 年 3 月 1～5 日，苏共中央不顾中共中央的一再反对，坚持在莫斯科召开了各国共产党和工人党会议，23 日《人民日报》和《红旗》杂志编辑部联合发表题为《评莫斯科三月会议》的社论，通过谴责苏共中央继续执行赫鲁晓夫的修正主义路线，实际上公开宣布与苏联新领导人决裂。《人民日报》和《红旗》杂志又于 6 月发表题为《把反对赫鲁晓夫修正主义的斗争进行到底》的编辑部文章，首次提出了“反帝必反修”。中国实行“两个拳头打人”的对外政策的局面从此形成。

有关支持亚非拉人民反帝的宣传画（1964 年发表）

由于美国使越南战争逐步升级，从南面构成了对中国的新的现实威胁，苏联在中苏、中蒙边界大量增兵，从北面构成了对中国的威胁，中国外交工作的重心也由建国初的“一边倒”和依靠社会主义国家“一条线”转变为面向亚非拉新独立国家的“一大片"政策。中国在国际斗争中坚持反对霸权主义和强权政治，主张大小国家一律平等，坚决反美抗苏，支持亚非拉人民争取民族独立的革命斗争。在这一过程中，中国与亚非拉国家的关系取得了令人瞩目的进展，特别是与邻国的关系大有改善。这一时期中国政府遵照友好协商、和平解决的原则，较好地处理了与大多数邻国由于历史原因遗留下来的边界问题。除与苏联和印度的历史遗留的边界问题没有解决外，其余都得到圆满解决。中国与资本主义国家的外交关系也在1950～1960年代取得了一些进展。毛泽东把西欧、日本、加拿大、澳大利亚和新西兰称为"第二中间地带"，与美国区别对待。在这一思想指导下，中国与英国保持了已建立的代办级关系，1964年1月与法国建立了正式外交关系，同年5月和12月分别同意大利和奥地利互设商务代表。虽然由于日本政府追随美国的政策，中日政府间关系受阻，但在这一时期，中日民间交往，由于中国采取了灵活的政策，取得了很大的进展。

前面提及的中情局《关于中国外交政策的国家情报评估》(1965年5月5日)对这一时期中国外交政策的变化进行了评估和预测。该国家情报评估认为：中国视美国为头号敌人，但是受制于军事实力的不足，中国主要致力于破坏美国在远东的地位。在资本主义世界的其他地区，中国力争它们对中国大国地位的承认，同时削弱美国在这些国家的领导地位；苏联日益取代美国成为中国外交政策的首要问题。虽然中国领导人仍将继续谋求推翻苏联现任领导集团，但出现中国所希望的追随中共路线苏联领导人的可能性不大。"和苏联激烈的竞争虽然有时能分散中国对美国的注意力，但中国时常是把反苏与反美同时并举。"在共产主义世界的其他地方，中国力图削弱或替代苏联的影响，争取共产主义派别和统一战线运动，或者对其予以分化瓦解。对于中国在亚非拉地区的动向，该国家情报评估认为，中国选择了不发达的、前殖民地世界作为它最有利的斗争舞台。在这个"第三世界"里，中国不仅旨在逐步削弱美国的力量，而且试图替代苏联的影响，甚至试图将自己确立为不发达国家的捍卫者和指导者。至于"中共外交政策在随后几年的首要目标"，该国家情报评估认为是：将西方，尤其是美国撵出亚洲，并削弱它们对整个世界的影响；增强中国在亚洲的影响；增强中共在世界不发达地区的影响；全面排挤或替代苏联在世界范围，尤其是在当前已陷入分裂的共产主义运动中的影响。"只要中共仍为当前领导集团所控制，这很可能超出我们估计的期限，北京的对抗性和攻击性的姿态将会保持不变。再者，尽管我们对中国下一代领导人所知甚少，但有理由相信在相当长的一段时间里，中国的外交政策将是过分自信和毫不妥协的。”

进入1960年代中后期，中国外交日趋“左倾”化。1965年9月3日《人民日报》发表了林彪署名的长篇文章《人民战争胜利万岁》。该文明确提出：毛泽东的人民战争思想在世界革命形势中具有普遍的指导意义，现在是“世界资本主义和帝国主义走向灭亡，社会主义和共产主义走向胜利的时代”，世界革命也是一种农村包围城市的形势以及中国是“世界革命的根据地”等等一系列观点。1966年8月召开的中共八届十一中全会肯定了林彪的文章。会议通过的公报进一步强调，“当前正处在世界革命的一个新时代”，中国对外政策的“最高指导原则”就是“无产阶级国际主义”。这一外交原则背离了中国先前奉行的不输出革命、不干涉他国内政、和平共处的基本外交原则。

中情局《关于陈毅记者招待会的情报备忘录》(1965年10月1日)对1965年9月29日中国外交部长陈毅在北京举行的记者招待会进行了评估。这份情报备忘录认为，“陈毅的记者招待会反映了中共外交立场总体上转向强硬”，依据是陈毅宣称：越南战争正朝有利于越共的方向进展，中国反对在此问题上的外国调解，“无条件”地站在越南人民一边；如果印巴冲突扩大，中国将给予巴基斯坦“全部的道义、政治和物资支持”。该情报备忘录认为，这是“北京首次如此明确地公开提及物资援助问题”。备忘录认为其强硬性还表现在陈毅提出中国加入联合国的先决条件，是联合国撤销指责中国在朝鲜战争中进行侵略的决议；重新审视联合国宪章；承认所有独立国家，并开除所有“帝国主义傀儡国家”。特别是陈毅“欢迎”美国“明天”就进攻中国，以使美军被完全歼灭。他还“邀请”英国、印度和日本加入进攻行列，并宣称即使“北方的修正主义领导人参与其中”，几百万的“傀儡”军队也是不够的。对此该情报备忘录认为，“在公开评论莫斯科多大程度上会伙同美国一起对付中国这一问题上，这是一位中国高级领导人迄今为止走得最远的”。至于陈毅的记者招待会反映出来的信息，该情报备忘录认为，“尽管陈的讲话充满火药味，而且违反大国政治的常规，选择四面树敌，但不是准备冒险”。文件还列举了种种值得注意的现象，如新华社没有全文转发陈毅记者招待会的情况；《人民日报》和《红旗》当天的社论以及周恩来在国庆节前夕的讲话“没有对陈更为激烈的长篇演说做出回应”；陈毅通过补充说明苏联共产党和苏联人民“将不允许苏联做出这种决定”，从而“在一定程度上减弱了自己公开评论中的刺激性”；通过宣称“美军的将军们还未决定发动一场战争”，暗示任何中美冲突只有可能在美国袭击中国的情况下发生等等。情报备忘录进而做出判断认为，这些迹象“间接地表明中共以好战挑衅的姿态对最近发生的一系列挫折做出了防御性的回应”。“似乎意在通过激烈地抨击由这些问题引起的挫折来使共产党中国强大而果断的形象重放光芒。”从这些评判可以看出，美国情报界对此时中国政策的一些重要动向密切关注，而且没有仅凭陈毅记者招待会本身的强硬言论而做出妄断，但对照当时中国国内日渐“左倾”化的情绪，中情局似乎对中国国内形势并无足够的了解。

中情局《关于中国对世界局势评估的情报备忘录》(1966 年 3 月 11 日)通过《人民日报》3 月 1 日、7 日和 9 日发表的文章“对当前的‘革命形势’采取了一种冷静的看法”这一现象来评估中国的外交动向。该情报备忘录注意到在《人民日报》上发表的三篇文章是以一种长远的历史视角来看问题。它们承认革命事业时常会遭遇挫折——胜利“时常会伴有倒退，前进过程中会伴随曲折”。革命道路会“像波浪一样”跌宕起伏，但共产主义必将取得最后胜利，进而推测“北京发表这些文章的初衷可能是使普通党员对中国过去一年内在世界范围内所遭受的挫折树立正确认识”。该情报备忘录还从字里行间和细枝末节来捕捉中国外交政策的意图，认为这些文章也可能是一种试探性的暗示，即中国正在考虑在那些北京的教条主义路线行不通的地方对某些外交策略加以改变，使之更趋灵活务实，理由是其中提及，当革命进程中出现“曲折”时，真正的马克思主义者应当“制定出正确的战略和策略来保持革命事业”。但“也可能只是准备在战术上有所转变，但不是整个中国外交战略的转变”。这些看法同样反映出美国情报界对中国外交的情报分析仍然相当理性和谨慎，从中可以发现情报分析人员对中国人独特的思维方式、行为方式以及表述方式已有基本了解，但是对于这可能预示中国政策在遭受挫折的情况下走向务实的判断则不准确，显然也表明其对中国国内正在出现的某些情绪缺乏认识。

1960 年代后半期是中国外交的重大转折时期。从 1964 年中苏边界谈判失败到 1968 年 8 月苏军入侵捷克斯洛伐克，由于中苏关系不断恶化，中国的安全战略不得不进行重大调整。这次调整的主要内容是在面临美苏从南北两个方向威胁中国的安全时，中国国防的战略重点开始从“重南（美国）”转向“南北并重（美苏）”，而后再向“重北（苏联）”转移。与此同时，中国的对外政策也在“文化大革命”的动荡中发展变化。从1966年9月开始，中国驻外机构的工作开始与国内政治运动挂钩，内部出现混乱，以致1967年8月22日在北京发生了万人围攻英国代办处、火烧办公楼、批斗英代办的事件。这一事件是“文革”期间中国外交混乱的顶点，不过它实际上也成为中国外交调整的一个契机。毛泽东采纳周恩来的建议，并决定由周恩来负责处理王力等人，实际上排除了极左领导人夺取外交大权的可能性，确立了周恩来在制定和执行对外政策中的关键地位。外交系统一度失控的局面有所恢复。中国与越南北方的关系也在发生了重大改变。虽然中国1965年春季开始加强对越南北方的各种援助，并直接派遣军队进入越南参加战斗，使中越双方的关系获得了前所未有的巩固和发展，但是，中越之间潜在的矛盾因为在如何对待苏联援助和越美和谈问题上的分歧而日趋公开化。中国领导人最终在1968年底选择了“由越南人自己做主的立场”，从而与越南北方拉开距离，“这一决定既为中国国防重点完成向北转移铺平了道路，也为后来中国领导人做出打开中美关系的决定，准备了条件”。而1969年3月2日和15日中苏两国边防军在珍宝岛发生的流血冲突，“开始把中美苏战略关系的课题提上了毛泽东及中国领导人战略思考的日程”，“中国决策者在1969年11月左右突破了对美关系的禁区，决定调整对美政策……预示着中国在外交上利用美苏矛盾调整和突破中美关系的前景”。珍宝岛冲突同时也推动了美国开始迈出缓和中美关系的实质性步伐。不过由于中美之间长期敌对与隔绝，尽管双方已经开始了接触，中国方面还是保持着高度的谨慎和警惕，并没有最后下定决心推动中美双边关系正常化。中苏边界局势的持续高度紧张同时也对中国对苏政策产生了十分重大的影响。毛泽东经过反复的考虑，同意柯西金非正式地路过停留，在北京机场会见中国领导人，使极度紧张的中苏局势出现了一线转机。1969年10月20日，中苏边界谈判在北京举行。

中情局《关于中国的国际姿态的国家情报评估》（1970年11月12日）对1960年代末以来的中国外交转轨趋势进行了分析，并“试图评估中国在未来的一年内如何在国际政治中扮演这一新的角色，与此同时也试图通过评估那些最有可能保持长期不变的政策因素，以及那些易受国内外事件影响的变数，来审视北京的选择余地”。该文件认为：随着“文化大革命”狂热的逐步消退，北京实质上已经重新恢复先前的外交立场，并开始在新的地区争夺影响力。它认为：“目前，中国人将苏联看作他们最主要的军事威胁，通过接受与苏联谈判，缓解边界紧张局势，以及改善中国外交形象，中国人显然断定他们已经降低了与苏联敌对的风险。然而，在此时的中苏会谈中，中苏真诚和解的前景依然渺茫。”在毛的有生之年，“中国在意识形态问题上做出重大妥协的可能性几乎不存在”。“北京对美国的态度已经从先前的毫不妥协转变为比较灵活，以期更好地利用中美关系来达到中国的目的……然而，在追求这种新的灵活性时，北京并不期望中美关系过早地取得较大进展。”在东南亚，“和公开地运用军事力量来利用该地区可能的发展事态相比，北京更可能采取增加对颠覆和叛乱行动支持的方式。中国人会力求保持他们革命领导者的角色，同时避免承担不适当的损失和冒险。除此之外，在适应其需要时，他们会依靠常规的外交”。文件指出，长远而言，如果毛的继任者们采取一种更为稳健和实用的路线，他们可能会在扩大中国的政治影响力和认同性上取得比毛更大的成功。而且，毫无疑问的是，中国一旦遭到侵略必会进行不屈不挠的斗争，但是无论现任还是今后的中国领导者都不会把对外冒险看成是解决中国问题的出路，他们更可能将他们的对外政策集中在公开的外交手段和秘密的颠覆手段上。

从中国外交变迁和美国情报评估的反应来看，美国情报评估和中国外交的实情基本合拍，美国情报界对一些重大事件和重大变化保持高度的敏感并有较为准确地把握，但时事评估对细节问题和发展走向的判断往往难免出错。直到1970年的国家情报评估中，中情局自己也不得不承认，“在刚开始的时候，我们对北京决策过程所知甚少，因而对其短期战术行动的评估容易出现失误。就像过去那样，中国政策的突然扭转和改变方向很可能继续出乎我们的意料”。

2. 美国情报界对中国外交的关注焦点及基本结论

(1) 中国外交政策的目标与动机

中国外交政策的目标与动机是美国对华情报评估的核心问题。对此，美国情报界的基本评估是："中共外交政策的最终目标是根据北京的马列主义武装革命理论来建立一个共产主义世界，但这是一个遥远的目标，更多的是一种希望和信念而不是直接的行动目标或目的。"其更直接的目标在于维护中国自身的战略利益："寻求安全、推进世界共产主义革命以及追求民族强盛。""这几个动机相互交织、互相影响，很难判断究竟哪一个起主导作用。"但在不同时期，情报界评估的侧重点是不同的。

在新中国建国初期，1953 年 7 月 16 日美国驻香港"总领事馆"的电文分析认为：中国目前最为关注的头等大事是国家安全，尽管中国也对推进世界共产主义革命抱有兴趣，但目前不太可能为了这个目的而冒巨大的风险，除非它认为这种革命运动对自身安全至关重要。该电文认为，当时中国最主要的外交政策目标似乎是以下这些：巩固和完善他们同苏联的联盟；同周边国家建立友好关系；尽一切可能阻止日本和美国之间的合作；做好准备收复台湾和其他可能作为对方进攻基地的失地。为此，中国领导人不仅旨在通过国际关系领域的行动来寻求安全，更为重要的是增强国力。可见在这一时期的情报评估中，安全被认为是中国的当务之急，防御具有压倒一切的优先地位。

到 1960 年代，挑战美苏在亚洲和共产主义世界的领导地位，确立中国的中心地位则成为美国对华外交评估的基本结论。中情局《关于中国外交政策的国家情报评估》(1965 年 5 月 5 日)的结论是："中共更直接的目标是：(1) 将西方，尤其是美国撵出亚洲，并降低它们对世界的影响力；(2) 增强共产党中国在亚洲的影响力；(3) 增强共产党中国在世界不发达地区的影响力；(4) 全面排挤苏联在世界上，尤其是在当前已经分裂的共产主义运动中的影响力。"而 1966 年 1 月 1 日的评估报告则进一步认为："共产党中国的国家政策是，在尽快将中国建成一个强大、统一、现代化的国家；恢复其在亚洲和世界的领导地位；(让中国)因其军事、政治和工业实力而受到尊敬；因其文化而享有盛誉；因其对共产主义理论的富有原则性的解释而受到追随，而且因其经济组织形式而成为整个不发达世界的典范。"

综观美国情报界的分析，中国外交的基本目标是维护国家安全，充当地区或世界大国，以及共产主义世界的领导者。但其轻重缓急和具体目标几经变迁：在 1950 年代，为确保政权生存的安全目标是第一位的；到 1960 年代以追求强国和革命理想为主，在亚洲与美国对抗，在国际共运中与苏联争夺"领导权”，在第三世界“输出革命”；到 1960 年代末 1970 年代逐渐转向稳健、务实的外交目标。

(2) 中国外交政策的影响因素及特点

有关中国外交政策的影响因素与特点，美国情报界的基本结论是：中共所追求的目标、方法及风格，是在意识形态、中国传统、中共现任领导人用以达到目的的权力机构、这些领导人的个性和经验等因素共同作用下形成的。

关于意识形态对中国对外政策的影响，综观前述美国各种情报评估的基本结论大致可以归纳为以下几个方面：

第一，共产主义意识形态是中国共产党认识世界和改造世界的基本途径，是中国在亚洲输出革命的思想基础和必由之路。“共产主义信条不仅为中共提供了一个评估特定国际形势的框架，也影响了它的策略，并为其从事宣传和颠覆活动提供了特别有效的手段，这是一种为那些在世界舞台上没有强大物质基础的国家提供的特别重要的外交政策工具。”“共产主义信条在中共夺取政权的斗争中被证明是一件极为成功的武器……在某种程度上，由于他们坚信马克思列宁主义的正确性，他们势必将共产主义在亚洲的推进与其自身安全环境的改善相提并论。”“中国领导人都是具有牺牲精神的，甚至是狂热的共产主义者……他们相信，只要这些(共产主义)原则被正确地理解和执行，让中国成为世界共产主义运动中心的长远目标一定能实现。这种思想信念赋予了共产党中国外交政策一个救世主的角色，并给它提供了巨大推动力和承受力。”

第二，毛泽东思想造就了中国外交“暴力和好战”的特色，但和平共处亦为重要手段。“中国领导人通过数十年的暴力取得了现在的政权，这导致他们在追求国家目标时极其强调暴力的效力和必要性。”“强调阶级斗争和世界革命不可避免的毛泽东思想给传统的中国动机注入了一种暴力和好战的因素。它试图通过发动世界上的贫穷国家击败富裕的西方大国，把中国国内战争的革命经验搬上世界舞台。然而，北京也认识到这种革命路线的局限性，因而接受并逐渐形成了一种在必要时加以应用的和平共处政策。非常类似于在中国国内战争期间曾使中共大为受益的国内统一战线政策，和平共处路线最初是打算作为对国际行为规范的暂时调节，一旦其他国家遵循了中国的革命路线就会被更换。但是当世界革命的前景黯淡下来，即便对更正统的革命斗争政策的宣传力度一直很高，和平共处在中国对外政策中仍担任着更重要的角色。”

第三，毛泽东思想的战略战术使中国外交目标远大，但行动谨慎，立足现实。“毛的‘在战略上藐视敌人，在战术上重视敌人’支撑着中国人民，使其在面对不确定的持久战仍然保持革命意志。这就意味着处于劣势的力量对最终的胜利必须有充分的信心——它必须藐视敌人的意志力和持久力，但在走向最终胜利的道路上，在与敌人所有实际的交战中，必须对敌人的优势力量，始终保持清醒的认识。据此，北京的对外政策有着巨大而危险的野心，但在实践中一直都是谨慎而现实的。”

第四，意识形态话语在中国对外政策的表述中扮演着格外重要的角色。“尽管决策者们可能对革命信条持有不同程度的信念，但所有的人都必须使用特定的术语来证明其计划的正确性。这种证明自己正当性的行为由于‘文化大革命’而变得尤其重要，因为在此期间，党内分庭抗礼的清洗者与反清洗者都通过把国内政治背叛与国外的异端邪说挂钩来为自己寻找合理性。例如，‘文化大革命’期间许多国内要人就因被控以走亲苏或者社会帝国主义路线的罪名而遭到罢免。随着‘文化大革命’过激性的平息，甚至向更正常外交的回归都要披上毛泽东思想的外衣。”

最后，当意识形态和中国的国家利益发生冲突后，亦即在国际主义和爱国主义两者无法并行不悖时，国家利益是第一位的。在美国情报评估视野中，关于这一问题的基本认识是：中国的外交政策受共产党人的目标和中国国家利益的影响，通常两者指向一致，但并非总是一致；中共领导人“可能坚信，以共产党中国有益的必然也对世界共产主义运动有益”，也有可能是中共领导者没有意识到这两者之间还会存在冲突；一旦遇到两者出现冲突的情形，国家利益是第一位的。如即便在中国外交“左倾”色彩浓厚的 1960 年代，美国情报分析认为：“中国人的国家利益仍然具有相当的分量，即便在那些至少需要暂时牺牲共产主义目标的情况下。”它们认为中国在中印边界冲突问题上所奉行的强硬政策就是“为国家利益而牺牲共产主义目标的最突出例子”，因为“这种行为不仅与旨在寻求印度赞同和支持的国际共产主义政策相冲突，而且构成了印度共产党软弱和分裂的主要原因”。

中国传统对中国外交的影响：

综观情报界的评估结果，其对中国传统对外交的影响的基本认识是：中国悠久的文化传统使中共领导人产生了强烈的民族优越感，而近代以来中国的屈辱经历又使之产生了强烈的民族自尊心和不安全感(对民族尊严和国家主权的高度敏感)以及在亚洲的“扩张”倾向。这些成为民族主义、爱国主义与牺牲精神的原动力和持久支撑力，而且传统的因素比共产主义因素有着更为强大和持久的影响力。代表性的看法如：“中共继承了中华民族相对于其他亚洲民族传统上的优越感，并相信中国是这个地区(亚洲)天然的政治、经济中心。”“他们对其民族、历史、文化怀有一种强烈的中央意识，这种意识导致他们在对待其他国家和民族时，往往以傲慢和俨然恩人的态度自居，这也使他们对不管是真实的还是想象的怠慢、不尊敬都极其敏感。”“在某种程度上，北京仍旧用传统方式来理解外部世界。大中华帝国的中心观念在共产主义出现之后仍得以幸存。19世纪给绝大部分中国人留下了痛苦和挫折的深刻印记，那些被他们视为由外国人造成的遭遇激发了他们的民族主义和爱国主义情绪。这种受到不公正对待的情绪和挫折感促使人们极易接受巨大的牺牲，并使得目标宏伟但不切实际的共产主义革命计划容易成为可能。即便大众的期望一次次落空，作为基本动力，中国的民族主义仍在一次又一次地被利用。作为意识形态的毛泽东思想在其缔造者死后难以长存，而与此不同的是，中国在世界上享有特权地位这种传统观念可能会成为现在和任何可预见的中国政府的永恒主题。”

中国领导人的素质对外交的影响：

在各类情报评估中，中国共产党人都被视为具有牺牲精神、坚定的信仰、远大的理想、勇往直前的必胜信心和百折不挠的革命意志的共产主义信徒。在1965年5月5日的那份非常具有代表性的国家情报评估，通过分析这份文件，可以发现它认为中共领导人的这些基本素质对中国外交产生了如下方面的影响：首先，中共领导人坚定的共产主义信仰使中国外交具有鲜明的理想主义和革命色彩：“中国领导人都是具有牺牲精神的，甚至是狂热的共产主义者……尽管他们在前进的道路上遭受了种种严重的挫折，但他们相信，只要共产主义原则被正确地理解和执行，让中国成为世界共产主义运动中心的长远目标就一定能实现。这种思想信念赋予了共产党中国外交政策一个救世主的角色，并给它提供了巨大推动力和承受力。”其次，共产主义信念使中国外交具有始终向前看的远大视野：“中共充分证明了他们在面临几乎是看不到希望的逆境里仍然专注于长远目标的能力，并且时常以牺牲短期目标来坚持长远目标……他们强调持久战的概念，认为一个坚持正确的思想路线、团结而坚定的革命队伍能够最终拖垮缺乏组织性和献身精神的敌人，不管它当初具有多大的优势。他们相信，找准敌人薄弱环节予以连续地打击必将消耗它的力量并使之最终处于绝对的劣势。”再次，共产主义信念在中国外交中并非教条，而是原则性与灵活性的高度统一：“虽然共产主义的社会经济理论有时可能会让中共领导人误解一个具体的形势，但他们不会让这些理论真正约束他们的行动。在只要目标正当就可以不择手段的共产主义行为法则的指导下，他们也乐于使用违背共产主义具体理论的策略，如他们隐晦地提倡对白人甚至是信奉共产主义的俄国人的种族偏见。”

有关中国国情对外交的影响，美国情报界的认识有如下几方面：

第一，受制于国力和地缘政治因素，中国客观上难圆强国梦，但巨大的人口因素又使之执著追求大国理想。在它们看来，“在北京实现基本目标的道路上，横亘着诸多国内、国际的障碍，不论这些目标是让中国成为一个大国和世界革命的领导者，还是成为一个主要涉及亚洲利益的更加传统但高度民族主义化的国家”。“在国内方面，确保稳定和国力的一些基本要素，例如经济、军事、政治稳步增长的目标远未达到。即便在最好的情况下，中国经济能力低下亦将限制其对国际事务的掌控能力。在国外方面，中国的抱负仍旧直接或间接地受到现实国际格局的制约，特别是中国周边大国的制约。”“中国在物质上是一个不发达国家，它的武装力量既不能到达中国边界以外的地方，也不能进行高科技战争，而美国和苏联都有能力做到这些，因此中国只能对其亚洲近邻形成直接的军事威胁。”但是另一方面，“正是中国巨大的人口资源鼓励北京渴望成为一个占主导地位的世界大国，并对可能遭受重大人员损失的后果不会有太多的顾忌。因此，中国人口众多与幅员辽阔使得中国领导人相信，从长远来看，无论遭到多么严重的军事惩罚，它也能最终包围和歼灭入侵者”。

第二，中国共产党出生入死的斗争历程，使其形成了“枪杆子里面出政权”的思想意识，在对外交往中表现出以斗争求生存，“崇尚暴力”，强调斗争，反对谈判和妥协，以及“输出革命”的政策倾向。如 1950 年代初的情报评估认为：“中共领导者为自身的生存进行了 20 年的艰苦斗争。这期间他们依靠自己的武装力量求得生存，这种经历导致了中国共产党人的思维之中存在强烈的军事偏向。政治领导人也被迫成为军事战略家。毛泽东自己的讲话在政治和军事上具有同等的权威性。从这种背景出发，很自然地，中共领导人自认为处在敌人的包围之中，而且以最紧迫的态度着手创造保障其政权存在的必要条件。”在1960年代中期的评估中仍然存在这样的看法：“中共领导人通过数十年的暴力斗争取得了现在的政权，这导致他们在追求国家目标时极其强调暴力的效力和必要性。他们认为调整当前的世界秩序是无济于事的，必须摧毁它然后代之以共产主义的（中国式的）世界秩序。”“中共20多年进行游击战争夺取政权的独特经历已深深影响了中国领导人的思维方式。毛泽东和他的那些经验丰富的同僚们是如此善于将共产主义理论适应中国的经验，以致中国的因素和共产主义的因素在实践中有机结合在一起。而后在很大程度上，北京的对外政策就是将在长期的国内战争中发展起来的原理和概念推向世界舞台。”“中共的对外政策主要是革命战争的战略。也就是说，它显然是根据冲突而非谈判来处理与其他国家的关系的。中共也鼓励和支持针对那些与中国的对手结盟者的革命战争，且任何妥协或让步，除非战术上的权宜之计，均被认为是投降。”“国际政治被看作是一场使对手不断受到骚扰和威胁的大规模游击战。”

第三，“高度集中的政治体制”使外交成为政治行动和宣传战的工具：“作为一个极权国家，共产党中国寻求一个总的对外政策，每次行动都被看作是政治行动。同时，它深知多数国家的多元性，并运用它的政治手腕有选择地针对不同国家的不同目标。外交、贸易、援助、形式多样的宣传、颠覆和暴动、军事威慑、核讹诈——所有这些都被同时和按照认为合适的不同的比例在使用。对于具有福音传道者性质的中国共产主义来说，宣传是一个非常有效的手段，很适合一个物质力量有限的国家。中国人很擅长用它。例如，他们能为来访的显要人物制造一个热情洋溢的人民群众夹道欢迎的盛大接见场面，这种场面对哪怕是久经世故的客人，甚至如巴基斯坦的阿尤布·汗，都会有显著的效果。旅行在外的每个中国人，从文雅敏锐的周恩来到出身卑微的杂技演员，都是北京对外宣传的活典型。”

(3) 中苏关系

在美国对华外交情报评估中，苏联的立场是中共对外政策的决策基础，它制约和决定了中国同其他共产主义国家、第三世界及西方打交道的态度，因而占有突出分量。关于中苏关系，美国情报评估主要涉及这样一些方面：

第一，在1950年代中苏同盟巩固时期，对华情报评估所关注的焦点是中国的对苏政策及其相对于苏联的独立性问题。其主要结论是："意识形态的信念、先前从苏联得到的帮助以及(与苏联)漫长的陆上边境问题，使得中共偏向于寻求与苏联的联盟而不是与之对抗"；"中共外交不同于苏联的外交，但没有实质性的差别"；"中共出于维护中国安全和威信的考虑可能奉行与苏联不同的外交政策。然而，只要他们赞同苏联式的共产主义，他们的行动自由就会受到严重限制，几乎难以超出策略问题之外"。

第二，1950年代末1960年代初，随着中苏分歧的发展，中苏分歧的程度和发展趋势成为评估的关键问题。从1956年中苏分歧出现到1960年公开化，直到1963年中苏两党、两国关系全面决裂前夕，美国情报评估的基本预见是中苏因为意识形态和国家利益而将保持牢固的盟友关系，虽然会有分歧和摩擦，但中苏关系中的内聚力会比离心力更为强大。任何一方都不想把矛盾推向会给两国关系造成无法弥补后果的程度。直到1963年5月1日中央情报局的评估报告才对此做出了比较准确地判断和预测，认为"北京同莫斯科的争端源于无法调和的国家和政党利益这一基本问题"，"虽然两党都非常希望避免承担造成世界共产主义运动分裂的责任，从而分裂的机会正在减少，但正式的分裂随时可能发生"。

第三，中苏公开决裂后，对中苏同盟破裂的程度及其对中国外交的影响是主要关注点。关于中苏分裂的现状，综观1965～1966年期间的情报评估，可以得到这样一些认识："近年来，苏联日益取代美国成为中国外交政策中的一个主要问题。在这个问题上，也是因为民族主义和意识形态因素的共同作用，导致了共产党中国对苏联强烈的敌意。""和苏联的激烈竞争有时能分散中国对美国的注意力，但中国时常是把反苏与反美同时并举"；"中苏之间的争端已经激化到了如此程度，以致北京和莫斯科现已陷入到他们自己的'冷战'之中。在如何从事反西方斗争、西方国家的共产党如何夺取政权，甚至在什么才是真正的'马克思

有关中国与阿尔巴尼亚友谊的宣传画(1969年)

列宁主义'政党的问题上，两党不再存在一致认识”。“在共产党集团内部，中共鼓动像罗马尼亚那样的独立性，并尽可能鼓励像阿尔巴尼亚那样投靠中国的变节行为。在一些非共产党国家，例如日本和新西兰，他们已经赢得了对当地共产党的控制。在其他国家，他们正在推进党派分化。”“在共产主义联盟阵线运动方面，诸如世界劳工组织之类，中共也试图夺取领导权，并使该组织倒向中共的好战政策。他们在限制和阻挡苏联参与各种亚非组织和会议方面相当成功。在可以预见的将来，中共将继续其在世界左翼运动中取代苏联领导地位的活动。”

(4) 中国对美政策及中国的“威胁性”问题

第一，有关中国对美国人的认知、定位和对策问题，其基本结论为：

认知：美国是“国际紧张”的主要制造者；殖民主义、“半殖民主义”和“反动思想”的主要堡垒；“是阻止中国实现意识形态目标和国家目标的最大障碍”；美国的强大“只是表面的和暂时的”，美帝国主义是纸老虎。

定位：“意识形态和民族主义的欲望共同促使美国成为中国的主要敌人。根据共产主义信条，作为资本——帝国主义世界的领导力量，美国是必须被消灭的恶魔，只有这样才能证明共产主义信条的正确性和为迈向共产主义扫清道路。从中国人的民族主义角度来看，美国是阻挠中国完成统一大业和阻碍中国在东南亚扩张的障碍。对中共来说，美国在西太平洋的军事存在是对中国安全的主要军事威胁，假如中国想控制远东的话，必须削弱且最终消灭美国在该地区的力量。”

对策：“中共直接的安全利益和有限的军事力量导致北京主要致力于改变远东地区的力量平衡。它坚持不懈地激起远东地区人民的反美情绪，破坏美国的联盟及其军事基地协议。它期望能最终迫使美国放弃台湾”，“在世界的其他地方，中共千方百计削弱美国。他们的目标是在切实可行的地方支持和促进反对帝国主义的革命，并以之作为削弱、排挤美国力量和让亚洲、非洲和拉丁美洲人民视美国为白人帝国主义压迫者的一种手段。”

第二，中国对美国的“威胁性”问题。

总体上讲，情报分析认为，受制于有限的国力和资源，中国目标有限，行为谨慎，但在中国至关重要的安全利益受到威胁或者在几乎没有风险或很少风险的情况下，中国对美国构成威胁。如认为：“迄今为止，国内困难似乎并没有对北京的对外政策产生直接的影响。然而，若长期日趋严重的经济倒退到了可能动摇北京领导人的自信心，并完全占据他们注意力的程度之时，我们相信北京对外政策的主动性和选择余地会减少，但是，国内困难不可能抑制北京追求那些看来不需要冒很大的风险即可达到的目标，也不可能阻止它在认为国家安全受到威胁的情况下采取直接行动。”“一般而言，中共几乎不会认为，为了扩大自己的影响或使其他国家共产主义化，需要诉诸公然的军事侵略，但是当使用军事手段只需冒很小的风险或者根本不冒风险就能扩大他们的控制范围时，他们将全无内疚感、不受良心谴责地加以运用。”

在中情局看来，中国在亚洲地区最具“扩张性”和“威胁性”，主要是中国在这一地区特有的优势使然：其一是军事优势：“中共以其现有力量能够在亚洲大陆实施大规模的地面战斗。除非遭到包括美国在内的西方力量的有效抵制，他们几乎肯定能够夺取东南亚的大部分、朝鲜半岛和台湾”，“而对中共的恐惧以及随之而来的不愿去刺激或冒犯北京，增加了一部分国家在北京政治和军事压力面前的脆弱性”。其二是政治优势：“因为共同的遭遇和利用经济渗透手段，中共有相当的能力在远东国家中进行宣传和发动政治攻势。北京能够努力使用多种方法增强在非共产主义国家的颠覆能力；北京在远东非共产主义区域从事颠覆活动的绝对能力还因目标国家的脆弱性而得到提升。”其三是苏联的作用。即便中苏同盟已濒临破裂，1961 年 11 月 30 日中情局的评估仍然认为，“尽管在远东的政策方面北京可能比莫斯科的风险更大，但它们之间仍有大部分政策是交叉的。虽然北京要依赖莫斯科的核保护这一事实(使苏联)能够限制那些被认为是过分冒险的中国政策，但这还是给了北京相当大的灵活性。另一方面，中国人有可能仍这样估计，最终苏联是不会眼睁睁看着共产主义在中国被打败的，因此，即使苏联不赞同北京的政策也不会袖手旁观”。

(5) 中国对亚非拉的政策

第一，中国对亚非拉政策的总体考虑。

美国情报界从 1960 年代开始重视评估中国在亚非拉的政策，并注意到：“‘亚非拉’作为一个习惯用语不仅出现在北京的对外宣传中，而且在其理论刊物和政治思想教育计划中也频繁出现。”关于毛泽东的三个世界理论，美国情报界的基本认识是：“中共领导人将世界各国分成以下三类：共产主义世界，包含中国和其他共产党国家；资本主义世界，由美国、西欧、白人英联邦国家及日本组成；第三世界，包括不发达的、前殖民地的、大多数亚洲、非洲及拉丁美洲的非白人国家。美国对华情报评估认为三个世界的划分的理论既是中国不顾大国均势政治的常规，选择了同时挑战美国和苏联的进攻性态势，又是中国出于对美苏占优势的物质力量的敬畏，力避与它们中的任何一个发生正面的军事冲突，因而将第三世界作为与它们角逐的主要场所。这也反映了中共在国内战争中所发展起来的以农村保卫城市的观念。”在相关情报评估中，中国在 1960 年代选择亚非拉作为突破口的主要理由还在于：①“亚非拉不发达国家代表了世界的五分之三，如果赢得这些国家中的大多数的支持，就能确保达到最终目的。”②“中共领导人相信开展大规模的反殖民运动和共产党领导下的革命运动的世界形势业已成熟，社会主义阵营的军事和政治力量已经强大到能够在一场军事决战中挫败西方的程度。”③“在指导非洲、拉丁美洲，特别是亚洲其他不发达国家革命的问题上，中共认为中国的经验比苏联的经验更值得借鉴。”

有关中国在亚非拉的目标，情报评估认为就是排除美苏的影响，确立中国的主导地位：“在第三世界，中共不仅旨在消耗美国的力量，而且意欲取代苏联对左翼运动的领导权；他们也希望在这一地区从事一些公共事业以确立其作为不发达国家的捍卫者和指导者的地位。”至于手段：“在第三世界里，北京动用了所有的外交手段，并根据当地的情况来选择单独还是组合使用某些外交手段。”“在使用各种手段推进外交政策的工作中，北京是灵活的、实用的和机会主义的。”“为了寻找他们之间的共同点，北京避免强调共产主义的形式而侧重反对帝国主义、民族解放以及不公开的提倡反白种人的情绪。”中国人对使用暴动寄予厚望。他们设法促进和帮助当地任何可行的“解放战争”。他们利用当地的人力，而且尽可能地利用当地的或俘获的装备。他们提供训练、顾问、有限数量的物资和大量的宣传支持。

第二，中国在亚非拉的具体政策。

亚洲是中国影响最容易达到的地区，也是美国评估中国政策的核心地区。集中反映美国情报界对中国亚洲政策评估的关键文件是中央情报局《关于中国在远东的能力与意图的特别国家情报评估》(1961 年 11 月 30 日)，这份特别国家情报评估通过对中国在远东的目标、自我定位和实力的分析，对中国在该地区的能力与意图进行了专项评估。

关于中国在远东的目标，文件认为："中共在远东的长远目标是使这一地区在北京的领导之下全部共产主义化。除此之外，它还有许多过渡性的短期目标，如巩固共产党中国的大国地位；在整个远东地区，特别是在台湾，减少并最终消灭美国的军事存在，消除美国的影响力；瓦解和颠覆亚洲的非共产主义政府；伺机在该地区的某些国家发展共产主义。""为达到消除美国在远东的影响并将自己建设成这个地区占统治地位大国的目的，北京可能已将夺取台湾和使日本、印度共产主义化作为它中最为重要的战略目标。但是，就时机而言，南越和老挝是其近期的主要目标。如果国力允许，中共将追求和扩大其在东南亚和其他地区的渗透行动。"

有关中国在远东地区所使用的具体手段，该国家情报评估认为，在评估时间段内，几乎可以肯定，"中共不会用公开的军事手段征服任何远东国家"，它"将继续主要运用共产主义政治战在远东追求其过渡性目标"，尤其是"将抓住一切机会去破坏美国在远东的地位，消除美国在该地区的存在和影响"；要在美国的基地问题，特别是在冲绳和日本的基地问题上施压；会把远东任何地方的经济困难都归罪于美国的政策；将继续努力利用这一地区任何团体或阶层群众的反美情绪和(人们)对核战争的恐惧，将那些亲西方的国家推向中立主义；将继续努力削弱美国支持东南亚非共产党国家的效果；当中共领导人估计一个亲西方国家出现政局动荡时，他们就会加强在该国的政治行动，并辅之以游击——恐怖战术来反对现政权。这些行动将由当地力量(通常由中国培训)来完成，中国则提供技术指导和顾问；将对亲西方的政权和善意中立的政权采取区别对待的政策——将对南朝鲜、日本、南越、泰国、马来亚和菲律宾政权实行不同程度的宣传攻势和颠覆行动，而对那些中立政权，例如缅甸、印度尼西亚和柬埔寨则提供经济援助。即使在这些中立国家中，中共也会利用一些共产党的或者亲共的因素，来反对当局向西方靠拢。"几乎可以肯定，虽然北京不愿在远东发动军事侵略，但是对任何美国或东南亚条约组织采取的、在北京看来会威胁到它的安全的行动做出强硬反应。"

关于中国在非洲和拉丁美洲的政策，上述国家情报分析认为，中国视非洲为充满机遇的第二大地区，从 1960 年代初开始花大本钱在这一地区扩大影响，并在两三年的时间就在该地区取得了相当可观的影响。其手段是灵活多样的。在一些国家，如刚果(布拉柴维尔)以及直到最近的布隆迪，它通过“贿赂”得到不少的好处。在其他地方，它通过提供经济援助也获得了一些远远超出其成本的政治利益。尽管中国军事援助的性质是秘密的，但它向包括刚果(利奥波德维尔即金沙萨)和莫桑比克在内的一些非洲国家活跃的或潜在的革命者提供军火“是众所周知的”事情。在那些中国设有大使馆的国家，使用公开的外交手段往往能奏效。国家领导人的互访也卓有成效。中国资助了好几种非洲杂志，以致非洲大陆“充斥着”中国的宣传品。非洲人被带到中国接受颠覆活动和游击战方面的训练，另有不少人享受津贴在中国的大学学习。在拉美地区，中共也将利用一切机会给美国找麻烦。它可能会尝试与一些拉美现政权改善关系，特别是当这些政权与美国关系恶化时。但总体上讲，拉美和非洲相比，社会秩序比较稳定，可供中共利用的机会很少。而且，很多拉美国家的共产党早已与莫斯科建立了稳定的关系。

(6) 中国对其在联合国的席位问题的政策

在美国的相关情报评估中，中国对联合国席位问题的立场是矛盾的：一方面，加入联合国可以提升中国的国际地位，在国际组织中影响发展中国家，加大共产主义世界的影响力，同时在美英之间制造不和，从内部破坏和削弱美国的计划和影响力。另一方面，由于有更为紧迫的目标；由于不看重传统外交方式；由于对联合国在朝鲜战争期间追随美国、惩罚中国等问题上的做法耿耿于怀；由于联合国致力于“维和”行动与中国旨在推进世界革命的目标相抵触，所以加入联合国并不是中国的优先目标，中国不仅不准备为取得在联合国的席位付出代价，甚至提出西方必须满足一些先决条件，中国才加入联合国，如驱逐国民党代表、撤销联合国先前谴责中国为“侵略者”的决议，改组联合国等。中国在联合国席位问题上的这种矛盾态度不仅影响了中国采取协调一致的行动来争取加入联合国组织，而且使得其加入联合国的一些可能性都遭到了破坏。此外，中国的政策在不同的具体环境下存在不同的表现形式：

关于中华人民共和国成立以后获取联合国席位的态度，在美国的情报分析看来，“即便共产党方面对联合国席位问题一直很关注，有时还将之提到首位，但他们的行动一再表明，加入联合国并不是北京政府的首要目标之一”。而且“它有时所采取的方式似乎要存心毁坏任何可能达到目标的希望”。原因主要在于,“其他目标更具优先性”：如“征服台湾”这一“最高军事目标”可能使“联合国席位问题自动得到解决”;清除西方在华影响这一目标使中国不愿意为换取国际社会对中国的承认或联合国席位而付出代价;而“建立和巩固一个亚洲共产主义集团”这一目标也优先于获得承认和联合国席位。

随着朝鲜战争结束,美国情报分析认为,由于“朝鲜的停战将会排除北京在联合国席位问题上的最大障碍”;三年的反西方宣传和中共政权的足够稳固可能使中国不必担心与联合国保持接触的后果;中国在除印度支那以外的其他东南亚地区实行“武装斗争的降调”,准备与许多亚洲国家开始建立一种更正常的关系,“中国的联合国席位问题很可能会再次占有比较大的分量”。然而,“不管是北京还是莫斯科都认为,北京在联合国的席位并没有重要到可以成为做出可能侵害共产主义安全和长远前途的让步的理由”。“仅仅为了得到联合国的席位而让他们做出重大让步,诸如涉及印支或者台湾问题的让步,都是不大可能的。”

到 1960 年代中期,“联合国既吸引中共又让它感到不快”。中国一直试图派代表占据中国在联合国五大常任理事国之一的席位,并继续为取得联合国席位寻求国际支持。与此同时,中国仍然对联合国在朝鲜战争期间针对他们的行动和年复一年地被联合国拒之门外的屈辱耿耿于怀,对联合国所从事的“在中共看来是在贯彻美国意志和旨在扑灭中共希望加以推进的混乱局面”的维和行动强烈不满;而且“北京认为他们的根本利益不在于要作为一个效用不断增强的联合国的一员……而在于短期内利用它并最终摧毁它”。所以这一时期,中国不仅不准备为进入联合国付出代价,仍然坚持“必须先驱逐国民党”,反而进一步要求“撤销指责中国在朝鲜战争中进行侵略的决议、重新审视联合国宪章、承认所有‘独立’国家,并开除所有‘帝国主义傀儡国家’”。

到 1970 年代,中国人对联合国席位“表现出了空前的兴趣”,此时为重返世界舞台,中国做出更大的努力。中国放弃了先前对其成员国资格所“附加的一些国际组织显然不可能接受的先决条件”,并采取了一些先前不屑一顾的做法,如派出使者在联合国内寻求支持等。但在一个中国的原则和在中国接受联合国席位之前国民党的代表必须撤离或被驱逐的问题上仍坚持既定立场。

3. 美国对华外交评估的特点与误区

杜鲁门政府建立中情局的初衷是着重于收集和分析情报而不是进行秘密行动。而凡属国家的情报组织，其主要使命是为政府决策者提供“情报成品”。这类情报成品有别于通过间谍活动与其他秘密手段得来的未经加工的情报。它是从各种来源(秘密的、官方的与公开的)收集到的，并为迎合国家领导人需要由真正的专家精心考证和分析过的情报资料。那么，美国对华情报评估的情报来源到底有哪些？情报专家在做出评判时会遵循怎样的逻辑？在这些情报评估中又会呈现出什么样的偏向性与误区呢？

(1) 情报依据

根据曾在中情局供职十余年、对中情局内情了如指掌的当事人维克托·马凯蒂的说法：“在对付中国方面，没有任何与情报局有关的间谍活动获得成功。”然而，中央情报局的技术专家们和他们在五角大楼以及秘密部门中的同僚们多年来发展了一系列范围广泛的电子技术，来收集许多关于苏联和中国的有用情报。通过这些收集系统，以及从外交途径和公开来源(报纸、杂志等等)获得的材料的积累与补充，中央情报局和情报界其他部门的分析人员能够了解共产党国家内部的动态。前中央情报局秘密行动头子理查德·比斯尔也承认：“对付苏联集团或其他防范森严的社会，间谍活动算不上首要的情报来源。虽然它有时也取得辉煌的胜利。”不过，到 1950 年代末，情报局研制成功 U－2 型间谍飞机。从 1961 年起，美国开始将台湾作为 U－2 型侦察机的基地，对中国进行间谍活动，其侦测地点深入到了兰州和包头。这些侦察飞行的主要目的之一就是要了解中国核武器研制的进展。与此同时，由于卫星摄像技术的发展，美国可以通过卫星获得有关的照片资料。1961 年 12 月，美国通过卫星拍摄，得到了第一张中国罗布泊核试验场的照片。

中央情报局《关于中国外交环境的特别报告》(1964 年 12 月 31 日)对此提供了进一步的佐证。该文件称，虽然近年来，驻华外交官人数稳步增长，已达 300 多人常驻北京。然而，外部世界所能得到的有关中国内部事件的信息量并没有相应增长。尽管这些外交官想方设法，试图穿透设置在他们周围的孤立的帷幕,但他们"基本上仍然是一群闭目塞听的人"。"在日复一日单调的生活中,唯一的放松就是使馆官方仪式,以及在国际俱乐部内专为外国官员举办的非正式舞会。外交家们就是在这些场合中,通过与另一个外国人的闲谈中获得他们大部分'情报'。"

由此可见,美国的对华情报来源有限。间谍活动算不上首要的情报来源。除电子侦察技术获取的一些可靠情报外,主要是公开来源(报纸、杂志、电台等等)和外交途径获得的信息,有时甚至包括一些道听途说。这些情报信息使美国情报界对中国的外交信息有着基本的了解。

(2) 逻辑依据

综观而言,美国情报评估的逻辑依据主要有如下特点:

一是基于中国悠久的历史文化传统与近代历史遭遇、共产主义信念和中国共产党的奋斗史做出的逻辑推理。对于这些因素如何影响中国的外交前面已有详细交代,在此仅作概述。总体上讲,强调历史传统的影响力是美国对中国外交进行情报评估和预测的基本依据。在美国情报分析者看来,一方面,尽管中国在历史上曾经长期居于世界文明的中心,但在近代长期遭受外敌入侵的历史经历与中国共产党 20 多年孤军奋战的斗争历程造成中国始终缺乏安全感,对国家主权和民族尊严高度的敏感。所以新中国成立后的当务之急就是"创造保障其政权存在的必要条件——强大的军事力量"。而且,一旦感觉其安全受到威胁,势必不惜一切代价捍卫之。另一方面,中国长期作为"东亚处于支配地位的文化领导者"的心理传统则使之力图做亚洲大国,至少不存在大国的威胁,甚至是在亚洲奉行"扩张主义"。因为强调意识形态的独特影响力,因此在美国情报分析者的眼中,中国旨在传播共产主义信仰,"输出革命",并对此深信不疑,孜孜以求。而且"正是共产主义因素,包括同苏联的联系,使得目前重新崛起的中国不同于历史上的那些强盛王朝"。因为强调中共奋斗史对中国外交的影响,情报界的结论是:中共出生入死的斗争历程,一方面使其坚信"枪杆子里面出政权","阶级敌人、民族敌人亡我之心不死",因而对国家安全、主权和来自外部的敌意等保持高度的敏感和警惕,所以"中共的对外政策从根本上讲就是革命战争的战略","国际政治被看作是一场使对手不断受到骚扰和威胁的大规模游击战";另一方面又促成中国共产党善于把马克思主义的普遍原理与中国革命的具体实践相结合,在必要时也辅以和平共处和最大限度孤立敌人的统一战线策略。

二是依据中国共产党的行动特点做出判断，注重现象的分析。如在分析中国外交究竟何种因素居主导地位时，《美国驻香港“总领事馆”关于中国外交目标的报告》就选取中国对朝鲜、越南、缅甸的不同行动来加以分析，进而说明安全因素在中国外交的决策中所占具有重要地位。它是这样分析的：在朝鲜，当一支强大的西方国家的军队打败了北朝鲜共产主义力量，并向中国边境推进时，中国冒着巨大的风险，将其部队投入到这场冲突中，以防止“一个受美国支配的反共产主义国家在其边境上扎根”。因为“朝鲜是入侵中国的传统路线，并且临近中国最重要的工业区，这一事实必定在他们的决策中起了很大作用”。西方国家的武装力量也出现在越南，但比在朝鲜要弱得多，而且在反对当地共产主义力量方面所取得的进展要小得多。此外，可能受到来自越南方面威胁的那些中国地区所具有的重要性要小得多，而且比东北更容易防御。因此，在这个地区，中共仅仅提供补给、装备、建议和训练。在缅甸，虽然当地共产主义力量的失势已有一段时间了，但中共并未做任何对他们有益的事情。似乎可以符合逻辑地假设，他们在此地的无作为不仅仅是因为他们忙于其他地区，也还因为在缅甸没有存在西方武装力量这一事实。这种分析方法在前述情报界有关中国外交的时事评估中已屡见不鲜，在此不再赘述。

三是注重地缘政治因素或从大国均势政治的角度分析，这尤其突出体现在分析中国对周边大国的政策方面。如1950年代初对中国外交政策取向的推测是：“只有苏联、日本和美国能够威胁到共产主义中国。意识形态的信念和先前从苏联得到的帮助以及(与苏联)漫长的陆上边境，使得中共偏向于寻求与苏联的联盟而不是与之对抗。”所以，中共对外政策的重点必定是对付日本和美国，尤其是两者的结盟，这对他们来说是非常致命的。1970年代初的判断是：中国的国际抱负“仍旧直接或间接地受到现实国际格局的制约，包括苏联超级强大的势力和敌意，苏联的直接威胁及其与中国在争夺共产主义意识形态领导权方面的强大竞争力；美国在中国周边地区的存在及其对这些地区所承担的义务；中国另一个传统的竞争对手日本经济实力和自信心的增长”。

总之，美国对中国外交情报评估非常注重分析中国人特有的历史、文化与心态，因而在情报分析人员的眼中，在大多数情况下，中国共产党人首先是中国人，中国外交所追求的优先目标是中国的主权独立和领土完整不受侵犯、中国在亚洲的大国地位得以保障的国家利益，意识形态是促进国家利益的手段，服务于且服从于国家利益的需要。但是中国共产党人的意识形态信仰和斗争经历对中国外交的影响也得到足够重视。正是基于这样一种注重历史的继承与发展变化的长时段的、多因素的分析视野，美国对中国外交可能遵循的路线做出的分析和判断是理性的、力求客观的，美国的情报评估对中国外交的主流和大趋势的把握基本准确。他们善于从中国共产党人的行为特征以及地缘政治或大国均势的角度来分析和评判中国外交的政策取向，善于从寻常信息资料中挖掘有价值的情报信息，这些特征反映了美国情报分析人员收集、处理情报的独特视角、敏感性和准确性。但受制于中美文化、思维方式，特别是双方政治体制的差异，受限于中国外交决策受领导人的个性以及中国国内形势发展巨大变数的影响，美国对华情报评估往往存在着偏差。

(3) 误区

由于美国对华情报来源有限，而中美文化传统、历史经历和现实政治制度迥异，特别所讨论的时间段正是中美全面敌对和隔绝时期，美国对华外交情报评估存在种种缺失和误区。

首先需要说明的是，所有评估都是美国情报分析人员立场、观点和方法的综合反映，其观念、思维方式和话语都是美国式的，与中国人的政治立场、价值观念存在重大差异，甚至是根本冲突；另一方面，美国对华情报信息本身存在种种疏漏、不确，甚至是谬误之处，这些问题在大事年表、人物年谱、图表数据等情报信息中表现得尤为突出，但为了保持原貌，对此笔者不拟一一指出、辨明，而希望读者在阅读和分析文件时注意加以鉴别。在此笔者只准备从总体上对美国对华外交情报评估存在的判断误区作简略交代。

除了前文提到的美国对中国外交的时事评估中出现的一些具体失误外，这里主要指出如下几个方面：

第一，注重长期不变的、多因素的分析是美国情报分析的优势和特色，但在处理中国传统与意识形态、民族主义与国际主义对中国外交的具体影响时，美国情报人员并不能准确判断究竟哪一种因素在起主导作用，因此难免出现偏差。诚然，美国情报界对影响中国外交的各种因素都有论及，认为“寻求安全、推进世界共产主义革命的愿望以及追求民族强盛的倾向”，“这几个动机相互交织、互相影响，很难判断究竟哪一个起主导作用”，情报分析注重中国共产党作为中国人的连续性，并认为传统的因素比意识形态的因素影响更大，国家利益高于意识形态，这些看法合乎西方人的常理，也是判断一国对外政策意图的常规。但是中国共产党人独特的民族主义诉求、意识形态理想、国际抱负及其同外界打交道的方式到底在多大程度上，以及如何左右中国的某一个具体外交行动，美国情报分析人员是很难准确把握的。例如 1960 年代中苏分歧的发展何去何从的问题，不论从国家安全利益还是意识形态的角度，西方人似乎都很难做出中国会选择同时挑战美苏，与苏联公开决裂的判断，因为在他们看来，中国国力的提升，意识形态以及军事和战略利益无不与苏联休戚相关。同样这种长时段的分析视野也使得擅长理性分析的情报分析人员对于缺乏稳定性的中国外交走向把握不住。而这正是美国对华情报评估对“中国外交的突然逆转”往往缺乏预见的症结所在。

第二，虽然力图客观、中性地分析问题，但美国人的思维方式仍在其情报分析中留下印记。中央情报局前局长艾伦·杜勒斯说过：“政策必须根据对全部事实所作的最好的估计而建立。而那种估计则又须由某个既不怀有私心，又不墨守成规的机构来做出。”但实际上很难做到。具体到对中苏关系的分析，美国情报分析人员所依凭的仍是西方人对待联盟政治的传统经验。他们习惯性地认为，联盟的力量会促使中苏克服内在矛盾。这样简单化的逻辑推理导致出现了像费正清所说的那种错误，即“我们关注的是‘共产主义’的极端邪恶，并不相信它会在莫斯科的国际阵营中受到国际强权政治的危害。我们对 1960 年代出现的中苏关系破裂熟视无睹和狐疑不定”。再如在判断中国外交政策意图时，往往出现以实力定威胁的倾向性，如情报分析家们在判断中国是否有使用武力的可能性时，往往从中国的军事能力去推断中国的战略意图，而实际上，在中国决策者的思路中，道义和精神的力量占有很重的分量，重视谋略、相机行事也是美国情报分析家们无法破译的中国外交行动的内涵。虽然美国情报界的分析并非没有注意到这一点，但因为其巨大的变数和不可预测性，美国的情报分析必然出现失误。事后来看，美国对华情报分析虽然意识到中国共产主义是马列主义普遍原理与中国革命具体实践相结合的产物，但是对毛泽东思想的精髓、一切从实际出发、具体问题具体分析、强调原则性与灵活性的高度统一等则显然是处于一知半解的状态。

第三，美国情报分析家对毛泽东等中国外交决策关键人物的个性对中国外交政策的影响越来越重视，但是因为他们并未熟谙中国政治文化和决策机制的奥秘，对于兼具战略家和诗人气质的毛泽东的个性和作风更是无从把握，因而其对华情报评估对中国外交的变数把握不准。费正清曾经说过，中国的民俗学与马克思主义对美国人来说是异邦之物，他们在这两者之间发现一些意义含混的词语，其威力显而易见，内容却令他们迷惑不解。美国人对中国的研究很不深入，以致像这样一个世界最古老的统治机构，在今天仍未用政治学的术语加以分析、研究——无疑，对历史学家和政治学家来说，中国的史料记载“太浩繁、太难懂了”。历史学家、中国通们尚且对中国的历史与政治感到迷惑，而“中国训练”十分欠缺，基本不了解中国政治文化传统与变迁的情报分析专家就更难掌握其中的奥妙了。更何况，不仅“毛比历史上的所有皇帝更具创造力，这成为智慧和政策的源泉”（费正清语）。而且毛泽东对中国革命、社会主义和共产主义的种种理想及其个性中的很多东西都是难以用美国人的理性思维来加以分析的。

第四，对中国外交与国内政治变动的敏感性不够。一方面，由于情报来源有限，美国情报部门对中国外交政策变动的判断存在一定的滞后性。如“文革”前夕中国外交出现“极左”倾向时，美国情报分析并未及时觉察，以致对当时出现的一些外交现象仍然持理性分析态度。另一方面，它们也似乎不能理解中国国内政治频繁变动及其与外交变动之间的关系，因为有关中国外交的综合性评估对此鲜有全面、准确论及。陈兼曾经论及，“以毛泽东为代表的共产党人，有着不同于前人的社会改造理想和革命的民族主义目标。毛泽东相信，中国革命于1949年取得的胜利绝不是革命的终结；中国的‘革命后革命’，将更为伟大，也更为艰巨。新中国的对外政策，从一开始便同国内政治发展及其需要紧密相关”。“毛泽东时代中国的对外政策与安全战略，从来便是他的‘革命后革命’的有机组成部分。”

综上所见，我们可以发现，素以先进的情报搜集手段和训练有素的情报分析专家著称的美国情报界的确是强大的、专业的和令人生畏的，其触角无所不在、无孔不入，即便在近乎隔绝的状态下，仍能对中国外交的方方面面有相当的了解，并借此做出相对准确的判断。但是另一方面，面对中国这个全新的对手，面对防范森严的中国人民，它的威力和经验却时常要大打折扣。在众志成城的中国人民面前，美国情报界无所不能的利爪虽能凭借各种情报手段和经验，触摸到中国外交的脉息，诊断出中国外交的主要特征和发展走向，但是对于潜伏的变异和复杂的症候，它无法及时察觉和准确判断。它纵然可以越过中国的边防线，让特务在中国的土地上潜伏，但始终无法突破中国人民的心理防线，可以让特务活动得以逃脱法网，更无法从根本上把握中国传统、政治文化及领袖人物的内在特质。

总之，虽然美国对华情报评估存在种种缺失，也并不能代表美国的官方认识和全部决策考虑，但是因为这些情报"成品"反映了当时对中国事务最为敏感、对中国的认识最为权威的美国情报"精英们"的集体智慧，其分析、判断与建议常常被直接纳入国家安全委员会决议案，对美国最高决策层影响甚大。因此，通过这些情报"成品"，我们可以了解先前很少进入国人认识和研究视野的美国情报界对中国的认识程度、聚焦的问题及其面临的困扰与倾向性，从而丰富和加深我们对美国人的中国外交观的认识。需要说明的是，文中提及的一些情报评估文件只是为我们探秘美国对中国外交的情报评估撩开了一层神秘的面纱，和浩如烟海的原始文献相比只是冰山一角，而对这些文件的分析不过是笔者的管窥蠡测，意在抛砖引玉，激发那些渴望求真的读者朋友们潜心钻研解密原档，从中追寻鲜活的历史，形成自己的真知灼见。

七、台海风云起：美国情报官员的视角

复旦大学　双惊华

台湾问题的重要性和敏感性不言而喻，多年来有关台湾问题的争议对整个中美关系产生着重大的影响和冲击。对中国政府而言，台湾是中国不可分割的领土，是中国主权的组成部分，实现台湾与祖国的统一是中国政府与人民的神圣使命，任何一个中国人都不可能答应在台湾问题上做出任何原则上的妥协与让步；对美国政府而言，台湾被视为美国在西太平洋上一艘"永不沉没的航空母舰"，是围堵中国链环上的重要环节，也是美国的所谓"自由世界盟友"，美国希望将台湾树立为后发展地区"自由与繁荣"的典范，并通过台湾问题向中国政府施压，"遏制"中国的发展，同时，台湾还具有与中国政府讨价还价中的"筹码"或"棋子"的功用，是美国在处理对华事务中时刻考虑打出来的一张"王牌"。在不同历史时期，美国决策层对美国对华关系的战略定位不可避免地影响着美国对台海问题的处理方式，但中美两国在台湾问题上的根本立场决定了双方在该问题上的回旋空间相当有限。

台湾问题的形成是中国内战的发展与冷战的演变密切结合的产物，是美国介入中国内战的结果和延续。美国对台政策是其整个对华政策的一个组成部分，它服从于美国的战略需要，并且随着国际力量对比和台湾海峡两岸力量对比的变化而不断调整。美国"国家利益"本位是美国政府与学者考虑台湾问题的基本立场。战后美国对台政策一直是美国整体对华政策的"依变项"，中美关系的变迁制约着台海局势的变动；当然，美国对台政策反过来也对美国对华政策有着一定程度的影响，两岸关系的变迁也牵引着中美关系的发展。台湾问题不能决定中美关系发展的大势与总体格局，但在某些情况下，台湾问题却具有巨大的杀伤力，在很大程度上制约与牵制着中美关系的发展走向。在很多情况下，台湾问题也可能具有"牵一发而动全局"的影响力，美台关系的发展与中美关系的变迁，因而互为因果，形成了“你中有我”的互动态势。

《美国对华情报解密档案(1948～1976)》专门设立了台湾问题编，共收录53份文件，其中美国中央情报局系统的情报评估32份，来自国务院系统的报告为20份，另有1份美国国家安全委员会对台湾局势及中国共产党对台湾意图及能力的评估，时间跨度从1949年3月14日到1967年5月5日。在编排上，这些文件分为三部分，按照从宏观到微观的逻辑顺序依次排列为：美台关系及国际社会对台湾地位认识的问题(10份文件)；台海局势与两岸关系(27份文件)；台湾岛情与国民党政权的基本形势(16份文件)。

第二次世界大战之中，经过《开罗宣言》和《波茨坦公告》，台湾回到中国的怀抱。但是，朝鲜战争之后，美国在全世界宣传“台湾地位未定论”；派遣第七舰队进驻台湾海峡，鼓吹“台湾海峡中立化”；三次台湾海峡危机之中，有关中国恢复联合国代表权的谈判和中美开启关系正常化的谈判之中，台湾问题都是各方谈判的焦点。美国政府处理台湾问题始终是在美国对华政策的视野下进行，对台湾问题的态度由“模糊”向“清晰”的转变进程与美国对华政策的演变以及美国在亚洲力量的先扩张后收缩紧密相连。随着冷战格局的发展和美国东亚政策的演变，美国政府根据形势的发展逐步调整美国对华政策和对台政策，虽然两者的调整基本上同步进行，但大体上是以美国对华政策的调整为主轴线，美国对台政策的调整带有明显的两面性：一方面，同中国进行正面对抗不符合美国在亚太地区的安全利益。美国观察家们普遍认为，台湾问题事关中国的核心国家利益，但并不是美国的核心国家利益，所以，美国政府不必为台湾问题而引火烧身，美国最希望看到是台海两岸的稳定局面，甚至不惜通过打压台湾当局来维护美国的根本国家利益。另一方面，与共产主义对抗的意识形态需要决定了美国政府必须遵守对台湾的防御承诺，在一定程度上支持台湾当局以防止台湾落入“敌对势力的控制之下”。

从整个时期的各个事件发展来看，美国政府与台湾方面政策的前提和假设各不相同，蒋介石的政策出发点是台湾岛的政治氛围，他考虑台湾岛内的因素甚于他的“国际”政策，强调的是台湾的民心士气，而美国的注意力在它的全球战略，在于降低与中国共产党人发生直接冲突与全面战争的可能性，尽可能地将台海局势的发展控制在美国能够掌控与操作的程度之内。

美国情报部门在做出对台情报的分析评估时始终存在以下的基本预设：

(1) 允许蒋介石大规模“反攻大陆”而美国出兵掩护的话,美国势必陷入一场在大陆的持久战争中。

(2) 蒋介石不可能在中国大陆重新掌权,台湾当局不可能得到大陆民众的大规模信赖和支持。

(3) 美国不支持蒋介石大规模“反攻大陆”,也不会放弃台湾,反对海峡两岸任何一方在台湾海峡动武。

由于台湾问题兼具国内性和国际性的特点,美国情报机关认为:“对中国而言尽管北京明确表示台湾是纯粹的中国‘国内’问题,但台湾问题仍是中共国际关系中的核心因素。台湾问题是它与美国关系的焦点。联合国代表权问题和国际承认问题也与此有关,因为‘中华民国政府’也坚持自己的要求且和一些国家还保持着‘领事’及‘外交关系’,而另外一些国家愿意与北京的关系‘正常化’。台湾问题是北京与亚洲中立国和一些亲西方国家关系的中心问题,这些国家急于居中调停,防止台湾局势恶化和战争爆发。虽然台湾问题对北京极为重要,但对苏联意义不大,这可能会提供一个考验中苏同盟和伙伴关系的机会。”所以在 1940 年代末到 1960 年代末台海地区形成中国大陆方面、美国、台湾当局三方博弈互动的格局,涉及三方的内政外交及其相互的冲突与谈判,有鉴于此,我们将美国情报官员对台海局势的评估文件编入三个子目录之中,以下分别从美国对台政策、台湾对美政策、“国际地位”及联合国中国代表权问题、“反攻大陆”、大陆的台海政策、美国对台援助及台湾岛情七个方面介绍一下的美国情报评估文件的内容,重点在于:

(1) 当美国外部的战略环境日益变换需要美国决策者以不同的姿态应对中国政府之时,在回旋空间极为狭窄的台湾问题上,美国情报部门的基本观点是怎样的,来自海陆空系统的情报分析与美国国务院及中情局的分析存在哪些异同。

(2) 海峡两岸的关系定位如何,各方如何处理与“两个中国”政策有关的问题以及中国联合国代表权问题。

(3) 中国大陆对台湾的“威胁”程度如何,台湾“光复大陆”是否存在可行性。

(4) 美国对台湾当局的支持力度与援助政策。美国如何在其对台政策的两个侧面上寻求平衡:一方面,美国对台湾防御的安全承诺是冷战时期美国全球战略网络的一个重要组成部分；另一方面，美国极力遏制台湾这一“麻烦制造者”的种种“冒险”之举，避免与中国大陆发生直接对抗。

1. 美国对台湾的政策

大体而言，美国对台政策情报最为密集的几个关键时期分别是：

(1) 1949 年美国坚持“台湾地位未定论”，认为：“台湾从法理上看并非是‘中华民国’的一部分。该岛的地位留待对日和约来决定，它仍然属于被占地区，美国对此区域享有专有权益。”按照中情局的说法，1895 年台湾根据《马关条约》割让给日本，虽然美英苏三国首脑通过《开罗宣言》和《波茨坦公告》均承诺在第二次世界大战结束后将台湾归还中国，但中情局不认为日本 1945 年 9 月 2 日的正式投降或者驻台湾日本军队 1945 年 10 月 25 日的投降是实施这种主权移交的“正式”行动。他们进而认为，台湾地位问题有待于同日本正式签订和约而定。

1949 年 3 月中情局发布名为《台湾可能出现的发展态势》的报告，报告认定台湾对于美国而言具有战略重要性，“共产党在不远的将来可能会在中国赢得胜利，这种胜利将会阻止美国进入中国大陆的任何具有战略价值的地区。在这种情况下，一旦出现战争，台湾作为部队集结区域、战略性空中行动的基地、控制连接日本和南方的海上航线的海军基地，以及美国主导下的互相支持的岛屿防卫链的重要一环，台湾对美国的潜在价值将会不断增长”；新中国必将会倒向苏联一边，在战时将成为苏联的盟友，共产党人控制台湾将使得苏联在战事发生后能够进入台湾岛。苏联对台湾军事上的利用就会增强苏联人破坏西太平洋海空交通及对琉球群岛与菲律宾发动打击行动的能力；虽然以蒋介石为首的国民党领导人已经公开宣称要将台湾岛建成“复兴中华民族的反共基地”，但是“我们不可能放心地指望撤至台湾的国民党残余政府来阻止共产党人夺取台湾岛的控制权。国民党的海陆空军军力严重不足，其部队的战斗意愿与忠诚度也值得怀疑。此外，这样一个流亡政权受到当地人的仇视，将会是不稳定的，而当地人在这种环境下将会越来越多地受到共产党人的影响”。所以，“若美国方面不作为，则台湾尽管可能不会立即被中国共产党人控制，但最终将会落入共产党人之手”。

但美国若采取任何旨在阻止中国大陆最终控制台湾的措施，都会导致一些不利的政治后果。因为美国不论采取任何行动，都不可能同时避免引起国民党人和台湾本省籍人的敌意，不可能同时让“本省籍”和“外省籍”人满意；美国若采取措施影响台湾的事态发展，会授人以柄，为苏联和中国共产党人的反美宣传提供更多的口实；中国的反美情绪可能会高涨；“如果需要美国与中国共产党政府建立正常的外交与领事关系，台湾问题可能排除了这种可能性”。如果美国支持撤至台湾的国民党政权，或被指控支持国民党政权，就肯定会出现美国与大陆的共产党政权无法建交的情形。另一方面，美国采取的一些行动可能会对美国的利益有利。美国对台湾的明确措施会被认为是美国决心在“任何实践允许的场合抵制共产主义在远东扩张”的迹象。所以，“倘若美国实施任何旨在阻止共产党人控制台湾的计划，从军事战略的角度可以获取好处，但同时若综合权衡，则亦会遭遇一些不利的政治后果，利弊得失的具体对比将随着美国实施此类计划的具体时间与方式的不同而不同”。

这一时期美国在世界范围内倡导所谓“台湾地位未定论”，英国也附和这一主张，1949 年 11 月 14 日英国外交次官克里斯托弗·梅休声称英国政府在淡水有一个与控制该岛屿的国民党当局保持联系的“领事馆”，他说：“只有对日和约才能真正使‘福摩萨’的法律地位发生变化。但最后的解决方案将不会是女王陛下的政府所能单独决定的问题。”

朝鲜战争爆发后 1950 年杜鲁门总统发表“6·27”声明，仍然宣称“台湾未来地位的决定必须等待太平洋安全的恢复、对日和约的签订或经由联合国考虑”。美国第七舰队进驻台湾海峡，防止海峡两岸动武，“冻结”和“中立化”海峡局势，实际上是将中国领土置于美国的所谓“军事保护”之下。1950 年 6 月 27 日，周恩来对杜鲁门总统宣言发布回应声明：“我现在代表中华人民共和国中央人民政府声明：杜鲁门二十七号的声明和美国海军的行动，乃是对于中国领土的武装侵略，对于联合国宪章的彻底破坏。美国政府这种暴力掠夺的行为，并未出乎中国人民的意料，只更增加了中国人民的愤慨，因为中国人民许久以来即不断地揭穿美国帝国主义侵略中国，霸占亚洲的全部阴谋计划。”

(2) 对日和约的签署非但没有解决反而增加了解决台湾问题的难度。当日本与同盟国 1951 年 9 月签署《旧金山和约》之际，美英代表一致认为不应该把台湾交给中华人民共和国政府，但他们在国民党政权是否应该代表“中国”行使主权的问题上有分歧。美国不仅想避免在中国收复领土问题上同北京政府发生正面冲突，而且华盛顿还对国民党对台湾岛屿统治的性质甚至它在台湾的合法性也表示怀疑。同盟国采取的最后立场是“台湾地位没有解决，而且也不应该现在解决”。由于这个缘故，虽然日本根据条约“放弃对台湾岛及澎湖列岛的一切权利、权利根据和要求”，但是东京并没有具体说明它把这项主权交给谁。1952 年 4 月东京与台湾签署单独的和约时遵循了同样的模式。西方国家通过签署对日条约解决台湾问题的希望完全落空。由于美英两国在谁能代表中国参加旧金山和会一事上意见不同，中华人民共和国和“中华民国”均未能派代表参加旧金山和会，1951 年 9 月 18 日和 1952 年 5 月 5 日中华人民共和国政府先后两次发表严正声明，将美日媾和的《旧金山和约》视为非法条约。

更为严重的是，按照日本的说法，美国强迫日本政府同意承认蒋介石政权，“吉田书简”在国际社会中引起了轩然大波。1951 年 12 月 18 日，美国国务卿杜勒斯与日本首相吉田茂会晤，并将事先拟好的一份以日本首相的名义起草的备忘录交给吉田茂，要他签字后寄给杜勒斯。备忘录的主要内容是日本政府准备从法律意义上尽快依照多边协议所确定的原则与台湾当局签订双边条约。这个双边条约的条款将运用于那些“现在或将来可能处于在日本和台湾当局实际控制之下”的地域。日本政府保证无意与中国共产党政权缔结双边条约。在美国的高压之下，吉田茂签署了这份出自杜勒斯之手的信件，并于 12 月 24 日将信寄到了华盛顿。这就是著名的“吉田书简”。艾登 1952 年 2 月 2 日在英国下院谈到吉田书简一事，他直接表示：“我们知道这不符合大英帝国的意愿。必须公开承认，在此问题上我们与美国政府没有达成一致。我对此感到遗憾，认为这种情况应该可以避免。”

1953 年 2 月 2 日，美国又发表了一项关于台湾问题的声明，表示第七舰队将不再执行阻止台湾国民党人袭击中国大陆的任务。据此，英国人认为，“杜鲁门总统的政策是美国第七舰队游弋在福摩萨和中国大陆之间，尽力阻止双方发起侵略性攻击，艾森豪威尔总统所宣布的决定(下令第七舰队不再用于保护共产党中国)刺激蒋介石将军调动兵力进攻中国大陆，美国默许，实际上是保证了这种行为，即美国海军将不会干涉蒋介石的这种进攻行动”。美国打开了限制台湾的“笼子”。

(3) 第一次台海危机爆发，1954 年 12 月 2 日美国国务卿杜勒斯和台“外交部长”叶公超在华盛顿签署《美台共同防御条约》，规定：“缔约各方承认在西太平洋地区对缔约一方领土的武装进攻将危及其自身的和平与安全，并宣告将依其宪法程序采取行动，以对付这一共同危险。”条约赋予了美国“一旦出于防御的需要”，有派遣美国陆、海、空军到台湾岛、澎湖列岛及其附近区域的权利，这份与台湾自身安全性命攸关的《美台共同防御条约》构筑了美国对“中华民国”安全承诺的基石。

1954 年 11 月中情局官员在给国家安全委员会的备忘录中分析了台海危机事态，在这份《美国关于“中华民国”的行动进程可能引发的反应》的备忘录中他们认为对于国民党人而言金门岛和马祖岛极为重要，在台湾海峡危机中如果这些岛屿在共产党的攻击中失守，特别是在美国力量卷入其中的情况下失守，它所带来的影响要比在没有军事冲突的情形下主动撤离这些岛屿的影响要大得多，“不过我们认为，这种打击无论如何都不至于严重到将引起国民党倒台的程度”。而国务院情报处特别助理和陆军部参谋长助理认为，这两句话过分强调国民党未来行动进程中可能出现的士气变化所引发的可能影响，因此他们认为这两句的措辞应该是：“我们认为，在任何情况下，这种打击都不会严重到摧毁国民党的抵抗信念，或者激起一种推动力量并导致国民党垮台。我们认为，只要他们还对美国防御台湾的决心和能力抱有信心，他们就会继续抵抗共产党的压力。”在分析国际社会对《美台防御条约》的反应时，中情局认为“虽然世界上很多人和政府对蒋介石政权抱有一点同情心，但他们还是将对美国做出正式持久的承诺感到遗憾”，不过如果条约的防御性质尤其是限制台湾国民党人行动的条款能够确立下来的话，国际社会将很快接受该条约。这样一来，“美台防御条约和美国支持联合国关于沿海岛屿的行动将会被视为是受人欢迎的，人们会觉得美国并没有执行不计战争风险的危险政策。这将会被认为有利于缓和目前紧张的东西方关系”。南韩人可能不会欢迎美国的新政策，因为这种政策意味着美国不再对中国态度强硬。印度人的认识将截然相反，他们认为美国与蒋介石政府缔结条约是美帝国主义干涉亚洲事务的又一明证。东南亚的非共产党国家会把美国对国民党人行为的约束解释为美国抵抗共产主义决心的下降，海外华人逐渐认为中国共产党人而不是国民党人执掌着中国的有效权力。美台缔约将会加强上述倾向。条约将会进一步削弱蒋介石政权的指导原则和民心士气。对他们来说，进行相应地调整将会非常困难。中国共产党人颠覆台湾的可能性将会增加。所以，“台湾岛时局的发展主要取决于美国在新形势下对‘福摩萨’政府采取何种政策”。

(4) 1955 年 1 月底美国参众两院举行国会会议，通过了《防御“福摩萨”决议案》，规定“兹授权美国总统，在他认为有必要确保和保护‘福摩萨’和澎湖列岛免遭武装进攻时，使用美国武装部队，这项权力包括确保和保护该地区现在友好国家手中的有关阵地和领土，采取他认为对保卫‘福摩萨’和澎湖列岛来说必要的或适当的其他措施。当美国总统认定，通过联合国和其他组织采取的行动已确保该地区的和平、安全，该决议应终止，同时他应就此向美国国会做出汇报”。1955 年 1 月 25 日《人民日报》发布了周恩来关于美国政府干涉中国人民解决台湾问题的声明，主张“美国政府和它的追随者策动的中华人民共和国和蒋介石卖国集团之间所谓停火，实际上就是干涉中国内政，割裂中国领土。它们企图用战争威胁和原子武器的恐吓，强使中国人民容忍美国侵占台湾，承认美蒋‘共同防御条约’，容许美国利用台湾作为军事基地，准备新的战争。这是中国人民绝对不能容忍的。这是中国人民坚决反对的”。声明“仅仅由于美国政府侵占台湾，庇护蒋介石卖国集团，并不断对中华人民共和国进行颠覆活动和战争威胁，才造成目前台湾地区的紧张局势。美国政府和蒋介石卖国集团签订的所谓《共同防御条约》，更加剧了这种紧张局势，并严重威胁着远东的和平。很显然，这种紧张局势是来自美国，并非来自中国。只要美国干涉中国内政的行为停止，只要美国的一切武装力量从台湾和台湾海峡撤走，这种紧张局势就自然消除了”。

1955 年 1 月 25 日美国中央情报局对中国对此决议案的应变反应做出预测，认为：“即使国会批准条约和咨文，中共也会继续针对主要的沿海岛屿采取试探性行动以试探美国的意图。如果他们相信美国决心阻止他们夺取主要岛屿，以至于不惜攻击中国大陆目标或重新夺回丢失的岛屿，中共可能会在近期内放弃夺取岛屿的企图。但他们还是会坚持刺探和试图策反国民党卫戍军队。他们将继续努力在沿海岛屿及整个台湾和澎湖问题上使美国丧失信誉并孤立美国。”而情报局副局长、参谋长联席会议主席、海军情报局局长坚持认为这一段应该这样表述：“我们沿用了美国政策制订的惯例，在国会核准使用美军保卫台湾、澎湖列岛和我们认定在保卫'福摩萨'方面不可或缺的沿海岛屿的政策决议之前，在国会进行充分的讨论，这将会消除中共领导人对侵略这些地区后果的任何怀疑。在这种情况下，尽管中国共产党人能够迅速占领已撤出国民党武装力量的岛屿，但不可能袭击仍掌握在国民党手中的那些岛屿。他们肯定会继续努力争取在所有这些问题上质疑和孤立美国，同时密切关注留在国民党人手上的这些岛屿。从长时间来看，如果继续维持美国建立在此份决议基础之上的政策立场，中共可能想试探美国的真实意图。从近期看来，远东爆发战争的危险正在降低，而不是增加。"

对于共产党人对国民党控制的中国沿海岛屿是否是在错误解读美国政策的基础上做出的判断，在美国情报部门出现了很大的分歧，虽然他们一致认为"中共会继续保持坚决占领沿海岛屿的决心。从长期来看，随着他们力量的增长，特别是如果世界和美国的舆论不利于美国采取强硬对策时，中共的行动可能会日益失去耐心和谨慎。不过，中共肯定会克制自己，避免采取那些在他们看来会导致与美国发生全面战争的行动，但仍存在中共对美国反应程度做出错误判断的危险"，但情报局副局长、参谋长联席会议主席认为这句应表述为："尽管中共可能会克制自己避免采取那些在他们看来会导致与美国发生全面战争的行动，他们可能错误地判断美国的反应带来的局势。如果发生误判，美国反应的性质和程度大概应该足以阻挠中国在不久以后再次进行这种冒险"，而国务院负责情报的特别助理和美国陆军情报局二部副参谋长都认为，不管美国的保证和可能卷入与美国的冲突的危险如何，中共迟早都会对国民党控制的沿海岛屿采取军事行动，这不是中共误判的结果，所以他们认为该句应该作如下表述："他们不大可能采取自认为将会导致与美国全面战争的行为。但如果他们认为自己有能力迅速占领一个或多个有防御力量的岛屿，中共可能会企图这样做。"

在1955年的亚非会议上周恩来代表中共中央向亚非各国解释了中国在台湾问题上的立场，指出中国人民同美国人民是友好的。中国人民不要同美国打仗。中国政府愿意同美国政府坐下来谈判，讨论和缓远东紧张局势的问题，特别是和缓台湾地区的紧张局势问题。1955年5月13日周恩来向全国人大常务委员会做出关于万隆会议的报告，进一步明确"中国人民解放台湾是中国的内政问题。美国侵占台湾造成了台湾地区的紧张局势，这是中美之间的国际问题。这两个问题不能混为一谈。中美之间并没有战争，不发生所谓的停火问题……为了缓和台湾地区的紧张局势，中国政府愿意同美国政府坐下来谈判，谈判的形式，中国政府支持苏联提出的召开十国会议的建议，也愿意考虑其他的谈判形式。但是任何谈判形式都丝毫不能影响中国人民行使自己的主权——解放台湾的正义要求和行动；同时，在任何时候中国政府都不能同意蒋介石集团参加任何国际会议。中国人民解放台湾有两种可能的形式，即战争的方式和和平的方式，中国人民愿意在可能的条件下，争取用和平的方式解放台湾”。1955 年 7 月 30 日周恩来在第一次全国人民代表大会第二次会议上讲话，除了重述上述意思之外，还指出“只要美国不干涉中国的内政，和平解放台湾的可能性将会继续增长。如果可能的话，中国政府愿意同台湾地方的负责当局协商和平解放台湾的具体步骤。应该说明，这是中央政府同地方当局的协商，所谓‘两个中国’的任何想法和做法，都是中国人民坚决反对的”。

(5) 1956 年 11 月 6 日美国驻台北“大使馆”向华盛顿发回了一份长达 32 000 字的关于美国对台计划的评估，将美国对台基本目标概括为：① 阻止共产党占据台湾和澎湖列岛。② 扶植一个能在台湾、大陆和海外华人中赢得尽可能广泛的群众支持的、友好的、稳定的、负责任的“自由中国”政府。③ 提高台湾军队的战斗力，使之能够借助美国的海军和后勤支持完全承担起保卫其现有领土的职责，同时在符合美国利益的情况下赋予台湾军队以一定的进攻能力。④ 促使台湾依据美国的政策发挥自身的军事和政治潜能。文件将美国的主要经济目标概括为：① 支持军事援助计划。② 提高台湾的声望和效率。③ 保持价格稳定。④ 略微但稳定地提高人民的生活水平。⑤ 提高台湾的经济产量，使其最终实现台湾岛内外收支平衡，但进口包括直接军队支持(DFS)物品在内的军事装备和供应品所需的费用和向美国驻台官方代表团或组织提供的财政支持这两种情况除外。

(6) 第二次台海危机中间，1958 年 10 月 23 日杜勒斯—蒋介石发表联合公报，认为“在目前情况下对金门、马祖的防御，与台湾及澎湖的防御息息相关”。美国国务院有关情报分析认为，在联合公报发表前后，台湾当局“光复大陆”的愿望因此也出现了一些波动，它在这个问题上的公开立场也相应地发生了一些变化。“1958 年 9 月以前‘中华民国政府’的公开立场是需要触发‘解放’大陆的时机，台湾主动发起军事进攻并取得胜利。这种‘反攻’原则被蒋总统的公开声明和1958年10月杜勒斯—蒋总统的联合公报所否定,联合公报不再强调‘中华民国政府’军事力量的作用,却表示应该重点强调用和平手段实现大陆的‘解放’。‘中华民国政府’领导人在随后的言论中开始寻找调整口径,试图将这种否定(武力道路)的重要性降到最低程度;他们也把公众视线转移到等待时机之上,表示大陆发生‘匈牙利式’的反抗将为‘中华民国’重返大陆提供可能的时机。”这种变化反映了蒋介石和他的军事指挥官们当时的观点比他们公开的宣传更加“现实”,他们认识到,没有美国的全面支持在现有局势下进攻大陆会是一场灾难;他们也知道几乎不可能或者根本不可能有希望在发动这种攻击时获得美国的支持,所以他们开始把希望放在“匈牙利式”反抗的可能性或者一场并非由“中华民国政府”发动的大战身上。

(7) 1962年7月27日,由于存在着中国大陆对金门、马祖发动武装进攻的可能性,肯尼迪总统在一次新闻发布会上表示:“美国的政策仍是七年前的‘福摩萨’决议。美国将会采取必要的行动保证‘福摩萨’及澎湖列岛的安全。在1958年台湾海峡危机中,艾森豪威尔总统很明确地表示,美国在侵略台湾外岛(中国沿海岛屿)的行动面前不会无动于衷,这将会威胁到台湾的安全……1954年以来,美国政府就一直坚持这一政策,从广义上来讲,任何对台湾外岛的威胁都与‘福摩萨’和那一区域的和平相关……我们的政策,特别是在面对武力进攻面前采取必要的行动,这一点是毋庸置疑的。”

(8) 从1966年1月开始,美国朝野展开了一场声势浩大的“对华政策大辩论”。美国参众两院分别举行了多次听证会。参议院听证会由富布赖特主持,讨论中国问题。鲍大可3月8日在听证会上提出,美国对华政策应该从“遏制加孤立政策”转向实行“遏制但不孤立”政策。他认为,“我们在联合国政策的改变,实际上,我们对中国共产党人态度的任何重大改变,都必须修改我们对在台湾的‘国民政府’的政策。基于很多理由——政治的、战略的与道德的,我们应该继续防卫台湾免受攻击,同时坚决支持该岛1 300万居民自决的原则。但是我们不能仍坚持‘国民政府’是中国大陆政府的虚构事实”;“我们对‘国民政府’的看法,应是我们承认该政府为其现有领土的合法政府,尤其是台湾与澎湖,但非整个中国的政府。我们应竭尽所能维护台北政府在联合国的代表,同时敦促国际社会接受与支持台北政府为其现有控制领土与人民的政府。我们不能维持该政府是整个中国政府的假象”。

1966 年 5 月 17 日，中央情报局发布了以“台湾当局官员的悲观情绪日益滋生”为主题的情报备忘录，认为自从 1949 年国民党败退到台湾以来，“台湾当局官员从来没有像现在这样灰心丧气”。美国虽然开始轰炸北越，但蒋介石高兴得太早，他所预测的“美国与共产主义中国必有一战”的出现前景愈来愈渺茫；台海两岸的实力差距拉大，与共产主义中国的军事力量相比较，台湾当局自身的军事能力不断退化，许多军事设备老化，美国援助的减少又排除了台湾更新军力的可能性。中国共产党人核试验取得成功。在台湾海峡国民党与共产党的零星较量中，国民党人均遭败绩。所有这些都日益蚕食着台湾高级军官的信心，台湾防御的脆弱性与日俱增；蒋介石越来越担心，中国共产党人可能会对台湾实施先发制人的空中打击，他认为台湾的防御系统极为脆弱，所以才不断向美国开口，要求在 5～6 月时间内，请美国在台湾部署三个 F－104 飞行中队，预防可能会发生的中共袭击台湾。他在全岛的范围内进行空中飞行演练，发布命令，草拟疏散城市人口的计划草案，构建防空炮兵掩体，在十字路口修建碉堡，构筑一些隐蔽所；台湾的士气低落，民心不稳；美国国内对华政策的大讨论使蒋介石惴惴不安，他再次认为：在美国的决策之中，一旦出于解决越南问题的需要，台湾的利益有可能被美国出卖并牺牲掉。所以，他在国民党官员之中建立了一个委员会，直接负责对美国发起舆论攻势，丑化“好斗的”北京政权的形象与中国政策，呼吁美国给台湾当局以支持；台湾的其他高层官员与蒋介石一样，惶恐不安，他们认为：美国对共产主义中国态度的软化会直接削弱台湾的“国际地位”。蒋经国和其他政府官员认为，国民党之所以丢失大陆，是因为美国“姑息绥靖”共产党人，抛弃了国民党，他们现在同样担心，美国对华政策的讨论可能会导致历史悲剧重演，美国将再次“出卖”国民党人。蒋经国认为，美国现在计划将暂时驻台的 F－104 飞行中队撤离台湾，美国对台政策更加值得怀疑，这一举动验证了一种谣言的可信性，即美国第七舰队在台湾海峡的使命将可能减弱直至最终解除；上述这些因素，都很能使蒋介石及其部分高官对台湾政策做出重新评估，甚至有可能单方面做出一些危及美国在台利益的举动。台湾当局可能会对美国的建议不理不睬，在国际关系中坚定刚性的、毫不妥协的立场。这可能会导致他们自行撤出联合国，并且对美台的合作项目越来越不感兴趣。上述分析表明，美国政府官员与台湾当局高级官员的不同逻辑思维日益显现，双方的矛盾趋于明朗化。

美国和蒋介石为首的台湾当局的根本战略目标存在着重大的差异，从冷战一开始，美国的主要对手不是中国而是苏联，美国的主要利益不在亚洲而在欧洲，所以美国不希望在远东和台湾产生一个热点，由此影响到它在欧洲和全球的战略部署。因此，对于在政治上、军事上都十分敏感，易于引起麻烦的中国沿海岛屿问题，美国从一开始就采取了一种尽量回避的态度。到了 1960 年代，在美国的实际战略重心转向亚洲之际，政府决策的根本出发点又转向越南和东南亚局势，不希望因为台湾海峡的紧张局势导致美国战线拉长，出现新的战争热点，甚至引发与中国政府的正面冲突与直接对抗，双方的这种差异导致美台双方抵牾不断。

2. 台湾当局对美国的政策

对于偏安一隅的台湾当局来说，返回大陆，恢复旧有的统治既是他们最重要的精神支柱，也是维系岛内稳定的一个重要因素。因此，坚持其“法统地位”，反共图存，伺机“反攻大陆”是台湾当局当时的根本利益所在。在台湾当局的眼中，军事上，有《美台共同防御条约》作为台湾和澎湖列岛的保护伞，形成了防守台澎的屏障；在法律上，坚持在国际上宣称“‘中华民国’是代表全中国的唯一合法政府”而非只能管辖台湾和福建省一部分的地方政府；在政治上，“光复大陆”的口号象征着台湾反共的决心和意志，可以用来鼓舞台湾岛内的民心士气；在策略上，它是把美国拖入新一轮国共战争的理想契机，可以借此达到迫使美国提供大规模帮助以便实现“反攻大陆”的目的。台湾当局在制订和执行它的沿海岛屿政策时主要受到生存需要和法统观念的两重制约。台湾当局的生存离不开美国，因此，它高度重视美台关系，经常不得不屈从于美国的政策；但这种屈从不能上升到危及台湾“法统地位”的程度。同时，国民党人也异常精明，懂得在美国规定的框架之内回旋，使得美国政府能够不断地满足他们在防务安全、贸易和心理上获得外来支持的需要。虽然国民党人有求于华盛顿，但依靠冷战的存在和意识形态争夺的需要，美国也别无选择，不得不允许台湾奉行“不以美国利益为中心”的政策，有时甚至是有悖于美国的国家利益。国民党人曾再三玩弄危险局势，乐于挑起全球冲突，以便于制造时机,使他们有可能重新统一中国,同时台湾国民党人不负责任地假定,“这场仗将会有他们的大国恩主去打,麻烦亦由这位恩主去收拾”。

朝鲜战争的爆发使得美国对台政策出现重大转机,而美国1950年的“6·27”声明暂时鼓舞了国民党人,但同时他们对美国的反感也在加深。国务院情报研究所《中共早期成功进攻台湾的前景》(1950年7月26日)指出,有人认为,美国的干涉是一种保全面子的行为,此后台湾岛的安全防御和抵抗侵略的责任由此将转给美国。

第一次台海危机之间,国务院情报研究所《世界对美国“福摩萨”海峡政策的反应》(1955年2月8日)和《世界对美国台湾海峡政策的看法》(1955年4月18日)两份情报均认为:“美国撤出大陈岛的建议、美国并未公开保证防守马祖和金门以及美国新闻界对‘福摩萨’和大陆永久分裂的讨论给中国国民党带来的忧虑使其不再像以往那样相信美国会以武力保卫沿海岛屿。此次讨论可能影响‘中华民国政府’对于其在停火等问题上与美国讨价还价的能力的估计。”国民党的反应经历了几个阶段的演变。在危机初期美国国务院不重视中国沿海岛屿价值的声明起初给国民党造成了无望和恐惧的心理,随着台海危机的升级和美国在台海地区政策的发展,这种感觉让位于一种混杂的反应。国民党根本不同意撤出大陈岛,但在美国可能承诺保卫金门和马祖的前景面前这一立场又发生明显地动摇。而接下来美国没有公开做出这一承诺以及在周恩来明确拒绝接受联合国的邀请以前美国关于协商停火的主张又使国民党越来越焦虑。经过了相当长一段时间的拖延之后,在美国的威压下,国民党宣布撤出大陈岛。但与此同时,蒋介石却声称此次“重新部署”是为积极准备进攻大陆之举,而非消极防守。台湾当局主张决不放弃对大陆的主权诉求。台“外交部长”叶公超在提及美国新闻界和公众舆论在沿海岛屿问题上可能“走向绥靖道路时”道出了国民党人一种潜在的恐惧,此后,蒋介石和其他国民党领导人一再强调保卫沿海岛屿的重要性,并将向沿海防地增调几千军队作为其声明内容真实性的佐证。“最近美国国内对解决台湾问题的‘两个中国’方案实施可能性的心平气和的公开讨论或许会使国民党人悲观沮丧。”实际上,美国国务院情报研究所的第一份文件形成的日期为1955年2月8日,而蒋介石在此前一天在为撤退大陈岛军队和平民发表“告海内外同胞书”,宣称大陆、台湾都是中国领土,“中华民国”不能容人割裂,台湾是中国的领土,大陆必须

"光复","两个中国"的主张荒谬绝伦,这是台湾当局第一次对"两个中国"的问题明确表态。

美国考虑主动帮助国民党撤离中国沿海岛屿,这对国民党构成巨大的冲击。因为这种撤离将会给国民党领导人带来关于"政权合法性"的严重问题,保卫沿海岛屿的失败将会严重损害国民党军队的威望和尊严。很多国民党人表现出对时局的沮丧和痛苦,他们认为他们的利益仅仅从属于美国的防御利益之下。美国与国民党人的合作也受到严重影响。不过,"台湾各方面会继续预计美国还会防御台湾。对美国与中共最终产生冲突的希望仍在持续。在这种条件下,我们相信国民党领导人将会继续控制部下使其忠于自己、防止政权被颠覆并试图减轻共产党人的军事压力"。

在 1958 年第二次台海危机中美国对台湾当局的迅速支持"给中国人吃了一颗定心丸",有利于打消台湾的疑虑,因为有些台湾人认为在面对危机时美国人注定会放弃台湾当局。"这次危机进一步强调了'中华民国政府'只有依赖美国才能生存下去,相应地也需要'中华民国政府'避免采取任何可能损害双边关系的行动。'中华民国政府'不大情愿地接受了 1958 年 10 月联合公报,这连同该政府在 1958 年危机期间以及危机以后在台湾海峡和沿岸岛屿上的谨慎行为一样都是一种迹象,显示了'中华民国政府'在什么样的高度上评价对美关系,以及为了保留美国的良好意愿和支持'中华民国政府'到底能走多远。1957 年 5 月捣毁美国大使馆事件以后台湾没有再发生类似的事件,他们冷静谨慎地处理今后潜在的突发性事件可能也反映出一种日益增长的警觉,对'中华民国政府'和普通中国老百姓来说他们担心他们过度重视了与美国的'融洽相处'。"这不是说美国—台湾当局的关系总是非常平稳,也不是说台湾当局在扮演一个听话的美国"卫星国"的角色。有时台湾当局在它认为违背自身根本利益的事件上会直接拒绝接受美国的建议;在其他的一些事件中,当它对时局的评估与美国截然不同时(比如继续支持在缅甸等地的国民党残余部队)台湾当局一直不对美国的意愿做出回应。

到了 1964 年,中情局《"中华民国政府"的发展前景》(1964 年 3 月 11 日)发现,"因为'中华民国政府'极为依赖美国政府,它对美国的政治和政策都保持着密切地关注。无论美国官员提到任何对中共或对'中华民国政府'的政策,'中华民国政府'领导人都显示出极度的关切。台北担心美国会着手施行

‘两个中国’政策，甚至担心美国可能打算突然放弃对亚洲的承诺。不过，美国在越南持续的军事存在已经说明了一切，并向‘中华民国’领导人表明美国愿意在亚洲部署军事力量，防范这一地区共产主义扩张的风险”。美国逐渐发现越来越难与台湾当局合作。美国的动机总会被怀疑而台湾当局对美国的回应也不再积极。削减美国的经济和军事援助可能会被台湾赋予新的含义。美国越来越难使台湾当局领导人相信美援的这种削减并不意味着将逐步减少美国在远东地区的军事存在，从而降低美国在该地区的风险。台湾对美国“抛弃”自己的疑窦越来越深，台美关系渐行渐远。

毫无疑问，越南战争深刻影响了约翰逊时期的美国对华政策及对台政策的演变。越南问题是这一时期美国外交政策的核心问题，几乎每一个涉及对华政策的思考都伴随着对越南的牵绊，而对越战争的升级也制约了美国对华政策的改变。1964 年，蒋介石满怀希望借“与共产党人争夺东亚的斗争”的说词，在美国“采取措施、赢得主动”的信念驱使下，优化台湾的“国际环境”。他希望能与美国讨价还价，将对中国大陆的局势的讨论、台湾当局对大陆发动袭击和采取针对大陆的国际联合行动结合起来，将针对大陆的袭击与越南战事的具体行动计划相协调，在越南投入台湾当局的武装力量或者在美国的支持下对海南发动进攻。到了 1965 年夏天，蒋氏父子还是寄望利用越南局势完成其“光复大陆”的梦想，他们制定的台湾“反攻大陆”政策的着眼点从福建、广东等沿海地区转移到云南、广西等所谓西南五地，依托开辟越南战争的“第二战场”，以帮助美国切断中国共产党通向越南的补给线为借口，在大西南地区开辟“敌后根据地”。美国当局害怕台湾当局的介入使得越南问题与“中国内战”问题相结合，激化东南亚地区的矛盾，对中国共产党人构成挑衅，而一旦中共政权决定派遣重兵进入越南北部或者台湾海峡，局面将不可收拾。各方利益犬牙交错，局势异常复杂。

1965 年 7、8 月间，台湾媒体盛传“中华民国”军事志愿者们将会前往越南参加战斗，呼吁蒋介石应该考虑派遣台湾当局的正规军或者志愿部队投入越南的战斗，类似的言论在台湾的“县议会”、“省议会”上频频出现，他们纷纷要求南越当局尽快采取行动，反击共产主义的“侵略”，要求在越南开辟“第二战场”，台湾一些较小的党派领袖、蒋介石的私人顾问等都支持这些言论，而美国的一些国会议员、工商业联盟、中国—印度—缅甸文化合作协会等都予以声援。众议院少数党领袖福特同参议院米勒一起，呼吁应该重视台湾媒体的呼声，在南越使用国民党的部队。8 月 1 日，台湾“外交部长”沈昌焕宣称，如果需要的话台湾当局将派遣军队到越南去。同日，国务卿腊斯克在美国新闻发布会上发表评论，“‘中华民国’在越南的作用是不容忽视的，但不是在直接派兵这方面”。8 月 2 日，美国驻香港总领事赖斯致电国务院认为，派遣“中华民国”的部队去南越，可能会激怒中国共产党人，他们有可能采取极为强烈的报复行动。“毕竟，中国共产党与中国国民党在一场尚未结束的内战中互为仇敌、势不两立，派遣‘中华民国’的一兵一卒到东南亚都会引发中国共产党的干涉”，所以，赖斯强烈呼吁，美国政府不要冒此风险，不要使中国的内战蔓延。

1966 年 12 月 7 日到 9 日，美国国务卿腊斯克访台。蒋介石在与腊斯克的会谈中提出了一个新的观点：他确信，“如果派遣‘中华民国’的军队前往越南，那可能于事无补，反而会使局面复杂化。‘中华民国’部队的出现对和平努力没有什么帮助，反而会加剧紧张。‘中华民国’最好是通过政治途径帮助南越人，而非军事手段。有些人认为，‘中华民国’部队的出现会给中国共产党人以口实，让他们有借口干涉越南。但他认为，这两件事没有必然联系。另一方面，如果和平谈判开始进行，而台湾当局还有部队在南越驻扎，中国共产党人也许会要求在解决越南问题的同时一并解决台湾问题”。腊斯克对蒋介石的话感到惊讶，他不明白既然蒋介石有如此认识，为什么还不断向美国提出要求，希望派遣部队到越南战场去。越南的和平谈判可能因为中国共产党人企图解决台湾问题而复杂起来，这种假设从蒋介石嘴里面说出来，倒是第一次。国务卿再次向委员长保证，美国不会为了获得越南的和平，以出卖其他的重要利益为代价。蒋介石再次强调，毛泽东的首要目标是控制台湾。如果台湾当局派遣军队到越南，这将会给毛泽东以口实，将台湾与越南战争联系起来。中国共产党人将会愿意在越南看到台湾当局的部队，这样他们就能在和平谈判中把台湾的问题提出来。当然，即使台湾当局不派军队到越南，中国共产党人也有办法将台湾与越南战争联系起来。也就是说，“他们可以对台湾发动袭击，这就可以把两场战争联系起来”。中国共产党人正在考虑“通过袭击台湾的方法来解决越南战争问题”。“如果中国大陆继续开展‘文化大革命’，如果毛能够肃清所有反对他的势力，巩固自己的统治，他就能够开始在外部世界的冒险。现在中国大陆已经进行了四次核爆炸，中国共产党人宣称他们拥有核导弹运输能力。他们可能每年会制造 20～30 枚武器。他们首先关注的是消除来自台湾的威胁,10 枚核武器的爆炸就能彻底消灭台湾的力量,解除中国共产党人最忧心忡忡的问题。尽管中国共产党人也会担心美国的报复,但他们首先关注的是台湾。如果他们摧毁了台湾,在与美国或者苏联的任何战争中,在中国大陆上,就将不会有反共产主义的中国人的军队与他们开战。既然他们现在拥有了核导弹,在'文化大革命'结束之后,这种行动就有可能发生。从中国共产党的观点来看,台湾问题比越南问题更重要,他们对台湾的要求是合法的,现代战争技术发展得如此迅速,数小时之内,台湾将被夷为平地。"蒋介石的这种解释表明,他已经意识到,自己出兵越南反而能为毛泽东解决台湾问题制造良机,不利于台湾的安全。这样,美蒋最终在该问题上达成了一致。

3. "国际地位"及联合国中国代表权问题

在国际舞台上,中华人民共和国政府和台湾当局都坚持,任何与该政权有外交关系的国家必须承认它是代表中国的唯一合法政府,这种局面使得任何承认中国问题都与海峡两岸局势密切相连。1940 年代末到 1960 年代末美国政府一贯维护台湾当局在国际上的法律地位,坚决不承认中华人民共和国政权,但这种立场到了肯尼迪、约翰逊政府时期越来越遭到非议,不仅仅是刚刚独立的亚非国家,就连约翰逊与蒋介石的盟友国家内部也出现了更多的不和谐音。法国承认中华人民共和国政权犹如一颗"重磅炸弹",台湾的"外交处境"日益艰难。在联合国中国代表权问题上,各方的争夺几近"白热化",1966 年美国迫不得已接受研究委员会议案表明,美国在该问题上的立场从"驱逐北京代表于联合国门之外"转向带有"两个中国"色彩的"保护中华民国在联合国中的席位"。中国加入核大国俱乐部说明,台湾与中国大陆的实力对比出现质的变化。

中国驻联合国代表权问题是中美关系中的关键一环,中美双方政府就此进行了长期斗争。为了表明自身民族国家身份和政权的合法性,海峡两岸都坚称只有自己才是"代表中国的唯一合法政府"。联合国代表席位一方面具有神圣的象征意义，另一方面因这一席位拥有安理会常任理事国的“一票否决权”而成为中国大陆方面、美国、台湾国民党政权三方角力的重中之重。对于蒋介石政府而言，从长远来看，台湾当局不甘心长期孤悬海外；从当时的眼前看，如果放弃统一中国的前提国民党在台湾的“统治地位”就失去“合法基础”，在一个独立的“台湾共和国”之内，国民党很难有立足之地。因为拥有联合国代表权象征着一种国际认同，表明国际社会支持它对于“国民党中国”代表全中国的诉求。

自中华人民共和国成立伊始，由总理兼外交部长周恩来领导的新的中共外事办公室所做出的第一个举动就是呼吁外国政府承认北京政权。此后不久(1949 年 11 月 15 日)又要求联合国大会接纳中共作为代表中国的合法政权进入联合国，1950 年 1 月 8 日在安理会内提出类似要求。从那时起，北京发表了大量声明要求加入联合国组织，苏联和其他苏联集团内国家作为一种例行程序要求驱逐国民党政府代表并由北京取而代之。对中国友好的国家在联合国大会上一再提议，驱逐蒋介石集团，恢复中华人民共和国的合法席位(如阿尔巴尼亚议案)。开始几年，美国只利用简单多数就能将这一提议搁置起来，当越来越多的国家支持阿尔巴尼亚议案时，1961 年美国操纵第十六届联合国大会将该问题列为重要问题，需三分之二多数票赞成方能通过此类决议。

国务院情报研究所《“中华民国政府”的前景》(1956 年 9 月 4 日)认为，朝鲜战争以来台湾当局的国际地位逐渐恶化。越来越多的国家承认中华人民共和国，对接纳中华人民共和国进入联合国的支持力度也逐渐加大，“铁幕”之外的国家要与新中国发展贸易和文化关系的压力增强，国民党政权的“国际地位”将会受到进一步侵蚀。在 76 个联合国会员国中已经有 25 个国家承认了中华人民共和国。次年一些在该问题上一直举棋不定的阿拉伯国家和其他几国——如比利时、法国和加拿大——可能会承认中华人民共和国。国民党政权当时与 41 个国家以及罗马教廷保持“外交关系”，其中 37 个是联合国会员国。“虽然越来越多的联合国会员国陆续承认共产党中国，对共产党中国加入联合国的支持将继续在很大程度上取决于美国所持的立场：如果美国继续坚决不妥协地加以反对，一些承认共产党中国的联合国会员国在接纳中国进入联合国的投票中将继续保持克制。”目前许多联合国会员国赞成接受“两个中国”的代表进入联合国，但是台海两岸的双方都不会接受这样的方案。一旦联合国接纳了中华人民共和国，看来蒋介石总统决意要从联合国撤出自己的代表。跟他们在"两个中国"问题上的观点相一致，国民党人和共产党人可能会继续抵制正式的停火或者任何其他努力冻结台湾地区现状的国际协商。

国务院情报部门《国际社会对"中华民国政府"和"中华人民共和国"政府的承认》(1957 年 11 月 7 日)以表格的形式对"中华民国"和中华人民共和国的外交状况进行了对比。列表表明，联合国 81 个成员国(不包括台湾占据的中国席位，但包括白俄罗斯和乌克兰)中 42 个承认了"中华民国"政府，21 个承认了中华人民共和国政府。其中，柬埔寨、加纳、老挝、利比亚、马来亚、摩洛哥、苏丹和突尼斯这 8 个国家对两者均未承认。埃塞俄比亚、奥地利、爱尔兰和冰岛的情况尚不清楚。在主要的非联合国成员中，大韩民国、越南共和国和梵蒂冈承认了"中华民国"，瑞士承认了中华人民共和国，联邦德国对两者均未承认。美国政府对在联合国内"中华民国"继续代表中国的稳定状况表示满意，认为每年通过的"搁置争论"案推迟了对中国代表权问题的实质进行的争论。情报认为，因为"一些已经承认了中华人民共和国的国家也投票支持中华民国代表团继续代表中国"，所以"中华民国"政府当时的"外交处境""总体上维持着有利的局面"。

而在 1960 年《"中华民国政府"的国际地位》(1960 年 1 月 14 日)的分析中，国务院情报部门认为，虽然国际社会明显地反对中华人民共和国，但也基本并未给予台湾当局以积极的支持。相反，台湾当局的"国际地位"越来越不稳固了，主要表现在两方面：在联合国之外，同情共产党中国的非洲新兴国家不断增加；在中国问题上，拉丁美洲国家更加不愿继续接受美国的领导了。非共产党集团国家的官方和公众对"中国问题"——承认"中华民国"(GRC)还是中华人民共和国(CPR)的问题——的态度不一，背后的缘由差别很大，不过，在分析国际社会对此问题态度的过程中可以发现以下几个主要因素：(1) 在涉及台湾问题上，大多数西方国家以美国马首是瞻；(2) 西藏事态和中华人民共和国政府的"强硬路线"并没有明显地影响国际社会对承认问题的态度，大多数国家并未因此改变原来的立场；(3) 虽然许多国家都觉得有必要全面重新评估一旦蒋介石退出历史舞台应如何处理同台湾当局关系的问题，但它们对包括蒋介石去世的可能性在内的台湾内务兴趣不大；(4) 大多数国家对于和平解决沿海岛屿争端的信念远远超过了对两岸任何一方立场的同情和理解。然而，“倘若北京攻打这些岛屿，许多国家就会默然接受美国对‘中华民国’的支持。相反，如果是‘中华民国’挑起了冲突，它们则会反对‘中华民国’”。

1960年5月国务院情报人员在《“中华民国政府”前景》中继续就此问题发表看法，认为国际社会的实际发展趋势是向着继续不利于台湾当局的方向滑行。在联合国中虽然没发生从支持台湾当局转向支持中华人民共和国政府的重大变化，但台湾当局的地位仍然不稳定。柬埔寨、伊拉克、苏丹、摩洛哥和几内亚在过去18个月里相继承认了中华人民共和国。在联合国选举中反对延迟表决中国代表席位问题的国家在缓慢增加，台湾当局维持其在其他国际组织中的地位时也面临着日益增长的困难。他们害怕出现一种危险，即台湾当局在联合国的位置不是逐渐受到挑战，而是瞬间崩溃：例如，假如看起来中国大陆与台湾的票数非常接近或者在较近的，未来中华人民共和国无论如何都必然会被接纳入联合国，那么一种“搭便车”的局面便会顺势发展起来，这样一来，就只剩下最坚定和最致力于反共的国家还能守住它们现在的立场。如果北京以加入联合国作为签署裁军或加入禁止核试验条约的条件，台湾当局在联合国的位置将会更加危险。尽管制造“两个中国”的安排更符合许多国家的利益，但无论中华人民共和国还是台湾当局都不愿意接受这种安排，而接受“两个中国”方案有可能延缓联合国的行动，在联合国投票反对延期讨论后接下来的投票很有可能将会倾向于承认中华人民共和国的联合国席位并给它安理会的席位。所以，“今后十年北京政府极有可能获得世界上大多数国家的承认，共产党中国也将被接纳进入联合国。这种形势的发展会导致台湾岛上许多人感到沮丧，并将对岛上大陆籍人的士气产生严重冲击”。

1961年美国国务院情报部门再一次以表格的形式对“中华民国”和中华人民共和国的外交状况进行了对比，见《“中华民国”(GRC)和中华人民共和国(PRC)政府的国际承认情况》(1961年2月20日)。该文件共六份表格，分别总结了国际社会对“中华民国”和中华人民共和国的承认情况；按照年份分别列出了联合国成员国中承认和不再承认“中华民国”和中华人民共和国的国家；总结了1951～1960年联大对“推迟”讨论中国代表权问题决议案的投票情况。中情局《对“中华民国政府”前景的预测》(1961年6月20日)情报认为，随着1960年联合国大会选举的逼近，英国、巴西及其他很多国家都已经暗示它们将不再支持联合国的延期讨论。在当年就推迟讨论中国联合国代表权问题进行表决时，即使美国强烈支持，延期讨论的议案仍将有可能遭到失败，"'中华民国政府'可能会放弃或者面对失败"。国民党领导人越是眼见"中华民国""国际地位"下滑和继续联合国代表权延期讨论的前景恶化，越是怀疑美国支持的力度，并为此饱受折磨，对他们来说守住希望和目标方向越来越困难。然而，当年北京政府未必一定能取代"中华民国"政府或者获得任何的联合国代表席位，其过程中仍然存在许多技术上和实质性的潜在障碍。在实质性障碍中，如果北京方面对联合国代表权附加一些让人不能接受的条件时，这是"我们的良机"。即使北京被允许接纳入联合国，许多联合国成员国也会愿意支持台湾当局在联合国的代表席位。所以很多国家这时都转而倾向于"两个中国"的模式。北京政府和台湾当局都拒绝这种提法，双方都声称它们将不接受双重代表。如果中华人民共和国继续因为台湾当局派了代表而拒绝派出它的代表到这些国家或国际性组织，这就为台湾当局提供了一个可能的手段来阻止北京政府进一步扩展其外交关系和进入联合国。台湾当局只需策略性地接受"两个中国"局势，继续向那些愿意与共产主义中国和台湾当局同时打交道的国家或国际组织派驻它的代表。一些台湾当局官员曾非常谨慎地提议在与北京政府的外交竞争中要更加有弹性，不过，"我们认为，只要'中华民国政府'最高领导们认为任何行动将会损害到他们对'两个中国'态势的坚决反对时他们仍将强烈反对采取这些行动"。也存在着另外一种可能性，即当台湾当局面对一种迫在眉睫的局面，即中共政权有可能出现在联合国时，它可能威胁说要撤出联合国。如果北京获得了联合国大会和安全理事会的代表权，台湾当局可能撤离联合国。当然也有可能台湾当局害怕北京真的去填补由它退出联合国而空下来的席位，他可能不会真正实践其撤离联合国的威胁。

中情局的这种策略性建议在当年的联合国大会上没有付诸实施，1964 年以后当美国决心在迫不得已时采取暗含"两个中国"意味的建立研究委员会策略时，这种所谓的"以退为进"的策略上的灵活性并不被蒋介石所接纳，蒋介石和美国的矛盾开始激化。1964 年 4 月 16 日，中情局的《"国民党中国"在联合国的地位》分析认为："蒋介石长期以来对于台湾岛内民心士气的担忧使其更加固执地坚持'中华民国政府'是唯一中国政府的原则。由于这一原则是支撑

‘中华民国政府’的生存之本，如果在中国代表权问题上他不能获得联合国成员国简单多数的支持，那么蒋可能情愿离开联合国也不愿依靠复杂的程序来解决问题。在他看来后者有损台湾政权的声望。”虽然最后双方斗争的结果是以蒋介石的委曲求全而告终，但台湾对美国不满的声浪逐步高涨。

1966 年，加拿大提出“两个中国”方案，让中华人民共和国进入联合国安理会，而台湾和中国大陆都拥有联大席位，许多原来支持重要问题决议的国家转而支持加拿大的动议，美国将中华人民共和国排除于联合国之外的既定政策受到了严重挑战。中情局《“中华民国政府”的发展前景》(1964 年 3 月 11 日)也认为“接纳北京政府进入联合国但并不驱逐台湾的‘两个中国’观点越来越形成共识，应该有很大的机会得到大多数国家的支持”。

实际上 1964 年 11 月 23 日美国国家安全委员会职员科默向国家安全事务助理邦迪提交的备忘录可以为美国为何采取“两个中国”政策做出了很好的诠释。在这份篇幅很长的备忘录中，科默表示，在中国联合国代表权问题上，现在的问题不再是美国是否脱离对华政策僵硬一面的问题，因为美国政府进行恰当的政策转变已经是大势所趋；真正的问题是，这种政策转向将会在何时，以什么样的方式发生，这些问题在本质上都属于策略层面上的问题，所以已经无需争论中国联合国代表权的“性质”层面上的问题；科默认为，现在很多美国人都同意，经过 15 年强硬的对华政策之后，美国政府的立场被逐渐侵蚀，美国被迫需要采取不同以往的行动方针。很多美国人希望，“我们的姿态能够改变，从日渐显现的孤立地位优雅地后退，而把继续摩擦的责任推到北京一方”，希望“美国的对华政策更像美国的对苏政策那样——当他们与我们强硬对抗的时候，我们也强硬，但是只要他们愿意与我们谈判，只要采取灵活姿态能够使美国获益的话，我们也能灵活起来”。科默在备忘录中批判了两种极端的想法：一是立即采取主动，使美国的损失最小化，而控制全局的能力最大化；二是完全被动，让国际社会的压力推着不情愿的美国被动前行，他认为，美国的姿态应该是：“尽管我们没有改变对中国共产党威胁的看法，但是我们愿意接受国际社会的裁决，接受中国必须被接纳进联合国俱乐部的流行看法”，美国“要想长远地保持我们的灵活姿态，就必须进行对华政策的调整”，这是美国必须付出的代价。面对严酷的现实，在任何与北京政权最终“妥协”中，台湾都是美国手中的王牌。但是，“我们不能再信誓旦旦地告诉我们自己，我们努力排斥红色中国是保护台湾的最好办法”。相反，美国越是长久地坚持“只能两者择其一”的政策，美国就将被迫在错误选择的基础上越走越远。为了阻止台湾“国际地位”飞速下滑，美国现在需要做的反而应该是，“努力使中国是一个分裂国家的事实（就像德国、朝鲜和越南一样）尽快获得国际认可”。科默认为，中国政权反复强调，除非驱逐台湾代表，否则它将不会进入联合国，如果台北足够聪明，不自行撤出联合国，这就给了美国和台湾当局几年的机动时间。但是，蒋介石珍惜“面子”更甚于实际的政治问题，所以，美国要不时劝说和压制蒋介石，使其行为保持理性化，在最后关头，也可以威胁蒋介石，如果他撤出联合国大会，就将减轻美国的责任，美国使用否决权反对中国共产党人进入联合国安理会的承诺也将另行考虑。美国以表面上愿意接纳北京进入联合国，“将其他国家踢向‘两个中国’”作为一种策略上的代价，而在实际上算准中国共产党人不会在台湾当局仍在联合国的情况下，接受这种安排，以此来击败阿尔巴尼亚议案，而且科默认为，这是美国能够击败阿尔巴尼亚议案的唯一办法。从以后的历史发展来看，虽然美国在 1964、1965 年没有使用科默的方法，但是他的这种分析实际上支撑了 1966 年美国在中国联合国问题姿态的部分变化。

4. 关于“反攻大陆”的问题

在蒋介石与国民党当局的心目中，“反攻大陆”是其确定所有内外政策的核心，并为此进行了长期的精心准备，而美国从其全球战略考虑希望台湾海峡相对保持稳定。纵观美台关系的进程，可以清晰地看出，美国政府官员和台湾当局高级官员的思维迥异。蒋介石始终持有坚定的信念，相信台湾当局最终将会重返大陆。如果说曾经有美国官员相信这一点的话，到了约翰逊时期，美国政府高官清晰地意识到，蒋氏父子“光复大陆”只能是一种“神话”，他们从美国的全球战略出发，希望台湾海峡保持相对的稳定。约翰逊政府执政后，重申了美国鼓励台湾当局依靠政治战与心理战与中国共产党人周旋的原则。美台在“反攻大陆”问题上存在着原则性分歧。美台双方政府所追求的军事目标从一开始就很不相同。蒋介石全力以赴的目标是“反攻大陆”。重新恢复对整个中国的统治依旧是台湾当局高于一切的目标，这一目标塑造着台湾很多重要政策问题的基本形态，特别是在外交政策的管理和台湾有限资源的分配方面，在经济发展和军事开支之间的竞争中，台湾当局为了实现这一目标，尽量将资源向军事方面倾斜。声称对整个中国合法统治，这是少数的大陆迁台人员继续巩固其政治统治的根本准则，他们可以本着这一原则，继续在政治领域中排斥台湾本地人。虽然台湾本地人掌握着大多数选票和"省级"的地方性席位，但是在台湾当局中，台湾本地人却无法发挥其政策作用。所以，台湾人对于他们这种附属的政治地位极为不满，不过，他们的这种不满情绪却被迅猛发展的台湾经济成就所削弱，因为从这种经济发展中获益最多的就是台湾本地人。

1951 年 3 月 16 日在参谋长联席会议关于中国军事状况致国防部长的备忘录中情报人员分析了在排除苏联介入因素的前提下，有五种使用国民党部队的情况。第一种情况：继续目前美国的军事援助台湾计划，但不给国民党额外的后勤支持，不用美国的第七舰队保护台湾，任由国民党在大陆展开作战行动；美国人知道，在这种情况下，几乎需要所有的国民党军队都来保卫台湾，所以只能尝试利用海军和空军对大陆发动一些小规模的骚扰性袭击。结论是"无论如何，'福摩萨'很可能在一年之内失陷"。第二种情况：继续目前美国的军事援助台湾计划，但不给国民党额外的后勤支持，动用美国的第七舰队保护台湾，任由国民党在大陆展开作战行动；他们觉得在这种情况下，国民党能够从台湾守军中抽出约 15 万人的军队，但是其运输和再补给的能力也许将把他们在大陆的作战行动限制在福建省的一个或两个小型游击队基地中，同时使大规模的突袭缩小为每次不超过 1 万人。这些突袭能够在陆上维持一至三个星期。结论是这将"迫使共产党在防守薄弱的沿海地区驻扎额外军队，也许需要(动用)20 万人"。第三种情况：和上面的第二种情况相同，但是美国把游击队的额外补给和奖金提供给国民党。在这种情况下，国民党在后勤支持下，也许能够加快进攻节奏，提高战斗力并拓宽游击队活动的区域。主要的军事后果将是在浙江、福建、广西和广东东部存在着活跃的游击战。第四种情况：和上面的第三种情况相同，但是美国提供额外的后勤支持，包括军队每日的口粮、额外薪金、个人装备，以及给予游击队的更多补给和奖金。他们觉得这样国民党就能在福建省保持七个大规模游击队基地。在两栖作战行动的配合下，他们也许能通过利用目前驻留在广西的游击队，夺回并控制该地区的空中走廊，接着就能打开前往云南省的空中通道，该地区就能培养出广泛的游击活动。国民党还能使1万～1.5万名士兵登陆，并在陆上坚持一至八个星期，或者可能无限期地组成小型流动作战部队。第五种情况：除了由美国空军和海军对登陆作战行动给予积极支持外，与第四种情况相同。分析人员很乐观地认为在这种情况下，不仅国民党游击队活动的范围将得到大幅度的扩展，而且由美国武装部队提供的公开支援将表明国民党的桥头堡将得到支持、保留和扩大。台湾就可以期待共产党军队和平民中将出现大批人叛逃的现象。“最后彻底搞垮共产党中国政府的机会肯定是存在的。”前三种行动是美国能立即开展的，后面两种则需要准备三至六个月时间。总之，“只有在美国的直接援助和指挥下，驻‘福摩萨’的中国军队在进攻中国大陆时才能发挥其军事战斗力”。简言之，如果美国不给予直接的军事支持，那么在这个时候国民党就没有能力继续进行公开的活动。甚至即便是美国给予海空支持（上面第五种情况下），国民党能否在大陆开展成规模的军事作战行动也值得怀疑。如果台湾没有美国第七舰队的护卫，那么“我们相信中共在一年之内就能征服‘福摩萨’”。

中情局《中国国民党人现实及潜在的反攻能力及对可以确认的美国准备帮助国民党人“反攻”中国共产党人计划的可能反应》（1952年6月12日以后）和国家安全委员会《远东，五、“中国国民党”在台湾的局势和中国共产党人对台湾的能力与意图》（1952年11月1日）均分析，眼下国民党人根本无力“反攻”中国大陆、海南或参与朝鲜及东南亚的作战活动。目前国民党只能对邻近中国大陆的地区发动一些小规模的袭击或有限的空袭。主要受装备缺乏和训练的限制这些活动的规模和程度有限。国民党的海军和空军力量不足，这也将长期制约着他们对中国大陆发动袭击的规模。如果对国民党的部队进行最少三至四个月大规模的密集训练，并给予充足的装备，一支由25 000人组成的战斗力非常强的地面部队将能够用于朝鲜和东南亚地区的进攻行动。再进行另外四至六个月的两栖作战训练，这支力量将能发动两栖作战，向筑有坚固防御工事的海岸发起进攻。如果这支力量袭击中国大陆，他们可能会牵制住部署在广州到上海海岸沿线大约40万的中共武装力量，防止中国共产党人将这些力量中的重要部分派往其他战场。考虑到台湾国民党可怜的人力资源和中国共产党异常丰富的人力资源，在没有招募到大量新兵以及大陆人民大量倒戈的情况下，国民党将不可能在大陆支持持续的大范围行动。

中情局《台湾的士气》(1955 年 4 月 16 日)中指出："所有阶层一直都被'中华民国政府'将会返回大陆的信念所支撑。然而几年来，特别是在文职和军队的高层中，实际期望好像已经越来越渺茫。在任何时候，除非能使美国卷入一场全面战争，在国民党官员中间对于让美国支持自己建立登陆据点已经没有信心。早在三年前，一些官员在私人谈话中就承认，除非发生全面战争，他们实际上对返回大陆不抱任何希望，当然这种想法同他们对公众的承诺完全相反。"更晚一些时候，美国官员的声明可能又加重了台湾国民党人对其返回大陆前景的疑虑。但情报人员认为，现实地说，几乎不可能让国民党接受台湾当局对大陆不再有任何权利要求的解决方案。

面对大陆对金门、马祖压力持续增强之际，中央情报局《台湾海峡地区的可能发展》(1958 年 8 月 26 日)认为，没有美国的参与，国民党采取重大行动的余地将极为有限。最重要的行动充其量不过是能够发动对中国大陆的空袭。但考虑到台湾极易遭受报复性打击、美国不予支持等因素，只要中国大陆方面的军事压力没有发展到对沿海岛屿实施持续猛烈的空中轰击和炮击的地步，或者没有采取坚决的行动切断对国民党对金门和马祖的补给线，国民党领导人可能不会采取这种行动路线。然而，"一旦中国共产党人采取了上述行动，我们相信中国国民党领导人将比以往更有可能采取他们能做到的任何打击大陆的军事行动。届时，他们有可能攻击大陆，甚至在美国明确表示反对之时依然故我，以此迫使美国出手干预事态的进一步发展"。

国务院《"中华民国政府"前景》(1960 年 5 月 6 日)认为，只要台湾当局相信防卫沿海岛屿的驻军有能力抵抗共产党的压力，该政府就将维持在台湾海峡地区的防守态势，避免发动针对大陆的挑衅行为。如果共产党再次发起武装进攻，台湾当局将努力得到美国最"确实"的反共支持。它可能会夸大由于实施克制政策造成的维持士气难题上的压力，可能要求美国默许它发动各种进攻性的行动。如果岛内的军事局势陷入困境，那么台湾当局一定会寻求美国的支持，希望美国能帮助自己空袭共产党的炮兵基地及其他能够攻击的大陆基地。即使美国不同意，台湾当局内可能仍会有人主张进行这类行动。但是，无论沿海岛屿的形势如何危急，蒋介石及其他国民党高级将领都不大可能采取单边报复性措施，因为如果这样做很明显会损害其与美国的同盟关系。进一步说，“绝望”或“自杀”性质的台湾对大陆的单边进攻不可能发生。情报人员认为台湾当局领导层对其进攻大陆的能力有着现实的认识，而且过去他们也没有表现出拥有丝毫敢死队般的精神。此外，蒋介石在带兵方面是一位保守的将领，除非胜券在握他不可能会把自己的军队送上战场。如果北京对另外一个亚洲国家发起攻击行动的话，台湾当局根据它自己对形势的估计可能会像在朝鲜战争中那样，要求派兵支援防卫国。同时，台湾当局可能会采取小规模的袭击大陆的行动，但“除非获得美国直接的协作，否则它不可能忙着和大陆发生大范围的对抗”。

1960 年 6 月蒋介石呼吁艾森豪威尔总统支持台湾，准备空降几支 200～300 人的准军事部队进入中国。美国的反应是建议开展较小规模的试探性活动。国务院《对“中华民国政府”前景的预测》(1961 年 6 月 20 日)认为，国民党领导人希望可以利用大陆出现经济困难和其他方面不满情绪上升这一良机，鼓动美国展开针对中国大陆采取试探性行动的讨论。尽管“我们怀疑面对美国明确地反对他们是否派兵执行这一任务，但是不能排除一种可能性，即他们根本不和我们商量就可能会在任何时间自行实施空投作战或突袭”。1961 年年中蒋介石签发命令，要求制订对中国大陆实行两栖攻击的计划，最初投入四个师，到行动结束计划使用 30 个师。他告诉那些计划制订者不要指望美国的援助。虽然蒋介石很清楚，没有美国的援助，台湾无力开展这种袭击活动。所以，他的进攻计划可能是向美国施压的一种手段，希望美国能够支持他更大规模的空降计划。1961 年秋美国政府帮台湾制订了在中国南方的一些特定地区空降几次 20 人小分队的计划，但台湾当局最初拒绝实行这些计划。当最终台湾按照美国的要求执行后，1962 年末到 1964 年年中，台湾每次派遣 30 人左右的突击队企图进行海岸登陆作战，但都无果而终。这种袭击在 1963 年有 33 次，1964 年 25 次，不仅没有一次能够成功，反而增强了人民解放军的侦察能力。突击队只能到达中共海防、地方民兵和公安部队设在中国海岸的第一道防线前，在数小时内就被杀伤、俘虏或是击退。

1962 年 3 月，蒋介石利用中国大陆的粮食短缺的困难时期，号召全面动员，迎接“复国”战斗。中央情报局《国民党在中国大陆军事行动的可能后果》(1962 年 3 月 28 日)分析说，台湾当局领导人——特别是蒋介石——的目标就是且一直是恢复对全中国的统治。当时他们普遍忧虑和首先关心的就是美国有可能转向“两个中国”的政策。同时，台湾当局领导人的希望再次燃起，因为中国大陆面临严峻的经济困难，他们认为大陆出现的公众不满已经达到了相当的程度。过去他们认为，国民党人“光复大陆”的最好时机就是在一场美国大败中共的战争之后。但现在这些领导人将中国大陆不断恶化的局势看成自己的机会，认为应当采取行动，策动人民起义，培养一些潜在的领导人以期不满的中国人可以团结在这些人周围。在台湾当局领导人看来，这种局势将能成为美国加大支持台湾力度的足够动力。该文件对此的判断是，“即使国民党特种部队能够在中国大陆成功立足，也几乎一定会在短时期内被摧毁。(中国大陆上)没有多少人，也没有重要的部队，愿意在不大可能取得重大军事胜利的情况下加入国民党军队。我们认为，没有美国的大规模支援，国民党不可能取得这种军事胜利”。“美国拒绝支持或同意中华民国政府关于特种部队军事行动的提议，将会增加美台关系中的紧张因素。我们认为，尽管台湾当局的能力有限，但即使没有得到美国的认可，其相关领导人仍有可能在 1962 年以某种特种战争的方式袭击中国大陆。”

1963 年台湾当局制订了详细的进攻广东的两栖作战计划。该计划预计投入 53.8 万人——陆海空三军——差不多相当于国民党全部的军事力量，只留下了正规军中卫戍部队的精锐力量来防御台湾和沿海岛屿。有美国“驻中华民国大使”柯克和美国“驻台湾防御司令部”副司令麦尔森参与其中的美台高级会晤都详细审阅过该计划。美国人在审查这一拟议计划时发现很多关键组成部分存在严重缺陷。台湾当局根本没有足以支持该行动的两栖运输力量，即使美国提供了他们所需的额外的登陆船，也没有受过训练的船员来驾驶。国民党海军没有足够的船只进行登陆准备和火力支持，没有足够的战术空军在所需的作战半径内提供反侦察和近距离火力支持，也缺乏经过训练的飞行员补充战争中的伤亡人员。所有陆海空三军都缺乏受过训练的专家，特别是支持行动所需的后勤保障部队更缺少技术人员。参与行动的台湾所有兵种的武装力量大约需要 150 万吨的物资，他们自己无力运输。麦尔森将军评论说，如果上述这些缺陷都能克服，台湾的远征军可能会占领滩头阵地，并夺取汕头港口，但除非得到美国部队的援助，否则他们不可能离开最初的立足地。如果远征队被控制在汕头地区，国民党部队的士气能够坚持多久值得怀疑。台湾部队的高级军官和军士是大陆籍人，他们的作战动力可能比较大，但普通士兵中约 85％是台湾本地人，不想冒险“反攻中国大陆”，在持续的重压之下，或许很快就会丧失信心。共产党人可能会迅速反击侵略者。大约有 230 万人的中国人民解放军极为强大。这支力量的三分之一——总计为 63.4 万——沿着从上海到中越边境的海岸线布防。这些部队包括 30 个正规的步兵师、9 个炮兵师、1 个装甲师和 12 个边防师。国民党登陆地点的中共部队将会立即打击和压制侵略者，直到大规模后援部队到来为止，这支占据压倒性优势的力量将会从中国北方和东北方的战略防守地区迅速集结在一起。

中情局《“中华民国政府”的发展前景》(1964 年 3 月 11 日)表示，迄今为止台湾对大陆的军事渗透完全失败，所以至少在近期该政权可能会更多地强调对中共的船只和孤立的海岸前哨实施突袭。台湾当局很可能继续企图对大陆进行小股偷袭和军事渗透。在过去的两到三年间蒋介石逐步提高对大陆发动大规模攻击的准备级别，并公开宣称将很快发动进攻。但蒋介石军事保守性的历史记录和他对美国的承诺都表明，如果没有美国的支持，他发动这种入侵的可能性非常小。但当蒋介石认为大陆形势已经达到这样一种程度，使他无论是否获得美国的支持都能取胜，在这种情况下就不能排除蒋介石命令国民党部队入侵中国大陆的可能性。

1964 年 11 月，在中国的核爆炸取得成功之后，蒋介石哀叹自己的“反攻大陆”的最后时机已经丧失。但是，他认为，在中国大陆和台湾的实力差距还没有拉大到不可逆转的程度以前，台湾应该加紧部署反攻事宜，特别是趁美国集中注意力于越南战争之际，借美国之手，实现自己的“复国”梦想。对此，美国“驻台湾大使”怀特表示，美国的总统大选正在进行，时局要求美国政府执行连贯的政策，此时美国方面不希望出现任何问题。至于说到“光复大陆”政策，只有在三个条件都具备的情况下，这一政策才有可能成功，即苏联人不插手此事；各方都不使用核武器；同时，中国大陆出现了革命形势，政治空气适宜，其他国家对台湾提供足够的军事援助和政治支持。美国认为，台湾“光复大陆”的必要条件当时统统都不具备，美国不支持台湾的要求。

1965 年 3 月 20 日，在中国共产党人可能进行第二次核试验的消息传出之后，蒋介石召开军方高级会议，并请美国“驻台北大使”怀特参加。蒋介石声称，所有的迹象都表明，中国共产党人将要在大气层进行第二次核试验，要求军方加强台湾的空中防御力量。中国共产党人有 15 架图-4 型飞机，如果它们中的任何一架飞机携带核武器飞抵台湾上空，台湾的防御系统可能都无法承受。现在台湾手上仅有少得可怜的导弹，如果民众知道此事，一定会引起大范围的恐慌。蒋介石要求台湾军方加快地对空、空对空导弹的配置步伐，加强台湾的空防能力。蒋介石抱怨，美国在军事援助计划上，没有给台湾当局多少优先权，请求怀特“大使”将他的意见转告美国政府。而怀特认为，美国已经为台湾及其相邻地区撑起了“核保护伞”，这是最好的空防系统，美国的军事、政治威慑才是保卫台湾的最佳手段。他认为蒋介石有意忽视美国的核威慑作用，否认美国承诺的有效性，从而不断索求更为先进的空防武器。怀特感觉，台湾方面显然认为，在中国共产党人可能发起进攻的时候，只能由台湾自己的空中防御系统担当起防御的重任，“保卫自己的人民”。也就是说，在保卫台湾，防御中国共产党人可能对台湾发动的核打击行动问题上，蒋介石强调的是“硬件”，是台湾拥有的地对空导弹和空防系统，而美国方面强调的是“软件”，是美国拥有强大核力量所辐射出的核威慑，是中国共产党人在美国可能进行核报复的诺言之下也许会退缩，不敢贸然发动对台湾的核攻击，美台在防范中国可能发动的核攻击问题上强调的重点截然不同。

4 月 9 日，台湾有关当局蒋经国与怀特“大使”共进午餐，怀特表示，没有任何一种空中防御系统，包括美国自己的空防系统，能够完全制止飞机穿越事件的发生。美国的核威慑能力足以有效地保障“自由世界”国家的安全，美国的核报复能力完全能够预防中国大陆对台湾核打击事件的发生。蒋经国强调，台湾海峡是非常狭窄的水域，攻击能够在极短的时间内发生；就台湾的空防问题，美国和台湾当局应该仔细研究，寻求最有效的合作。

中央情报局《台北攻击中国大陆的能力》(1965 年 8 月 18 日)再次评估台湾“反攻大陆”的能力，认为如果美国不对台湾当局提供全面的大规模支持，包括美国力量直接参与军事行动，蒋介石的提议——在中国南部海岸登陆，切断中国和北越之间的主要交通线，占领广东省——变成现实的机会微乎其微。虽然“在缺少美国支持而成功采取行动的可能性方面，‘中华民国’私下估计的结果和我们估计的差不多，但蒋介石脑海中有更加野心勃勃的设想。他认为，在‘反攻大陆’的战役中，最差美国也能在很大程度上支持他将国民党士兵送到大陆沿岸。如果他的部队在登陆后陷入困境，美国将会扩大支持力度，直接参战(至少参加空中战斗)。即使出动美国海空军在水域边缘支持中国国民党部队,登陆作战可能会进展良好,但实现最终目标——占领或者控制广东全境或者大部——的希望仍十分渺茫"。文件认为:"即使国民党能够集合一支最大的远征军,并在美国的帮助下登上中国大陆海岸,但他们将会遇到数量上远多于自己的中共部队,且后者还能够迅速集结、调遣战略预备队支持已经部署在南部中国的部队战斗。"蒋介石梦寐以求的"光复大陆"只能是一种"神话"。

1965 年 9 月蒋经国访问美国。9 月 22 日,在五角大楼美国国防部长麦克纳马拉的办公室,蒋经国向麦克纳马拉再一次提出了蒋氏父子反复强调的占据中国西南五地计划,蒋经国"反攻西南五省"的建议后被命名为"大火炬五号"计划。他说:"目前中共不会向韩国和台湾海峡进攻,也不会把重心放到华南一带。从战略而言,西南五省最为重要,是挡住中共正规军到达东南亚的天然屏障。如果中华民国攻下这五省,就可以阻挡中共正规军向东南亚挺进。"如果能在美国海、空军的护送下将国民党的军队运至广东、广西、云南、贵州、四川五地,就可以切断中国援越的补给线,并开始反攻大陆之战。美国的地面部队无需直接卷入,也不必动用核力量。如果中国共产党人将大量的军事力量转移到福建省,东南亚的压力就会相对减轻。他们的目标不仅是希望中国摆脱共产党的统治或重返大陆,而且还是真正意义上的争取维持自身生存,这是简单的事实。"除非美国想要不顾颜面地从现在影响东亚全局的位置上退出,否则中国共产党会继续按照现在的路线行事,且最终会在东亚挑起一场针对美国及其盟国的全面冲突。……'中华民国'并非是在迫不及待地催促美国'开战',而只是迫切地希望美国意识到它与共产党中国之间的冲突是不可避免的,'中华民国'认为有效维护美国在远东利益的唯一途径就是阻止并最终推翻中国共产党政权。"

美国方面指出,蒋介石在 1964 年 11 月致约翰逊总统的信中说过,在任何情况下,美国部队进入中国大陆都是极不明智的,美国也不应该使用核武器来对"中华民国"表示支持,而"中华民国"要想占据西南五地,美国的地面部队和美国的核武器就都得用上。蒋经国赶紧表示,"中华民国"不赞成使用核武器,他们也不想麻烦到美国的地面部队。如果美国的地面部队出现在中国大陆战场,战争的性质就从"中国国内战争"演变为"国际战争",这种改变只会对中国共产党人有利。"中华民国"需要的只是美国的"运输力量"、美国的"飞机"来掩护“中华民国”的空中、海上的进攻行动，不需要美国直接参与空战与海战。麦克纳马拉不接受蒋经国对形势的分析，认为，“夺取西南五省”计划看起来有点类似“猪湾”计划，战争的预期是将会有大规模的反对共产党人的起义。“中华民国”到底有多少证据来支撑自己的这种预期？蒋经国表示，“西南五省”对中国共产党人的统治反抗最为激烈，最仇视中国共产党人，中国共产党人的统治最为薄弱，蒋介石的威信最高。“猪湾”行动的失败主要是组织不力，没有建立政府进行领导，而“中华民国”“夺取西南五省”不存在这些问题。麦克纳马拉只是表示会对此进行研究，在美国新任“驻台大使”走马上任以后重新开启“蓝狮委员会”的磋商机制，同时呼吁“中华民国”削减自己的军事力量。

实际上中央情报局在当天名为《蒋经国希望与美国讨论“中华民国”—美国针对共产主义中国的战略问题》(1965 年 8 月 18 日)的情报信息电报中对蒋经国的计划做出了仔细的评估，他们认定“见识广博的中国国民党领导人认识到‘中华民国’仅仅依靠自身力量无法击败中国共产党。尽管不能公开这样说，但他们愿意向美国高级官员承认这一事实。虽然为了保持台湾岛的士气，‘中华民国’必须寄希望于‘光复大陆’，但蒋经国这一代的重要人物已经意识到在中国大陆重建非共产党政权可能需要很长一段时间，或许倾他们毕生的精力也无法实现这一愿望。但是，‘中华民国’的官员们希望尽力而为，利用一切机会挫败中国共产党的野心，加强自身的实力地位，为将来削弱和瓦解北京政权打下基础”。

到 1967 年中情局《局势评估：在副总统严家淦与约翰逊总统讨论前夕评估“中华民国”对中国大陆的军事政治意图》(1967 年 5 月 5 日)已经认定，“尽管‘中华民国政府’表面上还决心重新夺取对中国大陆的统治，但并没有计划在不久的将来通过采取军事行动实现这一目标。总统蒋介石、国防部长蒋经国及其他高级军事顾问目前的军事定位在本质上是防御性的”。“中华民国政府”迅速下降的军事政治能力不可能对中国大陆的发展产生太多影响，台湾更加依赖美国，“中华民国”比过去更为关注美国的政策而不大强调中国大陆近来的事态发展，台湾当局特别在意美国的军事、经济援助的水平，台湾的情报认为美国试图逐渐放弃对“中华民国政府”承诺的义务，准备最终与中共统治下的中国大陆达成某种形式的和解。所以，“这种忧虑进一步强化了‘中华民国政府’业已占主导地位的工作重心：强调台湾岛内的安全，既然这样就要更加注意美国官员的一举一动，避免美国鼓励台湾人和其他的内部反抗势力采取对抗‘中华民国政府’的行动”。

在长期得不到美国支持的情况下，蒋介石清楚地认识到“反攻大陆”缺乏现实性。此后，台湾虽然偶尔还会发出“反攻”的声音，但也不过是一种宣传而已。在美国的阻止下，并面对两岸实力对比变化的现实，台湾“反攻大陆”的计划一再搁浅，并被迫将计划从以军事为主改变为以政治为主，从有明确的时间表改变为无限期的搁置。而蒋介石本人的兴趣，也更多地转移到岛内建设上去，实行教育改革、发展台湾的经济与科技、加速城市化进程、施行行政机构改革等等，美国官员把蒋介石态度的变化归结为：蒋介石本人已经放弃了“光复大陆”的神圣目标，“台湾当局确实放弃自己的军事进攻主义，但台湾的经济政策还是依照安全优先的原则来制定”。

5. 对大陆台海政策的认知

美国的情报界高度关注对共产党人解决台湾问题的能力与意图的分析，这部分在美国情报分析部分所占分量非常重。1950 年 7 月，来自国务院《中共早期成功“进攻”台湾的前景》(1950 年 7 月 26 日)和中情局《中国共产党人和中国国民党人对台湾的意图和能力的分析》(1950 年 7 月 27 日)都认为，“虽然中国共产党军队数量上的优势不足以确保他们在台湾战役中获得成功。国民党的防御力量十分强大，无论是军队数量还是资源方面都足以确保开展成功的防御战。此外，国民党人的海空军还能够开展海岸作战。然而，中国国民党的各级人员均缺乏坚定的战斗决心，忠诚度不高，整个军事系统尤其是高级指挥人员中充斥着缺乏专业能力的人，(国民党)并未占据明显的优势”，中国共产党部队掌握主动权，可以选择作战时机、登陆和内部攻击地点。由于连连报捷，他们士气高昂，官兵忠诚，纪律严明。此外，中国共产党人拥有数以百计的帆船和其他舰只，有能力穿透国民党人构建的防御圈。所以，“我们估计，如果不考虑可以利用的美国海军部队的力量和战斗力，中国共产党人拥有占领台湾的力量”。在分析了 1950 年中期中国人民解放军在中国南部和东南部频繁调动的迹象之后，他们认为共产党确实在进行进攻台湾的积极备战，且

“除非美国海军力量进驻台湾水域,否则中国共产党人的军队有能力尽早对台湾发动攻击”。对于这种分析,美国海军、空军的情报部门持反对意见,海军情报部主任反对的理由是,这份报告没有考虑到使用美国力量防御台湾的承诺对中国共产党人意图的影响。因为没有权衡到影响台湾局势的所有重要因素,所以这份报告不足以作为制定美国政策的基础。空军情报部门的反对意见没有收录在文件之中。

到了 1950 年 9 月,主要基于 9 月以后台湾海峡的气候越来越不适宜进行渡海作战,所以来自国务院《在是否攻击“福摩萨”问题上影响中国共产党人决策的因素的报告》(1950 年 9 月 11 日)认为中国共产党方面已经不定期地搁置了攻打台湾的计划。更进一步来说,他们认为“即便是军事准备充分使得中共自信能够成功地对‘福摩萨’发起攻击,中共领导人也一定会清醒地意识到他们的困难,在美国有可能采取军事行动的情况下,中国共产党人要想巩固胜利成果必然十分困难。中共定会认识到发动‘福摩萨’攻势对他们眼前的国内建设帮助不大,反之,对‘福摩萨’的军事冒险可能会促使美国采取某些对策,这将长期威胁他们政权的生存和发展。进一步来说,虽然‘福摩萨’可以用作一个有价值的基地,成为中国共产党人对印度尼西亚、菲律宾实施颠覆计划的桥头堡,但长期进行各种活动代价颇大,将严重削弱中共领导亚洲共产主义运动的能力”。同样,中情局 10 月 12 日《中国共产党人入侵“福摩萨”的危险》的分析也认为,在中国共产党人的全力进攻面前,如果苏联人不直接参与且美国武装部队给予强有力的海空军援助的话,“中国国民党的防御力量能够守住‘福摩萨’”。所以在 1950 年余下的时间里,除非苏联决定引发一场世界大战,否则中国共产党人不会企图解决台湾问题。

到 1951 年 4 月 10 日的 NIE－27 出台时中情局认定中国共产党人不会在当年对台湾发动大规模袭击,因为中国军队没有从中国的其他地区向海峡集结地区进行大规模调动的迹象,而且中国正在致力于朝鲜战争,这种军事上的遣调将会对他们在朝鲜和其他地区的行动和承诺起到不利影响。在防御台湾方面,如果缺乏美国的参与,中国共产党人在进行必要的部署之后,能够通过大规模的“进攻”占领台湾。然而,如果美国第七舰队参与台湾岛的防御,共产党方面在没有苏联实质性援助的情况下是没有力量成功地大规模攻击台湾的。美国情报部和美国空军估计只要中国共产党人继续在朝鲜投入重兵,不直接使用美国部队，中国国民党人也有能力控制台湾，抵御大陆方面的坚决进攻，不过确保这种事态发展的前提是：(1) 美国立即向国民党提供更多实质性的援助，而不是在进攻开始以后提供帮助；(2) 苏联人不加干预。同时他们认为苏联人可能估计，如果他们向中国共产党人提供了对台作战所需的援助类型以及规模，就可能冒与美国开战的真正风险。所以，“我们不相信苏联人会甘愿冒这种程度的风险”。当然，如果朝鲜战局发生重大变化，中国共产党人攻击台湾的意愿就将显著上升。分析人员认为中国在 1951 年对台湾最有可能采取的行动路线是：(1) 保持对台威慑；(2) 试图扩大对台颠覆活动的网络；(3) 在国内宣传中强调美国对“中华民国政府”的支持就是对中国的侵略；(4) 激化国际社会对台湾地区部署的争论，掀起国际社会对美国支持蒋政权的批评；(5) 将台湾问题与有关和平解决朝鲜问题的建议联系在一起；(6) 有可能出兵攻占国民党人控制的中国东海岸的小岛。

1952 年 4 月中情局 NIE－27/1 对 NIE－27 进行了一定的补充，认为半年内中国大陆方面对台作战的整体能力没有发生大的变化，无论是大规模“进攻”还是有限突袭都是如此，但共产党人的空军力量显著增长，而自那时以来，中国国民党防御台湾的能力没有实质性提高。“不考虑朝鲜局势的发展，只要美国对台政策不变，美国的海空军力量可以参与防御台湾，中共在当年也不会对台湾发动大规模‘进攻’或有限的奇袭。中共可能对国民党人控制的沿海岛屿进行侦察、无线电干扰和破坏性袭击(海上或空中袭击)，可能会攻击和占领其中的一些岛屿”，但是，中情局不认为这种行动必然暗示着大陆方面会立即解决台湾问题。从长期来看，“我们相信，如果可能的话，中国企图通过外交手段控制台湾；此外，如果时机有利的话，他们也可能采取军事行动。只要美国和共产主义者在远东的相对军事力量不发生重大变化，美国对台政策保持不变，中共就不会贸然‘攻打’台湾”。1952 年 11 月 1 日国家安全委员会《远东，五、中国国民党在台湾的局势和中国共产党人对台湾的能力与意图》的分析与此相类似，认为如果可能的话，大陆方面企图通过政治手段控制台湾；如果时机有利的话，他们也可能采取军事行动。只要美国和共产主义者在远东的相对军事力量不发生实质性的变化，只要美国对台政策保持不变，“我们相信中共不会贸然对台湾发动‘进攻’”。

1954 年 9 月 3 日中国人民解放军和国民党军队在金门、厦门地区发生激烈炮战和空战之后，9 月 8 日中情局《中国沿海岛屿》的情报详细分析了国共双方在中国沿海岛屿的海陆空力量配置及可能的增援力量，描述了 9 月 3 日炮击之后国民党与美国的反应。文件认为，如果仅凭国民党自身的力量去对抗的话，共产党人有能力占领任何岛屿。因此，在 9 月 3 日炮击金门之前，情报部门的很多人就认为中国共产党人有可能很快采取试探行动，探测美国有关沿海岛屿防御的真实意图。到 9 月 5 日，“中国共产党人肯定观测到了美国大规模海空军力量出现在‘福摩萨’水域。但中共还是不能确定美国的真实意图，他们选择了小心谨慎的处理方式，没有针对美军采取任何行动，也一直没有表示他们的部队已做好准备，企图对金门发起‘进攻’”。“虽然中共估计他们对抗强大的美国力量的前景还无法确定，但我们相信中国共产党人将会做出判断，‘侵略’企图得逞的可能性最多只有五成。他们当然认识到，有预谋的‘进攻’一旦失败将会非常丢脸，这比他们推迟金门战役的时间更为丢人。”此外，台湾国民党人不断袭击厦门地区，“这使得中共越来越觉得丢脸。国民党人的这种行动可能增加了中共对金门采取‘报复性行动’的可能性，使中国共产党人更有可能在大陈岛和马祖群岛采取冒险行动。此外，中国共产党人对‘福摩萨’空袭的可能性也在增加”。

在美台讨论共同防御条约之际，1954 年 11 月 2 日在《美国关于“中华民国”的行动进程可能引发的反应》报告中中情局官员分析认为，“共产党中国和苏联将会强烈谴责美台共同防御条约。我们相信，共产主义者仍坚守他们获得‘福摩萨’控制权的基本目标，但他们可能企图通过颠覆而非军事活动赢得控制权”，因为“中国共产党人可能预测，美台共同防御条约（加上联合国决议或根本不存在联合国决议）可能不会在很大程度上改变‘福摩萨’地区的力量平衡。所以，条约将不会促使中国共产党人大规模重新部署武装部队，不会明显改变他们在亚洲其他地区的行动路线”。

1955 年 2 月至 4 月，国务院情报研究所的分析人员在《世界对美国“福摩萨”海峡政策的反应》和《世界对美国台湾海峡政策的看法》分析大陆台海政策时表示，中国共产党明确指出，在台湾问题上他们反对任何不承认其对沿海岛屿和拥有台湾主权诉求或可能冻结台湾地区现状的停火或折中方案。北京政府谴责美国，说“美国表示要保证与防卫‘福摩萨’和佩斯卡多尔列岛密切相关的其他地区的安全是公然承认了美国的侵略意图”。中国政府援引了西方对美国在台湾地区军事行动的新闻报道，抨击美国协助中国国民党军队撤出大陈岛的行为，认为这种行为部分是为了阻止中国人民全歼该岛屿的国民党军队。他们认为，中国共产党的反应表明解决台湾问题和沿海岛屿的决心并没有改变，但它“并没有制订要占领哪一个具体的岛屿群的明确时间表”，而且“可能由于预计万隆会议即将召开，最近几周中国共产党在这一问题上的宣传力度明显下降了”。

1955 年 8 月 24 日国务院的报告对中华人民共和国成立以后的台海局势进程进行了系统回顾，这份名为《再次评估中国共产党人在台湾海峡的活动》的文件详细分析了中国的台海目标，“中共在台湾海峡的基本目标就是除掉其竞争对手‘中华民国政府’，占领台湾和中国国民党人控制的其他岛屿，在中国内战中赢得共产主义的最终胜利，防止这些地区成为美国潜在的基地。1950 年初这些目标是中国共产党人的即时目标，但它被朝鲜对抗和美国 1950 年 6 月 27 日的中立声明不定期地推迟了”。因为短期内无法实现解决台湾问题的最终目标，所以中国共产党人只能退而求其次，“最近的活动好像主要是为了维持和推进对台湾的所有权请求；防止台湾海峡的局势得到国际社会的认同，因为稳定和得到国际社会承认的台海局势将会使未来中共借机铲除‘中华民国政府’的活动变得极为困难；减少亚洲爆发大战的风险”。中国共产党人极力保持这些政策之间的平衡，追求多项次要目标：(1) 利用台湾局势将美国孤立于其盟国之外；(2) 将国民党军队和美国军事装备牵制在一些不太重要、易受攻击的地区，以便将来可以使用中国的海空军和炮兵部队对其予以打击；(3) 削弱国民党人的士气，损伤美国防御台湾的决心；(4) 加强中国大陆沿海地区的安全；(5) 试探美国对中国沿海岛屿的意图；(6) 当中国共产党人通过制造危机形成一定的紧张局势之后，他们表现出愿意为了实现政治经济目标而缓和亚洲紧张局势的迹象。但事实上可以肯定，“不管北京怎样鼓励缓和紧张关系，中国共产党人都不会讨论任何正式的停火协议或放弃在台湾海峡使用武力，因为这将否定共产党中国对台湾拥有‘毋庸置疑的权利’或企图模糊地‘冻结’台湾海峡的现状”。

1956 年 4 月国务院《中国共产党人对某些沿海岛屿展开军事行动的可能性》引用 1 月 NIE13－56 中关于中国沿海岛屿的分析，认为只要美国维持对国民党人的承诺，中国共产党人就可能无意“进攻”台湾。但几乎可以肯定的是，他们将对沿海岛屿采取试探性行动。只要中国共产党人确认美国不会使用自己的力量保卫这些岛屿，他们就可能企图攻占这些岛屿。如果中国人民解放军成功占领了国民党人控制的沿海岛屿而未遭到美国军事报复，他们就会加快“进攻”台湾的步伐。中共几乎肯定继续把控制沿海岛屿作为其行动目标，并有能力在事先不发出警告或几乎使对方无法警觉的情况下对这些岛屿发动突袭。但“如果共产党人觉得通过保持‘和平姿态’能够获取更大收益的话，他们可能暂时不会在沿海岛屿问题上再起干戈”。

1958 年 8 月 23 日炮战发生后，中情局迅速出台了一系列特别情报评估，评估未来几个月台湾海峡地区的可能发展，并特别关注：(1) 中国共产党人的力量；(2) 中国共产党方面的行动路线；(3) 台湾国民党人的行动路线；(4) 在国民党和/或美国采取措施维持对沿海岛屿的控制面前大陆的可能反应。中情局 8 月 26 日名为《台湾海峡地区的可能发展》的 SNIE 100 - 9 - 58 文件认为，共产党中国将它在台湾海峡的军事压力逐步升级，主要是为了试探美国和“中华民国”在沿海岛屿的意图。共产党中国可能希望由此引起的紧张局势的升级能增强对国际社会的压力，迫使国际社会接受共产党中国参与世界决策，阻止局势向着任何接受事实上的“两个中国”的趋势转变，特别是如果美国看起来不愿意在控制沿海岛屿问题上采取强硬措施的话，国民党人的士气将因此更加低落。但是“考虑到美国承诺防御台湾，同时我们估计无论是中共还是苏联目前都不愿冒大战的风险，我们相信，至少在未来六个月中国共产党人将不会试图占领台湾或澎湖”。“共产党中国可能将会继续对金门和马祖群岛施加军事压力，并想方设法避免使局势发展到军事摊牌的地步。在对美国的反应做出判断的基础上，中共可能持续并加强对金门的炮击，在海峡地区发动攻击性的海空军行动，占领一些防御薄弱的沿海岛屿，对金门和马祖的补给采取一系列拦截活动。如果美国对这些压力的反应使得中国共产党人认为美国不会介入的话，那时他们将可能企图占领金门或马祖，也有可能试图同时‘攻占’这两个岛屿”。

9 月 16 日，中情局官员根据台海局势的发展，拟定了 SNIE 100 - 11 - 58《中共和苏联在台湾海峡地区的可能意图》文件，再度评估中华人民共和国和苏联在此次台湾海峡危机中的意图。他们分析认为在最近的将来中共最有可能采取的行动路线是继续保持军事上的袭扰和拦截对金门的补给。中共这样做的初衷可能是想让这些岛屿防守不住，从而迫使美国在行动上做出回应。美国的选择范围有限：美国可以允许沿海岛屿在炮击下陷落；可以协助台湾国民党人从沿海岛屿撤退；可以同意国民党进攻大陆；可以通过美国的全程护航保证国民党对金门、马祖的补给；可以单方面采取军事行动，保证国民党控制的沿海岛屿所需要的补给供应。后三条行动路线最终可能导致美国进攻中国大陆，世界舆论将会谴责美国扩大了武装冲突的规模。如果美国采取上述行动路线，中共极有可能甘冒同美国发生大规模武装冲突的极大风险而采取行动。如果美国船只在为国民党补给提供护航的过程中驶向中国近海水域，中共可能不会停止对正在卸载的国民党船只的炮击。如果美国企图通过武力制止共产党人封锁补给线，投入行动的美军肯定会受到有限的中共军队的攻击。如果美国宣布将为金门的补给提供全程护航(并配备以适当的作战力量，准备在遭受攻击之时进行防御)，他们相信，中共将可能攻击美军，尽管也有可能不这样做。但无论如何，中国大陆方面将会呼吁国际舆论谴责美国的侵略，并将力促达成有利于共产党中国的政治解决。

9 月 29 日，来自国务院的《台湾海峡危机：苏联的声明和舆论反应》再次评估苏联对此次台海危机的反应，认为在此次台湾海峡危机中，莫斯科给了北京方面空前有力的外交支持，说明苏联人愿意在这种路线上冒比以往更大的风险。这种姿态可能萌芽于 7 月 31 日到 8 月 1 日赫鲁晓夫—毛泽东会谈的决议中，与 1954～1955 年台湾海峡危机期间莫斯科小心翼翼的立场形成了鲜明的对比。苏联针对危机第一份官方声明是 9 月 7 日赫鲁晓夫致艾森豪威尔总统的信。这封信中最醒目的地方就是赫鲁晓夫警告美国人，对中华人民共和国的攻击将被认为是对苏联的攻击。赫鲁晓夫在 9 月 19 日发给艾森豪威尔总统的信表示，一旦美国对中华人民共和国发动核攻击，苏联将进行核报复，他用接近最后通牒的语言要求美军必须“立即”撤离台湾地区，否则将被中国人民解放军驱逐出去。

10 月 28 日中情局出台了《台湾海峡危机可能的发展趋势》的特别评估报告，认为中共对台湾海峡地区策略上的变化没有预示中共外交政策的指导方式出现了根本变化，在未来一段时间内，台海局势可能会是现在局势的延伸：没有大规模的拦截行为，没有认真的谈判，没有解决方案。假设国民党依然戍守沿海岛屿，中共在未来的一段时间内可能会在沿海岛屿地区保持一种危机和紧张的氛围。无论如何，他们将不会放弃破坏美国与“中华民国政府”的关系、消灭“中华民国政府”以及损害美国在亚洲的声誉的努力。

到 1959 年 3 月 SNIE100 - 4 - 59《中共在台湾海峡地区的意图和可能采取的行动进程》的评估报告中，中情局对上一年的台海紧张局势做了总结，认为：“共产党中国去年 10 月在台湾海峡危机中暂息干戈的主要原因是因为他们相信，增强对台湾海峡的军事压力直到确保成功地对金门实施拦截的需要将会给他们带来与美国对抗的不能接受的风险。”此外，美国与“中华民国政府”的关系没有受损，国民党人的士气仍然很高，由于北京行动引发的紧张局势有损共产党中国的国际声誉。他们预测到，“几乎可以肯定，中共寻求避免与美国的直接对抗。我们相信，他们可能不会占领金门或者全力以赴地阻止国民党人向金门运送补给。我们同样认为，针对马祖展开此类行动的可能性也不大，因为在这一点上中国共产党较少获知美国的意图，猜测不出美国可能采取的行动。但是，我们相信中共将会继续保持军事压力，以支持他们针对台湾海峡展开的重要的政治战和心理战。他们企图使台湾海峡局势保持活跃，可能不会放松他们的军事压力，不会允许局势在今后向着逐渐沉寂的方向发展”。

1961 年 6 月中情局官员在《对“中华民国政府”前景的预测》中认为，自从 1958 年台湾海峡危机北京政府测试了美台方面的决心之后它已经不再强调对台湾和沿海岛屿使用武力，转而寻求削弱“中华民国政府”的士气和国际地位，大陆方面的对台策略已经从强大的军事压力转变为向国民党当局发出和平建议。“我们预计北京将会使用宣传战和私人信件战来瓦解‘中华民国政府’对美国的信任，并利用大陆籍人害怕被永远从祖国分裂出去的心理营造一种共产主义必胜和必然收复台湾的氛围。”此外，“北京政府偶尔故作一定的姿态迁就一下令人愉快的共产主义融合姿态，比如，北京政府欢迎台湾作为一个自治区，在蒋介石有名无实的领导下回到中华人民共和国的怀抱”。虽然他们觉得大陆方面对上述这种宣传战在短期内取得成功不抱太大希望，但认为中共可能抱有远景的期待。北京政府领导人可能预测美国与社会主义阵营力量关系的变化趋势和联合国的构成及态度的转变将会适时加强北京的地位，并导致北京成为唯一的中国政府的要求得到国际社会的普遍认同，当这种情况发生后台湾的士气将会被有效地瓦解。而且，中华人民共和国深知武力攻打台湾和澎湖列岛将会招致与美国的重大对抗。“由于这些原因,我们认为北京政府将首先依靠非军事压力来消灭‘中华民国政府’。”当然中国共产党人在台湾海峡问题上也不会完全放弃使用武力。他们可能会时不时地在沿海岛屿地区增加军事压力,以提醒世界他们还不接受现状,并以此来探测“中华民国政府”和美国的决心,为实现他们更为广阔的冷战目标而前进。苏联仍将支持北京政府解决台湾问题的目标,但是它会坚决阻止中共在远东把苏联拖入与美国的战争。所以,“我们认为苏联将试图限制那些在苏联人看来有可能使苏联卷入与美国严重战争危险的中共行动”。尽管前一年中苏关系出现了严重的紧张,但在这种情况下苏联可能还会对中国事态施加一定的影响力。所以,他们相信在下一年中国共产党在台湾海峡地区仍然会保持高水平的军事压力,但无法确定其施加的压力的形式或内容。

1964 年在中国行将拥有核能力之际,美国政策计划委员会分析了这一事件对台海局势的影响。在 1964 年 4 月 17 日罗斯托送呈总统备忘录的附件,一份题为《中国共产党人核能力的涵义》的文件更为引人注目。文件分析认为如果中国拥有核能力,其政治效果将远胜于军事效果。美中之间核能力的巨大反差使中国极不可能首先使用核武器,对美方报复的担心将使中国在获得核能力后行动更加谨慎,中国将主要运用自己的核能力达到一些政治心理目的,例如:削弱一些亚洲国家的意志,刺激亚洲各国的分化,对美国在亚洲的军事存在施加政治压力,为中国取得世界大国地位获得政治支持等等。这些事情都是对美国利益的威胁,但是美国不需要以政策上的变更来应对这些威胁,此后美国面临的基本军事问题可能一如既往。从军事逻辑的角度上说,中国共产党人对使用武装力量一直极为谨慎。本着对毛泽东的著名格言——“战略上藐视敌人,战术上重视敌人”——的信奉,中国人对那些可能会引发中国大陆冲突的行为一直小心翼翼;避免采取会招致巨大军事报复的行动,或者可能会增加对中国大陆进行攻击的可能性,避免危险的升级。中方旨在探测美国反应底线的军事行动都是相对低水平的边界战争和革命战争,包括在亚洲一些国家支持共产党的游击战争,所以美国“不需要采取预先清除中国核设施的军事行动,相反,美国在亚洲最适当的军事姿态就是以含蓄的核威胁结合显著的常规能力来对付所谓的共产党的侵略”。另一方面,政策计划委员会也提醒美国,要继续向世界显示美国和平与防御的意图、积极宣扬自己有意邀请中国加入核谈判中来，而且，委员会预计苏联对中国核力量的担心将使苏美合作遏制中国成为更加心照不宣的事情。对于中国拥有核能力对台湾问题的影响而言，文件认为，中国共产党人拥有核能力无疑将会对台湾的士气产生影响，腐蚀台湾“光复大陆”的信念，降低国际上对“中华民国政府”的支持度，但美国分析家们同时认为，中国共产党人不会在中国沿海岛屿地区发动重大的军事行动，但有可能通过制造一系列危机来加剧台湾岛内的分裂。综上所述，对该课题进行详细研究的美国分析家得到的结论却是：在可预见的将来，中国不可能在武器和运载系统方面对美国及其盟国形成严重的威胁。如果美国对此采取军事行动，将导致严重的政治后果和相当大的军事风险。中华人民共和国首次核试验形成的心理冲击远远大于它的军事意义。

中国核试验的成功进行，不仅提高了中国的国家威望，而且进一步证明，世界上的重大问题，如果没有中国的参与有很多事情无法解决。美国清楚地认识到，中国的存在是真真切切地，只有想办法接纳中国进入世界“共同体”，才能发挥美国的作用。蒋介石政权因此而饱受打击，在紧张与震惊之中，甚至连美国的安全防御承诺都无法安抚台湾的民心，“反攻大陆”的目标更是遥不可及。美国不能再想当然地把台湾作为“代表中国的唯一政府”，中国国际地位的上升和台湾“国际地位”的失落已经因为 1964 年罗布泊上空蘑菇云的升起而成为不争的事实。

6. 美国对台湾的援助

开始于 1950 年代初，结束于 1960 年代中期，贯穿台湾经济起飞全过程的美国对台经济援助，是台湾经济的起飞和发展进程中的一个至关重要的因素。美国大力扶植台湾经济、发展美台经济关系，除加强台湾对美国的依附性以外，重要的目的是在经济上稳住国民党人，同时输出美国的剩余产品。美援与《美台共同防御条约》一起构成了 1950～1960 年代维系与联结美台关系的两个主要纽带。约翰逊政府时期，美国停止对台“开发赠与”性的经济援助，大规模地削减对台湾的军事援助，这一方面表明台湾在美国全球战略中的地位已大大下降，另一方面美国坚持向台湾提供军援的事实也表明：尽管美国对台政策有所转变,但美国决策者仍继续将台湾视为美国亚太地区战略部署中的重要一环,凭借台湾的重要战略地位作为在西太平洋封锁中国大陆的理想堡垒。

美国对国民党的援助开始于第二次世界大战时期的《租借法案》和《联合国善后救济计划》,在第二次世界大战结束后该计划即告停顿。1948年,美国国会通过《美国援外法案》,其中对华部分被称为《1948年援华法案》,同年7月,国民党与美国签订了《中美经济援助协定》。1949年,随着国民党在大陆的崩溃,美国停止了对它的经济和军事援助。1950年,朝鲜半岛燃起战火,美国政府决定恢复对台湾的经济援助和军事援助。美援从1951年开始到1965年结束,总金额达15亿美元。按人口平均计算,这一援助额超过了美国同一时期给世界任何其他一国的援助。它约占台湾国民生产毛额的6.4%,占经济总投资额的34%左右。在外贸领域,台湾的商品和劳动总进口额中有40%是以美援支付的。这笔资金的到来对稳定台湾当局的财政,抑制通货膨胀,发挥了积极的作用,并大大缩短了台湾经济起飞的时间。作为美国支持台湾的象征,美援也稳定了台湾的民心,保持了台湾社会的平稳发展。

1953年8月,国务院的情报分析人员在《台湾食糖-稻米经济的压力和张力》中研究了台湾岛内的经济形势,认为由于不断增加的防御和人口负担,台湾的进口需求增加而出口能力急剧减少。只有通过扩大美国援助来弥补收支逆差,才能造成岛内收支的基本平衡。共同安全援助(MSA)在筹措资金方面扮演了重要的角色。美国的援助无论从相对项还是从绝对项上来说都在逐年扩展。1950年共同安全援助的交付只占台湾总进口的14%,到1952年该比例上升至42%。

1956年8月在《"中华民国政府"的前景》的评估报告中国务院估算台湾当年的地区生产总值达到12亿美元,其中包括每年根据共同防御援助计划(MDAP)从美国接收的价值2亿美元的军事装备。在总量当中89%是台湾自身的产量,11%来自美国援助。总产值中大约有17%用于投资,12%为军事开支,10%用于其他行政支出,剩余的61%用于个人消费。台湾当时的投资水平足以使台湾的年经济增长率维持在4%～5%左右,这也超过了其2.75%的年人口增长率。但是,如果没有美国持续的经济援助台湾的投资水平将无法得到维持。停止或者大规模削减美国援助同样将会引发贸易支付差额危机。台湾当时的出口值仅占其进口的一半多一点，而如果不冒破坏岛内生产的风险，台湾不可能较大程度地减缩进口规模。台湾工业化计划的目标是以扩大岛内生产来替代一部分进口需求，但不断增长的人口与不断提高的生活水平将不可能大规模削减其进口需求。与此同时台湾传统的出口产品诸如糖、大米以及其他农产品的出口量并不会提高，新的出口项目与出口市场也没有多少扩展。如果美国继续保持与当时大体类似的援助程度，则台湾经济持续快速增长的前景将会比较乐观。政府部门支出与投资的大量需求将持续刺激经济，而经济发展的稳定在很大程度上将依赖于有效的财政管理与经济的宏观调控。

1956 年 11 月美国“驻台北大使馆”回顾了朝鲜战争以来的美国对台军援和经援计划，认为 1950～1951 年还不能排除共产党袭击台湾的可能性，台湾的武器尤其是弹药严重不足，且台湾军队的规模仅部分地弥补了其素质低下和流动性差的缺陷，而在“同期和 1953 年 7 月朝鲜战争停战以后美国已积极考虑使至少某几个中国师在某种程度上做好短期内充当远征军的准备”，所以在 1950 年中期朝鲜战争爆发之初，美国政府考虑的是军事性行动，即命令第七舰队“保护”台湾，而在接下来的几周里，“为了实现更广泛的目标，美国对应该向中国军事机构提供何种武器和建议的问题进行了研究”。此后至 1956 年 9 月，美国向台湾提供了超过 12 亿美元(包括直接军队支持在内)的军援资金，而美国军援顾问团也已扩大到 2 500 多人(这还不包括他们的侍从)。“美国军援顾问团的工作成绩突出，帮助自由中国组建了一支他们有史以来最好的军队。”文件预测，1957 财政年度以后，除非发生不测事件和出现无法预见的情况，否则每年 1 亿美元可能就可以满足台湾军事建设的外汇需要了。另外，为了推动台湾经济走向自立，以便能够提供军队所需的当地货币，此后若干年还要每年另外向台湾提供 1 亿美元。(这个最新数字可能会因为国外私人资本的流入而减少。)然而，“据说一年 2 亿美元左右的总援助额还不如维持美国一个师所需的开支多。通过这笔开支，美国除了可以维持一支在很容易设想到的情况下能够发挥决定性作用的庞大的反共军队以外，还会实现保证‘自由中国’生存这个首要目标。在铁幕以外的东亚和东南亚国家中，只有‘自由中国’和韩国拥有能力超出维护国内秩序的军队”。同时美国的经济援助使得美国在实现自身目标方面取得了令人满意的进步。因为“‘中华民国政府’

本身并没有充足的资源实现中美共同的目标，必须依靠美国的支持来满足财政需要和维持收支平衡。为了更好地利用援助供应品和自身资源，台湾还需要美国的技术建议和援助”，所以美国对台经援计划“首要的当前目标是以物资和当地货币的形式支持‘中华民国’军队要求上马的项目。第二个目标是保持经济(价格)稳定。第三个目标是提高‘中华民国’的声誉。第四个目标是为了减少台湾对美援的依赖而采取提高台湾自立能力的措施。最后一个目标是获得并保持合理的生活水平”。

1960 年 5 月国务院情报研究所的人员在《“中华民国政府”前景》中指出，对保持台湾经济的稳定来说美国援助继续发挥着重要的不可或缺的作用。在 1960 财政年度里美国以防务支持和技术合作项目形式的经济援助数额达到 7 000 万美元，而 1959 财政年度这一额度是 7 300 万美元。美国对台湾的主要贷款援助项目，即开发贷款基金，批准了对“中华民国政府”总额为 5 400 万美元的贷款，用以支持多种项目，包括多功能大坝、造船所、铁路升级、水泥生产以及中介信用机构等项目。第三期 480 公法项目考虑到台湾危机后及洪水发生后的实际情况，计划提供价值 1 900 万美元的美国剩余农业产品，该方案已获批准。根据预计，1960 财政年度中美国将提供总价值为 1.07 亿美元的援助。台湾当局并没有获得进出口银行和国际复兴发展银行的贷款，但联合国及其专门机构向台湾提供技术援助。

随着台湾经济的发展和美国经济的持续疲软，美国政府开始考虑减少对台湾的经济援助和军事援助。在经济援助方面，美国强调将更多地把注意力放到确保在一定程度上提高台湾人的自立能力上，使他们在一定程度上利用自身资源以实现自给，国际合作署计划的重点也逐渐由商品援助转向计划援助和技术援助，美国倾向于在一切可行的计划中尽量以农业和其他“软”商品的形式来援助台湾。在军事援助方面，美国认为军事援助计划努力的方向是提高并保持台湾特种军事分队的战斗力，使之能够“成功地保卫”台湾和沿海岛屿。但同时美国“必须在‘中华民国’的自助原则上做出更多的努力，并更加强有力地表达我们希望在台湾自身资源允许的范围内支持军事建设的意愿。我们必须进一步强调，军事援助计划对于‘中华民国’来说只是起到一种补充作用，而不可能提供百分之百的支持”。

1964 年在《“中华民国政府”的发展前景》的评估文件中情局官员表示，自从1950年以来美国对台援助已经达到了46亿美元,还有其中的一些援助即将抵达台湾。在这一总量之中军事援助总计25亿美元(占53%)。“中华民国政府”对美国的援助进行了有效使用,美国援助在台湾经济发展中已经成为一个极为重要的因素。在贷款利息方面,1961年美国开始转向发放长期贷款而不再提供赠与及“软”贷款。1963年美国宣布将在今后几年里完全终止提供赠与及“软”贷款,“这一决定建立在这样的信念上,即到那时为止台湾可以通过依靠国际贷款组织和国际私人投资来维持自身的经济发展。军事援助和按照480号公法的交货还将继续下去,尽管我们还不明确到底要在多大程度上给予台湾帮助”。虽然美国军事援助计划的目的是使防御台湾及澎湖列岛的国民党军事力量更加现代化,但国民党的目的却是为了准备进攻大陆而重视发展自己的进攻力量。令国民党领导层沮丧的是美国对台的支持限制在防御需要的范围之内,因此国民党必须想方设法规避美国的限制。比如说,利用美国军事援助计划支持的训练设施去训练不受军事援助计划支持的部队,这是一个普遍现象。国民党保持最大极限的军事力量说明它希望使用自己的军队。这样一来国民党一直抵制美国要求其进行任何大规模裁军的压力,保持了世界上按人口平均计算的最大武装力量。另外,国民党可能将继续为使美国军事援助计划支持尽可能多的军事力量而努力,同时也保持并有可能增加对非军事援助计划支持的非正规作战部队人数。为了甩开美国自行其是,台湾当局一直努力增强它的军事实力,特别是提高与美国军事援助计划不相符合的进攻能力。为达此目的国民党从1962年5月1日到1963年6月30日征收“国防特别捐”以支持高达5.93亿美元的特别准备预算。在那段时期内台湾当局自筹经费的防御开支从1961年占地区生产总值的8.7%过渡到1962年的9.8%,直至1963年的10.5%。在1964年估计是8.7%。特别预算设立的一个重要原因是用于加强它在大陆的秘密间谍活动以及购买军事援助计划供给之外的武器装备,以备与大陆打心理战。

越南战争爆发后,美国经济雪上加霜,同时,美国在亚洲的战略重点也转移到越南,因此,约翰逊政府准备甩掉对台援助这一沉重包袱,挪出这笔钱另作他用。1963年,美国以台湾经济增长和美援装备已超过台湾防卫需要为由,大量削减了对台援助。1964年5月28日,美国国务院发表声明称,鉴于台湾经济已达到自立的程度,美国国际开发署计划将于1965年6月30日终止其在台湾的经援计划，改为贷款，但军援和农产品法案仍将继续。1965 年 1 月 14 日，约翰逊在援外咨文中指出台湾自助有成，经济繁荣不需美援。6 月 29 日，美国宣布对台湾的经济援助于当月月底结束。12 月 12 日，美台双方在台北签订关于美国向台倾销剩余农产品的协定。依照这项协定，美国政府在 1968 年和 1969 年两个财政年度，将售予台湾价值 3 750 万美元的农产品。在 1965 年 6 月美国对台湾的经济援助正式宣告结束后，除数量有限的剩余农产品外，美国再也没有给予台湾经济援助。

美国当局下决心，从 1967 财政年度开始将美国援助严格限制在上述方针的框架之中，直到实现美国设定的“中华民国”的军事力量规模(1971 年底)缩减的目标。1967 年美国对台湾的军事援助数额从原定的 9 600 万美元减少到 9 000 万美元，1968 年的军事援助计划大致与 1967 年相同。除了一些小的项目之外，1967 年的援助的缩减，外加上驱逐舰计划的引入，导致了 5 架 F－5 战斗机被缩减。美国还考虑重新评估美国援助台湾的武器装备种类及总量，分阶段减少军事援助的运营成本。此外，应该注意到，美国援助的实际交付数字与美国的计划援助数字还有不小的出入。1964～1967 财政年度美国实际交付台湾的数字估计为 3.9 亿美元，比计划数字少了 1.1 亿美元。照此比例估算，1967～1971 财政年度，在每年 9 500 万美元的计划援助数字中，实际交付的可能会比这一数字少 3 000 万美元。美国情报进一步分析认为，从长远来看，美国对台军事援助的缩减可能会导致台湾购买武器设备的规模进一步扩大化，因为美国对台控制的利器—对台湾的金钱援助—不断缩减，美国政府制约台湾的能力也在下降，美国更难劝说台湾缩减他们的军事开支，将军事预算在台湾地区生产总值中所占的比重下降到一个合理的水平上，所以美国政府设置的目标实际上很难实现。

美国军事援助的削减是一个渐变的过程，对台湾当局政治、经济、军事的影响是逐渐显现的。美国不希望因为军事援助问题与台湾当局发生激烈的冲突，导致台湾做出某些极端的反应。而且，这个过程中间，台湾当局想方设法突破美国加诸于自己的军队数量限制，通过增加自己的军费开支来弥补美援下降造成的差额。将本来用于发展经济的开支挪作军事开支，无疑对台湾经济发展造成了一定的影响，但美国一方面认为，台湾当局还是有足够的清醒意识，认识到经济发展对台湾生存的重要性，美国不能强迫台湾当局接受自己的意见；另一方面则美国也持续不断地要求台湾降低军费开支、缩小军事规模。美国国务院官员认为，产生这一问题的根源在于多年来美国一直对台湾过于慷慨施舍，而国民党官员过于大手大脚花钱，“多数中国官员持无所谓态度，觉得反正最后会由美国来付账”，国务院官员因此做出结论说，“今天最困难的任务，就是要说服中国官员们，让他们相信美援是以美国安全利益的需要为度，不能靠施加压力或哄骗的办法，要美国拿出更多的钱来援助他们”。然而，台湾国民党仍然固执己见，不顾美国的意见，继续希望多用美国的钱，甚至用于“与美国政策相悖的目的”，他们多次延迟提交军费预算，往往拖延到最后一分钟，希望拖到华盛顿追加拨款为止。

至于美国在经济上支持国民党的动机，当然不只是关心台湾岛上的民生。其实，美国也是为了自身的利益，包括安全方面和商务方面的利益。美国要加强亚洲的战略防御以对付共产主义的扩张。同时，美国要得到市场，保护自己的贸易线，日益需要找到廉价的劳动力来源。国民党人士就曾指出，美国按照其 1945 年农业贸易发展及援助法所提供的粮食援助，即为援助台湾，也是为了处理美国的剩余农产品。同时，美国看到台湾农业有所成就，又有对付共产党“造反”的经验，就利用台湾农业专家到外国服务，收取冷战的战略利益。

从美国对台援助政策的变化中可以清晰地反映出来美国对台湾从“全面扶植”到“加以限制”的政策变化，台湾对美国依附程度的深浅也可以从美援变化中找到答案。

7. 对台湾岛内情况的评估

在国民党尚未将自己的全部力量撤向台湾之前，中情局于 1949 年 3 月 14 日出台了名为《台湾可能出现的发展态势》的报告，认为“台湾本地人强烈希望自治，但是台湾本地人和中国国民党集团之间相互冲突的利益诉求使得形势复杂化了”。台湾“本省籍人”强烈憎恨 1945 年日本投降后国民党统治台湾的种种表现。因为国民党统治者对台湾本地人的剥削达到了骇人听闻的程度，完全不顾及台湾本地人的利益，也不注意保留台湾岛内的资源。1947 年台湾“二二八”起义突出地表现了“台籍人问题的爆炸性本质”。台籍人也许“并没有马上实现‘独立’的强烈念头，但可能希望得到联合国托管或成为某种形式下的美国的保护领地”。台籍人当时和今后的一段时间不可能成功地反叛国民党政权，因为台湾本地人缺乏有效地组织与领导，且国民党军队就驻扎于台湾岛上。然而，由于当时大陆人不断涌入台湾岛，在任何时候台籍人“都有可能诉诸暴力和颠覆行动，对大陆籍人的涌入表示抗议”。他们的反抗动机“与其说是希望取得成功，不如说是希望吸引世界舆论对台湾问题的关注”。

1950 年 8 月，美国国务院出台长篇报告，对溃败到台湾的国民党政权的局势做出全面概括。在这份名为《台湾局势的图表概括》的报告中，美国人指出国民党的权力架构并非是正式的法律原则，而是个人对领袖的忠诚以及个人政治。所有像军队、财政和特务这样重要的权力部门都是由蒋介石和一小群忠实的拥趸们所把持。聚焦于省政府内的陈诚与吴国栋之间的政治分歧以及在中央改造委员会和国防部之间的陈诚与蒋经国之间的私怨造成了局势的不稳定，并且呈现出潜在的爆发态势。台湾的经济地位依然高度不确定。1950 年代台湾经济秩序将会主要依靠美国经济合作署的援助和政府出售黄金储备来维持。除非行政当局能够大量减少政府支出，特别是降低相应的军事开支，1951 年岛内的经济稳定才有可能在持续不断增加的国外经济援助的支持下得以实现。

随着以蒋介石为首的国民党政权困守台湾局面的固定化，1952 年 7 月，美国国务院情报研究所官员在《中国国民党的声明可能代表他们对其国际地位问题的新看法》中分析了台湾“外交部长”叶公超的讲话，认为台湾当局对于自身的定位发生了变化，“当被驱逐出大陆的政府又在台湾得以重建时，除了借挑起第三次世界大战来引发国际力量重新洗牌之外，国民党领导人找不到解决自身问题的其他办法。现在，台湾‘外交关系’的重新调整和岛内境况的改善已经在一定程度上增强了国民党的安全感、自尊心和责任感，使他们能够更加现实地考虑全面战争将会给自身带来何种后果”。尽管国民党人重新控制大陆的最终目标可能仍然没有改变，但“他们有可能认识到了中共政权牢牢控制大陆的现状”。尽管他们的公开立场还很强硬，“但他们可能做出判断，在短期内使用武力铲除中共政权的前景极为渺茫。总而言之，他们未来的策略可能不是围绕尽早‘光复大陆’展开，而是尽可能巩固他们在台湾的地位和改善他们的国际关系，将实现他们最终目标的希望寄托于遥远的未来”。

1953年8月,国务院情报研究所出台名为《台湾食糖—稻米经济的压力和张力》的报告,分析了台湾岛内的经济形势,指出战后台湾经济问题的主要症结是岛内资源和对这些资源的要求之间的根本不平衡问题。对资源的需求大大增加,一方面是因为1940～1953年之间台湾人口增长了70%,另一方面因为台湾当局做出了两重承诺,即要把该岛建设成政治、经济发展的楷模,又要使台湾岛成为防御力量的大本营和最终入侵大陆的基地。长期的通货膨胀压力和大笔交易与支付赤字的平衡问题是这种深层次不平衡的主要表现,食糖出口的下降、大米出口的下跌及国内市场销量的下滑大大加重了这种不平衡。由于不断增加的防御和人口负担,台湾的进口需求增加而出口能力急剧减少。但通过扩大美国援助弥补了收支逆差,实现了收支的基本平衡。

关于年迈的蒋介石的接班人问题,中情局进行了不断的分析和预测,越来越关注陈诚和蒋经国的政治命运。1953年8月,国务院情报机构在《蒋经国在"国民党中国"中的权力地位》中对此进行了分析,他们认为,当国民党在大陆时,蒋经国没有发挥多大作用,直到1949年国民党败退出大陆之后,他的政治命运才出现转折。在台湾他进入了最核心的领导决策圈,"其个人权力的快速积累令民众纷纷猜测他的雄心和他父亲在规划其职业生涯中的动机到底何在"。蒋经国在国民党中的重要地位源于他的职位：(1) 台湾"国防部"总政治部主任;(2) 国民党中央委员会的首要成员;(3) "中国青年反共救国团"主任。利用这三个组织的功能和活动,小蒋能够在政府和党务运作中扩大其个人权力,他已经成为他的父亲的合法接班人之一。"除非中国政治发生了不可预期的变迁,否则小蒋在塑造未来'中华民国'命运的进程中将逐渐起到主导性的作用。"当然,蒋经国当时的权力根基并不完全能够确保他继承大位,在一定程度上他还是依靠他年迈的父亲蒋介石的扶持。1956年8月,国务院情报研究所在《"中华民国政府"的前景》认为,蒋经国还是要在其父的荫蔽之下加强自己的权力。陈诚依旧是蒋总统指定的接班人,尽管有报道称,由于他没能积极发挥副总统的作用其地位有所削弱,不过陈诚在国民党内和军队中有着众多的追随者,在他继任一事上他可能会博得众多现任的文职和军事将领的支持。自从吴国桢被撤销职务和孙立人被从军队除名之后唯一挑战陈诚座次的只有蒋介石之子蒋经国。虽然蒋经国的影响力还继续要依靠其父亲来强化,但蒋经国在特务、军队政治部门、国民党组织和青年军人中都有重大的影响力。然而蒋经国在博取创立“中华民国政府”和国民党的老前辈的支持方面在相当大程度上并不成功，他的影响力主要集中在中下层。以前在大陆拥有强大影响力和权力的政治集团和派系在台湾都没有发挥举足轻重的作用；CC系在台湾“立法院”仍占有一席之地，与政学系有联系的几个人物在行政系统中还有一定的影响力。

到了1964年在《“中华民国政府”的发展前景》的报告中，中情局已经确认了蒋经国在继承问题上的优势地位，其评估分析认为，直到1963年下半年人们还普遍认为陈诚将会继承蒋介石的位置，然而在过去的几个月中，陈的地位一落千丈，最明显的表现就是12月初蒋介石总统接受了他请辞台湾“行政院长”的要求，与此同时蒋经国越来越多地走上前台。1963年夏末他对华盛顿做了一次访问，在他回岛之际媒体进行了铺天盖地的非同寻常的公开报道。在11月份的第九次国民党大会上小蒋扮演了一个举足轻重的角色，他负责筹备选举并任命很多他的亲信进入国民党中央委员会，“现在看起来蒋介石更加公开地将他的儿子装扮成最终的继承者”。中情局在《南越总理阮高祺1965年8月中旬访问台湾》的电报中(1965年8月5日)认为，对蒋经国来说他事业发展的转折点是1964年3月被任命为“国防部副部长”。那时他已经掌管了情报和安全组织、青年团、退伍军人委员会，并且在国民党和“国防部”里发挥着重要的作用，1965年1月提升为“国防部长”，蒋介石为其子提供了巩固他在“国防部”的合法统治权力的机会。蒋经国就任“国防部副部长”之后在“国防部”内发生的人事变动无疑巩固了他的权力地位。新的“陆军首领”高魁元和现任“副国防部长”马纪壮都是他的坚定支持者；“海军司令”冯启聪以及“参谋长”黎玉玺看起来和他站在同一阵营；“空军司令”徐焕升也被认为是蒋经国的亲信，“陆军联勤总司令”、中山科学院院长也都与蒋经国有着密切的联系。相比之下比较老的将领如彭孟缉、周至柔及刘安祺占据的职位比以前的重要性要减少许多。蒋经国为“国防部”所设目标包括加强政治和安全工作，本着经济、效率的原则采用新方法改进武装力量，精简机构，减少腐败，提高军队和官员的士气，培养年轻官员。蒋经国继续密切关注台湾的内部安全，密切监视着雷震、赵志华及彭明敏案件。他几乎责无旁贷地要负责监视廖文毅返回台湾之后的活动。“司法行政部调查局局长”沈之岳是经国的一位副手。蒋经国对“台湾独立活动”的含义非常敏感，倡导采取严格而非压制的政策来对付“台独分子”。台湾政治气候发生重大质变是从陈诚逝世开始。以前一个人被估计为“蒋经国的人”或“陈诚的人”，现在只是被简单地说成是“蒋经国的人”或者干脆什么名称都没有。很少有人能像小蒋一样精心准备并且始终如一地赢得蒋介石的信任。蒋经国对高层任命上的推荐，特别是对军队人员上的举荐，都得到了蒋介石的充分认可。蒋经国接班成为不争的事实。

关于“台独”的问题，1956 年 8 月国务院出台一份名为《“台湾独立运动”，1683～1956》的专题长篇报告，对“台独”历史进行一种编年史的分析，详细描述了清朝时期、日据时期及 1945 年以后的“台湾独立运动”，并将台湾的共产主义活动也归入其中。情报认为，纵观台湾历史，其间虽然成立了许多民族主义组织，但只有自第二次世界大战以来在台湾岛外成立的组织一直坚持要求“台湾独立”。当时台湾内部没有表现出对这些已经成立的组织的理解和支持，而且这些组织之间也没有任何联系。最重要的组织“台湾民主独立党”由流亡海外的台湾人先在香港后在东京组建。1955 年为了使台湾能够摆脱“中华民国政府”的控制而“独立”，“台湾民主独立党”成立了“台湾共和国临时国民议会”。在这个目标的指引下，“国民议会”于 1956 年 2 月 28 日宣布成立“台湾共和国临时政府”。中国共产党人也建立了台湾民主自治同盟，该同盟主张中国对台湾“自古以来”就拥有主权，致力于推动台湾的“解放”。

1956 年 9 月，中情局在《“中华民国政府”的前景》中分析了国民党政权的基本形势，认为在过去几年中，尽管“中华民国”的“国际地位”有所下滑，但“‘中华民国’依旧保持稳定并已经牢牢控制住了台湾”。在政治上，无论是“中华民国政府”的行政机制还是“政府”目标都没有发生大的变化。台湾当局的最根本的目标仍然是：(1) 维系作为中国唯一合法政府的地位；(2) “光复”大陆并搞垮中国共产党政权。为实现这些目标，国民党的政策主要集中在五项基本措施之上：(1) 持续维系与美国的同盟，如果可能尽可获得美国保卫沿海岛屿和协助解放大陆的承诺；(2) 保持在由政府参加的联合国和其他国际机构的成员国地位，阻挠这些组织接纳中国共产党代表；(3) 积极培育东亚的反共同盟；(4) 从海外华人社团中谋取越来越多的支持；(5) 维持台湾内部的安全和稳定，将台湾培育成为强大的反共基地。从经济层面而言，1955 年通货膨胀的压力绝大部分是由不断增加的军费开支造成，不过不断发展的经济和有所改善的财政控制手段确保政府部门有能力缓解通货膨胀的压力。从国际态势而言，台湾当局的“国际地位”受到了几个新态势的严重影响，最为重要的国际变化如下：(1) 在国际社会上越来越多的国家开始承认中华人民共和国；(2) 外蒙古申请成为联合国会员国，国民党加以否决；(3) 美国和中共的代表恢复日内瓦大使级会谈并进行持续会谈。接连不断的国际事件增加了人们对台湾未来的忧虑和不安，这对国民党士气产生了极为消沉的心理影响和重大的心理打击。由于美国的支持可能无法遏制台湾当局“国际地位”不断恶化的势头，台湾当局的根本目标——作为中国的合法政府，以武力“光复”大陆——将会越发显得不切实际。在这种情况之下，台湾当局可能被迫调整自己的目标和对内政策的方向，为大陆籍人和台湾少数民族找到未来在台湾生存下去的意义。

1960 年 5 月，国务院在《“中华民国政府”前景》的评估报告中进一步分析国民党政权的形势，认为“‘中华民国政府’在很大程度上把自己的前途寄托在国外因素上，而它自己对国外因素的影响微乎其微，没有任何控制力。面对一个强大的、牢固的大陆政权的威胁，如果没有美国在军事和经济方面的帮助‘中华民国政府’无法生存下去，如果没有美国的外交支持，‘中华民国政府’无法维持它的‘国际地位’”。尽管如此，台湾当局仍然保有明确的目标，“雄心壮志”依旧，为了追求以“光复大陆”为首的这些目标在一定程度上甚至不惜损坏与美国的关系，“这些目标主导着‘中华民国政府’的政策”。

1961 年 6 月 20，中情局《对“中华民国政府”前景的预测》关注岛内台籍与大陆籍人的关系，指出台湾民众可以被分为四类：(1) 几百人的大陆领导者，他们控制了政府、武装部队和政府企业中的所有重要职位；(2) 150 万的其他大陆籍人；(3) 超过 1 000 万的台湾籍人，他们有中国人的血统；(4) 18 万土著居民，他们住在偏远的山区，没有任何政治地位。在所有四类人中，只有控制着整个国家的第一类大陆籍人被官方“光复大陆”的目标所激励。而其他大部分的大陆籍人虽然也支持这样的目标，但已基本上适应了他们在台湾的现实状况。除了支持“中华民国政府”以外他们没有任何可以替代的政治或经济选择，但是由于他们有限的经济前景和他们与大陆的裙带关系，这类人是四类人中“最容易受到共产党人的诱惑而多少有些自愿地与北京和解的一类人”。中情局的分析人员预测，在接下来的时间内台湾籍人和大陆籍人的关系必将变得更加紧张。因为台湾当局既需要补充“中华民国政府”的武装力量，又要维持在这些武装力量中大陆籍人的统治地位，这两种需要将变得越来越不能调和。当时超过75%的应征入伍士兵是台湾籍人，但是97%的官员和93%的军士是大陆籍人。台湾籍人将会更加厌恶“中华民国政府”对台湾的统治，要求对他们的命运有更大的发言权。对台湾籍人越来越难以驾驭将会刺激国民党强化其控制，而这反过来又将加剧台湾籍人的不满。

到了1964年3月11日，中情局官员在《“中华民国政府”的发展前景》分析了当时台湾当局面对的问题。在法国承认中华人民共和国之后，台湾民众对美国远东立场的坚定性和美国远东政策的稳固性感到普遍担忧，台湾当局的士气和信心遭到进一步的打击。但是，“相对说来我们认为除非‘中华民国政府’领导人确信美国已经放弃台湾和美国在远东的反共目标，‘中华民国政府’将会完好无损地渡过这一难关，在随后其他重要国家承认北京政府以及在联合国中国席位上的激烈争夺战中，该政府很可能会经受住打击而幸存下来。不过，被颠覆的可能性也不能被排除，因为危机可以促成‘中华民国政府’的构成或政策发生根本改变”。“中华民国政府”与美国之间互不信任和误解的关系有可能加剧，而这将导致美国影响“中华民国政府”构建台湾经济的难度增大。台湾当局肯定会向美国施加强大的压力，要求美国保持甚至增加对台经济和军事援助。随着更多的国家与中国大陆政府建立经济和外交关系，“中华民国政府”的“国际地位”有可能持续下滑。这种趋势继续发展下去，“美国放弃支持‘中华民国政府’作为全中国政府的倾向也将加强。世界大多数国家将会谴责‘中华民国政府’的行为，批评后者要求大陆所有权的行为破坏了远东地区的和平与秩序”。台湾当局面临的“外交困境”将会进一步加剧，美台关系的变数从生。

由于冷战这种特殊的战争形态，武力冲突作为威慑力量的一部分“退居二线”，情报以其前所未有的形态成为冷战战场上的主要角逐方向。以美苏为首的两大阵营均大力发展情报力量，冷战的历史背景赋予情报特殊的价值和意义。情报作为国家安全保护机制的一部分，在对付对国家完整构成根本威胁的人和事方面，发挥着核心的(潜在的)作用。这种威胁包括：主权国家在军事上的失败和损失、革命造反对国家政权的颠覆以及两者的结合。情报作为一个预警系统，要对重大的危险事件预先做出评估，从而防止更加重大的突发事件的发生。当中国(尤其是台海地区)出现或有可能出现有迹象针对美国的问题时，情报分析人员就需要密切关注并进行研判。情报的最大价值是对未来的指导，它努力洞察对象的心理，而非停留在对种种已发生事实的观察之上，它经常进行换位思考，从对象的看法出发来理解和观察事态的进展，这就是说，情报评估具有非凡的洞察力。情报不制定及执行政策，但提供给决策者有关对手和环境的最可能的全面理解，帮助决策者成功地制订计划和指导实施。情报的自我定位是为决策者提供事实和可能的趋势。情报不可能总是局限于本身的目标，而是分析已有政策，预测可能的结果，更多的情况需要情报分析人员预测国外对本国政策即将采取行动的可能反应，找出最佳的解决事态的方案。

应该明确的是，国家情报评估的任务不是制定政策，而是尽可能公正、客观、准确地表述事态的全貌，预测事态的可能发展趋势，对可能的冲突局势做出判断和预警，在决策者面对危机或机遇时，清晰地勾勒出事态的演变过程并提供明智的见解。至于这种评估产品是否被决策者所接纳还受很多其他因素影响，如评估报告是否晦涩难懂、评估的是否是决策者正在思考的焦点问题、决策者与情报官员的私人关系等等。应该说，情报评估和特别评估代表了情报机构的相对权威性的判断，对决策者制定相关政策起到了重要作用，但面对一种不确定的、多变的、不稳定的世界和事态进程时，情报评估不见得都准确合理，也不见得有多少能变成最终的政策决策。情报评估的起点是决策者的需求，情报评估的终点是政府的实际行动及其引发的后续事态。情报是进行有效决策的前提条件，但并不总能发挥足够的作用，情报评估作用的大小主要看它对决策者的影响程度如何。如果没有行之有效的国家安全政策和对外政策，最准确可靠的情报也没有任何作用，情报评估必须放在一个更加宽泛的国家安全政策和对外政策框架下来考量。

八、乱世迷局:"文化大革命"期间的中国

华南师范大学　何慧

东方出版中心出版的《美国对华情报解密档案(1948～1976)》的第八编收录了19份有关中国"文化大革命"的美国情报及评估文件,它们是从一百多份相关文件中挑选出来的。这些文件的主要内容是美国中央情报局就中国领导人、党内斗争以及"文化大革命"对中国的经济建设、社会秩序和对外政策的影响的观察、分析和评估。其中,关于中共党内政治斗争的观察和分析最多,包括中共中央高层领导人的身体健康状况、他们在"文革"中的地位变化,彼此的合作与斗争等。还包括对中国某些特殊的政治制度的观察,如美国中央情报局对中共"政治安全体制"的观察和评估就厚达近百页。其次是关于"文化大革命"对中国社会的冲击,如对国民经济的影响、学生参与"文化大革命"造成的后果、社会上出现的混乱局面等。再次就是关于"文化大革命"对中国对外政策的影响,如中国对于越南战争的态度。这些评估涉及"文化大革命"期间中国政治、经济和社会的各个方面,并力图在对中国当时的形势做出基本判断的同时,预测中国未来的发展。从总体上看,在美国中央情报局眼里,"文化大革命"期间的中国可以说是一个纷乱不已的迷局,政治上,高层人事斗争错综复杂,政治形势迷雾笼罩;经济及社会方面,混乱无序却并没有完全崩溃;对外政策方面,貌似连贯,实则徘徊于歧路之间。

1. 探秘寻踪:如何收集有关中国的情报

在美国联邦政府中,白宫、国务院、中央情报局都有对外国进行研究并向

政府提供政策建议的部门。中央情报局是美国最大的情报机构,它的一项主要任务是公开和秘密地收集关于外国的政治、经济、文化、科技等方面的情报;它的另一项重要任务是协调美国的对外情报工作,如把通过各种途径获得的信息进行汇总分析,并以《国家情报每日简报》的形式发送给政府部门的高级官员。而更为详细的《总统每日简报》则会每天送到白宫,作为美国政府决策的重要参考。除此之外,还有由中央情报局国家评估办公室做的评估报告。

中国是亚洲的大国,又是共产主义阵营的重要国家,因此,美国关于中国的情报收集和分析工作处于比较重要的位置。中央情报局和美国其他情报机关为了获取有关中国的情报,使用了一切可能的手段,除了招募代理人外,还包括使用飞越中国领空的卫星,在中国周边地区设立监听站,用潜艇对深海通信电缆进行窃听等。但是,由于新中国成立后中美两国之间没有正常的外交关系,也没有其他经济、文化的往来,因此,美国收集关于中国的情报的直接途径相当少,间接的途径则导致信息散乱及消息源不可靠,致使情报不准确。这使得美国的情报评估报告中经常出现诸如“手头上没有确切的信息可得出结论”、“不能确定”这样的文字,表明其不少情报无法从多个渠道予以证实。

“文化大革命”期间,美国的情报部门主要是在靠近中国内地的香港、澳门设立机构,从那些过往中国的外交人员、游客、商人那里收集各类信息。他们在想方设法获取各种正式文件的同时,也尽量收集各式各样的出版物,特别是大量红卫兵的报纸以及各地的大字报、小字报。由于“文化大革命”期间众多对立的派别互相攻讦,彼此大揭对方的老底,从而披露了相当多不可能从官方的公开宣传中得到的信息,所以美国的情报部门对这些大字报、小字报非常重视。甚至可以说在这个时期,大字报是美国情报部门使用得最多的情报信息来源。基于这些信息,美国中央情报局对中国在“文化大革命”期间的各个方面都给予了密切关注,而中国的政治形势及走向是美国最为关心的问题。

情报档案的种类很多,最大量的是普通的情报信息电报,它们属于常规的信息汇报,有些来自中央情报局的渠道,也有些是来自国务院的网络,而大多数这类情报的真正来源基本上都还没有解密。通常情况下,它们只是直接叙述情报内容，一般不作评论，而且这些情报电报都显得比较粗糙。例如，中央情报局有一份情报信息报告，其内容是一般的中国人如何获取外国信息，它指出，处于封闭状态下的普通的中国人很难了解外国的情况，只有那些有一定级别的人才有资格阅读《参考消息》和《参考资料》这两种摘登外国报刊的内部出版物，而有特别的工作需要的人才能通过阅读外国的报纸，收听外国电台来获取外国媒体上的信息。这些其实非常普通的常识性的东西在美国的情报报告中也不时出现，可见其情报并非都是关于重大事项或高端秘密的信息。在所有情报中这一类情报的数量是最多的，它们就好比建设楼房所用的沙石，是情报工程的原材料。

另一部分档案是情报报告、备忘录和特别报告，它们是就某个专题或某个时段的形势，在对相关情报进行研究后提交的分析报告。可以说它们是使用原材料修建的一个个房间。而在所有的情报文件中，最有分量和价值的是国家情报评估报告，相当于一座建成的楼房。评估报告不同于一般的情报，它通常是在国家评估办公室完成评估后，由中央情报局局长提交美国情报部每周一次的会议取得最后同意，然后根据其内容、密级等，有针对性地分送到美国政府的相关部门，成为美国政府决策的重要参考资料。关于“文化大革命”也有一份专项的国家情报评估报告。

2. 迷雾中的身影：中国高层领导人

美国中央情报局观察中国“文化大革命”的聚光灯首先照射在中国的最高领导人身上。毛泽东、周恩来、林彪是他们观察的主要对象。而毛泽东是核心的人物，他的健康状况、行为动机，特别是他发动“文化大革命”的目的都是美国情报机构关注的焦点。

(1) 毛泽东的健康和他发动“文化大革命”的动机、做法

有关“文化大革命”期间毛泽东的健康状况的情报，主要是简短的情报信息电报，电报是由谁发回的因仍未解密不得而知，消息的来源则主要是在华外交官，特别是东欧国家的外交人员。其中两份是比较有代表性的关于毛泽东的健康状况的情报信息电报。一份是传闻毛泽东 1966 年 4 月初在上海做了

喉癌手术，这是波兰外交官从一位"曾参与会诊"的波兰医生那里获得的消息。这样的小道消息很不确切，况且，波兰医生参与会诊似乎也不太可能。对于中央情报局来说，这样的消息也收入其报告中，说明它的消息渠道确实有限，也说明他们对毛泽东的健康状况十分关心。当然，美国情报部门对于各个国家最高领导人的健康都是十分关切的，因为通常来说，政治舞台上最大的戏剧性表现莫过于最高领导人的突然变故。

毛泽东检阅红卫兵

另一份是1967年3月2日关于毛泽东"老态龙钟"的情报信息电报，说毛泽东"渐老并很虚弱"，"已不能连贯地说话，并经常在说完一句话之前已找不到思路"。消息来源是阿尔巴尼亚驻华大使。暂且不论情况是否属实，可以想见，由于中美两国之间没有建立外交关系，没有正常的联络渠道，美国的情报部门只能通过间接的途径来获取有关中国领导人的状况的情报。

除了这类情报信息电报外，在其他的评估报告中也有对毛泽东的健康状况的观察和评估，但他们的观察和评估是模糊的，甚至是矛盾的。"可能"、"估计"、"似乎"这些词比比皆是。如美国情报评估人员估计"毛的健康和控制可能正在下滑"。在75岁时他的心血管病史使"其身体健康状况值得怀疑"。但他们无法确定毛泽东的实际状况，而估计他的体力虽有衰退，但"仍能保持他的领袖气质”，并且他的健康“允许他进行积极的领导”。不过，他们觉得“难以估计毛的健康状况的前景”，只是相信如果毛泽东出现身体健康状况恶化的情况，那么持续不稳定的局面就会更加明显。如果他像列宁那样“苟延残喘”，那么“帮派主义就几乎肯定会滋长”。

从美国中央情报局的情报看，他们对毛泽东的健康状况大多是捕风捉影和揣测，没有确实的证据，而他们关心毛泽东的健康状况，自然是关心中国政治舞台上权力斗争的展开。毛泽东的身体能否使他牢牢地控制住国内的政治形势，关系到中国的政局是否会出现变化。而衰老和死亡这一任何人都无法抗拒的历史规律，使政治人物的命运与历史的进程密切相连。

自“文化大革命”开始以来，美国情报部门就十分关注中国“文化大革命”的进展，除了大量具体的观察外，也有比较全面的评估，其中一份报告是 1966 年 9 月 23 日中央情报局国家评估办公室代主任阿伯特·史密斯致国家评估委员会的关于“文化大革命”期间中国的混乱形势的特别备忘录。这份报告发现中国“处于一种混乱的状态，充满矛盾，急速变化”。最高领导层“变戏法般地一再改变”，各级党组织受到红卫兵的攻击。毫无疑问，是毛泽东“亲自”发动了“文化大革命”，而他发动这场革命的原因可能是因为他遭到了“实际上的公开反对”，这导致他认为党已经不是过去那个能执行他的基本政策的党。报告认为，自 1950 年代以来，中国政府靠说教应对实际问题屡受挫折。尽管毛泽东建立独立而强大的中国的目标得到广泛支持，但越来越多的人开始怀疑他达到这一目标的方法。因为试图用游击战时期的理论来使中国实现现代化，看来越来越不现实。一些知识分子及党的领导人已经意识到了这一点。但毛泽东本人不这样认为，他仍然坚持自己的主张，并希望用清党的办法来统一思想。这份备忘录是对美国情报部门收集到的有关“文化大革命”的情况进行概括整理后做出的客观陈述，它并没有比较深入地分析和研究，只是一般性的估计。

1967 年 5 月 25 日，中央情报局局长理查德·赫尔姆斯提交了一份关于中国“文化大革命”的国家情报评估报告。他综合各项情报及评估报告，对“文化大革命”的原因、“文化大革命”对制度和社会的主要影响及其结果做了详细的分析。他认为，这场革命发动起来有以下几个原因：

第一，在“大跃进”失败之后，政府采取了一些补救措施，使社会在一定程度上保持了稳定和秩序，但这也迫使毛泽东放弃了他的很多计划，做出了暂时的让步。而当他发现很多决定是那些下级官员不经过他而自己做出的时候,他就“要寻找办法,重新确立他在全国的权威和主张”。而且,毛泽东相信一旦要推行他的总路线,党内的反对派就必须被清除。于是,到 1965 年 11 月,他决定采取行动。

第二,毛泽东“近乎迷信动员群众和向群众灌输他的学说可以做到一切”。他的做法是强调意识形态及进行政治斗争。因此,他把“不断革命”作为号召人民保持战斗精神的旗帜。中国高层的其他领导人并不反对“不断革命”,但他们更希望“这些事情能够并应该服从于不断推进建设现代中国的事业的利益”。这样一来,高层决策者的分歧加剧。

“文革”宣传画:全国学解放军

波澜壮阔的红卫兵运动

游行感谢毛泽东送芒果

第三，毛泽东对中国的政治现实极为不满，同时也对中国的未来十分担心。他知道自己年事已高，剩余的时间不多了，所以他对没有经历过革命战争考验的年轻一代特别不放心，害怕“苏联式修正主义可能影响中国，在他死后可能更会如此”。毛泽东曾经指定了刘少奇为接班人，但当他对党的机构越来越不信任时，他开始依靠解放军，并把林彪提升起来。这种情况加剧了争斗，“那些身家性命系于刘氏的人正在努力挣扎，避免他的倒台而求生，而那些在林周围的人，可能正试图利用他的新承诺而获益。结果，政治气氛更紧张、更复杂了”。

从美国中央情报局对“文化大革命”早期形势的基本估价看，他们相信是毛泽东按照他对中国未来的设想发动了这场运动。他们认为，尽管“文化大革命”不知道什么时候才会结束，但它已经对中国的政治、经济和社会造成了严重破坏，并影响到中国的国际形象。

(2) 对周恩来在“文革”中的表现的观察

1967 年 9 月 8 日，中央情报局情报处提出了一份关于周恩来与“文革”的特别报告，对周恩来在“文化大革命”期间的表现进行了详细分析。报告认为周恩来作为政府政策的主要发言人以及自 1966 年 8 月以来一直是中国最高领导层的三人组中的关键一员,需要格外重视。周恩来的与众不同和以往处理国内和外交事务方面的经历早已被外国观察者描述过。美国的情报评估报告虽然更关注他在“文革”时期的表现,但对他本人的评价也有过去的影子,如“他出生于富裕的官宦人家并受到儒学传统的熏陶”,而中共的其他领导人“大都出身卑微”。“他在西方世界的经历使他拥有更广阔和国际性的见解”,而使很多外国人印象深刻并被他的个人魅力吸引。他在很多重大的外交谈判中“显示出他的坚定、谨慎和耐心”,等等。

在外国观察家的眼中,周恩来是身体健康和精力充沛的,因为他多年来经常是从早上11点开始一直工作到第二天凌晨两三点。这样的日程“足以让比他年轻的人筋疲力尽”。尽管他已69岁,但他还是承受了长时间的工作以及不断的压力。他要做的事情包括“频繁出席礼仪活动,管理中国庞大政府机构的日益增多的琐事”,在“文化大革命”期间,由于其他人缺位,他承担了更多的事项,如1967年6月20～24日,赞比亚总统卡翁达对中国进行国事访问期间,周恩来就以政府首脑和国家元首的身份出面迎接、宴请卡翁达,与他举行高峰会谈,并主持签订了贸易协定。在刘少奇无法行使职权时,在北京的外国外交官们实际上是把周恩来当作中国的国家元首,这些都“给他增添了更耗时的工作”。而且,周恩来还“暂时代替了被围攻的陈毅、李先念和谭震林”,“承担起外交、财贸、农林这些国家机关的直接管理”。所以,“他是掌权的三巨头中唯一有足够精力应付庞大的政府机构日常事务的人”,而且,“哪里最忙就出现在哪里”。

除了精力过人外,周恩来的务实和灵活也备受关注。他处理问题一贯实际,中国当时虽然有激进主义的倾向,但政府还没有完全放弃相对实际的、较为节制的经济政策,周恩来在这方面发挥了相当大的作用,也表明“中国政坛还没有完全失去清醒和理智”。总的来说,周恩来执行的是温和的路线,采取的是相对保守的立场,这使他有时表现出与“文化大革命”的某些方面不协调,但他同时又能保住其接近政治最高层的位置,这“既反映了他的机敏,又说明事实上他和任何官员一样,今天的中国也不能少了他们”。

中央情报局的报告发现,在整个“文革”期间,所有官方的宣传都说周恩来是在始终忠实地执行毛泽东的指示。然而,“事实上周恩来不断地努力缓和他的上级所下达的极端政策,有时候他似乎做的是两码事”。他“行事周全,左右逢源,拥有无与伦比的政治技巧”。他能够多年来一直身居要职且地位相当稳固,说明他“在党内政治丛林中生存的能力堪比米高扬”。而作为“一个老练、儒雅的实用主义者”和“中国政治顶层的唯一明智的人”,他不仅有能力和耐力,而且拥有“抓住问题要领和化解危机的异乎寻常的高超技巧”。他“有才华和技巧去利用权力杠杆,并使国家朝向温和的政策”。换言之,周恩来是中国政坛上少见的能人。

对于周恩来在“文化大革命”中的作用,美国的情报评估报告认为周恩来“顽强、谨慎和愿意在该出手时就出手”的手腕对他应付从一开始就成为“文化大革命”一部分的险恶的内部斗争有很大帮助。在整个受到官方鼓励的暴力和混乱期间,周恩来多次保护政府部门和军队中当权的那些与他有共识的下属和盟友。在叶剑英、陈毅、聂荣臻等人遭到攻击时,周多次挺身维护,也包括对军委所有副主席、副总理及政治局常委的保护。

中央情报局的报告认为,周恩来虽然赞同“文化大革命”的主要路线,但是比起林彪、江青、陈伯达等人,他的言辞更为温和。他多次强调保持生产的重要性,公开反对“过火行为”,以及强调“治病救人”的必要性,并且他也成功地争取保存了大部分省级地方政府的权威。周恩来一直相当支持更理智的选择,如用三结合班子结束纷争,恢复秩序,呼吁重开学校,让躁动的年轻人回到校园,以及实行稳健的经济政策以保护工农业生产。尽管毛泽东支持的激进派对他不满,也试图打倒他,但他们没有做到,因为“需要他来保持国家不散架”。

除了他的正式职能外,周恩来也在大字报中被描绘成“‘文革’首席执行官”,他下令采取军事行动,劝说造反派接受引导,制定政策,调解各派系之间的争斗等等。但他同时也扮演着“‘文革’解困能手”的角色,如他曾多次亲自会见众多的来自各省的代表,调解各派系的纷争,并且签署了一些中央委员会支持或批评各省领导人的决定或指示。

总之,中央情报局的评估报告认为周恩来“以相当大的信心和不断的努力,促使在‘文化大革命’引起的社会动乱中保持社会秩序”。当然,“在理智与务实的光鲜外表”之下,周恩来“可能与他的同事一样残酷无情”。他能在“靠近中共权力顶峰的并不稳固的位置上供职30年而幸存下来”充分说明了这一点。

周恩来的务实、理性、温和是人所共知的。他坚定的共产主义信念并不妨碍他在具体的工作中采取灵活变通的做法。他在“文化大革命”期间确实成功地自保,但同时也在极其有限的条件下,保护其他老干部,缓和极端政策,竭力稳定社会。不能因为他说过违心的话,做过违心的事,就否定这一切。选择忍辱负重的瓦全也不是那么容易做到的。

(3) 关于林彪

1966 年 9 月,中央情报局情报处关于林彪地位的特别报告注意到,林彪作为毛泽东在党内的第一副手于 8 月份出现了。他当时是唯一被官方媒体描

1966 年“文化大革命”爆发,图为毛泽东、林彪与红卫兵在一起。

“文革”宣传画:幸福的时刻

述为毛泽东“亲如手足的同志”而显然正被培养为毛泽东的接班人的人。自此美国中央情报局的评估人员开始关注林彪，但他们并不确定他的具体角色，仅仅是猜测“他或许只是毛利用的工具，或许是和别人在一起干，也或许他自己是这场运动背后的发起者”。

美国的情报评估报告认为，林彪作为“中国最卓越的军事指挥员之一”，其军事才能无可非议，但“文革”开始时还不到60岁的他却是身体欠佳。他在1937年受伤后曾在苏联接受治疗。1950～1956年间，他淡出了公众视野。1957～1966年夏天之前，他也只是偶尔出现在公众场合。尽管如此，他们知道林彪仍处于党和军队的权力中心十多年。他在1955年进入政治局，1958年进入了政治局常务委员会，第二年又被任命为国防部长，取代失势的彭德怀，作为党的最高军事当局军事委员会的负责人。

中央情报局的报告认为，林彪之所以能够在“文化大革命”中被毛泽东器重，最主要的是他握有军权，其次是毛泽东对其他领导人日益不信任。而林彪在1959年任国防部长后一直是毛泽东各项主张的热烈拥护者。1964年，林彪关于“政治统帅一切”的指示和学习毛泽东思想的号召使他格外讨得毛泽东的欢心。当刘少奇被逐出核心圈子后，林彪被指定为毛泽东的继承人。为了巩固他的地位，林彪把一批军人拉进了中央的核心。中央情报局的评估报告对林彪能否做到使其接班人的预期成为现实给予了高度关注。

美国中央情报局档案中并无关于刘少奇的特别评估报告，而是散见在各

“文革”宣传海报

个文件中,对于刘少奇的所谓罪行,他们是照搬了红卫兵的小册子,说他反毛泽东,是“修正主义的黑司令”,是中国的赫鲁晓夫。他还反对人民公社制度、“大跃进”,反对集体化,主张个人主义,鼓吹“三和一减”和“三自一包”,但没有任何评论。

总的来说,美国情报部门对中国高层领导人的状况是关切但不确切,可以说是雾里看花。但他们已经清楚看到的是:毛泽东的道路走不通,他拼命想要以他个人的意志去改变形势,人定胜天,其实是不现实的。

林彪是政治新贵和明星,但“仍是个模糊的人物”。他是个阴沉难懂、看起来“一直行事低调”的人,美国人始终没有看清他的真面目。林彪是一个识时务的人,在险恶的政治斗争中,他时进时退,见风使舵,力求在最安全的条件下得到最大化的利益。他可以说是一个聪明人,但最终聪明反被聪明误。

3. 浑水中无鱼:政治、经济与社会秩序

“文化大革命”期间,中国的政治、经济和社会秩序出现了前所未有的混乱,然而,在美国中央情报局看来,这种混乱似乎还没有达到使整个国家体制完全崩溃的地步。

(1) 党内高层斗争与政治安全体制

“文化大革命”在全国各地陆续展开,从东北到西南,从西北到华南,从东南沿海到青藏高原,整个中国处于动荡和混乱之中。地方领导人被抓起来并游街示众,“造反派”和“保皇派”之间暴力冲突不断。中央情报局的报告用了大量篇幅详细叙述各个地方的领导人受到攻击、“革命派”夺权以及各地发生骚乱的情况。

地方上的派系斗争其实是中央权力斗争的反映。美国中央情报局的评估报告认为“文化大革命”这场“动乱”的原因实际上是领导集团的“争权夺利”。因为包括林彪、江青、康生等人的新领导集团与刘少奇、邓小平、彭真以及大多数曾掌握政府和军队实权的领导人之间存在着严重分歧。中央情报局的评估

报告把他们大致分成有野心并想要改变现状的激进派和在政府及军队中掌握实权的温和派或保守派。由于他们各有自己的支持者，所以他们之间的较量是从较低层次开始的。激进派靠动员群众，特别是利用红卫兵作为冲击政府和党的体制的先锋。受到攻击的实力派领导人并不甘心束手就擒，也鼓动自己的支持者予以反击，从而展开了惊心动魄的斗争。这样的斗争当然是极大地影响了中国的政治，因为它“已经严重地瓦解了最高领导层”，党的机关遭到破坏，也使党从结构上受到了损害。军队卷入“文化大革命”，承担起过多的非军事任务，无疑会影响它的战斗力。

美国中央情报局的评估人员也试图从体制上去寻找“文化大革命”的深层次的原因，于是做了一份题为《中共：政治安全体制》的长篇报告，它分为两卷：第一卷是概述中共政治安全体制从1920年代创立到“文化大革命”开始之前的1965年的历程。第二卷则是关于1965年秋到1969年4月党的九大召开之间的情况，题为《破坏与重建，1965～1969》。

这份长达5万字的报告对中共的政治安全体制的变化进行了非常详细的考察。它所谓的政治安全体制实际上就是党的高层干部管理体制。它揭示出毛泽东发动“文化大革命”，其实就是要对过去一直行之有效的干部管理体制进行大规模的改造。最初的做法是整顿书记处、办公厅，弃用中央社会部，对中央监察委员会、公安部、检察院和最高法院的领导人进行大换血。中央各部委和解放军总政治部的命运也是一样。而最终的结果是上述所有机构几乎全部都瘫痪了，取而代之的是以毛泽东为中心的小圈子，即中央“文革”小组，由忠于他的人直接负责党的最高事务和干部的审查、管理工作。中央“文革”小组名义上受政治局领导，但政治局常委会实际上成了摆设。军队系统也是这样，全军中央“文革”小组实际上也排挤了中央军委的领导，直接插手军队事务。

按照中央情报局的评估报告的说法，“文化大革命”期间负责政治安全的主要是三个机关，一是中央“文革”小组，二是中央军委，三是由康生、谢富治和汪东兴组成并直接向毛泽东和林彪汇报的“政治安全处”。他们都可以参与确定审查被逮捕的党的领导人的专案组的人选，并在指导基层组织进行“文化大革命”方面有很大的发言权，但对于党的高级干部的最后“裁决”实际上只有毛泽东和林彪可以做出。

在毛泽东至少是默许的情况下,中央“文革”小组煽动在全国基层党和政府机关夺权,导致全国出现了混乱局面,军队被迫卷入其中,形势发展近乎失控。中央“文革”小组和全军“文革”小组都无法承担起它被寄予希望的责任,不得不进行重组。而毛泽东最根本的目的是要重建党的体制,首先是在思想上整党,然后是从组织上纯洁队伍。其实就是要清除异己,打倒旧体制中的反对派,建立完全接受和按照毛泽东的意愿行事的新体制,并用这样的新体制去塑造中国社会。结果就是在中央逐步形成了由毛泽东和林彪所信任的人组成的越来越小的核心领导层,他们成了在全国开展“文化大革命”的总指挥部,他们以中央机关的名义向全国发出指令,并通过派出工宣队、支左小组等开展对全国的控制。这样做的结果是使整个党的结构几乎完全解体了。

为了重建党,中央提出要在基层吸引“经得起考验”的无产阶级革命者参加,为党补充“新鲜血液”。“文化大革命”期间,基层的干部管理主要由各地新成立的革命委员会的政工部门负责,军队的干部管理则由中央军委指派的政治工作组负责。这样形成的干部队伍在 1969 年 4 月召开的党的九大上得到了确认。林彪成功地将与他有着特殊关系的几个军人提升到了中央高层领导人的位置,他们“将在决定林彪是否能稳固他最终作为毛的继承人并执行毛的路线方面发挥关键性的作用”。九大是巩固“文化大革命”“成果”的大会,是要继续使“文化大革命”取得“胜利”的大会,也是正式确立把林彪作为毛泽东的接班人的大会。在“文化大革命”中得势的人进入了政治局,而政治局常委会最终控制了党的决定和党的体制。

(2) 受到“文革”干扰的经济与社会

1967 年 2 月和 3 月,中央情报局就“文化大革命”对中国经济活动的影响提出了两份评估报告。虽然他们认为“此时要做这样的评估是有困难的,因为虽然有大量的信息来源,但多数是零碎的,难以审视经济形势的全貌”,但还是从整体和国民经济的几个具体方面如工业、农业、食品和消费品供应、交通运输、对外贸易进行了考察。

2 月份的报告中说,1966 年 12 月,毛泽东和他的支持者们似乎要把“文化大革命”扩大到农村和工厂,但 1967 年 1 月却在试图抑制过快发展的势头。“这种政策上的突然变化也许最能表明中国经济正在受到伤害”,但还没有处于全面的经济危机。“政府看起来已经成功地防止了‘文化大革命’对经济各个方面的干扰加深，尽管能否继续这样做还不能确定。”中央情报局的报告发现，“尽管有关生产停顿的报道陆续有闻，但没有证据显示有哪个工业部门的全面生产受到了严重影响，也没有确凿证据显示‘文化大革命’严重影响了农业”。交通运输系统的效率有所提高。供应方面，在各地串联的红卫兵所得到的食物和衣物，超出了他们作为学生所应有的配额，结果可能导致食物和衣物供给的减少。

3 月份的报告部分地证实了 2 月份报告中的猜测，即北京已经在减缓“文化大革命”的猛烈势头而努力恢复中国的经济秩序。政府正逐步修补较早时可能对经济造成严重混乱的过度行为。军队在经济运行和管理方面开始发挥重要作用，如控制食品分配、组织春耕、帮助管理工厂的生产等。政府也成功地克服了过去的几个月里发生的影响交通运输的个别混乱情况。报告认为，北京短期内采取的措施虽然在削弱经济政策的激进化，但是交通、通讯、食物分配以及对外贸易还是受到了负面影响。

“文化大革命”期间，中国解决经济受到干扰的问题的办法多样，其中，1966 年 1 月 29 日，国务院发出指示，要求人们不要为过春节而按传统回乡省亲，目的就是要防止工人离开工作岗位，并避免增加已经承受重压的交通系统的负担。另一种办法就是由军队参与到工、农业生产的组织和监管工作中，建立起所谓的“三结合”班子来替代地方当局。

在“文化大革命”中，由于打倒了“走资本主义道路的当权派”及砸烂“公、检、法”，使得党及其各级组织的复杂网络和曾经强有力的国家机器都陷于瘫痪之中，于是出现了全国性的大混乱，虽然中央动用军队取代党的干部和警察维护社会秩序，但他们实际上根本无法阻止形势的恶化。此时，黑市交易、卖淫、赌博、青少年犯罪等问题纷纷涌现。1968 年 7 月 19 日，美国中央情报局提出了一份题为《无序在共产党中国的蔓延》的特别报告，对当时中国的混乱局面，特别是社会治安方面的情况进行了详细考察。

他们认为，黑市出现的一个原因是很多地方不能通过正常的渠道获取所需的基本商品，另一个原因是武斗已经干扰了工厂和农村日常的生产，导致商品短缺。由于很多人无所事事，违法乱纪的情况也多了起来，小偷小摸比较普遍。由于“文化大革命”期间停产、停课闹革命，很多地区的工人、农

汽车改装的武斗用装甲车

民、学生有了空闲，但又没有可以打发时间的娱乐，结果，不少人都把空余时间花到赌博上去碰运气。也是由于学校停课，青少年犯罪成为严重的问题，其中一部分是返城的知青所为。而且，曾经被清除了的卖淫现象也开始增多，在广州和汕头最为突出。另外，各省的大城市都发生的街头武斗，导致出现了城市人口的大迁徙。例如，1967 年春，当郑州当地的解放军当局与北京红卫兵派来的人发生冲突时，大量居民涌出河南省。6 月，南京的居民为了避免卷入武斗而纷纷离开这座城市。7 月，武汉三镇出现大规模暴乱，大批居民逃到安全地方避难。秋初，广州的红卫兵暴力活动导致很多当地居民离开家，去到周边乡村躲避。

政府也力图解决日益增长的违法和混乱，采取了各种措施，包括公审、扣发津贴、发动新的群众运动、组织平民纠察队以及鼓励居民邻里之间组织自己的治安队等。评估报告对以上情况都进行了详细的描述。报告认为之所以会有这些问题并且无法有效解决，一个主要原因是中央领导人对红卫兵的纵容，他们是"真正的麻烦制造者"，却可以打着革命的旗号任意妄为。另一个原因是派系斗争，各有保护伞的帮派彼此武斗也是混乱之源。而军队想结束中国的混乱及非法活动的努力效果不大。因为"只要激烈的政治较量——全国的和地方的——不解决，在中国似乎不可能恢复社会秩序"。

中国内地的"文化大革命"也波及了香港，出现了激烈的工潮和小规模的边民越界事件。但中国最高层并不愿意香港陷入混乱，因为这样会使中国失去至关重要的外贸收入——在 1966 年，中国全部外贸收入的三分之一来自香港。

4. 坚定与彷徨：对外政策及其困境

美国中央情报局认为，“文化大革命”期间的“红卫兵外交”让中国付出了沉重的代价，中国外交人员在国外大肆宣传革命教条，好斗的态度在那些中国建国初期就与之建立了很好的关系国家如缅甸、柬埔寨、尼泊尔与锡兰等制造了严重的问题。驻在北京的外交代表们也受到革命小将们狂热举动的威胁；一些外交场所遭到侵袭。而在外政策方面，他们发现，尽管政治危机使领导层把精力和注意力集中到国内事务上，但中国还是保持了相对积极的对外政策，主要是保持了“‘文化大革命’开始前已经确定的立场和政策”。

在所有中国的对外政策中，美国情报评估者最为关心的是中国对越南战争的政策。他们发现，“文化大革命”期间，党内斗争似乎“导致媒体总体上放松了对越南和对外事务的注意”。但实际上中国“并没有放弃或减弱它在越南问题上的立场”，“文化大革命”显然没有影响通过中国的铁路向北越运送货物。“苏联的石化溶剂、捷克斯诺伐克的小口径步枪和弹药，以及罗马尼亚的石油和钢铁产品，都通过这些线路转运到了北越。”所以，美国的情报评估报告认为“几乎可以肯定他们将继续支持河内打持久战”。

除了红卫兵的准备“随时打仗”的极夸张说法外，美国的情报评估人员认为中国目前的动乱主要集中在国内，因而估计“最近不太可能出现中国出兵干涉越南战争的情形”。不过，他们认为将来形势的发展无法预测，因为不知道中国会由谁来掌权，掌权者会对越南战争的问题怎么处理。所以，他们认为，“考虑到中国的混乱将有可能使目前中国谨慎的越南政策急剧终止，我们要小心”。他们还预言，北越人夹在强烈反苏的中国和苏联之间，“处境不妙”，虽然看起来北越人没有表现出对中国“文化大革命”的担心，但实际上他们也知道，“中国可能因其作为更不确定和不稳定的盟友，最终导致它失去对河内的影响力”,这样“可能会为其他利益相关者提供机会,特别是如果苏联有心鼓励河内考虑政治解决方法的话”,使苏联更多地影响越南局势。事实也正是如此。

在中央情报局看来,与苏联关系破裂导致中国失去了苏联的军事、技术和经济援助。中国希望在世界革命运动中起领导作用的努力正走向失败,而且中国的朋友或盟友所剩无几。中国的强硬政策和红卫兵的过激行为也严重损害了中国的形象,“并使其已经下降了的声誉又受影响”。中苏关系破裂在很大程度上是双方在建设社会主义的方法上出现了分歧,这些分歧又被上升到意识形态的高度。美国的情报评估报告认为,“文化大革命”期间,中国看起来更不可能与苏联妥协,中苏贸易一直处于较低水平就是一个明显的表现。而美国也十分关心中国高层是否存在着表面现象以外的争论,比如当美国军队大规模地介入越南战争的话,中国会不会与美国开战,中国是否会与苏联采取“联合行动”。

1967 年 3 月 1 日,国务院情报研究处提交了一份关于“文革”期间中国对第三世界的外交政策的报告。他们看到,中国已向第三世界国家保证“文化大革命”不会改变中国基本的对外政策,中国会更坚决地反对帝国主义和修正主义,同时用经济援助和其他外交手段竭力安抚这些国家。但由于中国在对外事务上的极“左”行为以及中国国内的混乱,加上其他复杂因素,中国的国际声望降到最低点。而大多数第三世界国家对中国“文化大革命”总的来说态度是比较谨慎的。尽管中国处于政治挂帅和反帝反修最狂热的阶段,但中国也在努力争取发展与西欧和日本的贸易。

总之,“文化大革命”期间中国还在继续执行过去几年一直实行的对外政策。“这一政策就是不懈地和不妥协地争取在国际共产主义阵营中超群出众,在亚非世界中处于领导地位,与美苏为敌,以及有选择地与世界上的其他国家和平共处。”美国的情报评估还认为,“国家内部力量的变化可能但不是必然会影响到国际政策导向”,也就是说,如果国内采取的是更温和的政策,那么它可能会采取比较宽松的对外政策,但是,中国要适应世界政治的现实,取得与其战略能力一致的世界地位,还需要各种因素和国际形势发展制造出的压力。在这一点上,美国的情报评估人员似乎已经注意到了中国的变化与国际形势变化的关系。

5. 破解迷局：情报评估与分析报告的价值

美国情报信息报告及评估报告所描述的“文化大革命”，像是一出跌宕起伏的戏剧，它有开场、转折、高潮，有阴谋、攻击、反击，一幕幕地展现在人们的面前，只是不知道它将在什么时候，以什么样的方式落幕。因为这批解密档案的日期截止到 1969 年底，“文化大革命”还远没有到结束的时候，因此，也无法知道美国的情报部门对其后来的发展是如何评价的。所以，这批档案只是美国情报部门对“文化大革命”早期形势的观察，特别是对它的起因和展开以及对中国社会发展的初步影响的评估。

这个时期中央情报局关于中国的情报工作以收集信息为主。它的信息渠道一是来往中国的外交人员、游客以及逃到香港的“难民”，二是红卫兵的报纸、大字报。由于信息源比较散乱，也无法从多个渠道予以证实，所以，情报人员有时仅仅是把材料照搬出来就完事。不过，中央情报局的评估报告还是对“文化大革命”的进程与其间中国的状况提出了他们的看法。如他们把“文化大革命”定性为“大规模的党内清洗”和“纯洁意识形态的斗争”，认为“文化大革命”的目标是要遵从毛泽东对中国社会发展的规划和执行他的政策，具体表现为打倒以刘少奇、邓小平为代表的“党内的反对派”并“重建党的领导”。由于“反对派的强硬和顽固”迫使毛泽东“把运动扩大到超出他最初设想的范围”，并通过发动群众运动来对付他们，由此导致了全国性的大混乱和整个党的体制的瓦解。而毛泽东力图通过打碎旧的国家机器的手段来实现他的目标是相当困难的。以上估计可以说基本上是符合实际的。

中央情报局的情报评估报告与美国政府的政策或舆论宣传不同，它们是冷静、理性的观察和思考多，从意识形态出发的指责相对较少。例如，它对中国共产党执政以后所取得的成就给予了肯定，认为：“共产党人建立了中国历史上第一个面向全民和直接影响人民生活的政府。”统一的国家、统一的军队、经济改善、民族团结，以及中国共产党早期实行的社会改革和为人民提供的社会服务总体上是得到了人民欢迎的，也是中国有史以来最好的。

但是，一个政府是否能够真正得到人民的支持，不是看领导人有多大的权威，也不是看他能得到多少赞美，而是要看政府能否帮助人民改善生活。如果中国人口不断增长，而经济发展长期不能满足人们的基本需求的话，就会出现危机。而当这些困难出现的时候，"只有讲求实际的领导者才能在对付中国巨大的困难时有所进展"，并且他们不会仅仅停留在经济政策上，他们必须重新评估中国的各项政策，包括对外政策。美国的情报评估报告认为这是必然结果。"长期的趋势正走向无情地反对毛式社会主义，而他不顾一切地扭转潮流的努力，可能实际上加速他的最终失败。简言之，他对在中国出现'修正主义'的担心不是没有根据的。"看起来，他们对于中国最终走上摆脱僵化的教条主义的未来之路还是有先见之明的。

"文化大革命"对中国造成的破坏，除了直接的动乱以外，还有一点是在美国情报评估报告中说得比较清楚的，那就是自 1966 年 6 月大中小学停课闹革命以后，中国的高等教育出现了空白，这导致了"经过训练的人力资源——中国最稀缺的资源之一——的破碎"，还有教授和教师在精神上和地位上受到的伤害。而"这些结果可能要在今后几年里才会感觉得到"。同时他们也看到，"学校里长时间的混乱正导致中国在努力克服训练有素的人力短缺方面滑向落后。它对于中国工业及军事方面的研发来说，在较长时间才会显现出严重后果"。他们还预言，"一旦毛离开了政治舞台，我们相信毛主义的很多教条和实践都可能随之而亡，这不仅是因为它们在'文化大革命'中声名扫地，而且因为它们不适应社会和经济发展的日益明显的现实"。在最终将持续达十年的"文化大革命"才刚刚开始，它对中国造成的破坏还没有完全显现出来之时，美国的情报评估人员就能看到这一点，也是难能可贵的。

有意思的是，美国中央情报局的报告还认为，由于历史的原因，中国的无政府状态不会持续很久。因为与中国古代的政治纷争，特别是与达到了"中国古代政治权术艺术的高峰"的三国时期相比，中国的分裂可能是极为短暂的。"天下合久必分，分久必合"正是中国政治的特色。

不过，这个时期的美国情报评估由于情报来源的限制使其在情报的全面性和准确性方面有很大欠缺。例如，美国中央情报局的评估报告对于"文化大革命"的复杂背景和混乱进程还是没有很清晰的认识。他们对于中国的分析采用的是西方政治学的理论和方法，即给政治人物定位，给政治事件定性。

如美国的情报评估人员把中国领导人分成有野心并想要改变现状的激进派和在政府与军队中掌握实权的温和派。虽然评估报告也指出了他们的立场并不是泾渭分明的，但是这种二分法是无法真实反映当时的情况的。在他们的评估报告中，毛泽东看起来是超然于两个集团之上的，但他实际上是最大的幕后推手。

这个时期的美国中央情报局的情报信息和评估报告的价值主要在于美国情报评估人员通过他们对有限情报的理解、分析，对中国当时的情况做了比较客观的评述，对中国的未来走向有前瞻性的预见。按照约翰·霍普金斯大学高级国际研究学院的詹姆斯·曼的说法，国家情报评估报告对中国国内政治的观察是比较到位的，他们的“长期预测经受住了时间的考验”。即使是从今天的角度来看，他们的很多观点也是非常有见地的，中国后来的历史发展也证明了这一点。作为中国社会的旁观者和有心人，他们的见解是我们不应该忽视的。

从对美国对华政策决策的影响来看，中央情报局的情报信息报告和评估报告是美国外交决策中最基础的部分，它们主要是为决策者提供决策的事实依据，通过他们对某个国家、地区或事件的观察和分析，让决策者制订出最符合美国国家利益的政策。美国主要的外交决策者是总统、他的国家安全事务助理以及国务卿等，但不同的总统所依靠的外交决策参与者是不同的。从这个角度，我们也可以了解美国对外政策的决策机制，那就是首先由包括美国中央情报局在内的情报部门收集情报并提出分析与评估报告，然后将这些报告提交给政府的决策部门，再由决策参与者进行讨论，最后做出决策。具体来说，美国中央情报局的信息报告可汇总为国家情报评估报告，这些报告可由负责国家安全事务的总统特别助理直接呈送给总统。

那么多的中央情报局的报告并不是每一份都能到达总统或主要的外交决策者手里的，也不是任何政策建议都能让决策者接受。这实际上取决于负责外交事务的总统及其助手的眼光和思考。以“文化大革命”为例，这个时期的美国总统是肯尼迪总统遇刺身亡后继任的副总统林登·约翰逊，在他上任后的前两年里，他主要忙于三件事：一是为在总统职位上站稳脚跟致力于在国内立法方面取得成绩；二是为连选总统做准备；三是制订越南政策。所以，约翰逊政府根本顾不上研究是否调整对华政策。然而，随着越南战争的不断升级,美国国会、国务院以及学术界都在讨论美国的对华政策,包括国家安全委员会、中央情报局在内的各个机构的各种关于对华政策的报告都被提交给总统。

1966年7月25日和28日,约翰逊总统的特别助理沃尔特·罗斯托接连把中央情报局的两份情报报告呈送给总统,第一份是题为《中国的危机》的国家评估报告,它对中国近八个月的混乱形势进行了总结,结论是:其一,毛泽东仍有效地控制着中国共产党和国家的政策;其二,长期以来保持着稳定的中国领导层出现了动摇;其三,年迈的毛泽东的继承人和平而有序地接班的可能性大大减弱了;其四,由于政府的强硬,它得到的支持进一步下降;其五,混乱导致政治领导或经济管理的效率下降;其六,国内的激进潮流不会扩散到对外政策方面;其七,国内危机会降低中国干预越南的机会;其八,中国不会软化反苏的路线。可以看出,美国的外交决策者们已经开始关注开始“文化大革命”对中国内政和外交的影响。第二份是题为《毛的反对派》的情报报告。这份报告认为毛泽东发动了一场清洗运动,目标是那些要篡党夺权的人,特别是那些在文化及意识形态领域向党发起进攻的人。1967年1月25日,罗斯托再次呈送给约翰逊总统一份中央情报局的题为《中国:三国重现》的报告。这份报告把中国当时的混乱局面与历史上的三国时期相提并论。

罗斯托所选择的情报报告其实并不是最好的,甚至不是较好的。他之所以选择向总统呈送这些报告,是因为他对中国当时的形势感到迷惑。1967年1月9日,罗斯托将题为《中国的过度混乱》的报告提交给约翰逊总统,他认为经过几个月蔓延至全国的动乱,“毛的政权陷入了严重困难,达到了发生内战也完全可能的程度”。5月20日,他在提交给约翰逊总统报告中认为中国的形势是复杂的和不确定的,并引美国驻香港总领事赖斯的电报,说美国不应该指望从中国的混乱中获得好处,这不符合美国的利益。他其实是一种观望的态度。

而总统的外交事务助理不止一人,向他提供外交决策参考的机构也不止一个,国家安全委员会对总统的外交决策的影响是比较大的。这个时期,国家安全委员会也向总统提交了大量的报告,提出他们的政策建议。国家安全委员会的詹姆斯·汤普森和阿尔弗雷德·詹金斯这个时期就向约翰逊总统的特别助理提交过不少关于中国的报告,而且他们提出的多是直接的政策建议。

如詹姆斯·汤普森建议三管齐下并采取灵活的对华政策，包括解除旅行和贸易禁令，在中国的联合国席位问题上改变做法等。1968 年 10 月 9 日，阿尔弗雷德·詹金斯提交了一份长篇报告，认为中国是美国在亚洲的"中心问题"，解决这一问题要与这个亚洲的力量失衡联系起来。此外，美国的一些驻外使领馆也有他们的建议，例如，1966 年 4 月 15 日，美国驻香港总领事赖斯给罗斯托的汇报中就认为美国的政策目标不仅是要避免与中国为敌，而且要建立一种"都能活的关系"并调整美国的对华政策。但他把希望更多地寄托在毛泽东之后的领导人身上。

约翰逊总统的确听取了各种建议，例如 1968 年 2 月 2 日，在由新成立的美中关系全国委员会赞助召开的一次会上，约翰逊总统会见了几名美国著名的中国问题专家。他们是已到哈佛大学任教的埃得温·赖肖尔、加州大学的罗伯特·斯卡拉皮诺、密歇根大学的亚历山大·埃克斯坦、华盛顿大学的乔治·泰勒以及著名学者鲍大可。这些专家与约翰逊总统就以下三个方面的问题进行了讨论：第一，中国的形势；第二，这种形势的未来发展走向；第三，美国的政策考虑。他们建议"乘势放宽对中国的货物禁运"，希望政府能在中国问题上采取"更灵活的政策"。他们希望约翰逊总统"超越越南问题来看中国，因为它本身就是一个大问题"，同时，取消贸易限制，"让中国进入国际社会"。虽然约翰逊总统似乎有心调整对华政策，然而他实际上却无所作为，这是因为：第一，约翰逊总统的首要考虑的是越南战争的问题，而他并不能确定与中国和解是否有助于解决越南问题，因而没有痛下决心；第二，作为一个民主党总统，约翰逊顾虑重重，他生怕在对华政策上的调整被指责为对共产主义软弱而招致共和党的攻击；第三，在这个时期，"文化大革命"使中国的国内外事务陷于瘫痪，所以，中国方面对于约翰逊政府的某些姿态毫无反应，更使约翰逊政府无所适从；第四，当中美双方在台湾问题上仍然有着不可逾越的鸿沟之时，美国政府并没有准备好从国际地位的角度承认中国，美国还在阻挠中国恢复在联合国的席位。实际上，当越南战争逐步升级以后，要在对华政策上进行调整是需要很大的勇气和魄力的，约翰逊政府显然不具备这种条件。

总之，中央情报局的情报信息报告和评估报告是构筑美国对外政策的基础工作。这个时期中央情报局的报告和评估大多是观察和分析，是大量具体的细节，政策建议的内容不多，因此它们对于美国政府制定对华政策的直接影响不大，更没有预见到1970年代初中美关系会发生巨大的变化并提出相应的对策。这主要是因为美国的情报部门无法接触到两国真正的高层决策者，无法从战略的高度去看待两国关系，这也是它的部门特点所决定的。然而，无论它是否直接影响到政府的外交决策，这一工作本身的价值是不容置疑的。

九、中情局的聚焦镜下：中苏关系将向何处去？

北京大学　何妍

冷战期间的中苏关系，如同一出戏剧，在短短的20年间，经历了从情人到敌人的翻天覆地似的变化。以往的著述，似乎往往集中于中苏两个当事人在这出戏中的种种表现，却忽视了一个重要的幕后操手——美国。作为冷战期间中苏集团的首要对手，美国时刻关注中苏关系的变化，并始终将破坏中苏团结的“楔子”政策作为其对外政策的基准之一。实际上，中苏分裂，美国在其中发挥了极其重要的破坏作用。冷战结束后，这个破坏作用的主要实施机构——中央情报局，迫于学术界的压力，将秘密档案公布于众，使我们有幸能够更为清楚全面地了解这段历史的内幕。

1945年，是决定中国命运的一年。日本投降，从中国撤出；随即国共合作分裂。在内战期间，杜鲁门政府错误地选择了援助国民党，从而站在了中共的敌对面。1949年10月1日，中共在打败国民党后，正式宣布成立中华人民共和国。10月3日，苏联首先宣布承认中国，并与中国建立了外交关系。次年2月14日，苏联又与中国签订了有效期为30年的《中苏友好同盟互助条约》，中苏正式建立同盟国关系。作为中国的“老大哥”，苏联对新生的中国起到了重要的保护伞的作用。很自然的，在美苏之间，中国选择了苏联，在

《中苏友好互助同盟条约》签订，周恩来、维辛斯基分别代表两国签字。后立者为斯大林、毛泽东。

外交上采取了“一边倒”的政策，并宣布坚决护卫以苏联为首的社会主义阵营的利益，反对以美国为首的资本主义阵营。

从此，中苏关系开始历经风风雨雨，仅仅在20年的光景里，从亲密无间、如胶似漆到撕破脸皮、反目成仇。这期间，美国作为中苏两国的对手，无时无刻地关注中苏关系的走向。以中央情报局为首的情报机构，在其中发挥了重要的作用：竭尽所能地挖掘中苏中间存在的隐患，制造中苏不和的因素，推动中苏走向分裂。

1. 雾里看花：1949～1953

(1) 中国选择了对苏“一边倒”

新中国成立后，中国对外政策上做出怎样的选择，是美苏两个大国共同关注的重要问题。杜鲁门政府内部，将美国对华政策当成头等大事之一。国务卿艾奇逊的《白皮书》，即阐述美国对华政策的官方文件，乐观而错误地预计：中苏之间长久以来形成的边界争端，将导致两者矛盾扩大；而由于经济压力，中国将不得不投靠西方的援助。为了诱使中国投向西方，杜鲁门政府想方设法阻止中共亲近苏联，对中国采取了软硬兼施的政策：一方面降低美国在华姿态，以图将中国人民的反美情绪降到最低点，同时又以贸易作为诱饵；另一方面采取强硬政策，比如1949年初终止中共控制区内美国的经济援助。

然而，美国对华“两手政策”未能得逞。毛泽东毫不犹豫，坚决执行了对苏“一边倒”的外交政策。对于美国等西方国家，中国的政策是“打扫干净屋子再请客”。1949年11月19日，首任中情局局长罗斯科·希伦科特获得有关中国对外政策的准确情报。他非常无奈地向杜鲁门汇报：“周恩来1949年10月末在一次采访中阐明了中国共产党的外交政策：‘中国共产党必须有同盟者，并且，如果蒋和反动派与美国勾结的话，共产党(中国)必须与苏联结盟。就美国而言，期望中国共产党与苏联分裂是一个梦想，但他们可以期望中国共产党不会一直反对美国。中国共产党在一个时期中不能承受两个敌人，但不能阻止他们拥有两个以上的朋友。’”希伦科特显然对于周恩来的声明大失所望，并酸酸地谴责中共领导人对美国的经济、政策和现实一无所知，以为美国社会就是一个华尔街百万富翁剥削老百姓的贫穷国家。不过，他对周恩来本人的印象很好，他认为周很重视与美国人的友谊；相比于其他人，对于美国社会究竟如何，周还是有自己的判断的，但是由于周不愿意因为接近美国从而失去与苏联的友谊，因此不得不受制于中共内部的亲苏派的影响。希伦科特还将希望寄托于中国民主党派，比如黄炎培领导的民主建国会，他认为这些人本质上是亲美的，可以通过他们在中共内部建立一个亲美集团。然而，事与愿违，民主党派所能发挥的作用并未如美国预期的那样。尤其是随着苏联对中国大规模援助的开始，美国介入中国内部事务的可能性已经微乎其微了。

(2) 苏联对中国的援助与“第三次世界大战”

早在1948年的夏天，苏联就开始派遣首批专家到东北帮助修复铁路。1949年刘少奇访苏之后，苏联专家开始大批来华。截至1960年苏联撤退在华专家、来华工作过的苏联专家总计达到2万人。这些专家，在军事和非军事的各个领域进行援助工作。

当然，相比而言，中情局最敏感的是苏联对中国的军事援助情况。在1950年，中情局得知苏联的顾问和技术人员对陆军、海军和空军开始进行全方位的援助，从而大胆预测苏联将会帮助中共解放海南、台湾和西藏。不过，令杜鲁门稍微欣慰的是，苏联人不敢走到台前，只在幕后对中共进行支援。中情局全面搜罗来自中国东北、华北、华东、华南各地的情报，预测中共发动军事行动的可能性。1950年1月4日，希伦科特向总统汇报，1950年初苏联将为中共提供50架战斗机。之后，类似这样的军事情报，如雪片般频频飞向中情局办公人员的案头。希伦科特甚至推断：1950年初春，在苏联的援助之下，中共将解决台湾问题。因此，在1950年1月前后，美国政府十分紧张，无限担心的一个重要问题是：美国与中苏之间发生重大冲突甚至引发“第三次世界大战”的可能性。

可以说，冷战期间美国情报评估的特点之一，是对爆发战争做各种可能性的推测。在朝鲜战争刚发生不久，美国便时刻担心苏联发动与其直接正面交锋的重大战争。而中苏结盟则加重了美国的这一猜忌。根据苏联军队、物资储备等准备的情况以及苏联大幅度对中国实施军事援助的情况分析，中情局估计，在1950年左右，配合中国大陆解决台湾问题，苏联极有可能发动一场与美国直接对峙的实质性的全面战争。

对于这个推测，中情局进行了深入的讨论。1950 年 8 月 25 日，中情局向上级汇报了题为《1950 年苏联有重大敌对行动准备》的情报评估报告。报告认为：第一，苏联为朝鲜战场作准备的同时，正在为巴尔干和中国等局部战争行动作准备。第二，苏联已在多方面加速其战争准备计划，尤其是石油加工工业；工厂转产计划的完成；飞机制造、机场建造以及物质的储备。第三，苏联军队为战争准备就绪，这些特殊的准备完全可以证明，苏联领导人在 1950 年剩余的时间里会冒险发动一次实质性的全面战争。这场战争要么从朝鲜开始，要么从一个新地区开始。第四，苏联在 1950 年还没有能力进行一场大规模原子弹轰炸战争，因为苏联只掌握 25 颗原子弹，但是，可怕的是，苏联可能将这 25 颗原子弹全部指向美洲大陆。

不过，实践证明，中情局的这些预测稍有些故弄玄虚，美苏为主的“第三次世界大战”终究没有在冷战的任何一个时期发生。在解密的档案中发现，后来中情局工作人员已经清醒地意识到，当时美国对于爆发全面战争的过度紧张，很重要的原因之一是中情局的很大一部分情报来源于台湾的国民党，后者为了争取美国对台湾的安全保护以及支持其“反攻大陆”，因此故意将事实扩大，制造发生战争的紧张氛围。

(3) 中国政权的稳定性以及“反攻大陆”

新中国政权的稳定性，是台湾国民党和美国都极为关注的大事。蒋介石对于退守孤岛的奇耻大辱，难平心中之痛。所以从败退的那一天起，蒋介石便无时不梦想着，趁着大陆政权尚未站稳脚跟之时，有朝一日成功反攻、夺回政权。但是，蒋介石心里很清楚，要想“反攻大陆”，没有美国的援助就等于空想。因此，他利用国民党在华盛顿的说客，使出浑身解数，劝说杜鲁门政府对其进行援助。

不巧的是，1950 年 6 月 22 日，战争在朝鲜半岛打响。9 月 15 日，麦克阿瑟仁川登陆意外获得成功，此前北朝鲜所占有的明显优势逐渐丧失殆尽，被迫回到三八线以北。这直接导致了一个月后，当美国军队接近中朝边界的鸭绿江时，中美两国军队互相残杀。从此，中美由敌人发展为势不两立的仇人。美国的这一举动，几乎摧毁了一年多来苦心经营的对中苏联盟的“楔子”政策。中苏联盟非但未分化，反而因为共同支持北朝鲜而“并肩作战”。而中苏凝聚力的加强，使美国不得不顾及苏联对中共的核保护，对于帮助台湾“反攻大陆”,杜鲁门不该随意开“空头支票”,而是小心谨慎、步步为营。

但是,另一方面,在确认北京和莫斯科之间团结的合作关系之后,华盛顿进一步认识到了台湾战略地位的重要性。台湾,已经成为美国在亚洲从日本到菲律宾的“防御链条”上必不可少的一环。因此,美国开始对蒋介石实施新一轮的军事援助。同时,中情局秘密计划支持西藏叛乱者。美国在联合国上指责中共为“侵略者”,对中国进行军事封锁和经济禁运。自此,中美关系彻底隔绝。

杜鲁门政府自身也许没有意识到,美国在内战期间援助蒋介石,是中共的切肤之痛。在彻底明白争取中共已经成为水中花之后,美国便开始考虑如何瓦解中国政权的问题。

1951 年 1 月中旬,中情局首先对中国大陆政权的稳定性进行了综合分析。这次会议的参会人员包括中情局、国务院、陆军、海军、空军等情报机构的领导。会议形成的文件分发的部门包括总统办公室、国家安全委员会、国家安全资源委员会、国务院、国防部长办公室、陆军部、海军部、空军部、核能源委员会、参谋长联席会议、联邦调查局、研究与发展委员会、军需委员会。由此可见,这份报告非常重要。

与会者一致认为,中国共产党政权稳定牢靠,对其构成威胁的主要力量尚不存在。但是,这并不说明中共无坚不摧。中国虽然拥有有组织的大规模的地面部队,但幅员太广,而且针对大规模西方式的军事地面行动缺乏交通线。中情局分析,至少有五点不利于中共的负面因素可供美国利用:

① 反抗力量的支持。

如果能够为大陆的反共力量提供有效的通讯、军事装备和后勤支持来逐渐侵蚀中国共产主义分子的军事力量,让反共力量组织起来,制定政纲,有一个强有力的领导,做出行动计划,组织一场有效的反革命运动,就可以达到推翻中共政权的目的。

② 利用国民党力量。

台湾的国民党中国政府的军队大约有 42.8 万人。但是,仅仅在台湾当局领导下,国民党军队的有效性十分有限。不过,若有美国的训练和监督,军队的士气和战斗力便可大大提高。在美国提供充分的后勤支持下,一大部分军队还可以登陆中国大陆。至于台湾当局能否动员大陆群众及大陆现有的游击力量对其行动进行支持和配合，则仍存在相当大的不确定性。但是，他们仍然可以利用反对中共政权的力量。这些行动可以牵制中共的军事力量。

③ 经济战及有限军事行动。

虽然中国的经济主要是农村经济并保持着一种自给自足的状态，但其城市经济则很大程度上依赖海外和沿海贸易。由于在特定区域比较集中这一特点，在面临炮轰或封锁时，城市经济尤显脆弱。如果西方通过经济控制、禁运、海军封锁等手段削减共产党中国的对外贸易量，必将造成中国城市的失业和混乱，从而阻碍中国的工业生产和发展，并造成严重的财政危机。除经济战手段外，假如西方对中国某些港口、铁路系统、工业生产及储备基地进行一场海空轰炸的话，将会重创中国的持续作战能力，从而损害其政权维持内部控制的能力，使政权稳定性受到重创。

④ 联合国军继续在朝鲜开展军事行动。

联合国军继续在朝鲜开展军事行动将最终导致对中国的重大消耗，并将其一大部分精良部队牵制在朝鲜，从而降低了中共军队其他地方发动战争的能力。这一措施还可能产生其他深远效果，比如挫伤中国人不可战胜的神话，降低中国共产主义政权在以往军事胜利中赢得的声望，激发中国内部的反抗活动，促使其与克里姆林宫关系紧张等。

⑤ 负面因素的作用。

上列四种措施，假如结合运用，将会危及中国共产主义政权。然而，这些行动有可能会招致苏联的反抗从而加剧全球战争爆发的危险。

由此可见，中情局对推翻大陆政权的计划可谓“用心良苦”，精心分析攻打中共政权的利弊。不过，究其结果，在迫于苏联的保护下，美国还是没有做出任何实质性行动。当然，这也令台湾非常失望甚至感到恼怒。

(4) 中苏关系的特点及走势

中苏结盟初期，虽然美国承认在短时期内中苏关系不会发生分裂，但却非常敏锐地发现了中苏关系中潜在的一些问题。1951 年的中情局国家情报评估第 10 号文件，尖锐指出了中苏关系存在的四大隐患：“① 对新疆、‘满洲’等中国边境领土的控制；② 对朝鲜的最终控制；③ 苏联向中国共产主义政府渗透并试图控制的努力；④ 苏联不能满足共产党中国的经济、军事需要。”从后来中苏关系破裂的事实看，这些因素或多或少都构成了中苏关系裂痕不断扩大的诱因,也因此证实了美国情报评估有预见性的一面。建立在这份报告基础上,1952 年 1 月国务院情报研究署远东研究小组出炉了一份有关中苏关系性质的报告。报告以中国和苏联的卫星国作为对比,考察中国是否也以苏联卫星国的身份存在。通过分析,报告认为,尽管中国具备卫星国的诸多特点,但是有七条原因可以证明中国不同于卫星国：① 中共领导集团绝无仅有的稳定性和凝聚力;② 中共在战略和指导思想上的独立性,以及毛泽东对共产主义理论尤其是殖民地问题上作出的重要贡献;③ 中国式的共产主义被列为亚洲国家的榜样;④ 中国的影响力得到外国的尊重和认可;⑤ 苏联承诺在 1952 年底大规模撤出中国东北,并同意在内蒙古和新疆主权问题上向中国做出让步;⑥ 在华苏联顾问和技术人员很显然要服从中共的控制,他们提出的是建议而非命令;⑦ 尽管中国国内总体发展模式与苏联卫星国类似,但是目前仍以"殖民地人民的民主"理论为指导,这也加强了毛泽东的新民主主义理论;这个理论指出中国要经历一个与其他国家不同的向社会主义过渡的漫长时期。最终,报告认为中苏关系处于一种混合状态,中国既具有苏联卫星国的特点,同时又处于一种特殊地位,这种地位类似于苏联的合作者。

总之,美国破坏中苏联盟的基本和主要策略是"楔子"政策。实施该政策的手段之一是依靠舆论宣传。在 1950 年代,美国千方百计地寻求与中国人民直接"沟通"的渠道,比如通过各种广播,或者从飞机上散发传单,向中国人民宣传中国政府如何屈服、从属于克里姆林宫,以此激化中国人对此政策的不满。但是很显然,在中苏刚刚结盟的初期阶段,美国的"楔子"政策进展得并不顺利,中情局也承认,此时的中苏关系没有出现分裂的可能性。

2. 如胶似漆：1954～1957

中苏结盟后,由于双方表面上共同的意识形态、共同的敌人、共同的利益等聚合因素的影响,很快进入了在外界看来"如胶似漆"的蜜月阶段。当然,物极必反。蜜月中的情侣固然卿卿我我、如胶似漆,但是蜜月过后的漫长生活更容易碰撞出冲突与不和。中苏蜜月期恰恰就是个转折阶段,是中苏正式撕破脸,公开其矛盾的前奏。这段时期内,虽然并未出现引发中苏矛盾爆发的标志性事件，但是中苏不和谐的因素，则逐渐一一浮出水面。

(1) 中苏联盟的基本特征

中苏联盟到底是什么性质的联盟？中国到底是苏联的卫星国还是平起平坐的合伙人？这是中情局相当重视的一个课题。它直接关系到，中苏关系的稳定性。如果与东欧的苏联卫星国一样，中国对苏联必定是言听计从。但是如果是合伙人身份，中国势必要抵触苏联的权威。在 1952 年 1 月 11 日中情局《国务院远东局关于中苏关系的情报分析报告》中，认为中苏联盟具有混合特征，即中国并不完全具备卫星国的特点，同时又与苏联保持合作伙伴的关系。那么，中国若不等同于苏联的其他卫星国，则说明其具有相当程度的独立性和自主性，而这种独立自主，在美国看来，是中国野心膨胀、与苏联争夺权力的隐患。也就是说，中苏联盟不如卫星国与苏联关系那么牢固。至于中苏联盟的稳定程度，中情局将中苏关系与英美关系进行了纵向对比。中苏同盟和英美同盟分别是冷战中资本主义与共产主义两大对峙集团的最重要同盟，因此这两个同盟关系的好坏，直接决定了两大阵营的发展和走向。美国认为，中苏同盟与英美同盟相比，前者更为脆弱。主要有两个原因：中苏两国缺少像

有关社会主义阵营的宣传画(1958 年发表)

有关中苏友谊的宣传画(1962 年发表)

英美两国那么强大的文化与传统的共性;中苏之间漫长的边境线决定了两国在领土问题上存在的争端。这两点分析具有一定的道理,但国务院在此时并没有意识到中苏对战争、和平、革命等一系列理论问题上不一致的可能性,而反将意识形态的同一性作为中苏关系联系的强大纽带,这或许可以说明,美国对于中苏关系的根本弱点尚缺乏全面地认识。但是无论如何,美国认为与苏联和卫星国的关系以及英美关系相比,中苏关系更为脆弱,这种看法从后来的历史发展情况看,还是比较准确的。

(2) 中苏关系仍然“铁板一块”

美国驻香港“总领事馆”,是其获取与中国相关情报的最重要的渠道之一。在 1954 年,美国驻香港“总领事馆”给国务院的报告,详细汇报了中苏关系在各个领域内全面的发展。中苏关系在蜜月期间有两个明显的趋势。第一个趋势是两国间文化、教育、科技和交通等方面联系的增加,尤其是苏联对中国影响力的不断扩大。第二个趋势主要在日内瓦会议以及十月联合公报中所体现出来的,也就是苏联似乎承认了中国在一定的国际领域内享有与自己平等的地位。

在工业化建设方面,《人民日报》建议干部们彻底消化吸收《联共(布)党史》第 10 章的内容,并将它作为当前中国的指导原则。但是中情局将中苏重工业的基本建设,歪曲成“建立在压榨农民的基础上”。在农业集体化道路上,中国也主要模仿苏联。不过中情局认为,中国的步骤比苏联还要缓和一些。

在军事工业领域,中国人民解放军也是沿着苏联路线进行军事现代化。1954 年 9 月 24 日,在全国人民代表大会的一次会议上,聂荣臻指出了苏联对于中国建立军工企业的援助是苏联军事援助的另一个重要方面,“而祖国社会主义工业化在苏联伟大无私援助下的每进一步,又为我军现代化提供更好的条件”。当时布尔加宁元帅以国防部长的身份参加了北京的十月会议,这无疑意味着这次会议将讨论有关苏联对中国人民解放军现代化进行援助的问题,就如同米高扬的出席意味着苏联将继续对华提供武装设备一样。

在文化和教育方面,截至 1954 年 5 月 6 日,中国有关部门宣布总共有 5 183 部苏联作品被翻译成了中文。当然,其中列宁和斯大林的作品为数最多(共有 108 种、1 200 万册),同月的晚些时候有关部门又宣布自 1953 年以来,翻译来自苏联百科全书的共 50 个专题、180 万个小册子已经出版发行,另外还有 40 个专题将在 1954 年出版。8 月,中苏广播电视合作协议签订。9 月,发表的公报体现出第一个明显的合作结果：北京每周可以有两天从莫斯科电台插播中文广播节目。11 月，莫斯科大学与北京大学正式交换了课程计划、教学材料和教学方法；同月，有关部门宣布中苏两国科学团体间的联系将更密切。

总之，至少在 1955 年之间，尽管中苏之间存在有一些问题，但是总体上仍然沿着友好合作的路线上稳步前进。

(3) 影响中苏关系的因素

关于导致中苏恶化的原因，国内外学者进行了多角度、多层次的探讨。虽然美国解密的文件中，也探讨了类似的问题。但是值得注意的是，这些评估报告主要是提前的预测或跟踪分析，其中提出的很多观点虽然未必完全正确，但是不能否定其具有极大的开创性和启发性。同时，这些连续性的解密报告，可以让我们了解到美国对中苏关系进行评估的整个发展脉络，有利于我们对于情报评估报告进行再评估，分析冷战期间美国对中苏关系判断的准确性，从而深入反思这些判断对于美国的对苏政策和对华政策产生的影响和后果。根据美国的分析，在中苏蜜月期影响中苏团结的主要原因如下：

① 中情局认为，斯大林去世以后，毛泽东个人地位飞速崛起，因此要求苏联重新考虑它与中国之间的关系，同时进一步承认中国在亚洲事务和执行共产主义政策的决定权。中情局甚至认为："在斯大林死后毛泽东曾经有过一种考虑，试图立即接替斯大林成为共产主义世界的领袖。"可以说，毛的崛起与苏联在国际共产主义运动中独据的领导地位相矛盾。

② 中国对苏联经济的依赖与苏联不能满足中国经济援助要求之间的矛盾，是自中苏结盟以来中苏关系中一直存在的问题。在中苏蜜月期，这种矛盾体现得越发明显。随着经济建设的推行，中国对苏联制度、技术、设备等各方面的依赖日益加深。同时由于英美同盟集团对中国的贸易管制，促使中国对苏联的援助和支持更加依赖。面对这种情况，苏联的援助程度不但不能满足中国的经济发展需求，反而随意限定贸易规模和改变援助期限，这使中国人怒不可遏，对苏联怨恨越积越深。

③ 中苏两国在世界事务中的利益不同。如前所述，在美国看来，中国的利益中心在亚洲，并渴望恢复中国在亚洲传统大国的地位。而苏联的视角是整个世界，尤其对欧洲和中东问题具有同样浓厚的兴趣。因此在制定和实施总体的共产主义策略时，中苏之间不可避免地会产生分歧。

④ 苏联和中国都不愿意放弃对北朝鲜的控制,因此朝鲜问题在多方面可能引发中苏之间的不和。这些问题“可能产生于中国驻朝鲜的军队;也可能产生于中朝之间对有限的苏联援助的竞争;可能产生于中苏针对西方的不同战略选择;还可能产生于朝鲜内部亲华与亲苏派系的摩擦”。

⑤ 新疆问题是中苏关系恶化的重要隐患。1954 年 9 月形成的《国务院情报和研究署远东研究局关于苏联在中国新疆行为的报告》详细阐述了苏联自 1934 年以来扶植盛世才,支持新疆叛乱和独立的整个历史过程。到新中国成立之后,由于中苏之间的结盟,苏联开始改变对新疆的策略,但是却始终设法保持其在新疆的影响力和特殊地位。按中情局的话来说,“1950 年末,新疆的‘苏联势力范围’不再根据地理区域来界定。然而,这一‘范围’由无数项无形、独享的特权组成”。总之,苏联在新疆的势力始终存在,并且有形无形地干预新疆事务,因此也构成了日后中苏关系走向破裂的根源之一。

⑥ 苏共二十大之后,苏联对斯大林进行批判。铁托与赫鲁晓夫、布尔加宁互相访问,苏联承认对铁托的叛变承担责任,并同意与南斯拉夫恢复邦交。因此 1949 年以来北京一直谴责铁托对“共产主义阵营的叛变”,对于苏联急转直下的态度,中共一时难以接受。

⑦ 在波兰事件和匈牙利事件中,中国政府的反应成为中苏两国关系破裂的又一诱因。中国政府在波匈事件后公开发表的报道和声明,使美国认为,中国共产党的举动明显表示了它对莫斯科在波匈事件中甚至与处理南斯拉夫关系中处理不当的责怪。在声明中,中国对苏联的批评写道:“某些工作人员常常容易在相互关系中忽略各国平等的原则。这种错误,就其性质来说,是资产阶级沙文主义的错误。这种错误,特别是大国的沙文主义错误,对于社会主义各国的团结和共同事业,必然会带来严重的损害。因此,我国政府的领导人员,工作人员和全国人民必须时刻警惕,防止在社会主义国家和其他国家的关系中犯大国沙文主义的错误……”

⑧ 在克什米尔争端问题上,中苏也存在分歧。苏联支持印度,而中国更倾向于支持巴基斯坦。同样的,中情局认为这种分歧体现了中苏在南亚的地区政策的根本性差异。从纯粹的国家利益的角度来看,苏联可能将印度看作是对中国的一种潜在的牵制力量,因此可能倾向于支持印度对抗它的对手巴基斯坦。但是,美国认为由于中、印两国都有野心争夺亚洲的领导权,所以中国可

能对印度怀有敌意。因此更容易接受巴基斯坦的存在，从而削弱印度的影响。

3. 积重难返：1958～1960

1956年2月苏联共产党第二十次代表大会和1957年11月的莫斯科会议，已经暴露了中苏之间出现分歧的迹象。1958～1960年在中苏之间发生的一系列事件中，中苏分歧开始从实质上向纵深发展。这些事件包括苏联“长波电台”和“联合舰队”的提议、苏联对中国的人民公社和“大跃进”的态度、苏联在台湾海峡危机中的表现、苏联对中印边界冲突的立场、赫鲁晓夫参加戴维营会谈、中苏在世界工联会议和布加勒斯特会议上的争吵、苏联专家突然全部撤离中国等等。

从该时期中情局解密档案来看，美国虽然对中苏关系的分裂因素进行了非常周密的分析，但是对于中苏关系是否会发生实质分裂的判断却似乎有些滞后。比如在1958年9月15日形成的《中苏同盟的分裂与聚合因素》的报告，1959年3月27日建立在1958年报告基础上的《中苏关系的最新发展》的报告，乃至1960年8月9日中央情报局关于中苏关系的情报评估中，中情局始终坚持认为，中苏关系在短期内出现分裂是不可能的。虽然这些报告列举和分析了中苏关系中存在的诸多分歧，但总体上认为中苏之间更多地表现为一种巩固而亲密的合作关系。当然，美国的情报评估一向具有谨慎保守的特点，一方面可能由于他们不能保证情报来源的可靠性，另一方面的确由于中苏关系的变化非常复杂和微妙，让人难以捕捉其内在的变动。另外，由于美国的情报机构如中央情报局和国务院情报和研究署的情报分析官员相对固定，因此就某一方面问题所撰写的评估报告具有很强的连续性，这就给评估报告带来一些不可避免的缺点，比如观点不断重复，或者拘泥于一种思维模式，给人一种“陈词滥调”的感觉。

(1) 对于影响中苏分裂的原因分析

首先，中国地位的提升是导致中苏意识形态分歧的原因之一。中情局分析了自1953年3月斯大林逝世后，中共在共产主义阵营中的地位明显提升的四方面原因：① 毛泽东被公认的共产党领导人和理论家的身份，使其成为自斯大林之后国际共产主义运动中的第二位领袖人物，这种变化无形中给苏联领导人造成很大的压力；② 苏联激进的政治清洗严重损害了它在国际共产主义运动中的威望，因此削弱了其领导的有效性；③ 苏共第二十次代表大会上发起的“非斯大林化”运动给苏联在国内外造成了不良影响，尤其是苏联领导人无法给出批判斯大林合理的解释和辩护；④ 北京帮助苏联摆脱“非斯大林化”运动陷入的困境以及在1956年波匈事件中的表现，使它在阵营中的影响进一步得到提升。美国认为，中国地位多方面的提升，促使它越来越想脱离苏联的控制，也使其自身感觉可以在意识形态上对苏联提出挑战，成为阵营中独立的意识形态中心。

其次，国际地位的差异导致中苏两国在共产主义总体战略上的矛盾。中情局认为，苏联作为共产主义运动的“领头羊”，长久以来形成了世界范围内的联系和纽带。而中国作为一个新兴的国家，外交上主要处于孤立状态。因此，苏联更注重的是全局利益，而中国更关心自身安全和局部利益。因此中国认为应该首要解决的问题，往往在苏联看来不符合它的全局战略，这样难免造成两者的分歧。

再次，中苏领导人之间观点的差异也是两国关系不和谐的因素。美国人对此问题的逻辑是，由于中国是新生政权，因此领导人的观点更易激进。而相反，由于苏联政权比较稳固，经济发展平稳，不想破坏现有秩序，因此领导人更容易趋向于保守。这样，在讨论某些具体问题时，中苏领导人观点很难达成一致。

最后，中苏两国国内问题的差异也导致两者之间的意见分歧。中情局认为，与苏联相比，中国具有更严重的国内问题。因此在建国伊始，中国便急于发展经济，却忽略了庞大的人口、有限的资源以及残余的反对力量等不良因素的束缚。苏联虽然也存在一定的国内问题，但是并没有达到中国“生与死的斗争”那种严重程度。以此为据，美国认为中国为了解决国内问题，比苏联更期待高度紧张的国际局势。

这里值得注意的是，美国在分析中国地位的提升对中苏关系造成不利影响的几个原因时，基本是站在相同的角度上，即把苏联看作固定点，而把中国看作变化点。进一步说，在中苏分歧中，他们把苏联看作相对稳定的因素，而把中国看作相对波动的因素，认为中国方面是破坏中苏关系的主要动因。

(2) 核武器问题与中苏分歧

在中苏分歧时期，美国越来越关注中国的核武器问题。同时，也把中国对获取核能力的“野心”看作中苏关系紧张的原因之一。当然，在核武器以及与此相关的高度机密的军事情报方面，美国无法获得来自中国的准确消息，因此，对于中国核武器的发展以及苏联的援助情况，中情局更多地依靠猜测。但是，中情局比较合乎逻辑的推理是，赫鲁晓夫所支持的禁止核试验和裁军问题，与中国的意愿相抵触，因而构成中苏分裂的原因是非常可能的。从后来中苏双方披露的文件中，可以看出，苏联对中国核武器发展持冷漠的态度，而禁止核试验的压力又让中国有苦说不出，这些情况在一定程度上证明了美国情报官员的推断。

(3) 台海危机与中苏分歧

1958 年的炮击金门事件，从某种角度说，是中共对苏联不满的发泄。据中美大使级会谈的中方代表王炳南回忆，当时中共炮击金门、马祖有双重目的：其一是教训蒋介石“不顾后果的活动”，以及惩罚美国的“恐吓”；其二是间接反击赫鲁晓夫对美国的姑息政策。苏联人也指责毛泽东为了破坏刚出现的美苏缓和发动这场危机。

台海危机发生后，中情局紧锣密鼓进行评估，考虑事件的走向和美国的态度。中情局并没有料想，毛泽东把对外岛的行动计划告诉赫鲁晓夫，而错认为中国是在苏联的支持下才大胆发动军事性进攻。因此，中情局始终把中苏当成假想敌人。如果苏联彻底介入，一场核战争又是难以避免。基于错误的判断，美国强烈谴责苏联人勾结并煽动中共发动危机。但是，很快艾森豪威尔意识到这样做只会增加中苏的团结，因此又开始在暗地里用软的一套拉拢莫斯科，明里用强硬手段威胁中共。这种软硬兼施的手段进一步分化了中苏的团结。

(4) 人民公社与中苏分歧

自 1956～1957 年苏联的“非斯大林化”运动、波匈事件以及北京的“百花齐放”方针所引发的中苏之间一系列的意识形态分歧以来，美国把人民公社问题视为引起中苏分歧的最大动因。美国认为，作为激进的国内政策，中国的人民公社计划是“对已经确立的苏联经济政策和实践的一种严重偏离”。因此，公社计划遭到了苏联方面越来越强的负面回应。在 1958 年 10 月 1 日中国的国庆日如此重要的节日上，苏联没有给予中国的人民公社计划半点正面的认可。11 月 12 日，赫鲁晓夫在其提出的苏联新的七年计划中，首次对人民公社运动所推行的政策及其所反映的理论变化进行了若隐若现的驳斥。在美国人看来，赫鲁晓夫的报告反映了莫斯科从实践角度反对人民公社制度的核心内容。赫鲁晓夫以苏联在集体化运动中三项具体政策来间接地反驳人民公社的做法，这三项政策包括农业组织中集体农庄的作用、经济建设中激励机制的作用和货币经济的必要性。关于农业组织的性质，中国认为合作社或集体农庄只是一种过渡形式，它将最终让位于“全民所有制”，即实质上的国家所有制。苏联虽然也把集体农庄视为向国家所有制转变的中间阶段，但是其主张的要点在于强化集体所有制。关于激励机制的作用，中国宣布把共产主义“各取所需”的分配原则部分地引入公社，而赫鲁晓夫在报告中强烈反对这种提法，他坚持马克思列宁主义所提出的按需分配必须在物质极大丰富的共产主义最高阶段才能实现。关于货币经济的必要性，赫鲁晓夫也坚持认为，在实现共产主义之前货币经济和经济管理中的成本核算是十分必要的，同时，他批判了公社政策中“乌托邦”的做法，认为没有对商品生产成本的深入全面分析、不对货币进行控制，就无法保证对经济的正常管理。

值得注意的是，苏联不但在共产主义阵营内部反对公社制度，还向美国流露出对该制度的不满。1958 年 12 月赫鲁晓夫会见美国参议员汉弗莱，以及 1959 年 1 月米高扬访美，苏联领导人都在公开讲话中表达了对人民公社的蔑视。其后，在 1959 年 1 月 27 日至 2 月 5 日的苏联第二十一次党代表大会上，赫鲁晓夫出乎意料地重申共产主义理论学说，这显然暗含着对中国公社制度的尖锐批评。他强调：“共产主义没有捷径，它必须经过一个‘不能有意违反或超越的自然的历史过程’。”“在实现向共产主义过渡的想法之前，必须实现高度的工业化和消费品的极大丰富。”“为发展农业，集体农庄的农业组织形式可以继续在长时期发挥作用。”总体来说，苏联对人民公社表现出来的不满和指责，美国观察和分析得比较透彻。然而，中国对苏联态度的回应，美国却没有及时准确地做出判断。在很大程度上，这可能是因为美国对中国方面的情报掌握得十分有限，主要信息只能参考《人民日报》、《红旗》杂志等中国媒体报刊的公开报道。所以，美国只从表面上看到中国对苏联确立并坚持的学说做出了让步，并认为这是由于莫斯科的领导地位发挥了作用。

(5) 莫洛托夫与中苏分歧

莫洛托夫在当时是苏联驻外蒙古大使，他曾是1957年6月策划撤销赫鲁晓夫第一书记职位的苏联“反党”集团的重要成员。据中情局多方情报证实，莫洛托夫通过中国驻外蒙古大使馆与毛泽东保持着私人的联系，并且，中国一直暗中支持莫洛托夫。当莫斯科想调莫洛托夫到集团外任职时，美国情报官员根据多方信息来源断定，中国人曾设法为莫洛托夫活动，结果是海牙拒绝了苏联派莫洛托夫担任驻荷兰大使的提议。为此，中情局甚至怀疑中国试图操纵苏联的“反党集团”，从而引起苏联极大反感。

(6) 1959年赫鲁晓夫访华与中苏分歧

1959年9月30日到10月4日，赫鲁晓夫来到北京参加中国十周年国庆，此次以友好目的的访华，却以不欢而散而收场。但是一如既往地，美国仍然认为分歧没有促使中苏关系达到破裂的程度，而且对集团中其他关系和国际共产主义运动也不会产生不利影响。在中苏领导人的会谈中，双方都不避讳中苏分歧的存在，并且公开了他们之间的争论。赫鲁晓夫访华的结果没有以任何公告的形式发表，毛泽东在公开场合对此问题避而不谈，苏联于10月14日撤换苏联驻中国大使尤金，这些迹象使中情局敏锐地嗅到十周年庆典中，赫鲁晓夫与毛泽东之间发生了很大的不快。

(7) 苏联撤退专家与中苏分歧

自1960年8月中旬以来，美国从新闻、外交和情报多方渠道印证，苏联顾问和技术人员大规模离开中国回到苏联。从这件事开始，美国才开始真正意识到中苏关系进入了“严重和公开的紧张状态”。美国探听到的消息是，7月28日苏联共产党高层做出了将所有苏联技术人员从中国撤离的决定。但是苏联的这一举动的动因是什么，中情局并不能给出准确的答案。美国人在报告中提供了三种可能的解释：第一种解释是苏联专家回国与中国留苏学生利用假期时间回国有关，因为这些学生可以取代在华苏联技术人员；第二种解释是苏联技术援助的最终目的是让中国走上科学独立发展的道路，因此撤回苏联专家的举动符合这个目标；第三种解释是苏联专家撤离是中苏分歧的表现，一方面苏联可能以撤离专家对中国施压，另一方面可能是中国驱逐苏联专家发泄对苏联的不满。从美国当时并不了解苏联顾问撤出中国的真实原因来看，也表明了当时美国掌握的关于中苏关系的信息情报的有限性。

4. 破镜难圆：1961～1969

从1960年下半年起，苏联突然撤回全部在华专家，中苏关系开始进一步恶化，并逐渐走向分裂。在中苏结盟期、蜜月期和分歧期间，美国评估报告中提过的中苏关系中的各种隐患越来越明显地暴露出来，中苏双方互相攻击的言论日渐加重。在此阶段，中央情报局通过手中掌握的日渐增多的情报，才开始较有把握地做出中苏关系已经走向破裂的判断，同时不断采取对苏对华软硬兼施的两手政策，为中苏分裂"推波助澜"。

(1) 禁止核扩散与中苏分歧

在1960年或1961年左右，苏联已经终止了对中国的核援助。但是，并没有在国际社会上反对中共发展核武器。在赫鲁晓夫与肯尼迪于1961年6月在维也纳进行高峰会晤之前，白宫智囊建议肯尼迪在会谈中就中共发展核武器问题与苏联达成谅解。如果肯尼迪能够成功说服赫鲁晓夫明白中共核武器对华盛顿和莫斯科造成的威胁，那么苏联可能会同意与美国合作，对中共核发展进行管制。可是，赫鲁晓夫在维也纳的态度却让肯尼迪大失所望。因为在中共联合国代表权和对台湾主权问题上，赫鲁晓夫表现出坚决的支持态度。在谈到中国核发展问题上，赫鲁晓夫也对于美苏合作毫无兴趣。可以说，肯尼迪与赫鲁晓夫就中国问题几乎处处存在分歧，赫鲁晓夫嘲笑肯尼迪"你似乎对中国很了解，但是我也很了解"。肯尼迪反过来说："苏联应该对中国人更了解一些。"赫鲁晓夫说："我已经对他们很熟悉了。"关于中国问题，两个人聊得不欢而散。

肯尼迪并没有就此而气馁，但是不幸的是1962年1月的日内瓦会议上三边会议再次失败。国防部长助理尼兹告诫肯尼迪，"为了防止核武器扩散，禁试条约仍然十分必要，但是目前若要防止核扩散，美国必须与苏联合作"。肯尼迪为此仍然继续寻求与苏合作的新途径。就在此时，古巴导弹危机发生。美苏摊牌之后，中苏关系仍然继续恶化，中共借此强烈指责赫鲁晓夫事前的鲁莽和事后的软弱。10月份，莫斯科对中印边境冲突采取中立态度，这让中共对苏联的痛恨雪上加霜，到了忍无可忍的程度。1963年，中情局已经断定"中苏关系出现新危机"。同年8月5日，美英苏在莫斯科签署了《禁止在大气层、外层空间和水下进行核武器试验条约》(简称《部分禁止核试验条约》全称《禁止在大气层、外层空间和水下进行核武器试验条约》)。该条约引起中共的强烈反对，中苏关系几乎降到冰点。

(2) 中苏论战与根本分歧

《真理报》与《人民日报》是中苏论战的两个重要平台。中情局根据对这两个公开刊物上的文章，来追踪从1963年下旬开始的中苏论战。当时，中共在《人民日报》上连续发表九篇评论，攻击苏联背叛了国际共产主义运动，被中情局看作中共对苏共权威的正式和公开挑战。

中情局敏锐地观察到，在互相对骂的过程中，中苏都有“软肋”。苏联人试图通过经济施压迫使中共回头，但却无功而返；中国人对苏共的批评有些过火，反倒失去了一些听众；赫鲁晓夫在战略上处于尴尬境地，因为在革命学说的争论中，心理优势往往在主张革命的一方，赫鲁晓夫与西方“和平共处”策略被中共牢牢抓住了把柄，并被冠以“修正主义”的帽子。

(3) 同盟破裂对中苏各方的影响

中情局认为，中苏两党在分裂中都会遭到严重损失。但是相比而言，分裂给中国造成的负面影响更大一些。分裂对苏联会造成一系列的影响，包括国内敌人乘虚而入；北京领导的亚洲共产党阵营会日渐形成；国际共产主义运动中其他共产党对苏联领导层可能发起更多挑战；分裂对共产主义理念的打击等等。而中国将遇到的困难更加棘手，包括被国内对手利用；与国际共运的其他共产党关系的破坏；其他党中更多的反对亲中国力量的行动；中国将失去军事保护伞；在陷入经济危机时紧急援助物资的减少等等。美国情报分析人员断定，尽管分裂对中国的负面影响更大，但是北京并没有因此而屈服于苏联。相反，它更加不认可莫斯科是国际共产主义运动的唯一领导核心，并开始对莫斯科在社会主义阵营内的权威进行挑战。“从1960年起，实际上已经没有中国不曾质疑过的学说，在国家关系领域内几乎也没有不涉及分歧的。”中国反对莫斯科的主要根据，是苏共在政治和意识形态方面对中国主权的干涉以及把自己的观点强加给国际共产主义运动。关于意识形态问题，美国认为它既是共产主义的财富又是负担，因为一方面“意识形态限定了共同的敌人，这样为中苏关系提供了最强的凝聚力”。但另一方面，意识形态也要求具有普遍的效力，需要对政策做出唯一的解释。而当中苏之间发生分歧时，中国不再承认苏联高高在上的地位，坚持自己对意识形态的解释，于是，意识形态反而成为促使联盟瓦解的压力。

(4) 中苏分裂对北越的影响

在援越问题上，中苏矛盾层层凸显。苏联对中共最大的指责，是其对援越物资设置的障碍；而中国则抱怨苏联在支持越南问题上的虚情假意。作为夹在中苏之间的北越，为了获取双方的援助，在中苏之间始终不愿表露立场，“一直避免偏袒任何一方”。美国认为，这主要由于北越的主要重心在于追求国家利益，争取得到莫斯科和北京的双重支持，以达到最后收复南越的目标。所以，从根本上北越希望中苏减少分歧，达成一致。不过，据中情局观察，虽然北越表面上不偏袒任何一方，但是实际上可能更同情和支持中国的主张。由于河内希望保持自由行动的权力，因此可能反对莫斯科提出的“民主集中制”。而且，河内战胜南越统一越南与北京收复台湾统一中国的愿望是一致的，为了达到统一的目的，河内和北京一样反对“和平共处”和裁军。另外，由于中越之间在历史上民族和文化的密切关系，也使中情局愿意相信，在中苏之间，北越更偏袒中国。不过，如果河内公开选择支持中国，又会使其失去最重要的苏联的经济、军事支援，由于这个原因，美国认为直到报告发表的 1963 年 6 月，北越不会改变在中苏分歧中的独立立场。

(5) 中苏边界冲突前美国对中苏关系的展望

在中苏分裂期，美国逐步认识到中苏关系缓和的可能性越来越小，并且认为在毛泽东任内几乎没有缓和的可能性。同时，美国根据情报得知，由于国内“文化大革命”的激进态度，导致北京以往的支持者例如日本共产党和北朝鲜共产党都开始调转方向，开始背离北京。另外，美国还预测，中苏之间发生边境冲突的可能性及频率会越来越大，苏联经由中国向越南运输供应品的难度会不断增加，中苏互派外交使团的规模也会逐步减少。即使中苏关系出现和缓，至多也只能是改善国家之间的关系或减弱意识形态方面的斗争，但是两党之间关系很难实现缓和。最后，美国情报官员很有预见性地指出，在中国民族情绪膨胀的情况下，中苏边境严重的争端可能一触即发。

(6) 中苏边界的地理情况

1964 年 2 月形成的《中情局关于中苏边境新疆地区地理情况的情报备忘录》以及 1965 年 5 月形成的《中情局关于中苏边境东北地区地理情况的情报备忘录》是两篇很特别的情报报告。它们不仅全面介绍了新疆、东北两个地区的地理、人口、经济和政治情况，还详细回顾了中苏(俄)自近代以来的边境争端的历史，并且考察了近期以来中苏边境的紧张状态。因为，自 1962 年起中苏边境地区开始出现紧张气氛，以及第二年双方在新疆、东北等边境地区都加强了军事部署，这引起美国情报机构的高度注意。可见，对于 1969 年中苏珍宝岛冲突，中情局是早有预见的。

(7) 1969 年中苏边界冲突

1969 年 3 月，中苏在珍宝岛地区发生了严重的边境武装冲突事件。美国情报机构随后进行了跟踪观察，并进一步分析中苏关系的未来走向。他们看到，珍宝岛事件后，中国不仅把苏联视为敌人，而且在中国共产党第九次代表大会上将苏联列为与美国同等重要的敌人。由此，美国情报分析家不无兴奋地预见，两到三年内中苏关系不会缓解，他们甚至更大胆地怀疑中苏之间的全面战争可能在不久的将来就会爆发。不过事态并没有沿着中情局的预测而走，中苏冲突没有进一步恶化。不过，由于尼克松上台后中美关系戏剧性地和解，越发使得中苏分裂走进死胡同，成为不可逆转的事实。

综上所述，从 1949～1969 年这一段时间，中苏关系经历了同盟、蜜月、分歧、分裂这样几个发展阶段。关于中苏分裂的原因，情况复杂，涉及抽象原因和具体事件。在中苏关系没有实质性破裂的情况下，一些影响中苏团结的因素都不成为问题，而一旦中苏撕破脸，所有过去发生的不愉快都成为双方相互指责的口实。从中情局解密档案看来，美国对中苏关系进行了紧密跟踪、分析，并根据所获取的情报，进行了比较准确的猜测。因为美国是中苏两个当事人之外的旁观者，所以往往能够站在更高的角度观测和分析中苏关系中潜在的隐患，反而让我们从另一个侧面进一步了解了错综复杂、扑朔迷离的中苏关系。

另外，美国作为资本主义阵营的“领头羊”，面对两个强大的竞争对手，无时不盼望中苏反目成仇，使自己从中获利。因此，从中苏建立同盟之前，美国就确定了旨在挑拨中苏关系的“楔子”政策。由于清楚了解中苏之间历史与现实中的矛盾因素，中情局找准一切时机煽风点火。在中苏之间，中情局采取的策略是对苏缓和，对华强硬。尽管这种政策并没有使美国最大地实现其战略目标，但是却成功地制造了一系列中苏之间的误解，顺利地扩大和加速了中苏之间的不和，从而极大削弱了其头号竞争对手苏联的士气。从这个角度说，美国是促成中苏分裂的幕后推手，也是从中渔利的最大赢家。

十、透过铁幕观“铁板”：中情局眼中的“东方阵营”

北京大学　郭洁

冷战时期，美国中情局曾搜集了众多有关国际共运的情报，并据此对以苏联为首的“东方阵营”做出了大量的评估。评估结论总体与实情相符，有些看法甚至不乏见地，不过还有些见解，也许是因情报或材料不足，或许与意识形态偏见有关，再或者……总之，用今天的眼光看来多少令人匪夷所思。以下试以 20 世纪五六十年代随着中苏关系的发展变迁美国中央情报局(CIA)所做的相关评估为例来加以说明。

1. 中苏结盟与合作时期

众所周知，第二次世界大战结束后，世界政治地图发生了重大改变。在欧洲，波兰、捷克斯洛伐克、匈牙利、保加利亚、罗马尼亚、南斯拉夫、阿尔巴尼亚等中东欧国家纷纷走上社会主义道路。在亚洲，继越南、朝鲜先后确立了共产党一党执政的国家政权之后，1949 年，中国共产党取得了新民主主义革命的胜利，随后宣告了中华人民共和国的成立。至此，连同苏联和蒙古，一个拥有世界三分之一人口和四分之一面积、横跨欧亚大陆的、与资本主义体系相抗衡的社会主义阵营便形成了。

在此过程中，应当说，中国革命的胜利对于国际共运整体实力的壮大意义非同寻常。至少当时在美国人看来，它对世界权力格局和国际安全所造成的重大冲击可与同年在哈萨克斯坦塞米巴拉金斯克试爆成功的那颗代号“第一道闪电”的原子弹等量齐观。1950 年，随着中苏两国同盟关系的确立，此种认识更是进一步得以加深。当时，美国朝野的一个主流观点是：美国及其盟国正面对着一个铁板一块的“共产主义集团”。用1950年代曾先后供职于兰德公司和中情局的研究人员雷蒙德·加特霍夫的话来讲，假使认为1948年苏联和南斯拉夫关系的破裂使东方阵营这块铁板中出现了一道裂缝的话，那么，新中国的成立、中苏同盟的建立则让这道裂缝变得不再那么重要。

此后很长时间里，无论是国家安全委员会还是中情局，对东方阵营所蕴藏的力量和潜能，都给予了相当高的评估。以1952年底出台的国家情报评估第64号文件及其修订版为例，两份文件均特别指出了：虽然就经济实力而言，苏联的经济产量远不及美国，东方阵营的整体经济实力亦不可与北约国家同日而语，但由于其军事开支占国民经济的比例远远高出西方国家，使其常规军力在数量上拥有了相当大的优势。据此，评估人预测：苏联集团有充分能力在横贯欧亚大陆的广大区域同时发起大规模进攻。除此之外，报告还强调：除了军事进攻的能力外，集团的庞大规模(包括2 000余万共产党员和遍布72个国家的共产党组织)、内部集权化的领导以及高度统一的意识形态等，为共产党人实施政治战提供了丰富的资源和巨大的潜能，从而对“自由世界”形成了严重的威胁和破坏。

其实，对所谓“苏联集团”坚如磐石的看法以及对资本主义、社会主义两种意识形态和社会制度势不两立的估计，自冷战打响后，一直在美国各界人士头脑中占据着主导地位。这一认识到了1953年斯大林去世继而朝鲜半岛停战之后，亦未能得到及时调整。现在我们知道，其实上述这两件具有标志性的事情(尤其是前者)对于当时及其后整个冷战氛围产生了极为深远的影响。

1953年3月5日，斯大林突然病逝。十天后，在最高苏维埃第四次会议上，新的党政领导班子宣告成立，接任斯大林生前所任部长会议主席一职的是党内第二号人物马林科夫，领导中央委员会的则是不久后在与马林科夫的权力争斗中胜出从而登上一把手宝座的赫鲁晓夫。此次会议上，作为政府首脑，马林科夫就新政府的外交方针做了详细阐述，在这篇被西方称为“和平攻势”的著名讲话中，马林科夫指出，通过和平方式，“没有什么争执不下或是无法解决的问题”，并称这一原则适用于处理苏联“同所有国家包括美国之间的关系”。其实，莫斯科做出和解的姿态，很大程度上是源于国内现实的需要。遗憾的是，对于红场墙头抛出的橄榄枝，白宫领导人始终疑虑重重。在他们看来，共产党一向是不妥协的，而苏联人从来都是没有诚意的。一个多月后，美国总统艾森豪威尔在其姗姗来迟的一篇回应演说中，对与苏联缓和关系开出了一长串条件。几天后，一贯以反苏反共著称的国务卿杜勒斯在其发表的政策演说《第一个九十天》中，直言不讳地称莫斯科此举纯属麻痹西方的策略之举。

然而，随后的事实表明，苏联新领导人的确在缓和东西方关系的路上迈出了一些实质性步伐。比如，他们主动宣布放弃对土耳其的领土要求，积极推动朝鲜交战双方达成停战协议，同意从奥地利撤军，率先实现单方面裁军，承认并与联邦德国建立外交关系、撤出了在中国和芬兰的军事基地等。除此之外，为维护苏联对东欧的有效控制，缓解各国愈益紧张的社会矛盾，克里姆林宫的新主人们还对斯大林时期的东欧政策做了某些调整，先后推动东德、匈牙利等国采取了一系列名为“新方针”的改革举措，用以纠正苏联模式在各国推行后暴露出的种种弊端。比如，他们要求东欧各国改变党的权力过分集中的现象，加强立法和行政机关的权力；适度恢复社会主义法制，平反冤假错案；调整国民经济发展比例，降低重工业发展速度，提高农业、轻工业比重；鼓励个体经济，开放市场；以提高工资、降低物价、减少税收、增加住宅等手段改善人民生产和生活条件；调整知识分子政策，提高其政治、经济待遇；加大教育投入；对宗教事务保持宽容，等等。此外，1955 年春夏之交，赫鲁晓夫等苏联领导人还亲自前往贝尔格莱德，主动与南斯拉夫修好。

凡此种种皆出乎中情局情报分析人士的意料之外，不仅如此，他们所做的预测事实上恰恰与此相反。以 1953 年 3 月 12 日中情局出台的一份名为《斯大林逝世与马林科夫升任苏联领导人可能出现的结果》的特别评估报告为例，其中便明确写道：“克里姆林宫对欧洲国家的控制是如此之牢固，我们认为，斯大林之死不会令此种控制力发生丝毫减弱……铁托与莫斯科的关系亦不可能因斯大林之死而有何改变……铁托在卫星国家或阵营外共产党中的影响不会有所增长。”字里行间透着十足的把握。

1956 年是国际共运发展史上的一个转折年。这一年运动内部所发生的若干重大事件极大地改变了社会主义阵营的发展方向。首先是 2 月下旬召开的苏共第二十次代表大会，这次会议对世界形势出现的新现象、新特点进行了分析和概括，就国际局势的发展提出了和平共处、和平过渡、和平竞赛等一系列理论观点和政策纲领。不仅如此，赫鲁晓夫在会议最后一天采取突然袭击，以做秘密报告的方式，对斯大林严重违法、大搞个人崇拜等行为进行了严厉揭批。客观地讲，苏共二十大就其主要精神而言，具有重要的进步意义，反映了时代发展的要求；就其结果来看，却如同一块引发山崩地裂的巨石，在国际共运内部激起了剧烈震荡。欧美国家的共产党，由于内部思想混乱、意见分歧以及大批党员退党而发生了严重分裂。东欧各国党的反应颇为复杂：真心欢迎的、心怀不满的、茫茫然不知所措的，不一而足。至于波兰、匈牙利两国，情势已非“复杂”二字所能概括。在波兰，由于最高领导人贝鲁特在二十大闭幕不久意外病逝，整个党陷入了惊慌与混乱，同时，因莫斯科批判斯大林造成的思想真空，被一种结合了民族主义、民主社会主义和人道价值观念的思潮所填补。在匈牙利，自称是“斯大林最优秀的学生”的拉科西非但无视党内外要求变革的呼声，反而逆潮流而上继续实行强硬的斯大林主义路线。民众的普遍不满与的当局的权力弱化，最终于夏秋之季，在这两个国家先后引爆了危机。

1956 年波匈事件的爆发，特别是苏联动用武力对匈牙利事件的镇压，不仅在战后东欧史上留下了深深烙印，对日后阵营内部关系的变化也产生了极其深远的影响。它不可避免地加剧了苏共二十大后阵营内部力量的进一步分化，同时对于苏联作为国际共运领袖的道德和政治权威造成了损害，如此一来，便如同中情局其后的一份评估报告中所说，客观上造成了国际共运“政治和理论层面的权威性领导”的缺位。其后不久的事实日益清楚地表明，在社会主义阵营内部，有能力并有意愿填补这一空缺的，便是自斯大林逝世后一直努力在阵营中争得与莫斯科平等的大国地位，特别是对阵营内部事务享有共同决策权的中国共产党。

1957 年 10 月 1 日晚，毛泽东、朱德和匈牙利社会主义工人党中央第一书记、政府总理卡达尔（前排左三）在天安门城楼观赏国庆焰火。

其实，在波匈事件发生发展过程中，中国即以阵营内另一个权威和领袖的姿态，表现出对东欧事务的关切和影响，并开始了挑战莫斯科领袖地位的历程。中情局分析人员认为,对中国而言,1956 年的东欧危机"是麻烦也是机遇"。一方面,同苏联一样,中国希望尽快恢复社会主义阵营的团结与稳定,但同时,它也希望"在苏联人犯了错误之后",通过"帮助莫斯科恢复它在东欧遭到严重动摇的权威"来扩大和施展自己在阵营中的影响力。不过,事实上直至 1957 年底莫斯科会议召开之前,中国并未对苏联的领袖地位发起真实挑战。1963 年,中情局一份特别报告对此总结说:"中国人在国际共运中想要实现的目标还很有限……他们认为共产主义世界应当由一个国家来领导,并由其确立总的路线,但要做到这一点,它需要同社会主义阵营其他重要的成员进行协商。中国人视苏联为统帅,同时将自己想象为重要的智囊人员和政策制定的参与者。"

1957 年 11 月在莫斯科举行的各国共产党和工人党代表会议暨十月革命胜利四十周年庆祝大会,是一次规模空前的盛会,共有 68 个共产党和工人党的代表出席了会议。美国参议院小组委员会在其一份报告中甚至将其称作"共产国际的复活"。在此次会议上,中共的角色发生了重大转变,开始显示出对国际共运所具有的影响力以及与莫斯科分享运动领导权的潜能。从那时起,中苏两党在有关国际共运战略方面业已存在的分歧,便通过一系列事件不断加深并最终得以爆发;与此同时,随着自身实力与影响力的增长,中共亦不再隐藏其内心深处对运动内部单一权威体制的不满,开始向苏联的领袖地位发起了挑战。

中苏双方党际和国家关系的持续恶化,终于致使国际共运在战后发生了第二次分裂。较之 1948 年的苏南分裂,中苏关系的破裂无论在广度、深度还是持续时间方面,均远胜于前者,并对其后国际共运以至整个冷战进程产生了极为深远的影响。

2. 中苏分歧与争论时期

如上所述,分歧特别是意识形态领域的分歧是造成中苏关系恶化的直接原因,这些分歧主要体现在根本理论与基本政策两个层面。从根本理论上,双方在关于时代的特征、战争与和平的问题、社会主义革命的道路与模式、国际共运的发展战略等问题上看法相异。具体到基本政策:究竟谁的经济增长更快？谁的发展道路更能显示社会主义的优越性？对帝国主义究竟是要缓和还是斗争？在这些问题上，双方立场和观点甚至针锋相对。

客观地说，中苏分歧在双方关系发生恶化之前久已存在，甚至早在斯大林在世时，中国对苏联这位最高领袖某些政策与做法已心怀不满，不过，此种不满由敢怒不敢言发展到直言不讳，则是赫鲁晓夫的秘密报告出台之后的事。1957 年莫斯科会议之后，由于双方在理论和政策层面的分歧有增无减，中苏关系日益走出“蜜月”，迈向恶化。对于中苏分歧的肇始及其关节点，中情局国家情报评估第 11－5－62 号文件做了比较客观的分析，报告指出，中苏之间的“敌对和不满”其实“蛰伏已久”，只是到了 1950 年代后期才“发展成为一个尖锐而公开的问题”，虽然从表面看来，争论的都是些具体问题，但就其实质而言，分歧的焦点只有一个，即国际共运的领导权。不过，中情局并不觉得此时中苏关系中出现的摩擦与冲突会对双方盟友关系产生重大影响，它坚持认为，双方的国家利益以及国际共运的整体利益仍是维系两者同盟关系的强有力的纽带。

正基于此，1959 年夏，就在中苏友好关系已明显趋冷的情形之下，中情局高级研究署的一份研究报告对未来 5～6 年国际共运的前景做出了相当乐观的估计，声称：“如果世界在 1965 年之前逃过一场大战，苏联、共产党中国及其卫星国家的经济绝对会有巨大的发展……社会主义阵营国家力量的强大将必然增强苏联和中国这两个主要的共产党国家在世界事务中的地位；也将可能扩大他们在亚洲、非洲和拉丁美洲的影响……自由世界中许多民族国家的共产党无论在人数还是影响方面都会更为强大，并在某些国家中成为执政党或执政联盟的主要反对力量。”文件还指出，届时共产主义可能在世界上所有不发达地区特别是南亚、中东和拉美成为一股强大的力量。同样，对于国际共运的领导权问题，主笔人写道：“我们可以相当有把握地说，国际共产主义仍将控制在苏联共产党的手中。对于社会主义运动而言，不大可能有其他的可能性”，“任何削弱苏联共产党对国际共产主义运动的控制的企图都是不可能成功的，苏联共产党的‘领导角色’是国际共产主义的一个重要特征，这使得任何运动的‘民主化’都会是革命性的。任何一个党或党的领导人对此若有质疑，几乎必将招致被指控为‘修正主义’，而在遵从正统的共产党人的眼中，‘修正主义’是对国际共产主义运动最大的威胁”。虽然，该文件也曾考虑到国际共运处于苏中两党双重控制之下这一可能性，但随后举出大量论据，用以说明此种情形出现的可能性微乎其微。撰写人认为，作为“唯一可以挑战苏联权威的政党”，中共虽然对于培养和指导世界共产主义运动“怀有浓厚兴趣”，但就其对阵营团结的强调和对“以苏为首”原则所做出的表态来看，中共不至于对莫斯科的领袖地位发起挑战。

除此之外，该文件以下观点也特别值得关注：第一，预测在未来五至六年间，南斯拉夫还会被各国党视作“‘修正主义’的中心”并受到攻击；第二，强调尽管在社会主义阵营特别是东欧各国中，存在着偏离正统路线、尝试搞“民族共产主义”的迹象，但其严重程度不足以对中、苏两国的社会主义构成根本威胁；第三，认为凭借苏联的综合实力、中国国际地位的提升，各社会主义国家和政党会“由先前的崇尚暴力转向力主温和”。从理论角度来看，中情局的上述分析符合逻辑，但实际情况却发生了重大逆转：自从 1950 年代末期以后，在国际共运中，何为正统、何为修正渐渐失去了明确和统一的标准。令中情局始料不及进而颇感费解的是，正统和修正之争并未像其预测的那样，发生在“所有国家共产党”与南斯拉夫共产党之间，却出现在就其看来意识形态最贴近“正宗”的中、苏两党之间。相应地，共产主义世界也并没有步调一致地实现从倡导暴力革命向苏共所主张的和平路线的转变，而是在意识形态分歧难以调和的基础上，催生出了两条彼此尖锐对立的总路线。

1959 年 4 月 14 日，邓小平到机场迎接阿尔巴尼亚劳动党中央政治局委员希斯尼·卡博(左一)。

1960 年，中苏关系的恶化日益走向公开。1960 年 6 月 5～9 日，世界工会联合会理事会第十一次会议在北京举行，作为东道主的中国向前来参会的各代表团公开了与苏共分歧。针对中国的这一做法，莫斯科立即进行了反击。6 月 21 日，就在罗马尼亚工人党第三次代表大会开幕后第二天，苏共中央向各代表团散发了长达 50 多页的情况简报，其中对中共在诸如时代特征、和平与战争等一系列重大国际问题上的主要观点进行了尖锐的批评，赫鲁晓夫甚至出言，“只有疯子和狂人才谈论新的世界战争”。此举一出，结果便如1961年春中情局出台的一份报告中所说，“掀起了双方相互攻击、谩骂的高潮”。会上，各代表团除了越南、朝鲜和阿尔巴尼亚以外，均站在了苏联一边谴责中国的立场和观点。用中情局分析人员的话来说，中国代表团被置于“一种受审的境地”。此后直至11月莫斯科会议召开之前，中苏各方均表现得咄咄逼人、互不退让，致使双边关系严重趋紧，甚至表现出分裂之势。从某种意义上，布加勒斯特会议可以算是中苏关系和国际共运发展史上的一个重要转折点，它使中苏分歧从两党之间延伸到了整个国际共运，并使表面看来铁板一块的社会主义世界出现了一种信仰、两种声音的局面。

对于中苏分歧给国际共运未来发展带来的隐患，阵营内各国党均深感忧虑，他们希望即将召开的莫斯科会议能够推动中苏双方通过协调停止论战，使国际共运的团结得以恢复。中共亦怀有同样的期待，并预先通过各种方式做出了明确表示。然而，11月初当各国代表团抵达莫斯科之后，苏联却出人意料地向参会各国共产党散发了一份多达六万余字的信件，信中对中共展开了激烈的批评。如此，旧伤疤尚未愈合，又被揭开。会议期间，中苏双方继续激烈争执。苏联力图使中共承认自己的领导权威，而后者却坚持己见，双方僵持不下。为使会议不至无果而终，经多方共同努力，中苏两党终于在反复磋商后达成妥协。12月1日，大会最后通过了各国共产党和工人党代表会议声明，即《莫斯科声明》。声明将中苏各方的观点加以糅合，通过一种妥协性安排，将分歧与争执暂且搁置或予以回避。显然，矛盾的症结并未化解，分裂的阴影也依然存在。

对于这次莫斯科会议，中情局在其后不久出台的一份研究报告中做了专门探讨。令人惊异的是，这份评估报告对于许多问题的看法与事实本身相去甚远。该文件的基本观点是：1960年的莫斯科会议意义空前，它增强了阵营内部的团结。在报告撰写人看来，为莫斯科会议画上了“圆满”句号的共同声明，可以称得上是“国际共产主义的一个新的纲领性文件”，是世界社会主义史上“一个真正的转折点”，它不仅“挽救了运动的团结”，并且推动其进入到一个“更有自信心、灵活性和力量的时期”。同时认为，由于声明“将对资本主义-帝国主义体系的进攻提升到一个新阶段”，大大增强了共产主义运动对自由世界的“威胁”，而伴随着世界社会主义体系的扩展，将催生出某种较之社会主义“集团”更为高级的类似于“联邦”或“共同体”的组织形式和决策机制，据其预测，“一种与联合国相抗衡的组织”随之将应运而生。

如上所述，由于争论双方达成妥协，1960 年的莫斯科会议虽然避免了国际共运过早分裂，但就其实质而言，并未能达到改善中苏关系继而恢复阵营内部团结的目的和效果。同时，对中苏两党及其支持者来讲，谁都没有真正将这个各方都可以依据对己有益的原则拿来加以援引的《莫斯科声明》视为指导运动的纲领性文件。平静了几个月后，中苏复开论战，口诛笔伐愈演愈烈，双边关系持续恶化。这时，中情局对于此次会议才开始有了较为清醒的认识，1961 年夏通过的一份国家情报评估中承认：会议其实并未化解争论，“重大分歧依旧存在”；中苏双方争执的焦点并非仅局限于政策或战术领域，而是直接涉及国际共运领导权这样一个“更具有根本性的问题”。

实际上，伴随着中苏论战的持续升级和阵营内部力量的不断分化，中情局对此前所笃信不疑的“共产主义铁板一块”的观念已越来越产生出动摇和怀疑。比如，第 10－61 号国家情报评估曾坦言，“事实上，共产主义运动表面上的团结并不完全是因为不存在利益冲突，更多是因为慑于莫斯科的绝对权威……许多情况表明，有关共产主义政党之间的关系天然地处于融洽与和谐之中这样一种理论，不仅过分简单，而且充满谬误”。鉴于中苏分歧难以短期内得以化解，双方无法“就领导共产主义运动达成某种稳定的安排”，文件认为，此种情况将对国际共运各行为体构成不同影响，同时预测，阵营内国家将会“受到骑墙路线的吸引”，通过在中苏之间进行讨价还价，或争得更多的自主权和独立的行动空间，或争得更多的经济和政治支持。

1961 年 10 月，苏共召开了第二十二次代表大会。这次大会继承并发展了二十大所谓“三和路线”的基础之上，进一步提出在消灭了阶级以后，苏联已成为全民国家，苏共已成为全民党，无产阶级专政在苏联已不再是必要的了。在中国领导人看来，苏共的新纲领标志着苏联领导人从二十大发展起来的修正主义最终形成了一个完整的体系。会议还重提了反斯大林的话题，并对马林科夫、卡冈诺维奇、莫洛托夫为代表的“反党集团”展开了新一轮的攻击，其中明显蕴藏着影射中国的成分。特别是苏联领导人采取“打阿射华”的策略，携同与会多数党对曾在 1960 年布加勒斯特会议和莫斯科会议上支持中共的

1959 年 2 月 12 日，毛泽东和刘少奇与来访的印度共产党总书记高士（左一）交谈。

阿尔巴尼亚劳动党展开抨击，谴责其业已“滚上民族主义的道路”，矛头直指中国。为示愤怒，中国代表团团长周恩来提前离会回国。

苏共二十二大以及其后中苏关系的日趋紧张，推动了国际共运内部的进一步分化。从总体上看，1962 年前后，苏联虽然仍拥有多数党的支持，但较之 1960 年莫斯科会议时已有所减少，中国的支持者却相应有了增加。东欧各党仍然继续坚定地站在苏联一边，不过对于二十二大，它们心怀异见，做出的反应和所受的影响亦各不相同。在波兰和匈牙利，党的领导人欲借莫斯科对斯大林的批判，继续巩固其寻求独立自主的社会主义发展道路。在东德和捷克斯洛伐克，二十二大再度刮起的非斯大林之风，令党内出现了混乱与不安。在保加利亚，党的领导人日夫科夫则借机巩固了自己的地位，清除了政治对手契尔文科夫。阵营外的欧洲各党以及中东、拉美等国的共产党，虽然在会议期间及其后仍表示支持苏联，但普遍对莫斯科领导人攻击阿尔巴尼亚以及将斯大林遗体迁出列宁墓等做法感到不满。在亚洲，蒙古依然奉行追随苏联的政策，朝鲜则频频做出一些支持中国的举动，河内依然继续保持谨慎，以免开罪任何一方。苏共二十二大后，亚洲许多阵营外小党，比如缅甸、马来亚、泰国共产党，公开表明对阿尔巴尼亚和中国的支持，印度、印尼、日本这三个力量最大的阵营外亚洲共产党，则同西欧各党情况类似，派别林立的情况更趋严重。中东、拉美、非洲各国共产党，立场较之此前一年无甚改变，苏联的影响力在此仍占主导地位，但在某些党（如巴西党）中间，较为激进的派别表现出支持中国的趋向。

对于苏共二十二大后中苏关系走势及其对国际共运的影响，美国国务院政策研究室曾于 1961 年 12 月完成了一份长达 77 页的报告，报告的核心观点是：“东方阵营”坚如磐石的团结与控制已不复存在，受中苏分歧尖锐化的影响，国际共运丧失了统一的指挥、至高无上的权威、一致的行动纲领和共同的思想理论基础。其后不久，中情局根据苏共二十二大后国际共运出现的新情

1959 年 3 月 3 日，毛泽东、刘少奇在列车上出席中日两国共产党联合声明签字仪式。中共中央总书记邓小平和日本共产党总书记宫本显治（左三）分别在联合声明上签字。

1963 年 8 月，毛泽东在中南海庭院与来访的缅甸共产党副主席德钦·巴登顶（左一）漫步交谈。

况，对第 10－61 号国家情报评估做了重新修订。在这份于 1962 年 2 月 21 日通过的新文件中，相关研究人员对中苏分裂以来国际共运的总体形势和未来发展做了当时最为翔实的评估。该文件开篇即指出，苏联党的代表大会上各国党围绕苏共新纲领和国际共运内部党际关系这两大问题产生的政策分歧，“凸显了伴随着苏联国内局势日趋复杂以及世界共产主义运动愈益壮大和多样化而出现的矛盾”。文件强调，“苏联权威的传统资源一旦消损，国际共产主义的意识形态并非像其宣称的那样，能够在将各个强大的民族力量聚合起来的同时，确保其内部的统一与团结”，但是，中国的挑战并非是导致苏联权威消损的唯一原因，随着国际共运的不断发展和日趋多样，加之单个共产党参与或以不同于苏联道路的方式夺取国家政权越来越具有现实可能性，“听从苏联指挥的意义和必要性势必受到质疑”，如此就不可避免地对苏共在国际共运中的权威构成了挑战，使其传统领导地位“变得岌岌可危”。在此情形之下，苏联要想继续得到别国党的支持，就必须进一步放松共产主义运动的纪律，“向民族自治做出让步”，同时，在制定国际共运总的路线方针时更多地照顾到各成员党的利益和观点。但是撰写人亦特别指出，虽说苏联权威的下滑不应完全归咎于中国与其争夺国际共运的领导权，但显然，由于各国党在需要和寻求外部支持时“有两个对象可供选择”，便使得许多党可能对此加以利用，“采取更加自主的行动，制定出更具有民族主义色彩的路线和政策”，从而增大了运动失控的危险系数。除此之外，该文件对中苏关系的前景做了较之此前更为冷静的预测。报告认为，要想从根本上化解中苏两党间的分歧已不太可能，双方破而不裂的这种状态顶多再维持一年左右，就可能发生“公开而彻底的分裂”。

事实上，苏共二十二大过后的两三年间，中苏关系未公然发生破裂，但此间所发生的一系列冲突或争执事件，比如新疆中国边民外逃苏联的伊塔事件、

1959年3月3日，毛泽东、邓小平在郑州火车站同来访的委内瑞拉、哥伦比亚、智利、阿根廷、古巴、秘鲁、玻利维亚、巴西、厄瓜多尔、巴拉圭、哥斯达黎加、巴拿马、危地马拉、多米尼加共产党的代表合影。

苏联对中国发展核武器的消极反应、中苏在古巴导弹危机上的龃龉和中印边界冲突问题上的斗争、中苏在非洲展开的激烈竞逐、中国最高领导人第一次对外提出苏联侵占中国领土和主权的问题、苏联在相继召开的五个欧洲国家共产党会议上继“打阿射华”后发展到指名道姓地攻击中共、中国率先挑起的空前高亢激烈的国际共运大论战、中国对苏联与美英两国签署部分核禁试条约的指责与不满等，却使得双方关系在一种时松时紧的震荡变化中愈加滑向了决裂的边缘。伴随着中苏矛盾益形恶化，国际共运内部各种力量分化重组并分别向苏联和中国这两大中心汇聚的速度亦大大加快了。截至 1964 年，中苏在国际共运中的力量对比较之苏共二十二大时发生了重大变化。总体上苏联仍享有国际共运中多数党的支持，但中国的影响明显获得了增长。1963 年 5 月中情局出台的一份特别报告中对于 1963 年前后中国在国际共运中影响力增长的原因做了如下分析：报告认为，如果说中国人所以能够在亚洲打入楔子并占有一席之地得益于“人种”和“地缘”优势，那么它在亚洲之外的势力扩展则需归因于“对基本教条的解释”。这一分析在很大程度上是正确的。随着中苏两党意识形态论战的展开，国际共运中几乎所有党的内部都有毛泽东的追随者，同时，由于世界范围内“左派”力量的不断壮大，中国路线的支持者队伍呈现出同步增长的发展态势。

1963 年 9 月 15 日，刘少奇率代表团访问朝鲜，金日成首相到平壤车站热情迎接中国代表团。

1957 年 12 月，毛泽东与来访的越南劳动党中央主席胡志明在一起。

尽管此间国际共运作为一个整体的力量依然存在，但其内部已分别以苏联和中国为核心分裂为“两大阵营”：支持苏联的多数派阵营和站在中国一边的少数派阵营。在社会主义国家中，波兰、匈牙利、南斯拉夫、捷克斯洛伐克、东德、保加利亚中东欧六国和亚洲的外蒙古属苏联阵营的成员；亚洲的朝鲜、越南以及巴尔干小国阿尔巴尼亚支持中国反对苏联，另外两个国家——东欧的罗马尼亚和加勒比海沿岸的古巴，在中苏论战中持中立立场。在阵营外各党中，欧洲各主要政党（如法国、意大利、比利时、挪威共产党）基于国内政治现实，普遍赞同苏联所倡导的和平路线；远东共产党（如印尼、马来亚、泰国、缅甸共产党）多数身处落后国家，中国革命的道路往往对其更有吸引力，而个别相对发达国家（如日本、新西兰）的共产党，由于力量弱小，也往往倾向于通过暴力手段夺取政权；在近东、非洲、拉美等地，绝大多数党仍坚定地支持苏联，但其内部的“左派”激进力量通常赞同中国的路线和观点；另外，在共产主义国际阵线组织中，像世界和平理事会、世界工会联合会、世界民主青年联盟等主要组织，多数仍处于苏联控制之下，但由于中苏间的争论与竞夺，其有效性受到极大破坏。

当然，上述国际共运两大阵营的划分是非常粗略和概念化的。事实上，在此阶段，国际共运的分散化不仅表现在“铁板一块”向“两大阵营”的转换，还表现在其内部单个行为体的平等自主意识的增强和离心倾向的加剧，以及党内意见分歧和派系斗争的日趋激烈。第 10－2－64 号国家情报评估清晰地看到了这一点并且预测，如果此种权力在国际共运内部继续扩大，而各国党“自主的和民族主义的行动”变得更加频繁，则国际共运的公开分裂将指日可待。

3. 中苏关系走向彻底破裂时期

现在我们知道，1960 年代，正是中苏关系一步步的恶化最终致使国际共运发生了有史以来最为严重的分裂。回顾这段历史，不免令人产生疑问：如果在中苏关系破裂前夕双方共同停下脚步，不再向分裂迈进，是否这一结局能够避免？从而国际共运可重新获得团结与统一？诚然，历史是不可以逆推或假设的，不过，理性的分析或许有助于我们对问题有更深的认识。事实上，在1965年前后亦即中苏两党关系公开破裂之前，双方弥合矛盾、停止冲突的可能性基本上是微乎其微的。如果说中苏关系发生龃龉之始，双方矛盾主要起源于意识形态方面的分歧，而其后随着矛盾年复一年地加深，彼此间在党际和国家间关系层面的对立和冲突，已逐渐演变为意识形态主导下多种不同因素共同作用的结果，其中，两国间国家利益的冲突、最高领导人之间的分歧以及历史遗留问题等均扮演了非常重要的角色。到此时，即使双方有改善关系的心意，已无甚可以妥协的余地了。

1964年夏，正当中苏论战不可开交之时，苏共提议在1965年某个时候召开一次世界共产党大会，并建议先于是年10月15日召开筹备会议。苏联领导人此举意在加强国际共运内部的统一认识，进一步孤立和排挤中国。毫无疑问，中国领导人坚决反对召开这样的会议并对此提议给予了谴责。接下来的几个月，双方围绕着召开会议的必要性和具体时间等问题展开激烈争论。然而，就在苏联原定举行筹备会议的前一天，莫斯科发生"宫廷政变"，赫鲁晓夫被赶下台，勃列日涅夫接任党的第一书记。中共抱着改善关系的愿望，派周恩来率团赴莫斯科参加十月革命庆祝活动。但是，新领导人的公开讲话明确地宣布了苏联党和政府的态度和立场，即仍将坚定不移地用苏共二十、二十一、二十二次代表大会所确定的路线作为指导未来内政外交的基本方针和原则。中情局的报告对此曾有准确预测。1964年6月10日通过的一份国家情报评估中这样写道："赫鲁晓夫的继承者可能也会希望同中国达成暂时妥协，以便集中精力处理其他事务。不过我们认为，任何一个未来的继任者对于基本问题的看法，较之现任政权，不会有显著的差异……双方间的根本分歧，毫无疑问，会继续存在下去。"

1965年3月初，苏共领导人不顾中国的一再反对，在莫斯科召开了各国共产党和工人党会议，共有19个党派代表团参加，获邀与会的另外7个党即中国、阿尔巴尼亚、越南、朝鲜、罗马尼亚、印尼、日本共产党，则拒绝参会。会议最后发表了《关于在莫斯科举行的共产党和工人党代表协商会晤的公报》，公报呼吁消除分歧、加强团结，停止公开论战，并建议召开一个由参加第二次莫斯科会议的81个党组成的预备协商会议共同讨论召开新的兄弟党国际会议的问题。对于莫斯科三月会议，中共做出了强烈反应。3月23日，《人民日

1965 年 8 月，毛泽东与来华参加中日青年大联欢的日本共产党书记处书记砂间一良（左二）交谈。

1966 年 6 月，周恩来访问罗马尼亚，受到罗马尼亚共产党中央政治局委员、部长会议主席毛雷尔的热情欢迎。

1963年9月3日，来访的印度尼西亚共产党主席艾地(左一)向毛泽东赠送礼物“天堂鸟”标本。

报》和《红旗》杂志编辑部联合发表题为《评莫斯科三月会议》的社论，文章称三月会议是一个“苏共新领导继承赫鲁晓夫衣钵制造的分裂会议”，“充满着凄凉和零落的景象”，表明“国际共产主义运动的两条路线的斗争，已经进入了一个新的阶段”。可以说，莫斯科三月会晤是国际共运和社会主义阵营正式分裂的标志。自此之后，中共再也没有参加过由苏共召集的兄弟党国际会议。此后一年，苏联向中苏边境不断增兵，并且向蒙古派驻苏军，双方之间的裂缝不断加宽、加深，直到1966年3月22日，苏共召开第二十三次代表大会，中共决定不派代表出席，从此两党关系彻底中断。这样，至同年“文化大革命”爆发之时，中苏两国关系逐渐走向敌对，同盟关系名存实亡。

中苏关系在发生着上述演变的同时，国际共运格局亦相应地有了新的转变与调整。总体特征表现为：在整体实力进一步衰退、内部力量进一步分化的基础上，苏联影响力的一定恢复和中国支持者的急剧减少。这一局势的发展多少应验了中情局于1963年所做的评估，当时相关分析人员即已指出，中国在国际共运中影响力的上升很可能只是暂时性的，“将来某个时候，也许目前那些认同此种解释的共产党会转而采取一种更加独立于这两大中心的姿态，甚至也许会重新回到苏联的怀抱”。三月莫斯科会议后，情势的发展确系如此。1965年春至1966年夏仅一年半左右的时间，原先所谓中国阵营的多数党已悄然离去，支持中国的只剩下阿尔巴尼亚、新西兰共产党和个别党内分裂出的小团体。中国影响力的急速下跌，使得此前关于国际共运“两大阵营”的划分已不再适用。1966 年，中情局题为《中国在共产主义运动中日渐孤立的特别报告》对此做了专门的分析。报告称，1965 年以来中国在与苏联争夺国际共运领导权上所遭受的重大挫折，很大程度上得从自身寻找原因，其中最根本的问题在于僵化的理论和夜郎自大的心态。中共始终坚信自己是“马克思列宁主义的真正旗手”、“一切成功革命经验的源泉”，肩负着领导世界革命的伟大使命；毛泽东思想则长期以来被夸大为“马克思列宁主义最高和最具创造性的代表”、“全世界革命者的行动指南”，是“被中国革命实践所证明的、放之四海而皆准的普遍真理”。正是这种意识形态上的片面与生硬加之盲目自信，“把北京在国际共产主义运动中的地位真正推向了孤立境地”。此外，报告还指出，苏联新领导人勃列日涅夫实施的战略调整，比如尽可能避免在公开场合与中国论争、不再鼓动各党孤立和排挤中国等，为苏联赢得了新的支持，同时动摇了中国在国际共运中的影响力。这些看法具有一定的合理性。

其实，大致从 1961 年以后，中情局对中苏关系影响下国际共运相关问题的评估总体上愈发显得客观了，但纵观此前的评估，却经常可以发现与其后实情不符甚至南辕北辙的情况。究其原因，主要在于此间始终有一个误断在主导着中情局分析人员的思考，亦即关于社会主义世界铁板一块的定见。如上所言，自社会主义逐渐从一国向多国扩展，特别是在中华人民共和国成立之后，包括中情局在内的美国政、学两界的眼中，社会主义世界就是一个完全按克里姆林宫调子行事的牢不可破的统一体。这里有一个基本的判断，即在他们看来，共同的意识形态（共产主义）、共同的敌人（西方世界），便足以将各种民族力量聚合起来在“社会主义祖国”

1966 年 6 月，阿尔巴尼亚劳动党中央第一书记霍查（右一）到机场迎接由周恩来率领的中国代表团。

苏联的旗下，并确保其内部的团结一致。今天看来，这一看法的根本缺陷就在于：以一种单一的冷战视角，把事物看得简单化了。事实上，这里的“社会主义世界”首先是一个充满了差异、色彩斑斓的世界，是一个聚合了各种民族、种族、语言、方言、宗教、文化、传统的万花筒，其中每一个体都有其自身的独特性，彼此间在政治、经济、社会等各个领域的历史前提和现实条件不尽相同，甚至迥然相异。在这样一个如此纷繁而多样的世界里，即便有共同的理论基础、共同的信仰和追求，要想达到意识形态的同一，其实是很难甚至可以说是完全不可能的。更何况，共产主义意识形态事实上同时存在着多个有时甚至是彼此矛盾的层次。从某种程度上说，中情局同一时期对中苏分裂前景所作评估的滞后甚至失误，亦可由此找到解释。

十一、中间地带的冷战：对华情报中的第三世界

北京大学　牛可　刘青

“第三世界”作为一个国际政治概念是1950年代初在法语中出现的。1955年万隆会议召开，亚非各前殖民地半殖民地国家举行以反对殖民主义、争取民族独立解放为旗号的会议，“第三世界”一词才广为人们所用。它在法语中的原意是“第三等级”，即那些人数最多但深受压迫的阶层；“第三世界”作为一个国际政治用语则指称那些世界范围内那些曾遭受殖民主义统治，但现在正在争取独立和解放的国家和人民。在冷战的世界格局中，这个概念有时还有另外一层含义，指那些有意识地排斥超级大国及其意识形态，寻求资本主义和共产主义之外的“第三条道路”的国家。一般来说，美国官方文件中并不用“第三世界”指称处于世界边缘地带的亚洲、非洲和拉丁美洲的广袤的地域，而是使用“非西方世界”、“欠发达世界”、“新兴国家”、“发展中国家”等语汇。第二次世界大战以前，在美国人的世界观点中，仅有着一个文化意义上的非西方世界的模糊镜像——一个非白人的、非西方文明的、非基督教的、殖民地的、落后贫穷的世界，而这个世界在政治上是被欧洲的各个殖民帝国所分割的。除了在拉丁美洲的门罗主义和西太平洋以门户开放原则之外，长期以来美国对其他非西方世界地区没有明确和一贯的政策，也没有重大的目标和投入。美国持有反殖民主义和民族自决的主张和态度，但也少见其付诸行动和切实追求。冷战开始以后到1960年代初，美国迅速提升了其对第三世界的重视，并使第三世界成为美国对外政策体系中最重要的组成部分。

当冷战最初在欧洲爆发并急剧向东亚和世界其他地方扩散，美国开始构筑系统的冷战战略和政策体系的时候时，它也并没有立即形成一个完整、系统的第三世界政策。在冷战初期国际政治和军事局势的剧烈变动和巨大不确定

肯尼迪时期美国对第三世界的重视达到空前。图为肯尼迪访问哥伦比亚时，与总统阿尔韦托·卡马戈为一个美援住房工程剪彩。（图片来源：肯尼迪图书馆）

性之下，美国对外政策的重心被置于与苏联发生政治军事对抗的“关键”地带。第三世界有些地方被赋予重要性，是因为它们处在美苏冲突、苏联势力的战略扩张的前沿地带，或者是因为其作为经济腹地对西方盟国的经济复兴和生存而具有的意义。在 1950 年代中期以前的美国外交政策体系中，第三世界倾向于缺乏独立的地位，倾向于作为不同国家、区域和部分而碎裂地存在，而不是作为一个具有共同特性和地位的整体而存在。除了个别例外，如伊朗、土耳其等，冷战最初在很大程度上并不涉及非西方世界。美国对第三世界的各个国家和地区的政策往往服从于较短期的军事和地缘政治目标，表现出很大的反应性特征，而较少施之以总体的认知和长远的规划。这种情况当然也反映在美国对新中国的国际地位的认识和评估上。在中国革命和朝鲜战争都是发生在第三世界的重大事态，但中苏同盟确立后最初的一段时间内，美国基本上把中国看作苏联的附庸，一般将其归入“共产主义集团”的类型内，而较少像后来那样，将其置于第三世界的范围内，从第三世界革命和全球变革的方向的“问题意识”来认识中国的意义。

然而，部分地作为第二次世界大战的后果，政治性的第三世界毕竟出现在了美国的眼前，而且其出现的速度、方式和后果多少是美国没有预料到的。在冷战展开的过程中，美国人越来越感受到，并越来越担心的是，非殖民化并不像美国所设想和希望的那样是伴随着和平、渐进的“民族国家建构”过程，而是充斥着美国人所不希望看到的革命、激进性、暴力和动荡。本来，美国一向认为自己在道义上同情和善待非西方世界的民族主义，而非西方民族主义也将是亲美的。而且，民族主义和国际共产主义在本质上是相互排斥的。战后最初美国人并不担心非殖民化和民族国家建构的进程，他们认为只要这个进程是以有协调、有控制的方式进行，就能够与美国期待的国际秩序相兼容。然而，第三世界的民族解放运动越来越脱离美国的设想而呈现出越来越多的激进化趋势，而这其中许多事态都与业已展开的冷战发生了关联，或者说冷战迅速扩展到第三世界，使得美国原先关于非西方世界民族主义的假定，以及和这种假定有关的思维定式和政策构想遇到了很大的麻烦。1950 年代晚期以来，美国人越来越多地意识到，第三世界已经在整体上成为冷战的重要的甚至是决定性的战场。在欧洲的军事战略态势已经趋于稳定的情况下，意识形态和发展道路上的竞争的在冷战斗争中的重要性愈益凸显，第三世界如何在两大阵营之间选择政治和意识形态立场，会走上什么样的发展和“现代化”道路，成为关乎冷战结局的关键因素。

在美国所担忧的第三世界民族主义运动的激进化趋势中，中国有着特殊的重要性。中国革命本身就是对美国长期以来的一个政策思维的重大打击，即中国民族主义的前途与美国的国际目标是相符和相容的。这个幅员最大、人口最多的非西方国家以“一边倒”的方式加入共产主义阵营，不仅大幅度地扩展了冷战的范围，加重了美国的地缘政治和军事上的负担，而且中国向亚洲周边地区和其他第三世界国家输出其革命意识形态和经济发展模式，也越来越多地被美国认为是最为危险的新的国际政治事态。无论是作为具有“反革命”传统的国家，还是作为资本主义世界秩序的倡导者和维护者，美国都不能不对中国的革命模式和发展道路在第三世界的影响感到强烈的不适和紧张。现代世界的革命都具有普世主义气质和内涵，都有国际性的内容和影响，而影响力迅速上升的中国似乎对第三世界的革命有更比苏联更大的热情，并更着意于切实地推动。它的革命意识形态和经济发展模式在第三世界有着广泛的吸引力。尤其是对一些第三世界国家仿效中国革命道路的“叛乱”和游击战，美国感到越来越大的危险性。而自1950年代中期以来,中国在对外政策趋向激进化的同时开始逐渐形成更系统、更清晰,也更激进的对第三世界的政策,对广大的亚非拉地区开展广泛、活跃的外交活动,并在舆论上和实际行动上对第三世界国家的"反帝"活动予以支持。结果是美国对中国在冷战中的作用和地位的评估在1950年代以后呈现一种总体的上升趋势。到了1960年代,美国在有些情况下甚至认为中国是比苏联更危险、更具有破坏力的国际力量。

对第三世界越来越重视、对中国在第三世界的作用越来越担忧的美国理所当然地严密关注中国对这一广大地带的活动和影响,由此开展了广泛、深入的情报工作。美国情报机构关于中国与第三世界的关系的情报文件,正可被视为一种从特定角度、具有特定时代规定性的对中国和第三世界关系的历史记载和历史书写。这些情报文件,在不同程度上反映了美国对华政策背后的一些深层次因素,特别是突出地反映了美国对华政策与其对作为总体的第三世界的政策之间的关联。通过这些文件可以观察到的一个突出趋势是,随着非殖民化浪潮中第三世界共产党力量的壮大和"革命民族主义"力量的勃兴,以及1950年代末中苏分裂和中国对外政策的激进化,美国逐渐改变了其最初形成的大体在美国与"共产主义集团"的两大阵营对抗的框架内对中国加以认知的方式,而越来越多地在第三世界变革的题旨下来认识和评估中国在全球冷战格局中的地位和意义,尤其重视中国作为一种在第三世界有影响力的革命典范和经济发展道路的意义。在"全球冷战"的史学观念下提升对第三世界在冷战中的意义的认识,是近年来国际冷战史研究中最为突出的方向之一。而无论是中国在其冷战对手的总体战略考量中的地位,还是中国在冷战整体格局中的地位,都有相当大的部分是通过其与第三世界的关系和在第三世界的影响力而获取的。可以说,中国在冷战向第三世界扩散而成为"全球冷战"的过程中具有特殊作用。在美国情报机构对中国和第三世界关系的长期追踪考察中,我们会看到中国在冷战中的地位和作用的变化,从而深化对第三世界在冷战中的地位和意义以及对冷战对第三世界的影响的认识。

对冷战时期中国对外关系史的研究也有价值的是,相关情报文件中有不少篇目涉及现有研究较少触及的方面,比如中国和一些周边国家的比较复杂、多面向的关系,以及中共和一些第三世界国家共产党的关系。由于这些问题的政治敏锐性和中国方面档案公布的规程，一时还难以期望这些方面的研究能全面铺展开来。这个方面的空白的存在又会在很大程度上影响对中国介入冷战的方式和程度及其在冷战中的地位和作用的深入认识。而来自美国情报部门的文件提供了一些虽然片断零散的但也有用的基本素材，甚至提供了具有启发性的问题指向，引导我们注意一些以前的学术研究在不同程度上被忽视了的问题。

1. 中国在亚洲的政策和影响力

美国情报档案显示，美国情报部门关于中国的认识中的一个基本点是：亚洲尤其是东亚和东南亚是中国传统的影响力范围，中共在这一地区的影响将长期存在。美国情报部门持续关注并力图予以解答的是，中共在亚洲的影响力的走势是上升还是下降，中共在这一地区将采取怎样的策略，其中的军事性因素和非军事性因素各占据了多大的权重。中国是否以及在多大程度上倡导和推动亚洲地区共产党和非共“革命民族主义”的武装斗争，是美国人特别敏感的问题。

新中国成立以后特别是朝鲜战争爆发后，美国曾一度关注和强调共产党集团尤其是中共方面对亚洲的军事侵略的危险性。然而不久美方情报部门就意识到中共的策略发生了微妙的改变，1952 年美国国务院关于中国方面五一国际劳动节期间的宣传和活动的报告显示，美国高度重视中共宣传中的口号和辞令，将之作为感知中共政策变化的晴雨表。通过分析和解读重要领导人的讲话以及《人民日报》的社论文章，美国捕捉到中共策略可能发生的变化。该报告指出：“今年五一节的口号、演讲和宣言令人惊讶地几乎没有强调‘武装斗争’的主题，而这一主题在 1949 年及随后的集会上都非常醒目。与先前的口号不同，苏联和中国的五一节口号都没有明确提及亚洲的‘斗争’；相反，口号被引向日本以及‘所有国家’反对‘帝国主义侵略的人民’。东南亚共产党的五一节庆祝活动相对平静，而北京的庆典没有举行阅兵仪式，更衬托出‘武装斗争’主题的低调。”该文件进而做出判断认为：“很有可能的是，‘武装斗争’的目标会变得更有限，并在一些地区服从于‘和平攻势’。”美国情报专家显然对中共“统一战线”策略在对外政策上的运用有所认识。他们大体正确地认识到，对中国来说，共产党领导的武装斗争是首选，但激进的、反西方的“革命民族主义”乃至于非暴力革命的民族主义运动也是要被支持和拉拢的。显然，美国人在这里注意到了1950年代中期以后中国对外政策走向激进化之前的一些特点。可以理解，日内瓦会议之后美国情报部门十分留意于中国方面关于“和平共处”的政策宣示。1954年底中央情报局的一份估测型报告认为，“共产党中国和苏联会继续推行其当前的政策，利用和平声明来拉拢亚洲，而与此同时继续颠覆亚洲，他们期待这一长期的‘和平共处’政策将以最小的风险实现其当前的军事和经济目标，并且最终消除美国在亚洲的影响力”。而到万隆会议以后，美国情报部门开始判定：“（中共）在会议上的立场意味着至少在不久的将来其战略主要还是强调‘和平’策略。”

但同时，对于这一变化的性质究竟是短期策略还是长期性方针，美国情报机构尚存疑问，认为这有待于对中共进一步行动进行观察之后才可以做出判断。所以同时各情报机构还不断提出关于中共是否可能军事入侵其周边国家的评估报告。比如，中央情报局在1951年认真地研究“共产党袭击日本的可能性”（虽然最终还是否定了这种可能性），而国务院在1953年则怀疑中国会动用军队针对缅甸“强化其领土要求”。总的来说，在缺乏与中国方面的沟通和充分的情报来源，双方互不摸底的情况下，美国对中国在亚洲的战略意图和军事作为十分敏感和警惕，倾向于夸大中国方面的侵略性、进攻性。朝鲜战争之后，这在美国官员中是一种常态的思维方式。上述中情局1954年报告提出总体估计是，中共一方面将主要用政治手段，“宣扬和平的意图”，而不会用军事手段冒战争风险实现其目标；另一方面却也“继续努力开展颠覆活动，也继续扩张共产党的战争能力”。所以还存在着中国发动战争的可能性：“……共产党人可能会发动新的侵略，这或者是作为对美国政策的反应，或者也可能是出于他们自身的原因，错误估算了美国可能的反应造成的，或是因为对在某些地区轻易获胜抱有期望，特别是如果美国的力量和决心以及与美国合作的各个国家看起来受到削弱的话。要特别注意的是，日内瓦协定或者中国共产党决意夺取国民党控制的沿海诸岛或台湾，都可能引发严重的危机。因此，在评估所论及的时期内，始终存在爆发战争的可能性。”

在美国情报部门看来，“和平攻势”成为中共对第三世界的一个新的策略。

这一策略包括官方外交、“人民外交”、经济诱导、宣传和颠覆手段等。一份情报报告专门就中共创建亚洲工会代表大会分析中国对亚洲政策的非军事方面，突出显示出美国方面注意到中共外交手段多样化和多层次的特点。而美国对中国外交政策这些方面的注意也正映照出美国自身心理和策略的一个方面，即冷战已经超出了单纯的军事争夺的范畴而成为“总体冷战”，包容了“政治战”、“心理战”、宣传战以及“经济攻势”和对外援助等各个方面。在此后探讨中国对拉美、对非洲的策略时，这些主题也将反复出现。

冷战前半期美国对第三世界政策的一个总体演变趋势是愈来愈关注并致力于影响和改变第三世界国家内部发展的性状。这一点在其 1950 年代和 1960 年代对中国的认知和政策中当然会有所反映，大体而言它越来越担忧中国作为对抗美国影响的革命典范和经济发展模式而对亚洲国家产生的影响。美国情报机构关注的一个焦点是中国对亚洲国家在政治和心理上的影响力，而且致力于对这一影响力走势的变化予以跟踪评估。1954 年的一份国家情报评估报告首先评估了共产党对中国大陆的统治效力，认为虽然“中国共产党政权对大陆中国的控制实际上已经完全巩固”，“没有爆发严重的有组织反抗的迹象”，但“对中央政府尚存在巨大的、普遍的憎恶”。与此相关，此时美国似乎还不是特别在意于中国的意识形态和经济发展模式对其他亚洲国家的吸引力，而只是认为：“最终，随着其工业基础的发展，共产党中国以经济手段开展政治斗争的能力会得到加强。”但事隔三年，在 1957 年的一份报告中，美国情报机构显然已经开始对中国的政治影响力和经济发展模式的示范效应扩大的趋势感到十分忧虑：“面对北京能投射出来的力量，许多亚洲国家都容易受到其各种呼吁及压力的影响。共产党中国可能会继续摆出和平与经济发展的先锋的姿态，也会继续认同于广泛存在的、由于殖民地经历所引发的反西方偏见。许多亚洲领导人对马克思主义的经济概念有一种知性上的同情。许多人也相信在他们的欠发达国家中，就解决重大的经济发展问题而言没有切实可行的办法能替代国家计划及其投资。在这些条件下，会产生一种对共产主义经济体制更为容忍的倾向，即便人们认识到并且反对它的种种暴行。”又指出：“……共产党在中国取得的经济成就打动了许多亚洲领导人；在他们看来，共产党中国的经济问题以及引人注目的发展手段，而不是西方的经验，与他们欠发达国家的境况更相适宜。此外，在某些亚洲知识分子中有一种倾向，即拿自己社会正在经历的巨大困难与在他们看来存在于共产党中国的、对于凝聚力和国家目标感相对照，形成优劣反差的认识。”

中国经济发展的示范效应由此被看作是中共扩大其影响的一个重要因素。美国能关注到这一点，说明此时美国方面也认识到，第三世界国家普遍面临的是对经济增长的需要，而美国和中苏集团之间在第三世界的竞争已经更突出地体现为第三世界国家选择哪种发展道路之争了。这一情报分析可以说既是美国政策制定者开始关注第三世界的变革和发展问题的反映，同时也符合 1950 年代末美国改变单纯的军事援助模式，开始大规模向第三世界国家提供发展援助和“发展指导”的趋势。也正是从 1950 年代末开始，美国在亚洲开始更加重视台湾、菲律宾和韩国等地区和国家作为向第三世界展示的“民主橱窗”的意义。

除了认识到中国在经济发展方面对亚洲乃至第三世界其他国家的吸引力外，美国方面还关注着各国反殖民主义和民族主义情绪的强化趋势，并越来越多地将其与两大阵营的冷战斗争联系了起来。战后最初，美国更习惯于接受的逻辑是把非西方民族主义看成是共产主义的天然对立物，但 1950 年代中期以后美国越来越多地看到，中国在利用第三世界的民族主义情绪方面有着特殊的有利条件。“在多数亚洲国家，民族主义所吸取的力量在很大程度上来自对殖民主义的反抗。多数亚洲新兴国家的领导人都是独立斗争运动的领袖。他们中很多人都把其国家当前的落后归咎于西方的剥削，并且对殖民地时期所遭受的歧视有着痛苦的记忆。总的来说，他们的经验都是对西方殖民主义的而不是对共产党殖民主义的。这使他们容易相信共产党对帝国主义的阐释。源自种族与肤色的敌意与殖民地时期遗留下的憎恶感混合在一起。共产党中国通过强调自己是一个亚洲国家，也通过宣传它自身遭受西方剥削的经历，经常可以利用殖民主义与民族主义的论题。”不过，虽然美国一直都很担心反殖主义与民族主义会为共产党集团所利用，但它同时也认识到，亚洲各国的民族主义对于中共来说也是一把双刃剑，因为它在造成亚洲各国对西方的疑虑和反感的同时，也使得这些国家同样不愿意接受中苏集团的领导，从而为避免卷入大国冲突而选择一条“中立主义”的外交政策路线。“所有亚洲国家中都有一种根本性的渴望，即不受外来干预，掌握本民族的命运。这对北京影响力的扩张施加了一定的限制。尽管亚洲国家在不同程度上容易受到来自外部的引导，而且也愿意接受外国援助，但它们当中没有一个认为自己是任何外国领导者——不管是亚洲的还是其他地方的——的仆从。”就此看来，美国此时对亚洲民族主义的认识已经较前有所深化了。

从情报档案的一些片段中可以看到，美国十分担忧地看到，东南亚各国大量华人的存在可能成为中共在亚洲拓展影响的一个方便的渠道。1957 年 2 月 18 日，国务院专门发布了有关中共对马来亚华侨政策的情报报告。“中共一般把海外华人看作一笔财富，因为：海外华人给他们大陆亲戚的汇款是外汇的来源之一；海外华人的财产是工业发展所需资本的潜在来源之一；海外华人可以被用以增进共产党中国与驻在国的贸易；海外华人为中共的情报和颠覆活动提供人员以及其他便利工具，而且还可以当作和平时期政治渗透或战争时期后方军事行动的桥头堡；海外华人拥有对中共工业化计划颇有利用价值的专业和技术才能。”但是，美国情报部门也发现，对中共来说也存在一些不利因素影响其对华人的利用，因为一方面，多数华人“最关心的是生意以及与其东道国保持良好的运作关系”，所以他们尽力“试图避免卷入共产党和国民党中国的政治活动”。另一方面，“由于海外华人的经济地位以及他们要坚持维系他们单独的认同，所以本土居民对海外华人存有敌视，这对北京扩大其影响构成了一些障碍。特别是许多政府担心，中共的活动会越来越多，这将加重其国内已经存在的难以同化的华人社群问题。唯当海外华人确信中共即将发动一场成功的军事入侵，而且他们除了向故土效忠外别无选择时，他们才会是共产党中国的一笔重要财富。在这种情形下，海外华人就会获得作为‘第五纵队’的重要性”。根据美方的推断，中共对此采取的策略是：“在近期内可能还不会考虑立刻利用这一群体，以建立中共对马来亚半岛的直接统治……中共试图鼓动华人和马来人在政治上联合起来以对抗英国人。在社会领域，北京反对马来亚华人的同化。在经济领域，北京试图利用马来亚华人去破坏英国的地位，并造成一种要求与共产党中国开展贸易的压力。”这一则情报提醒中文学术界，冷战背景下的华人华侨问题值得投入更多的学术关注。

在关于亚洲的文件中，有两篇是国务院专门针对 1955 年的亚非会议的：《国务院对中共在亚非会议上立场的分析报告》（1955 年 1 月 20 日）；《国务院对中共在万隆会议上立场的分析》（1955 年 5 月 20 日）。美国之所以看重亚非会议，是因为在他们看来，亚非会议标志着中国对外政策的一个重大动向，

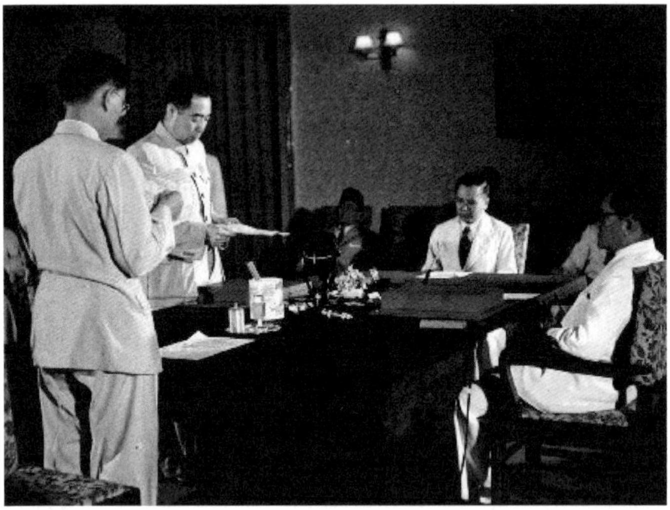

1955 年 4 月 22 日，周恩来总理与印度尼西亚外长在万隆会议期间签订了中国和印尼关于双重国籍问题的条约。

即“中国将首次形成一个对亚洲以外的‘殖民地世界’的系统的长期方针”。这可以被认为是一个符合历史实际的论断。美方认为，中共直到 1954 年下半年尚未明确形成对亚洲以外其他地区，比如中近东和非洲的政策。虽然“在 1950 年北京的广播就开始就南非以及法国在北非的‘镇压’行动发表社论。而且在 1950 年末，中国共产党人提议，阿拉伯和亚洲国家在为处理朝鲜问题而组成的委员会中应承担多数。但直到 1954 年中期，种种情势中最显眼的还是朝鲜战争，这使北京的视野很大程度上局限在亚洲的紧迫局面中”。日内瓦会议以后，中共开始将视野投向亚洲以外地区，亚非会议的召开即恰逢中共开始向东亚以外的世界推行更积极政策之时，用国务院情报研究的话来说，就是“共产党中国一心想充当世界大国，对亚洲和非洲也有兴趣……它不会放弃任何一个机会把会议转向反美并巧妙地将自己说成是‘殖民地人民的领袖和解放者’”。

国务院 1 月 20 日的报告是在亚非会议正式召开前出台的，是对中共可能采取的立场的预测。美方推测：“共产党中国在会议中可能摆出一个克制、理性和可敬的姿态。”而在分析中共可能采取的方针时，报告分析道：“北京实质行动方针将是：（一）以微妙的方式试图把任何反对殖民主义或帝国主义的决议与美国的政策联系起来，并引起大家对美国与所有所谓殖民地之关系的质疑；(二) 努力寻求达成一份体现出周恩来—尼赫鲁五项基本原则的决议，涉及'共处'和'和平区域'；(三) 在这一框架内，为一份要求解放当前殖民地或保护国的宣言寻求支持；(四) 对亚非人民的兄弟情谊给予象征性认可，这基于其共同的痛苦，而不提及他们都来自一个反对所有宗主国的阵营；(五) 要求结束当前妨害了'殖民地'国家之间的贸易或政治联系的'人为的'障碍。"从目前我们所了解的情况来看，美方的这一预测基本正确，上述五点符合周恩来后来在大会上采取的策略，体现了"求同存异"、寻求共同立场的原则。5 月 20 日的报告是在亚非会议召开后美方对会议中中共立场和策略的总结和分析，指出许多亚非领导人"被共产党在万隆施展的'和平'策略所打动"，而中共"在万隆的立场，意味着至少在最近的将来其战略主要还将是继续强调'和平'策略"。美方敏锐地注意到了中共在亚非会议上取得成功的一个重要因素，即周恩来本人的外交能力。"万隆会议上共产党中国普遍给人留下了良好的印象，这很大程度上可能归功于周恩来精湛的外交技艺。他愿意做出策略性的妥协(比如，他在决议中没有坚持使用共产党关于"和平共处"的陈词滥调)，而且他温和、不好斗的态度确实在很大程度上促成了这种印象。可能周恩来的活动中最富成效的还是他与不同亚洲领导人的私人接触，这使得周在闭会致辞中保证北京对亚洲邻居们不抱有任何侵略企图。在这些接触中，周恩来使人确信共产党中国的代表渴望与亚洲国家——无论是共产主义的、中立主义的或是亲西方的——增进'友好'关系。北京先前已经向泰国、菲律宾、日本、老挝和柬埔寨明确表达了这一愿望，而这些国家在万隆都成为周恩来外交的对象。"

2. 中国在拉美拓展影响

与亚洲不同，拉美一向是美国传统的势力范围即所谓的"后院"。该地区远离国际共产主义策源地，在地缘政治和军事上相对稳定平静，最初可以说处于国际冷战斗争的边缘地带。但该地区经济社会发展状况不良，始终存在的政治动荡和盛行的反美主义自 1950 年代中期以来又与国际共产主义影响扩张的势头相汇流，在美国眼里已然有转化成爆发革命的潜在风险(在古巴甚至变成真正的革命)，终于将拉美地区拖入冷战斗争的潮流中。而美国方面也更多地将拉美置于全球冷战的认知框架下加以认识。与美国方面对拉美在冷战中的地位和意义的认识提升的过程密切相关的，是1950年代末以来其政策思维中愈来愈强调美国与苏中集团在“欠发达世界”就发展和“现代化”模式展开竞争这一因素。与此相关，美国注意到中国革命的经验和经济发展成就对拉美人的吸引力：“中国人越来越强的影响力也来自拉美共产党人对北京道路的接受。中共的革命热忱吸引了许多拉美共产党人，而且他们表示在‘中国经验’中发现了很多适用于他们本国问题的东西。中国人重视土地改革这一在多数拉美国家都很重要的问题，而这会使得中共的建议和指导继续具有吸引力。”

1950年代中期，苏中集团在这一地区活动增加，引起美国的高度重视。1955年的备忘录显示，拉美与中苏阵营的贸易、外交和文化交往的加深即被美国视为是对其“安全利益造成了威胁”。美国情报报告做如下结论：“（一）中苏阵营通过贸易、外交与文化攻势以及对当地各个共产党的利用，继续破坏美国在拉美的利益。（二）共产党正在侵入拉美。如果它们取得进一步的成果，就会对美国造成非常严重的后果。”

1960年2月26日，中情局提交了一份关于中共在拉美渗透与争夺的分析报告。报告显示，美国情报部门注意到中共重要领导人讲话中涉及了拉美地区，以及中国国内新闻宣传中对这一地区报道篇幅的增加，据此他们推断中共对拉美的兴趣正在日益加大。“北京对拉美的兴趣反映在中国国内新闻报道涉及该地区的篇幅中。拉美事务一般是在《人民日报》的‘国外版面’中报道的，而古巴局势正是一个特别受关注的话题。1959年8月举行的圣地亚哥外长会议得到了关注，《人民日报》报道共产主义阵营以外事件的全部篇幅中大约有三分之一都是有关拉美的消息，而且有几期报纸中有关拉美人对赫脱国务卿所设‘陷阱’表示愤慨的主题被摆放在非常显眼的地方。”在分析中共动机时，报告指出：“毫无疑问，在关注拉美的背后，北京的首要动机是期望挫败美国的政策并削弱美国的地位。中国共产党人业已看到，在拉美他们有机会把宣传和颠覆攻势带进头号敌人的后院。这一地区对美国的安全而言至关重要，美国在此有着巨大的经济投资和广泛的贸易关系，而且在传统上它也是美国紧密的政治盟友。”这些话一方面是美国对中共动机的推断，另一方面也真切地反映了美国自身对拉美的重视和关切，表明了拉美对美国利益的至关重要。

1960年11月，古巴政府经济代表团团长格瓦拉访华时出席首都群众欢迎大会。同年9月，中古建交，古巴是第一个与中国建交的拉美国家。

在接下来对中共动机的推断中，“想赢得国际社会的承认”、“加速传播共产主义的热切期望”、“推动与拉美地区的贸易”等都被认为是中共加大对拉美渗透的原因。如果说这些分析尚属合理，那么另外一条推测则显得美国有些过度担心和妄加揣度了。报告说：“假如拉美建立了多个共产党政权，则北京方面一些制定长期计划的人就可能会构想一个横跨太平洋的中国势力范围的图景。如果说移民是解决中国人口问题的一个必要手段，那么比起亚洲人口稠密的或干旱贫瘠的地区，南美洲相对空旷的空间就可能提供更为适宜的目的地。这种地缘政治上的想法一旦为北京所抱有，就为它支持拉美共产主义运动提供一个补充性的动机。”显然，这里关于所谓“一个横跨太平洋的中国势力范围”的估计，与前文提到过的大致同时期美国在亚洲夸大中国扩张意图和战略目

1965年2月8日，周恩来与来访的古巴社会主义革命统一党全国领导成员、书记处书记格瓦拉握手。

标的情形有共同的背景。而中国方面对向拉美输出人口心存企图,则更是想当然的臆测。

其实美国方面也了解,中共针对拉美的活动无非是贸易、宣传和接待当地来访者,并没有像在亚洲那样有诸如直接指导和援助当地武装革命之类的深入介入的情形。情报人员观察到的是这样一些情况：中国方面在每周向拉美地区播放 21 个小时的西班牙语广播,向拉美发放大量印刷宣传材料,以及中共领导人接待了某来访的拉美代表团。情报中十分留心于中国接待拉美来宾的各种细节,“中国共产党人非常慷慨地支付其拉美访问者的开销。对于应邀来北京参加国庆十周年庆典的代表团,中共承担了即便不是全部,那么也是大部分代表团的旅费,而且他们驻留中国期间都享受政府来宾的待遇。中国方面不支付男性代表们的妻子的旅费,但是如果她们自费抵达后,参观访问都可以免费。去年夏天一群哥伦比亚的国会议员在共产主义阵营国家访问时抵达北京,在那里他们受到了毛泽东的接见……”报告且称:“拉美人的气质似乎会觉得北京的官方氛围要比莫斯科的更对胃口,而且很容易就能接触到中共最高领导人也使得访问者感到愉悦。”以这样一种方式,中共似乎更加容易赢得拉美人的心。在分析拉美非共产党人士为什么会给予共产党中国报以热情时,报告特别指出反美情绪可能是拉美一些人士亲近中共的因素,“偏要去搞一些为美国所不满的交往”,以“做给美国看”。美国显然十分担忧拉美地区的反美情绪可能为中共扩大影响提供了机会。

3. 中国在非洲的外交和援助活动

随着 1950 年代后期非殖民化浪潮席卷非洲大陆,冷战也扩展到这里。1960 年 8 月中情局关于中共在非洲的“攻势”的报告指出,“中国共产党毫不掩饰他们在看到非洲民族独立大潮时的喜悦。这些新兴国家一获得独立,他们就立即给予了承认”。自 1955 年万隆会议以后,“中共就决定努力加强与非洲各国的外交和经济联系”。该报告指出中国将在非洲运用一系列“政治、经济和文化手段”去争取获得外交承认和推行削弱美国影响的政策。1964 年的一份中情局报告也指出:“中共视非洲为一块充满机会的大陆,在他们争取赢得国际承认和获得国际影响力的努力中，他们在这里既能获得长期的收益，也能获得短期的收益。”在美国情报机构看来，中国输出其意识形态和革命经验的努力会毫无疑问地延伸到非洲大陆，而这种努力最主要的后果是加剧这一地区非殖民化进程中激进的、武装斗争的和反西方的成分。1960 年的情报就追溯道：“1949 年中国共产党刚夺取政权不久，党的理论家，现在是名义上的国家元首的刘少奇就发表评论说，中国革命斗争的形式可以应用于其他殖民地和半殖民地国家。这番讲话经常被看作是中国共产党在解决殖民地人民所面临的与西方关系的问题时最基本的应对之道。”“就在最近，北京在解释帝国主义的性质时又表达了同样的观点；北京积极拥护这样的看法，即认为帝国主义不会自行从政治领域撤离，而是一定要被赶走的。在与非洲国家的关系上，北京主要侧重于鼓励和支持欠发达国家反对西方的斗争。”美国情报部门描述了中共在对非洲宣传中对自我形象和美国形象的刻画：“北京经常将美国描绘成非洲人民的主要‘敌人’，他们谴责说，美国在非洲不是支持欧洲列强，就是取他们而代之”；同时共产党中国又“试图将自己描绘成一个被压迫的国家，在‘帝国主义’的控制下被蹂躏了多年，最终摆脱了‘帝国主义的枷锁’，在极少外援的情况下迅速成长为了一个世界大国”。

美国情报部门也认识到，中国自身力量的虚弱限制了它向非洲施加影响的能力，特别是其贸易和援助的能力：“尽管共产党中国与非洲的贸易增加了，但它并没有在任何一个非洲国家的贸易额中占据重要分量，并且与非洲国家签署的政府间的贸易协议只有两起。共产党中国给予非洲国家的援助只占苏联给予这一地区援助的很小的一部分，远不及捷克斯洛伐克给予这一地区的援助。”但是美国人也发现，即便如此，中国在非洲的外援活动却有着自身的独特优势，即工作作风上的优势。中国对非援助工作的成功所仰赖的不是援助的数量和规模，而是驻外援助工作人员的勤奋努力、扎实高效、吃苦耐劳，以及对当地人的尊重和亲和力。一份报告做出了这样形象的描写：“北京来的顾问们很容易‘融入’非洲当地社会。他们不要求有汽车、冰箱和豪华的房子。只需要少量的大米，他们就能够过活。他们骑自行车或者走路，与马里的同行们干着一样的脏活累活。更重要的是，北京一直有这样一种好名声，即在派出技术人员方面，他们比世界上其他任何国家都要迅速。马里的发展部长近日提到，从美国获得技术人员，要‘一年或者永远也不可能’，从苏联需要‘六个月到一年'，从共产党中国只要'四十五天'。"今日读到这些文字，不禁令人感到这代表了那个特定时代中国外交所取得的成功，也更容易理解后来所谓非洲国家把中国"抬进联合国"的情形之其来有自。用美国人当年的话来说，这反映了中国自有其运用"政治战"和心理战的技巧和手段，抑或用今天美国人的话来说，也就是当时的中国外交具有一种追求和实现"软实力"的意识和能力。

美国人注意到，不仅普通的援助工作者为中国赢得了声望，其高层外交也取得了相当的成功，使非洲成为中国拓展外交承认的广大空间。美国人观察到 1960 年代初中国在非洲的外交政策有其灵活变通的一面，而并不全然受制于僵硬的意识形态原则和阶级路线："共产党中国对非洲独立国家的政策是，与其现政府建立正式的外交关系，而不论其政府形式如何。他们给封建的也门王国提供的援助就可以算得上是他们在自由世界的几笔最大的援助项目之一，这表明只要他们有机会让那些欠发达国家放松与西方的联系，中国人就愿意与任何欠发达政权建立密切的关系。"1964 年的报告详细分析了上年底周恩来对非洲十国的访问所产生的影响："中国人无力承担大规模的经济和技术援助，所以主要依靠的是宣传、外交策略和个人联系……周恩来总理和陈毅外交部长对非洲十国进行了访问，这是最近最显著的一次面对面的说服工作。世界上还没有其他哪个大国曾派出过这么高级别的官员对非洲大陆进行如此的巡回旅行。到去年 2 月他们结束了为期几个星期的访问时，他们并没有获得什么丰硕的成果，不过他们为北京随后进一步推进中共的影响力打下了坚实的基础。""中国总理在访问中基本上采取了比较谨慎的作风，旨在赢得非洲温和派的支持，所到之处都给人留下了很好的印象。他和外交部长陈毅都试图改善北京的形象——由于反对签署禁止核试验协定以及 1962 年中印边境冲突，北京在非洲一些领导人的眼里并不十分光彩。他们一再地极力抵制苏联将中国领导人描绘成不负责任的好战者的宣传，试图表明中国是具有世界影响力的负责任

1965 年 2 月 19 日毛泽东会见坦桑尼亚总统尼雷尔

的大国。”在这里美国又一次注意到了周恩来个人的外交能力。

4. 关于“人民外交”

美国对华情报评估中多次出现“人民外交”这个概念。从出现这个词的上下文来看，它其实是指中国官方各部门(不限于外交部门)乃至高级领导人主要针对外国非政府团体或民间人士(但也包括少数情况下来访的官方代表团)而展开的广泛的外交活动或者所运用的策略。显然“人民外交”活动并不完全是民间性质的，因此与中国方面常用的“民间外交”一语的含义并不完全相同。美国情报机构通过“人民外交”这个词捕捉到中国外交活动的一个重要特点即其广泛性、灵活性和多层次性。在当时中国在争取外交承认和开展官方交往上往往存在巨大障碍的情况下，这是中国通过在国际领域里运用“统一战线”策略打开外交工作局面的一个重要方式。从美国情报文件中不难发现，在对第三世界国家“人民外交”的活动中，比起中国代表的出访活动，更多的情况还是北京邀请第三世界国家的各类团体到中国去访问，并且这些访问往往都得到了中国政府和高层领导人的高度重视。毛本人的亲自接见即是中国重视这些国家代表团的最高体现。

美国方面观察到，中国对亚洲、非洲和拉丁美洲国家广泛使用“人民外交”的策略。1952 年 2 月国务院关于中共在亚洲推行“和平运动”的报告中就注意到中国广泛邀集外国各界人士到北京参加“五一”国际劳动节庆祝活动，而此类策略后来被美国情报部门正式命名为“人民外交”并加以持续追踪报道。1957 年的一份美国情报报告专门分析了中国推行“人民外交”的策略：“北京通过各种形式的‘人民外交’计划补充其常规的外交手段，这既是争取打开全面外交关系的一个手段，也是在那些已经与它建立正式关系的国家增强其影响力的方式。为了实现这些目的，它倡导各种类型的代表团进行交流互访：文化的、科学的、经济的、宗教的、民族的、教育的、体育的、记者的以及城市的。……在亚洲促进前线组织的广泛建立是‘人民外交’非常重要的层面。许多亚洲国家都有‘中国友好协会’，直接从‘共产党世界和平委员会’接受指挥的‘全国和平委员会’也遍布亚洲各国。利用宗教团体以及亚洲学生，包括提供奖学金和其他的诱惑，是‘人民外交’的又一个方面。”

美国方面还注意到，中国高层领导人不辞辛劳直接参与到“人民外交”的活动中去。“‘人民外交’已被证明是一个有效的工具。容易动摇的访问者经常接受北京宣讲的观点，特别是在经济发展领域。外国使团非常满意，因为毛泽东、周恩来，以及其他高层官员很容易见到。他们愿意进行长时间会谈，而且会谈次数多得非比寻常，并且似乎事先就代表团的成员与兴趣听取了汇报。尽管一些亚洲访问者曾对北京政权发出过严厉的批评，但许多人公开表示该政权的高效管理与经济发展给自己留下了很好的印象。一些铁杆反共人士对中国的访问也被利用了，要么是因为他们被自己在中国所见到的事物所打动，要么他们这些人前来访问本身就有利于北京推进自己的目标。”

在 1960 年代，与中国积极拓展对非洲的交往相一致，中国加强了针对非洲的“人民外交”活动。中央情报局在 1964 年的报告指出：“最近几年，非洲各国到北京旅行的代表人数激增，这表明为增加影响力，北京给予‘人民外交’以极高的重视。去年，到北京的各类代表团超过了 70 个，而 1961 年还只有 25 个，今年这一数目可能会有更大的增加。非洲的官员们受到了隆重的接待，被安排在大陆各地旅行，一些重要人士还受到中国高层领导人，包括毛本人的关照。”同时对阿拉伯世界也有广泛的“人民外交”活动：“为了寻求更大的影响力，北京越来越将‘人民外交’作为其首要选择。去年大约 60 个阿拉伯国家官方代表访问中国，无论级别为何，这些代表团都受到了中国高层领导人，包括毛本人的关注。”

5. 中苏分裂在第三世界的体现

中国和苏联之间的关系一直是美国情报部门关注的一个焦点问题。美国在关注中国在第三世界的活动和影响的同时，也往往将其与中苏关系的情况结合起来加以考虑和分析，而美国情报部门对中国和第三世界的关系的相关文件中也有多处展现了美国方面对中国和苏联在第三世界由密切合作到激烈竞争的过程的观察，提供了不少重要的或者有趣的资料，可用以加深对中苏分裂的诸多面向的了解。

1950年中苏同盟建立和朝鲜战争爆发之后，美国已确定了一种关于中苏“铁板一块”的僵硬看法和相应的强硬政策。但在某些情况下一些美国官员偶尔也显露出对中苏分裂的前途有模糊的期待，对双方可能发生的矛盾有时也有一般性的认识和估计。在1953年的国务院报告中，美国就已经感到中苏双方在亚洲的利益和政策并不完全一致：“1949年以来苏联的一些活动意味着，克里姆林宫一直利用中国共运来拓展苏联在亚洲的势力范围，但同时可能也在试图限制中共力量的外溢。”在1954年的中情局报告中，美国情报官员也看到中苏关系在共产党阵营中具有某种独特性，并没有采取一种把中国看成是苏联的附庸的简单看法，而是提出有一种大体符合实际情况的判断：“尽管苏联在中苏合作关系中具有压倒性的影响力，但共产党在亚洲政策的纲领几乎都由莫斯科和北京的共同磋商决定，并非由莫斯科独断。中共在中苏同盟中的影响力很可能会继续增强。我们认为在本评估论及的时期内，那些存在于共产党中国与苏联之间的摩擦不会损害到双方同盟的效力。……苏联从来没有像对待它的欧洲卫星国那样控制共产党中国，而是似乎把中国当成一个盟友来对待。……共产党中国享有某些独立行动的能力，甚至会采取某些苏联可能不赞同却又很难加以责难的行动。”

1954年中情局报告的最终结论仍然认为，在亚洲和其他地区“这两个国家倾向于进行一致性的行动”，而中共在共产主义集团内部在亚洲问题方面的地位有所上升。类似的基本判断此后在美国情报部门继续延续。1954年的

日内瓦会议期间，周恩来总理兼外长和苏联外长莫洛托夫、朝鲜外相南日、越南代外长范文同合影。

一份国家情报评估也做出大体一致的判断："部分出于对其长远目标的追求，部分出于对苏联政策的响应，北京已经在推进国际共产党人的亚洲政策中担当起领导角色"；"共同的意识形态和中苏联盟以及对苏联的依赖，导致中国把某些自身利益置于更大的集团利益之下"。1955 年国务院的分析指出："按照《人民日报》的逻辑，苏联的权利不仅基于其作为一个亚洲国家的地位，也基于它在'争取和平和反对殖民主义的斗争'中的领导地位。这里有一个暗示，即不管北京觉得自己与殖民地国家共同体在感情上和立场上是多么接近，它与苏联的关系还是更强；而这一点在 10 月 12 日与苏联达成的协议中被具体地加以规定，'随时就所有重大事宜进行磋商'。"1957 年中情局的报告则认为："几乎没有证据显示，在莫斯科与北京之间就指导并支持亚洲共产党的活动上存在着责任上的分工，或在外部共产党的指导与当地共产党自主性之间存在着平衡。尽管有迹象显示北京在亚洲共产党内的影响力正在上升，但除马来亚和泰国以外大多数亚洲国家的共产主义运动都认为苏联的影响力至高无上。无论如何，莫斯科和北京对于亚洲共产主义运动似乎大体上还是步调一致的，无论其努力是涉及当地共产主义团体或是更直接地指向非共产党国家。"

1950 年代末以来中苏之间的分歧已经日益明显，但是美国方面对这方面情况的认识却显得反应迟钝，对分歧的严重程度估计不足。到 1960 年中情局在评估中苏在拉美的渗透时对中苏之间的关系专门予以考察，其分析和估计中不乏想当然的成分，认为中苏在拉美的渗透是协同进行的："没有理由相信，苏联对拉美投入更多的关注是因其要与中共在影响力和声望方面展开竞争。相反，两个共产党国家似乎要联手展开合作行动，东欧卫星国可以从旁相助。既存的这些迹象暗示在共产党党务方面以及在政府政策方面，北京政权与莫斯科政权都在互相给予支持而不是加剧竞争。""尽管在过去若干年中可以看出，中国人对拉美各共产党的计划及策略有一定的影响力，但这似乎是对克里姆林宫指示的补充而并非与它对着干。可能所有这类建议以及有关国际局势发展的简报，都是以一种特别的中国风格传送的，但它一般与发自莫斯科的指示方针一致。""有关中苏将合作指导、支持拉美各国共产党的一个很好的解释是，北京和莫斯科在这一地区有着共同的利益。共产党中国和苏联都把美国当成主要的敌人。拉美共产主义运动是削弱美国在这一地区地位的有用工具,而这一地区对华盛顿的战略重要性而言是首位的。这两个共产党国家在抗击‘美国佬帝国主义’的手段上能全心全意地合作。”如此断言中苏在拉美能“全心全意地合作”,不能不说是所谓中苏之间铁板一块的成见在起作用。但另一方面,这可能也是因为中苏当时在拉美的确没有重大的冲突,使得美国观察者如此过甚其言。

但即使这样,美国也很容易地注意到中苏中间在1950年代末以来已经显露出来的一个明显差异,即中国在对第三世界政策上更加激进。比如1960年中情局报告指出:“在支持非洲独立方面,中共比苏联走得还要远,他们甚至已经承认了阿尔及利亚临时政府,而苏联却没有这么做。”该报告又指出中苏双方外交工作风格的差异:“一些拉美人将中国人亲切的风格与苏联共产党人严厉而傲慢的作风进行了对比。拉美人的气质似乎会觉得北京的官方氛围要比莫斯科的更对胃口。”

到了中苏对抗已全面展开的1964年,美国情报终于按照一种新的竞争和对抗模式来述说中苏在非洲的关系了:“在非洲,苏联转而反对中国的行为,中苏在那里争夺势力的竞争越来越明显……苏联最近做出了大量援助承诺,这部分是为了显示苏联有能力向新兴国家提供切实的帮助,而中国则只是空喊口号和给予一些模糊不明的承诺……虽然中国的总理访问非洲时,在公开讲话的时候刻意没有提反苏的内容——这可能是应到访国的要求,但是从一开始就很明显的是,中国这次访问的一个重要目的就是削弱苏联的影响。”而该情报报告做出的如下有趣的观察表明,先前的盟友已经成了真正的敌人,乃至于需要把苏联人与美帝国主义和老殖民主义相提并论了:“在与莫斯科的竞争中,北京打出了种族主义的牌以在非洲发动攻势。在亚非人民的历次大会上……中国代表都大力游说非洲代表,力图使他们相信,中国的利益与非洲的利益是一致的——非白人应该站在一起。为了与非洲人靠得更近,中国人将西方的欧洲人、美国人和俄国人都笼统地放在一起,认为他们敌视世界上有色的、受压迫和贫穷的人民。周恩来在其非洲之行中不断地重复这一论调。”1965年对非洲的报告也指出:“非洲是中苏争夺对欠发达世界和共产主义运动领导权的主要战场。北京不断地提醒非洲人——主要是通过暗示而不是行动——黑种人和黄种人对白人,包括苏联人有着同样的愤怒。”

中苏分裂在第三世界所导致的一个后果就是在有些国家加剧或者导致了

当地共产党的分裂。在分析中苏对北非、中东以及南亚的策略时，有情报报告指出："宗派主义几十年来一直是这一地区共产党的主要特点，随着中苏分裂的加深以及中国日益积极地介入当地共产党的内部活动，宗派主义的情况更加严重了。在一些共产党中，一些派系选择了中国的路线，至少部分上是将其作为一种策略以反对长期以来确立的党内领导人。"在分析哥伦比亚共产党的状况时，情报报告也指出："两党(哥伦比亚共产党和委内瑞拉共产党)传统上都是导向莫斯科的，但是在中苏分裂的问题上两党却选择了不同的道路。哥共坚定地支持苏联，而委共则选择了中立以降低党内强硬派和软弱派之间的冲突。每个政党都面临着追随古巴革命榜样的巨大压力——既有直接的压力也有间接的压力，因为卡斯特罗对委内瑞拉的'左派'民意有很大的吸引力，在哥伦比亚情况稍微好些，这是两国政治生活中的一个基本事实。……1964 年初哥伦比亚共产党正式分裂，这在很大程度上是因为在国内的战略和策略上发生了分歧，在中苏分裂上所持的不同立场在较小程度上也是一个原因。"

6. 一些具体情报分析中的有趣内容

美国情报机构对具体国家内部形势做的评估分析中也有一些内容涉及中国和这些国家的关系。就主题而言，这些报告都是关于某个具体国家内部形势的分析。但是不难发现，在内容上，这些情报分析总是会将这些国家放在冷战的宏观背景下加以考察分析。的确，如果没有冷战，美国本来是不会如此关注这其中许多距离遥远，又和美国缺乏传统联系的国家的。对于特定第三世界国家，美国往往首先想要知道的是这个国家如何在对立的国际阵营之间选择相对立场。中情局《对缅甸今后几年发展的全面评估》(1956 年 4 月 10 日)中开篇就提出："本报告目的是为了分析缅甸局势最近的走向，并且对其今后几年可能的发展做出评估，特别是关注缅甸在国际事务上的走向。"通过深入分析缅甸面临的经济、安全和政治形势，报告得出结论说："尽管存在一些不利因素，而且怀有强烈民族主义情绪的政府不愿向西方寻求大规模援助，但政府还是保持了团结，并且在恢复经济与确保国内安全方面取得了扎实的进步。尽管叛乱和长期存在的匪盗活动依然猖獗，但政府主要关注的还是经济的稳定。由于不能在非共产党的国际市场中处置掉大量富余的大米，结果导致了巨额的财政赤字、收支平衡困难，并使得政府已经开始推行大规模经济发展的计划被加以削减。”而“这些情况给共产主义阵营的经济、政治及宣传策略打开了大门。在过去一年，阵营同意收购大量的缅甸稻米，作为交换则给予其商品和技术顾问，而且缅甸正接受着阵营的各种政治、经济活动，这些活动旨在削弱西方影响、增强对共产主义的号召力，并且为增加阵营的直接影响而打基础。在这种情况下，关键的问题就在于缅甸多大程度上会对共产主义阵营的提议做出响应，并且接受阵营的压力和宣传”。涉及缅甸的还有一篇题为《中共对缅甸有争议领土的渗透》的国务院报告。该文件不仅详细报告了中缅边界问题的当前状况及其对中美关系的影响，而且详细考察了 1886 年以来中缅边界历次勘定和变动的情况，显示出美国情报机构扎实的情报收集和研究能力，可备此后有关研究者参考。

1958 年分析马来亚联邦及新加坡的报告声明：“本报告的目的是评估马来亚联邦未来的政治稳定性、经济活力以及国内安全，评估今后若干年中其可能的国际倾向……”在就其内部的族际问题、宪法、政府、政党，以及马来亚共产党的活动做出评估后，报告最终要得出的是关于马来亚联邦在冷战中的位置的估计：“联邦仍处于发展状态中的外交政策目前是导向自由世界的。它是英联邦和英镑区的成员之一，而且同英国保持着紧密的经济和安全联系。在今后若干年中可能会继续保持这种倾向，但是现已显现出来的中立主义倾向也有可能增加。联邦似乎不会加入东南亚条约组织或者承认共产党中国抑或国民党中国。然而，共产党武装起义的停止可能会增加其国内对中立主义及与共产党中国保持更紧密关系的要求。”

1965 年初中情局《关于印尼存在的主要问题和前景的特别备忘录》的主题是关于苏加诺病情恶化或者逝世可能会对印尼局势造成的影响。在这里美国最关注的两个问题还是：印尼内部共产党是否会因此上台执政，以及对外层面上，印尼的外交姿态是否会发生变化。在考察“苏加诺之死的影响”时，美国注意到，“要是苏加诺不久就会去世的话，最有可能接掌政府大权的是非共的军人或文人集团……印尼共可能一开始不会进入这个后继政府。即便如此，除非印尼共发动大规模动乱，给军队带来严峻压力，否则这个政府几乎肯定将不得不容忍印尼共继续发挥影响力，开展活动”。该文件虽然认为印尼共不会轻易掌权，但“由于印尼共与苏加诺在政策上的共同之处越来越多，我们相信苏加诺活得越久，印尼共掌权的机会就越大，不管是合法上台或者武力夺权”。关于苏加诺政府的对外政策方面，美国特别分析了“印尼与苏联”、“印尼与共产党中国”、“印尼与美国”的关系，强调指出苏加诺政府后期在与美国和苏联的关系恶化的同时，“与共产党中共的关系却得到提升”。当年发生震惊世界的“九三零”事件，苏加诺总统被黜，次年 4 月中情局提交了关于该事件对中国的影响的报告。这也是很值得研究者注意的材料。

中情局《关于阿尤布和布托领导下的巴基斯坦外交政策的特别报告》(1965 年 4 月 16 日)观察到这个国家 1960 年代以来外交政策的转向。文中提到：“对印度的恐惧继续主导着巴基斯坦的外交政策。为了获得支持来反对新德里，巴总统阿尤布和信奉中立主义的外交部长佐勒菲卡尔·阿里·布托在过去的两年里，尽管名义上仍与西方结盟，但在国际事务中却日渐奉行独立的路线。他们的注意力最初转向共产党中国，现在又转向了印尼，他们也没有完全忽视苏联，认为苏联也有可能成为一个支持者。”值得注意的是，该报告的日期正值 1965 年 9 月第二次印巴战争前数月。

中情局《对于佐藤在日本地位的特别报告》(1967 年 11 月 9 日)考察的是日本新任首相佐藤荣作的一些政策，主要是对外政策。该文件除了分析佐藤首相新的亚洲政策以外，还专门述及日本与中国的关系。“两国继续维持着最低限度的政治关系。接触仅局限于自民党成员访问大陆，以及根据 1962 年廖承志与高碕达之助签订的贸易协定，在双方首都设立的半官方的贸易代表处。然而，在直接与重要的日本来访者的个人接触中，中国人表示他们愿意与日本和平共处。……中日关系的未来走向将在很大程度上受到大陆自身发展的影响。中国转向更加温和可能会扭转目前的趋势，从而使得日本国内要求政府扩大与北京关系的压力增大。然而，只要北京还坚持强硬路线，那些倾向于与大陆达成政治谅解的日本人就会缺乏向政府施加压力的信心。”

1960 年代初的非洲独立浪潮中出现了两个刚果：一个是刚果(利)，也就是定都于利奥波德维尔的刚果民主共和国；一个是刚果(布)，即定都于布拉柴维尔的刚果共和国。1960 年刚果(利)脱离其殖民宗主国比利时获得独立，1964 年 5 月更名为刚果民主共和国，1965 年国民军总司令蒙博托发动政变，成立新政府。1966 年 5 月，首都利奥波德维尔改名为金沙萨，同年 6 月，民主共和国改为刚果(金),1971 年再次改国名为扎伊尔共和国。在 1964 年 5 月和 1966 年 2 月关于刚果民主共和国的两份报告中,美国情报人员都发现,中苏集团也对此持观望态度,不肯轻易介入局势:“北京,还有莫斯科,大概都正在评估民族解放委员会的未来前景。只要民族解放委员会表明它们确实是有能力的,北京可能就愿意迅速涉入,提供大量援助。”“叛乱分子的外部支持者——包括共产党中国和古巴——都日渐对叛军底下的战斗能力和领导人之间长期的斗争感到失望。他们大幅削减了提供的援助,至少古巴已经撤出了大部分顾问。”1964 年 10 月份的报告则专门分析刚果共和国的情况。情报认为,刚果(布)在政治上日渐左倾,“在外交事务中明显地倒向了共产党国家,并将‘科学社会主义’作为其国内发展的目标。‘左派’和亲共分子占据了政权中的大部分职位……在实际上摆脱法国的影响,并对美国滋生敌意的同时,刚果政府越来越依靠共产党国家和激进的非洲国家——主要是中国和加纳——提供经济、技术和军事援助”。

中情局《重新评估尼雷尔的特别备忘录》(1965 年 6 月 10 日)在开篇就表明了美国情报部门为什么要撰写这样一份报告:“由于中国的影响力日益上升,加之北京可能打算帮助筹建坦赞铁路,使得人们再次将注意力投向了坦桑尼亚以及它令人难以捉摸的领导人朱利叶斯·尼雷尔。”报告记述了尼雷尔与西方交恶,同时逐渐与中国接近并接受其经济和军事援助的过程。有趣的是,报告以较多篇幅分析了尼雷尔的政治作风和个人性格,当中把尼雷尔描述为一个行为怪异、优柔寡断、惯于伪装而又充满机会主义动机的领导人。报告甚至列举了这样的趣事:在一次和美国大使的谈话中,“尼雷尔吐露说:‘我相信某个巨大的魔鬼正在折磨我们两国的关系。每一次事情要好转的时候,这个魔鬼就跳出来做坏事。’在与美国和西德大使会见的其他场合,尼雷尔变得非常心烦意乱,甚至突然大哭。”报告指出:“尼雷尔是一个次等人物……他无法有效地领导自己的国家,并且对西方的批评极度敏

尼雷尔

感,再加之他还有领导‘解放’运动的野心,这些都使得他最终转向了共产党以寻求实现自己的目标。我们认为他不是一个秘密的共产主义者,但是,和苏加诺一样,他或许会逐渐在共产主义和激进世界中找到安慰和慰藉,从而与西方日渐疏远。”报告最终得出结论认为:“在尼雷尔软弱而无效的领导下,激进派和亲共派的影响力将更加广泛地蔓延,而坦桑尼亚将日渐成为西方的一大麻烦。”尼雷尔的个性和领袖能力是否确如上述,在此可存而不论,不过尼雷尔的坦桑尼亚后来的确和中国建立了亲密的关系。可为上述史料略作备注的是:1970 年中国援建的坦赞铁路动工兴修,而尼雷尔直至 1985 年才在平稳的政权交替中辞去总统职务。

1964 年 4 月,桑给巴尔与坦噶尼喀结成联盟,组成坦桑尼亚。由于桑给巴尔人一直抵制在行政上与大陆坦噶尼喀真正统一起来,该国政治局势一直动荡不稳。1968 年 12 月中情局的报告就是对桑给巴尔当时混乱局势的分析。报告用大量篇幅对共产党国家对该国的经济、军事援助做了考察,最后得出结论认为“在可见的将来,中国人可能还会继续对桑给巴尔岛施加影响”。

中情局《关于哥伦比亚共产党所受国内外影响的情报报告》(1967 年 3 月)讨论的是影响哥伦比亚共产党内部就和平手段还是武装斗争夺取政权而发生分歧的各种国内外因素。报告虽然最后认为国内因素的影响更大,但还是对苏联、古巴和中国的影响做了分析:“古巴革命的示范效应以及古巴对‘极左派’的支持部分地造成了强硬派对哥共和平路线的抨击……莫斯科坚定地支持哥共的计划,包括在游击战问题上的态度……北京的影响则似乎只限于向哥伦比亚强硬派提供意识形态上的支持。”

十二、置若罔闻：对中国出兵朝鲜的情报评估一错再错

东北师范大学　邓峰

朝鲜战争爆发后，出于和社会主义阵营进行冷战对抗的考虑，美国政府十分关注中国是否会出兵朝鲜，帮助朝鲜人民民主主义共和国统一朝鲜半岛。在华盛顿决策层看来，当南朝鲜军队迅速溃败、被金日成的部队压缩在釜山环形防御圈时，一旦中国出兵，那么战争很快就会以北方的胜利而告终。然而，令美国人意外的是，中国并没有介入朝鲜内战。及至美国出兵朝鲜，特别是麦克阿瑟指挥大军在仁川登陆，使朝鲜内战演变成一场国际战争之后，华盛顿高层同样担心中国是否会介入战争，阻遏美军的攻势。为了做到知彼知己，万无一失，以便在情况发生变化时制定出相应的对策，美国领导人认为十分有必要搞清楚中国方面，尤其是中国军队在朝鲜战争爆发后的动向。于是，以中央情报局和美军远东司令部情报部门为核心的各情报机构开始不断地侦察与中国有关的情报，同时对这些情报做出自己的判断并给予一定的评估。

1. 美国的信号情报侦察

美国国防部的军事术语词典上把信号情报定义为“由通讯情报、电子情报和遥测情报组成的情报信息”。一般而言，信号情报包括对电磁辐射的截获、表征、处理以及把这些数据转换成情报所进行的分类。不过，在现代情报发展的初级阶段，鉴于电子情报和遥测情报侦察技术尚未得到充分地开发，因而信号情报和通讯情报这两个概念在使用中可以互相替换，主要指的是从截听到的外国通讯中得出的情报信息，包括密码和明码通讯。在朝鲜战争中，美国评

估中国是否出兵朝鲜的一个重要手段便是收集来自中国方面的信号情报，并予以分析。

早在 1950 年夏末，美军远东司令部根据其掌握的信号情报，很快就发现了中国军队在大陆部署的重大变化，即那些军队正逐步地从南部和中部省份向北部的辽宁省移动。在 7 月 6 日传阅的一份远东司令部的《每日情报综述》中，把中国在东北部的军事力量确定为 18.9 万人(11.5 万人为正规军，其余的为民兵)，中国北部的正规军为 17.6 万人；到 8 月份，在东北的中国正规军将会增至 24.6 万人，9 月 21 日增至 45 万人。不过，美国军方在很大程度上认为，这种军事上的调动是第四野战军在成功地进行了针对国民党人的战役之后返回原来驻地的行动，而该战役主要是在中国中部地区进行的。尤其是，远东司令部的情报机构在这一时期进行的任何情报分析，都没有提到这些向北调动的军队有可能入朝参战。

到 9 月下旬，大量的信号情报继续反映出中国军队向东北调动的迹象。据美国武装部队安全局提供的信号情报，驻扎在中国东北中西部的军队以及那些乘坐火车快速前往东北的部队，已经去和驻扎在中朝边境的第 13 兵团会合：原先驻扎在武汉北部的第三十九军，于 9 月 6 日出现在距中朝边境线约 100 英里的辽阳；原先驻扎在东北西北部的第四十二军，于 9 月 28 日抵达距边境线仅 50 英里的通化；第四十军一一八步兵师已于 9 月 5 日出现在安东(即现在的丹东)。

1950 年 9 月 30 日周恩来总理在庆祝国庆节大会上发出警告：中国人民对美国侵略朝鲜不能置之不理。

此外，美国武装部队安全局还在 10 月 21 日提交的报告中指出，从 9 月 10 日至 10 月 15 日拦截到的中国内部通讯得知，华东地区的铁路已被中国人民解放军占用，20 个运送军队的军列正由第三野战军驻扎的上海地区开往东北地区，以至于日常生活用品都不能及时地发送到上海和东北诸省之间的消费者手中。

除了武装部队安全局提供的情报外，

美国国家通讯总局收集的信号情报也反映出，中国军队的部署发生了较大变化。该机构在 11 月上旬拦截的中国内部通讯表明，上海的一家单位向中朝边境的各个城市发送了 3 万张朝鲜地图，并且上海正在向沈阳发送至少 1 万张朝鲜地图。

姑且不论美国各情报机构收集的信号情报是否准确，但显而易见的是，随着美军越过三八线，种种公开的迹象已经昭示着中国即将出兵朝鲜。其中最显著的例子是，中国政府在 10 月初就美军越过三八线公开发出警告："美国军队正企图越过三八线，扩大战争。美国军队果真如此做的话，我们不能坐视不顾，我们要管。"对此，美国高层认为是中国方面的虚张声势，是苏联和中国为挽救北朝鲜政权而进行的外交努力的一部分，"很可能是一种外交讹诈"。自美军仁川登陆以来，美国人一直不相信中国敢于出兵朝鲜。在他们看来，除了中国出兵的绝好时机已逝去之外，"中国共产党人毫无疑问害怕与美国交战的后果。他们的国内计划规模如此之大，一旦和美国交战，那么该政权的整个计划和经济将由于战争的巨大损耗而受到危害"。

其实，单就美国各情报机构收集的相关信号情报而言，中国政府的公开警告显然既不是虚张声势的恫吓言论，更不是什么外交上的讹诈。对于那些体现中国军队大规模向中朝边境调动的信号情报，美国之所以错误地判断了中国的意图，主要缘于各情报部门对信号情报的分析存在着重大问题：不是存在着对相关情报的轻视，就是各部门间对情报的分析有着较大差异，以至于不能提出对决策有价值的结论。

美国情报人员普遍认为，在美军仁川登陆之后，中国人的军事调动便没有什么重要意义了，因为他们已经错过了介入朝鲜的大好时机。同时各情报机构都认为，乘火车前往北方的士兵不是如情报上报告的那样，来自中国的第三野战军，而是来自原本就已向东北调动的第四野战军所辖部队。此外，关于中国边境地区需要朝鲜地图的信号情报，美国陆军情报参谋人员认为，中国也许会给每个师分配约 1 000 张地图，那么根据估算，往边境城市发送的 3 万张地图，也许足以提供给 30 个师使用。不过，他们判断，这些地图不会是为中国的正规军准备的，更可能是为一些志愿人员准备的。至于中国政府的公开警告，美国情报人员轻蔑地以为，那一直是中国人用以打击联合国军士气的手段，从而起到威吓的作用，使联合国军不致进入朝鲜。

与此同时，各情报部门间对信号情报的分析存在着较大分歧。虽然中央情报局判断，中国华东地区铁路系统的拥挤状况彰显“向北方的大规模军事调动”，但是美国联合情报指示委员会却把这种现象归因于破旧不堪的机车对铁路运输线造成的负面影响。不仅如此，当中央情报局倾向于认为涉及中国军事调动的信号情报意味着中国军队只是演习式的向东北调遣时，联合情报指示委员会甚至开始怀疑中国的各路大军是否进驻东北边境地区。该机构指出，信号情报并没有提供“确凿的证据证明这几个集团军的所有部队——而非其中的部分军队——驻扎在东北地区”。美国国防部的情报参谋人员则认为，尽管美国不能“完全忽视”中国对战争的介入，但是现有证据不足以表明这种情况的发展“要么是极为可能的，要么是即将发生的”。而美国情报观察委员会更是嚣张地指出，即便中国在边境地区部署了大批军队，但和以前相比，其军事介入的可能性几乎就不存在，因为中国支持北朝鲜的宣传攻势已经减弱，并且中国领导层很可能不想把中国置于美国报复性的空中打击之下。毋庸置疑，尽管美国各情报部门对信号情报的分析有较大差异，但是这种差异并不影响他们得出比较一致的错误结论，即中国不会出兵朝鲜、介入和美国之间的战争。

1950 年 12 月中朝军队联合司令部成立

当然,美国对信号情报的判断失误还和一个不容忽视的因素有直接的关系,那就是,中国方面针对美国的信号情报侦察,采取了十分有效的反侦察工作,使用有线电,而非无线电拍发电报保持各部门间的联络,从而使美国各情报机构不能获取真正有价值的信号情报——中国党政军的机密电报,进而干扰了他们对中国意图的判断力。1950 年 9 月 1 日,中国最高领导人毛泽东专门就通讯保密一事致华东军区司令员陈毅一封电报:“在此所谈各问题,你写电报时,为保密计,请用有线电发来,不要用无线电。嗣后凡机密电报,均请注意用有线电,不用无线电。只有非机密者用无线电。党政军均是如此。党政军对下面亦应如此,凡有有线电设备之处,均用有线电,以达保密之目的。在此敌我斗争日益尖锐之时,保密问题值得引起我们极大注意。”这样,由于毛泽东的敏锐判断力和英明决策,美国各情报部门此后无法准确地收集到关于中国出兵的信号情报,最终美军在朝鲜战场上遭受中国人民志愿军出其不意的痛击。

2. 美国的空中拍照侦察

空中拍照侦察,又称航空图像情报侦察,主要是指利用侦察机进行空中拍照来完成收集图像情报的任务。在朝鲜战争时期,美国没有高空侦察机或卫星用以拍照,为地面部队提供图像情报。声名狼藉的 U－2 飞机直到 1956 年才开始正式投入使用,而装配了卫星拍照图像系统“锁眼 1 号”(KH－1)的科罗纳卫星在 1960 年才首次进入太空。因此,美国只能用普通侦察机对北朝鲜进行不间断地侦察。在对中国是否出兵的种种迹象进行情报侦察的过程中,虽然美军频频出动侦察机以图获得某些斩获,然而,这种收集情报的手段面临着非常严重的局限性。

首先,由于当时普通侦察机上装配的图像情报探测设备的性能比较差,所以一般的空中侦察根本就不能够为地面部队的情报人员和指挥官提供清晰的照片,用来证实中国军队在朝鲜境内的诸种活动。此外,如果不发射照明弹,则侦察机上的图像情报探测设备在夜间就不能针对对方的行军路线来拍照、收集情报。其结果,空中侦察对于收集中国是否出兵朝鲜的图像情报而言,效果十分有限。例如,美国海军陆战队的一架侦察机于 1950 年 10 月下旬在美军前进路线上空进行了飞行。驾驶员亨利·沃斯纳少校在空中根本没有发现长津水库周围的任何地方有中国军队运动的迹象。而事实上，中国人民志愿军已经进入预定作战地点。

其次，应该特别指出的是，中国人民志愿军在严格纪律下的隐蔽战术发挥了很大作用，使美军图像情报探测设备的缺陷展露无遗。志愿军各部队在入朝时，都采取夜行昼宿，白天严格隐蔽的方式，在美国飞机日夜不停地侦察搜索下，几十万大军行军一周，完全未被敌人发现。特别是，志愿军第九兵团凭着高昂的斗志，冒着零下30度的严寒，隐蔽进入朝鲜东部山高林密、路狭的盖马高原。在美军日夜不停地实施侦察轰炸的"空中战役"的情况下，该兵团15万人隐蔽开进竟完全未被敌发现，美方事后也称此为"当代战争史上的奇迹"。甚至连傲慢的麦克阿瑟也拿志愿军成功的隐蔽战术为其不能准确了解中国的出兵意图予以辩护。在麦克阿瑟被解职返国后、国会为他准备的听证会上，他特别强调中国军队的"调动和集结均未被发现"，"敌军只在晚间行动，白天操练时，保持严格的伪装掩饰的纪律，到达目的地以后，就隐藏在普通建筑物中，不让暴露目标。空中侦察看不到这种大规模的调动。难民对此只字不提。因此，唯有依靠相当数量的战斗部队远远哨探，才能有机会发现他们。然而，这并没能办到"。

再次，美国的航空情报侦察手段的确让联合国军总司令麦克阿瑟不能充分了解到真实的地面情况。在中国人民志愿军即将发动二次战役的约前一周，麦克阿瑟在与美驻韩国大使穆乔的一次谈话中仍坚持认为，中国进入朝鲜的军队不可能超过3万人，因为只要大于这个数目就需要进行明显的军事调动，就会被空中观测系统侦察到。而实际上此时志愿军已有38万人的作战部队在预定的作战地点设伏。麦克阿瑟所称的空中侦察几乎完全失去任何作用。可是，似乎为了证实空中侦察的有效性，就在二次战役即将打响的前一天，视察

1951年元旦志愿军战士化雪为酒

前线的麦克阿瑟决定乘飞机飞越鸭绿江上空，进行亲自侦察。按照他的说法，一方面他想研究一下地形，另外还要寻找一下敌人活动的迹象。当飞机到达江口上空时，他看到的是广阔无垠、荒凉平静的乡野和被冰雪覆盖的鸭绿江，公路和小路都历历在目，但没有大量使用迹象。于是，这位踌躇满志的司令官十分放心地飞回东京等候胜利的捷报。不过，在他尚未从胜利的梦幻中反应过来之际，中国人民志愿军的铁拳便迅猛地砸了下来。

1952 年 7 月在朝鲜某地上空执行任务的美国空军第 31 情报侦察中队的一架 RB-29 型飞机

在讨论美国航空情报侦察手段局限性的同时，我们也应当看到，美军在不停地从事空中侦察的情况下，虽然没有获得极有价值的图像情报，但毕竟有一些意想不到的发现。1950 年 10 月 18 日，沿鸭绿江飞行的美国侦察机在与朝鲜隔江相望的安东附近的机场上发现了 75～100 架飞机。这一情况使美军远东司令部情报部部长查尔斯·威洛比少将和远东空军司令乔治·斯特拉特迈耶中将大吃一惊。第二天他们又向安东地区派出了侦察机。因为他们认为，如此强大的中国空军的存在，显然与麦克阿瑟仅三天前在威克岛告诉杜鲁门总统的情况——即断定中国人不会参战——不相一致。令他们感到宽慰的是，第二次空中侦察没有发现“飞机的迹象”，那些飞机已不在安东；只在一条跑道上发现了一辆机动车。此外，铁路和公路运输状况也没有前几天那么紧张忙碌。

于是，美国情报人员普遍放松下来。尤其是远东司令部情报头子威洛比认为，安东机场的飞机不能成为中国即将介入朝鲜战争的证据。他对那些飞机的解释是：进行大机群的远距离飞行、在经过选择的机场上作短暂停留并以此作为他们训练计划的组成部分，这对中国共产党的空军来说，是合情合理的战术；另一种可能是，中国飞机突然进行的大规模部署是其总理周恩来正在进行的“以武力相威胁”政策的一部分。

鉴于美国对中国军队在朝行动几乎毫无斩获的空中拍照侦察，威洛比的解释无疑和这种状况相匹配，无非是为中国不可能出兵朝鲜的一厢情愿的情报评估寻找某些想象中的依据。正如一位情报分析员所做的适当评论："当空中侦察并没有在朝鲜最北端发现大批中国军队时，它所提供的图像情报便和中国人干涉的时机已经过去了的流行论断十分吻合。它从不考虑在白天的数小时期间，从空中拍下的照片也许没有很好地显示伪装的敌人的小股部队。"

的确，当强大的中国人民志愿军在中朝边境地区集结，随后渡过鸭绿江进入北朝鲜时，具有相当大缺陷的航空图像情报侦察系统却一无所知，而美国地面部队的指挥官们更是被蒙在鼓里，很快就面临军事惨败的厄运。

3. 美国的人力情报侦察

人力情报侦察指的是以人(间谍、特务或特工)作为情报的搜集者、传递者和分析者，在其中发挥绝对的主导作用。不过，人力情报侦察活动十分麻烦、风险较大、收效有限，存在着一定的局限性。朝鲜战争期间，美国在朝鲜的人力情报侦察主要由其驻朝鲜联络处和驻朝鲜军事顾问团来实施。这两个机构中都有美国陆军情报人员。他们的任务就是培训毫无经验的韩国情报人员，且为韩国陆军提供一些建议。当然，他们都收集有关朝鲜的各种情报，然后向其上级主管部门汇报。美国驻朝鲜联络处是由远东司令部情报部组建。而美国驻朝鲜军事顾问团则向远在华盛顿的国务院负责。1950 年 10 月上旬，在中国即将出兵朝鲜之际，这两个机构纷纷派出大批特工潜入北朝鲜刺探相关情报。然而，只有美国驻朝鲜联络处派出的特工侦察到具有极大价值的人力情报。

该机构派出的特工是名字叫尤金·克拉克的上尉军官。他执行的一项最重要的任务便是，确定中国军队是否在鸭绿江沿岸集结或过江进入朝鲜。他于 10 月 15 日带领一批韩国特工，乘坐民用机帆船上路，直抵鸭绿江口，然后派出特工外出探寻消息。不久，回来的几个人报告说，在新义州周围和更北边的鸭绿江中国一侧发现有大规模集结的中国军队。和他们谈过话的当地人说，中国人夸口说将有 30 万军队来朝鲜。克拉克异常惊讶，但却没忘通过报话机报告所获得的情报。他还需要从几个不同的渠道得到情报加以证实，方能确信中国军队集结之事。很快，其他特工也听说有30万中国军队正涌入朝鲜，鸭绿江沿岸到处都是军队和装备。于是，克拉克再次向其上司作了汇报——30万这个数字没有变。在收到这份至关重要的情报后，美国驻朝鲜联络处立即把它报告给了远东司令部情报部。

几乎在克拉克进行情报侦察的同时，中央情报局也搜集到一份绝密的人力情报，是由一位中国国民党特务提供的。他在1950年夏末就潜入大陆以了解中朝边境的军事形势。在解放战争时期，这个特务曾在国民党的军队中服役。他以前认识的不少国民党旧部人员被解放军俘虏并教育后编入到解放军队伍中。他潜入大陆后就想方设法重新和这些人员取得联系。中央情报局特工哈里·罗西兹克报告说，“他从与他们的交谈中以及他本人的仔细观察中，比较准确地获得了沿‘满洲’和朝鲜边界的中国共产党军队的数量和部署”。这些报告与其他情报一起，“向联合国军发出了明确的警告：共产党即将跨过鸭绿江”。

然而，处于前线的美军高层人员经常忽视由人力情报资源提供的消息，视其为不可信赖的一个情报来源。这当然也包括他们同样不重视上述由美国驻朝鲜联络处特工以及国民党特务侦察到的关于中国出兵朝鲜的人力情报。前线美军高层对情报的取舍直接影响到太平洋另一边华盛顿最高领导层对情报的评估和做出决策，否则后来也不会出现美军在中国人民志愿军出其不意地打击下溃不成军的局面。那么，如此重要且费尽周折才弄到的人力情报为什么屡遭美军高层人员的忽视呢？

首先，在朝鲜战争爆发后，远东司令部已经丧失了对人力情报侦察部门的信任。这种情况的发生是和一个事实休戚相关的，即美国驻朝鲜联络处在战争爆发前未能及时提供有关金日成的部队即将统一全朝鲜的人力情报。当时该机构的特工人员不断报告关于分界线上小规模武装冲突的平常消息，以及北朝鲜人沿分界线频繁活动的情报，根本就没有把报告中的现象明确解释为对方即将统一全朝鲜的诸种信号，以至于战争爆发后美方陷入十分被动的局面。这种对人力情报侦察的不信任在中国即将出兵朝鲜时依然发挥着作用。有关中国出兵的人力情报自然就不会受到重视。

其次，联合国军司令部两个核心人物麦克阿瑟和他的情报部长威洛比，对情报工作的个人看法影响着人力情报在众多情报中的地位。早在第二次世界大战期间，麦克阿瑟对中央情报局的前身——战略服务局一直持不屑一顾的轻视态度。他不允许该机构的特工人员在他的战区里活动，一经发现就会予以阻挠。这主要因为麦克阿瑟和威洛比两人对情报工作的看法如出一辙：他俩对于采用非常手段搞来的人力情报一概拒之不信，对于战略情报局及其后继者中央情报局收集的人力情报更是如此。他们只相信那些通过武官、战俘审讯以及从缴获的文件中弄来的情报；他们绝少相信“潜伏很深”的间谍利用有利的地位或者途径收集到的所谓“秘密情报”。因此，有关中国出兵的人力情报遭到联合国军司令部的忽视就是一种必然了。

再次，以麦克阿瑟为首的美军高层傲慢自大的态度使他们完全不相信人力情报侦察部门提供的情报。美军仁川登陆后，在节节胜利的北进中，把中国出兵的顾虑抛之九霄云外。美军将领普遍认为由于害怕遭到联合国军空军的报复性打击，中国此时已不敢出兵，更何况，中国出兵的最佳时机已经过去了。正如威洛比在 1950 年 10 月 28 日向华盛顿所做的汇报：“从战术角度来看，大获全胜的美国军队已经全面展开，这标志着武装干涉的最佳时机早已过去了；很难相信此种行动，如果是有计划的，会推迟到残余的北朝鲜军队已处于战斗力极低的状态时，才付诸实施。”正是在这种傲慢自大的思想支配下，麦克

中国人民志愿军押送被俘虏的“联合国军”士兵

阿瑟在 11 月 24 日甚至公然宣布战争即将结束，士兵们可以“回家过圣诞节”。当美国的特工人员送回一些中国已出兵的人力情报时，如同美国情报机关事后形容的那样，由于麦克阿瑟和其他一些美国将领都已陶醉于胜利之中，情报只是送进了“聋子的耳朵”。

被俘英美士兵在俘虏营过圣诞节

尽管美国各情报机构忽视了不少有关中国军队动向的重要情报，但是，这并不表明它们的情报专家没有对这些情报进行必要地判断和分析。事实上，在评估中国是否出兵的过程中，中央情报局、前方战场第八集团军、第十军，以及驻东京远东司令部等军事部门提供的战术情报、战略情报和它们得出的判断结论，均起到举足轻重的作用。尤其是麦克阿瑟掌控的远东司令部情报部的意见，更是被华盛顿决策层奉为政治情报评估的圭臬，同时成为他们制定战争决策的最主要依据。

朝鲜战争中，被成建制俘虏的美 24 师黑人工兵连。

4. 对苏联支配下中国出兵可能性的评估

朝鲜战争爆发时，美国决策层的第一个反应，就是认为朝鲜发生的事件是以苏联为首的社会主义阵营向“自由世界”的挑战，苏联无疑是在冒发动第三次世界大战的风险，至少是苏联对美国抵御共产党阵营“扩张决心”的一个试探，或是挑起一场全面战争的前奏。例如，国务院情报研究室的情报评估小组在战争爆发当天便做出判断，“‘北朝鲜’政府完全受克里姆林宫控制，‘北朝鲜’人不可能在未获得莫斯科指示的情况下采取行动，攻击南朝鲜的行动一定要看作是苏联的行动”。中情局进一步认定，在朝鲜发生的军事行为实际上是苏联针对美国的行动。战争爆发后的第二天，中情局在《每日概要》中表示同意美国驻莫斯科大使馆的看法，即朝鲜的进攻“显然”是“苏联对美国的一次挑战”，并且，“在朝鲜的这种侵略一旦成功，就会鼓励苏联在远东其他地方发动类似的冒险行动”。

鉴于中国和苏联结为盟友的事实，中情局很快就开始考虑在苏联的支配下中国出兵朝鲜的可能性。1950 年 6 月 30 日，就在美国总统杜鲁门命令美国驻远东地面部队赴朝鲜作战之际，中情局为了“评估苏联的意图和军事进攻的能力”，提交了第 301 号情报备忘录，指出苏联掌握着中国的许多军队，如果朝鲜战争拖延下去，在必要的时候，苏联可以将他们投放到朝鲜战场，从而尽可能地使美国人的卷入代价高昂且威望受到损害。随后，在 7 月 8 日的第 302 号情报备忘录中，中情局再一次提出苏联可能动用中国军队援助朝鲜的看法。它认为，作为苏联行动方针的一种重要的选择方案，为了使美国长期地陷入朝鲜，除了对朝鲜人增加物资援助外，它也许会秘密地或者公开地动用中国军队予以干涉。

虽然中情局提出苏联支配着中国出兵朝鲜的前景，但是在 7 月份，它并“不清楚是否苏联将迫使中共对朝鲜的作战行动给予公开的军事支持，或者迫使中共在该地区其他地方开始采取新的行动”。据它判断，“北京政权不可能主动在中国以外的地方投入大批军队参加作战，但几乎肯定将遵循苏联的要求采取军事行动”。

毛泽东应邀出席斯大林七十寿辰庆祝大会，受到高规格接待

到8月中旬，随着朝鲜战局的发展，中情局认为苏联将会尽最大努力阻止美国占领朝鲜，因为它不愿意在一个战略上十分重要的地区看到自己卫星国的消失。它会视美国侵入朝鲜的举动是对其远东战略的威胁。因此，中情局预计，在朝鲜战争期间苏联将采取两种方式操纵中国军队，使中国和美国发生冲突，消耗美国的实力，让美国无暇他顾，进而在全球夺取战略上的主动权。第一种方式是苏联在战争的任何阶段直接将中国军队投入到朝鲜战场。当朝鲜失败时，把他们派遣到三八线以北，一方面希望他们和美国军队发生冲突，另一方面则"寻找新的机会在美国和其盟国之间打入更深的楔子"，引发他们之间的矛盾，致使联合国其他成员国放弃对美国政策的支持。第二种方式是苏联期待中国尽早解决台湾问题，在军事上分散美国的兵力。无论中国是否取胜，中情局判断苏联都将希望"美国卷入一场事实上没完没了的战争，同时在战争中美国将在亚洲扮演'帝国主义侵略者'的角色。这样，苏联将从中获得更多的战略利益"。

中情局的评估强烈地影响着美国决策层的看法。在他们看来，不管苏联用何种方式动用中国军队，都表明它打算在朝鲜半岛采取激进的冒险措施。9月初杜鲁门政府出台的国家安全委员会81/1号文件便体现了这种看法。文件指出，"苏联不大可能会无动于衷地接受全部或大部分朝鲜脱离它控制的局面……苏联可能会决定在联合国军队到达三八线之前或在苏联军队保证承担'北朝鲜人民共和国'地区防务之前就冒险重新占领'北朝鲜'"。在此过程中，"即使苏联把朝鲜视为自己的势力范围，但它还是可能动用中共军队来夺取'北朝鲜'"。另外，"苏联或中共军队可能在半岛南部的战争中公开调用大批部队……虽然这样会增加全面战争爆发的可能性，苏联仍会努力说服中共参加在朝鲜发生的战争，从而达到避免朝鲜军队失败且在美国和中共之间制造战争的目的"。不过，文件在设想苏联意欲冒险的同时还考虑到可能存在的一种理想状况：假如苏联或中国不采取任何行动重新占领朝鲜或以其他任何方式表明要在联合国军到达三八线之前就占领朝鲜，那么，“我们有理由相信，苏联已经决定实施不干涉政策，即便这样做的代价是失去对‘北朝鲜’的控制”。

令美国决策层感到十分意外的是，在国家安全委员会81/1号文件出台后，苏联人并没有像他们预计的那样，在朝鲜采取冒险措施。恰恰相反，在美国人看来，苏联人在国际上的所作所为似乎表明他们打算在朝鲜实行“不干涉政策”。例如，尽管苏联指控美国11架战斗机于9月初在旅顺港附近海域上空，攻击并击毁了一架“既没带炸弹又无鱼雷装置”的苏联双引擎轰炸机，但是美国人认为苏联的态度温和，他们“最为关注的是，苏联的行动似乎表明它无意利用这次轰炸机被击落的事件在国际上掀起一场轩然大波”。10月8日，两架美国F－80战斗机袭击了朝鲜边境以北60英里、符拉迪沃斯托克以南40英里的一个苏联机场。第二天，苏联政府向美国驻莫斯科大使提出照会予以抗议，在美国大使拒绝接受这一抗议的情况下，苏联人不仅对此事不予追究，而且还呼吁美国和苏联恢复战时合作关系。

也许更让美国决策层感到兴奋的是，苏联人在10月初居然让挪威驻联合国代表汉斯·恩根作为苏联和美国政府之间的调解人，以便促成双方通过谈判来结束朝鲜战争。联合国秘书处的一位苏联人瓦西里·卡萨涅夫在10月4日邀请恩根共进午餐。席间，他告诉恩根：“麦克阿瑟应当同意在三八线止步；然后，‘北朝鲜’人将放下他们的武器；第三，允许联合国委员会进入‘北朝鲜’主持大选。”总之，苏联人的一系列活动最终使中情局在10月初认为，虽然“苏联政府在最近几个月内越来越增强其在远东及其他战略地区的军事能力”，但是，“自冲突开始以来，苏联在其官方声明和宣传中力图给人以它和朝鲜局势无关的印象。而且，苏联并没有对朝鲜直接进行和武装干涉有关的政治或军事行动”。此外，中情局还断定：“在权衡干涉的政治收益和风险的过程中，作为一项压倒性的考虑，苏联领导人一定认为，西方世界的联合已发展至一个全新的阶段，而他们的公开干涉将导致苏联与美国军队及其他联合国军发生直接的冲突。苏联领导人不能确保在苏联和美国军队之间的战斗将被美国局限于朝鲜或远东战场。”尤其是，全球战争爆发的前景将使“苏联领导人意识到他们在朝鲜的预期损失不能成为其直接军事干涉和冒严重的战争风险的理由”。据此，中情局推断，受苏联支配的中国军队将不会干预朝鲜的战事，“除非苏联准备发动全球战争，或者出于某些原因，北京领导人认为和美国的战争将不会因公开干涉朝鲜而爆发，否则的话，像苏联那样，共产党中国不可能公开干涉战争，打击联合国在'北朝鲜'的联合国部队"。

既然国家安全委员会 81/1 号文件假定，只要苏联或中国不占领朝鲜就说明苏联对朝鲜实行一种"不干涉政策"，而中情局的评估又满足了该文件假定的条件，那么，美国决策层的逻辑推理就是苏联将不会干涉朝鲜的战事。相应的，中国也不会出兵朝鲜。毕竟，他们赞同中情局局长比德尔·史密斯向白宫提交的报告结论："倘若苏联决定不去发动一场全球战争，虽然中共全面介入朝鲜的可能性继续存在，但是，这种行动在 1950 年是不可能发生的。在此期间，干涉将很可能只局限于继续对北朝鲜人提供秘密援助。"于是，在苏联对朝鲜实行"不干涉政策"且中国是否出兵朝鲜必须取决于苏联全球战略的思想支配下，美国军队肆无忌惮地侵入朝鲜民主主义人民共和国，并向最北端的边境地区推进。当战火烧到鸭绿江边时，中国被迫出兵。

铁的事实说明，美国把中国出兵与否置于苏联全球战略的框架下进行情报评估的做法大错特错了。尽管中国和苏联结为同盟、苏联的意见在中国的对外决策中占一定的分量，但是，中国自战争爆发不久成立东北边防军直至被迫出兵朝鲜，其间的每一项重大举措都是出自自己的慎重考量。苏联方面的因素并未起到决定性的作用。时任美国参谋长联席会议主席的布雷德利将军后来也承认，受中情局专家们的影响，美国决策层关于中国是莫斯科严密控制的卫星国的考虑欠妥，"赤色中国能够或者有意脱离莫斯科而独立行动"。错误的情报评估最终使美国人在朝鲜付出惨重代价。其实，在评估苏联支配下中国出兵的可能性之余，中情局事先也对中国出兵的能力和意图进行了单独评估。不过，这两种评估彼此并不矛盾，而且经常交织在一起，都是为了更好地对中国是否介入朝鲜战争做出准确的判断，但事实证明它对中国的单独评估同样亦出现了重大失误。

5. 对中国参与战争的意图及能力的评估

在朝鲜战争爆发后的两个多月期间，中情局主要在对苏联的意图予以评估的前提下来考虑中国是否将出兵朝鲜的问题,尚未对中国的意图进行单独评估。它对中国军事动向的评估仅仅是认为中国即将“攻打”台湾。例如,在1950年7月中下旬,中情局在其对世界局势的评论中提到,“中共大批军队正驻扎在台湾对面的大陆,而且也可能向香港发动攻击”;在8月中旬,中情局进一步判断,“中国似乎在努力从事‘进攻’台湾的军事准备工作。……北京政权不顾美国的干涉而‘解放’台湾的意图已成为中共宣传的最重要主题,虽然在中国人的声明中没有限定何时进攻,但从军事角度看,共产党‘进攻’的最有利时机将是1950年9月中旬之前的那段时间。对台湾的成功突袭会增强苏联和中国在整个远东地区的军事地位,并且将进一步破坏美国遏制共产党扩张的自信心”。此后,随着中情局所获得的关于中国加强东北边境防御的各种公开的或秘密的情报越来越多,对中国是否将主动参加朝鲜战争的考虑也开始提上日程。

9月8日,中情局向国家安全委员会提交了第324号情报备忘录《中共直接介入朝鲜的可能性》。这份文件估计中国正不断增加对朝鲜的有限而秘密的援助,包括提供为数不多的士兵。同时,文件也认为,“尚无直接的证据表明中共到底是否介入朝鲜、干预朝鲜战争”。不过,“中共在‘满洲’不断强化军事实力,加之该地区已存在的军事力量,显然意味着介入朝鲜完全在中共能力所及范围之内”。虽然文件还提到中国对美国侵略行为的谴责“或许是为即将来临的公开行动作一些铺垫”,但它判断“似乎更可能发生的事情是,中共将以更间接的方式介入朝鲜的冲突”。值得注意的是,文件最后提出,考虑到中国介入朝鲜的冲突也许会“破坏苏联对北京和平壤的影响”,因此,苏联将成为阻挠中国介入朝鲜的主要因素。这就是说,中国是否出兵朝鲜依然和苏联的影响有关。9月15日,中情局在《每周概要》中继续提出,由于中苏结盟的缘故,“中共军队将不可能直接而公开地介入朝鲜”,一方面苏联希望避免全球战争的爆发,而“中共军队介入朝鲜将扩大冲突的范围,势必增加全面战争爆发的风险”;另一方面,“即便苏联愿意冒全面战争爆发的较大风险,那么中共军队介入朝鲜也将给苏联和北京政权带来许多政治上的难题。它将使中苏联盟关系变得紧张起来,而不是巩固这种联盟关系”。

在考虑苏联因素对中国出兵与否的影响的同时,中情局着重强调,鉴于中共面临复杂而严重的国内问题,中国将不可能卷入朝鲜战争。它认为那些国内问题包括“盗匪猖獗、广泛的骚乱、散兵游勇的抵抗、经济停滞、农民心理失调以及涉及巩固共产党政治控制的一系列问题”。正是因为存在这些问题，中情局十分有把握地推断：“毋庸置疑，中共担心和美国作战的结果。他们的国内问题事关重大，以至于在和美国交战时遭受的压力及物资损失将会对该政权的整个国内问题和经济造成损害。反共势力必将会受到鼓舞且会危及该政权的稳定存在。”特别是，中情局还确信：“如果中国的干涉失败，则将使北京公开面对中国人的怨恨情绪，因为他们认为中国是在为苏联‘火中取栗’，扮演被苏联利用去做冒险事情的角色。”对于这种评估，联合国军总司令麦克阿瑟持完全类似的看法。他在后来国会为其举行的听证会上提出，中国出兵前，他就认为这个国家缺少“现代战争必须具备的工业基础……人们过分夸大了共产党中国打现代战争的能力”，中国“在经济上是贫困的，一旦加以破坏，就会使大部分人产生不满，社会也就不得安定，而国内的紧张将有助于破坏她参与战争的潜力……如能利用这些因素，她按逻辑就更难、甚至不可能维持军队在国外作战”。国务卿艾奇逊同样断定，中国参战将会使政府的统治能力受到削弱。在美军仁川登陆前几天，他就宣称，“我认为中国共产党如果干预，那纯粹是发疯。据我看来，他们插手是没有什么好处的”。此外，根据中情局的评估，美国决策层还怀疑中国是否具有和美军作战的军事实力。参谋长联席会议主席布雷德利回忆说，杜鲁门政府的高层人士普遍认为，“中国在军事上不具备单独进行干涉的能力”，即使中国单独行动也“不会造成决定性的变化，实际上倒有可能遭受丢脸的失败”。据说华盛顿的一位官员同样以刻薄的语言表达了此类看法：“我想中国人并不打算被剁成肉酱。”

中情局强调中国糟糕的国内问题对其介入朝鲜的负面影响似乎反衬出美国在军事等方面的优势地位。而事实上，美国决策层早在朝鲜战争爆发后不久就以一种盛气凌人的姿态来看待中国与朝鲜战争有关的行为，打算一旦中国军队卷入朝鲜战事，那么美国就对中国的军事目标实施大规模的攻击。美国国家安全委员会于 7 月 1 日制定的第 73 号文件，明确提出，美国将毫不犹豫地打击在朝鲜战场上有可能出现的来自中国的任何一支军队。随后在 8 月 25 日出台的国家安全委员会第 73/4 号文件进一步完善了对中国进行军事报复的傲慢想法，提出万一中国在朝鲜公开使用有组织的军队，那么，尽管美国不发动针对中国的全面战争，但是只要联合国军队在朝鲜的军事行动有可能取得胜利,就应当使那些行动继续下去,并且使它们扩大为授权联合国军总司令在朝鲜以外的地域,采取适当的海空行动攻击共产党中国的军事目标。这两份文件所包含的主要内容和一贯自大的麦克阿瑟的看法不谋而合。早在7月时他同样也考虑过中国介入的问题,当时美国空军参谋长霍伊特·范登堡还在东京。他信心十足地告诉范登堡:“从‘满洲’和符拉迪沃斯托克出来的唯一通道上遍布着隧道和桥梁,我看这里特别适合使用原子弹……我的B-29轰炸机部队可以升格啦。”他确信即使不用原子武器,只需出动他的空军就足以做到中国军队的大队人马进入朝鲜时不可能不被发现,即使中国军队能设法渡过鸭绿江,中国也无力在北朝鲜维持若干万部队。麦克阿瑟相信,中国至多能有几千志愿军参战而已。在他看来,美国军队具有绝对的优势,“(中国)共产党人要跨过鸭绿江进入朝鲜,他们的军队就会损失一半”。

此外,尤其令美国人得意的是,当麦克阿瑟指挥军队在仁川登陆时,战场形势发生了戏剧性的变化。这个大胆而富有创意的军事举措,加之联合国军在南部的负隅抵抗,使得战线过长的朝鲜部队遭受了巨大损失。他们不得不向北撤退。联合国军因之而变得更加自信起来,进而开始得意洋洋。在他们眼里,中国干涉的威胁似乎比任何时候都要遥远。在9月,麦克阿瑟和威洛比都相信中国的军队将不会卷入这场冲突之中。由于低估了这种可能性,当利文·艾伦少将在赴任第八集团军参谋长一职而途经东京时,威洛比在和他的一次谈话中明确排除了中国出兵援朝的前景。他告诉艾伦,中国人将是明智的,且会置身于朝鲜事务之外。9月27日,参谋长联席会议指示麦克阿瑟做出特别的努力来搞清楚中国是否打算参战。第二天,麦克阿瑟就向参谋长们保证,目前没有迹象表明中国共产党的军队将要进入北朝鲜。

6. 对中国公开警告的错误判断

正是由于一方面预计中国不会出兵,另一方面尤其有军事上的优越感,所以在9月下旬,美国军队不断向朝鲜北部推进,战场局势对朝鲜民主主义人民共和国越来越不利。设若和台湾国民党政权沆瀣一气的美国军队侵占朝鲜民主主义人民共和国,则中国东北边疆的安全必将面临严重的威胁。中共中央对此高度关注。中国政府亦开始通过各种方式向美国政府发出一系列的警告。例如，9 月 25 日，代总参谋长聂荣臻对印度驻华大使潘尼迦说，“中国对美国突破三八线绝不会置之不理”，尽管战争会对中国造成严重破坏，但中国“必须不惜任何代价制止美国的侵略行径”。9 月 30 日，在得到准确的情报获悉美军要越过三八线之后，毛泽东亲自决定，由政务院总理周恩来向全世界宣告，同时也是向美国政府发出最严厉的警告：“中国人民热爱和平，但是为了保卫和平，从不也永不害怕反抗侵略战争。中国人民决不能容忍外国的侵略，也不能听任帝国主义者对自己的邻人肆行侵略而置之不理。”

然而，美国决策层根据情报部门事先所做的“中国不会干涉”的情报评估，加之在军事等国家实力上的自信优越感，对中国的严正警告置若罔闻。参谋长联席会议指示麦克阿瑟继续向北推进，只要苏联或中国共产党的部队没有大规模地进入朝鲜，那么就彻底摧毁北朝鲜的武装力量。与此同时，在 9 月 30 日，中情局居然认为：“最近获得的大多数信息表明中共决定不公开介入朝鲜。”它还在当天的《每日概要》中援引美国驻莫斯科大使柯克的看法，认为中国军队干涉的时机已经过去了。因为在柯克看来：“当联合国军拼命地防守南朝鲜的一块狭小地区时，大批中国地面军队的涌入将证明是一个决定性的因素，那时才是共产党武装干涉的合乎逻辑的时机。”他的这种说法在美国政界及军界高层人士中引起很大的共鸣。他们普遍同意：“当战争一度可能会出现美国的敦刻尔克的时候，中国人克制着没有进行干预，他们决不会愚蠢到在目前阶段把军队投入战斗。”另外，柯克还指出：“自仁川登陆以来，中共通过媒体宣传以及和外国外交人员的私下接触，采取了强硬路线，希望在三八线问题上吓唬联合国。”由于中情局赞同他的意见，所以它对向西方传递中国领导人看法的潘尼迦产生了强烈的不信任感，认为：“潘尼迦也许正不知不觉地扮演一个中间人的角色，从而替中共向联合国施压，防止它推进到三八线以北，同时迫使它支持中共取得联合国成员的资格。”于是，此后中国政府通过他传递的警告信息不受中情局所重视，同样也得不到白宫的重视。

在韩国军队越过三八线之后，周恩来于 10 月 3 日凌晨紧急召见潘尼迦，就朝鲜战争问题再次郑重地表明中国政府的立场：“美国军队正企图越过三八线，扩大战争。美国军队果真如此做的话，我们不能坐视不顾，我们要管。”这个警告很快就由潘尼迦通知给英国的外交代表，然后通过英国外交部传到华盛顿。中情局竟然对该“信息的‘可信性和准确性’表示怀疑”，因为它认为：“中共完全可能利用潘尼迦来传递这些信息，以使其努力影响美国和英国的政策。”它同时提出，中国人“会认为公开介入朝鲜将不符合他们的利益”。杜鲁门总统和中情局的看法一致，也不相信潘尼迦传递的信息。在他看来，潘尼迦在过去经常同情中国共产党，“他的话不能当作一个公正观察家的话来看待。充其量不过是一个共产党宣传的传声筒罢了”。美国高层不仅不信任潘尼迦，甚至对印度驻美国大使——尼赫鲁总理的妹妹潘迪特夫人提供的真实信息也不当一回事。因为她曾对周恩来说：“每次您与潘尼迦大使谈话后，我都从我们政府得到指示，并即刻与美国国务院联系。我曾警告美国国务院，如果继续进军，势必迫使中国采取行动，到那时将后悔莫及。当时，美国国务院认为我们东方国家只是说说而已。”

于是，在 10 月 6 日的《每周概要》中，中情局依然认为，中国在军事上介入朝鲜的可能性在继续减少。而且，它强调中国之所以通过印度驻华大使发出威胁性的声音，就是因为“这是中共最后一道防线……共产党中国的意图很可能是力图吓唬联合国不要越过三八线，而不是它即将干涉的预先警告”。中情局 10 月 9 日的《每日概要》继续坚持这种看法，尤其是其标题居然为《中共对朝鲜的干涉不被人们所相信》。特别是，虽然美军远东司令部亦开始重视中国出兵朝鲜的可能性，其情报部门于 10 月 5 日首次把有关中国增援北朝鲜的能力的情报列为最优先评估的对象，可是，这种情况持续的时间非常短，在第二天它就从最优先评估的位置下降至第二位，在 10 月 9 日更降至第三位，并且该情况一直持续至 10 月 13 日。直到著名的威克岛会议召开前，远东司令部才再次把中国出兵援朝的情报提升到最优先评估的位置。

在中情局和远东司令部情报部门的影响下，国务卿艾奇逊推断，周恩来发出的信息是苏联和中国试图迫使联合国撤军所做努力的一部分。国务院其他高级决策者也都认为，周恩来的声明是虚张声势，是苏联和中国为挽救朝鲜政权而进行的外交努力的一部分。与此同时，杜鲁门总统指示中情局拟定一份有关中国对朝鲜和亚洲其他地区意图的详尽评估。10 月 12 日，中情局提交一份由各军事部门及国务院的情报组织一致赞同的情报评估报告。在这份报告中，中情局重申了其原先的评估结论：中国可能将不会干预，因为从中国的角度出发，介入的不利之处似乎远远大于有利之处。而且，为了进一步向白宫做出中国不会出兵朝鲜的保证，它在报告中特别强调："中共意图的一些外在迹象，除了周恩来的声明、部队调动到'满洲'以及在宣传上对联合国军暴行和侵犯边境予以谴责之外，并没有令人信服的证据表明中共打算全面介入朝鲜。"

虽然中情局自信满满地多次提出中国不会出兵朝鲜，但是，"从周恩来10月3日发出威胁以来，杜鲁门对赤色中国可能干涉朝鲜深为担心。此后不久，他决定应同麦克阿瑟举行一次面对面的会晤，讨论这一可能性及所有远东问题"。杜鲁门本人也在回忆录中道出这种担心，并说明他要和麦克阿瑟将军面谈的一个主要原因就是希望从将军那里得到"第一手的情报和判断"，从而搞清楚是否中国真的"要在朝鲜进行干涉"。

然而，正是由于中国不会出兵介入朝鲜战争的情报评估结论深深地植根于麦克阿瑟和威洛比等远东司令部要员的脑海中，因此，即便中国政府不断公开发出警告，美国军事部门也会忽视之。虽然从10月14日开始，远东司令部情报部门再次把中国出兵援朝的情报提升到最优先评估的位置，但这只是为了向杜鲁门总统明示中国不会出兵的论调预先奠定情报评估的基础。在当天的《每日情报概要》中，威洛比指出，苏联人将不会直接介入战争，因为这么做在经济上将无利可图，但如果有介入的必要，则有可能让中国提供军队。不过，他认为，近来中国领导人发布的如果美军越过三八线，那么中国将进入朝鲜的公告，"很可能是一种外交上的讹诈"。基于此，他在这份文件中得出结论：中国人和苏联人将继续向北朝鲜人提供虚浮的外交支持，但是他们将不会"为了扶植一个已失败的事业而进行代价高昂的投资"。

威洛比的上述看法实际上反映了总司令麦克阿瑟的意见。当杜鲁门总统希望从这位将军那里得到"第一手的情报和判断"，从而搞清楚是否中国真的"要在朝鲜进行干涉"时，双方于10月15日在太平洋上的威克岛举行了见面会。在这次会谈中，根据威洛比少将的判断，再加之本身固有的军事优越感，麦克阿瑟将军十分自负地告诉杜鲁门，中国人干涉的可能性微乎其微，"如果他们在最初一两个月进行干涉，那将具有决定性意义。现在我们不再担心他们的干涉了。我们不再畏首畏尾。中国在'满洲'的兵力有30万人。其中部署在鸭绿江边的可能不到10万～12.5万人，跨过鸭绿江的可能只有5万～6万人。他们没有空军。由于我们在朝鲜拥有空军基地，如果中国人试图南下到平壤，那对他们来说将是一场大规模屠杀"。据布雷德利回忆，总统对和麦克阿瑟的会谈感到十分满意。不过,令杜鲁门绝对意想不到的是,麦克阿瑟一厢情愿的判断在威克岛会谈后第二天就被事实证明是极端错误的。在中共中央于10月13日最终决定参战后,中国人民志愿军第四十二军一二四师三七〇团在副师长萧剑飞的率领下于10月16日渡过鸭绿江进入朝鲜。就在同一天,中情局在《每日概要摘录》中评论说:"在最近几周内,我们收到许多份报告,都提到中共的四支部队(有的把他们说成是几个军,有的则认为是几个师,不一而足)。报告的撰写人毫无根据地声称那些军队已经从'满洲'越过边界进入朝鲜……中情局仍然认为,中共在继续支援'北朝鲜'的同时,也许将不会公开干预目前在朝鲜发生的战事。"

此后,中情局的另两份评估报告继续认为中国不会出兵朝鲜。10月18日的报告做出这样的分析:"中共不可能愿意冒着送往和美国及其联合国盟友公开发生冲突的风险去援助'北朝鲜'人。中共十分清楚,至少在东西方间没有爆发全面战争的情况下,和美国的战争将是灾难性的,不仅损害中国的总体利益,而且破坏其国内计划和北京政权的稳定。因此,他们很可能力图避免在中国传统地域之外公开参加军事行动。这样,除非苏联准备发动全球战争,或者出于某些原因,北京领导人认为和美国的战争将不会因公开干涉朝鲜而爆发,否则的话,共产党中国像苏联那样,将不可能公开干涉战争,打击联合国在'北朝鲜'的联合国部队。"而10月20日的《每日概要摘录》则明确指出:"一段时间以来,中共已具有军事上对朝鲜战争进行直接干涉的能力。不过,中央情报局相信,采取这种行动的最佳时机已经过去了。在这个时候,苏联和中国都不愿冒越来越大的风险,因中共直接介入朝鲜将促使第三次世界大战爆发。"这样,以远东司令部和中情局等为核心的美国重要机构,对中国有关朝鲜战争意图的情报评估便彻底地错了。

7. 中国出兵后美国的情报评估

美国主要情报部门,包括以威洛比为代表的远东司令部情报部,对中国是否介入朝鲜战争所坚持的意见,直接对朝鲜战场上美国第八集团军的情报评估造成严重的影响,以至于当他们真正遭遇中国人民志愿军时,还不愿相信中国的确已经出兵朝鲜。

鉴于美国对中国是否参战的情报评估的总体基调已定，从 10 月 16 日直到中国人民志愿军发动第一次战役的 10 月 25 日，美军和南朝鲜军队完全放松了警惕。在麦克阿瑟的命令下，他们一路向北径直向鸭绿江边攻打过来。然而，当他们在 25 日推进到朝鲜北部云山和温井一带时，却被突如其来的军事打击弄得不知所措。随后，第八集团军司令部纷纷收到第一线突变和中国军队介入的电报，但是，在远东司令部等重要部门情报评估的影响下，该军却认为："从总的方面分析，中国军队介入的战机已经过去了。如果是在釜山防御圈阵地苦战的时候，或者是在仁川登陆兵力分散的时候进行有效的军事介入将可能成功。但是，在'北朝鲜'军队覆灭，转眼之间就到鸭绿江的这个时候介入，在政治上自不消说，在军事上也是毫无意义的。"所以，在司令部的军官中无人相信中国军队介入。

此外，第八集团军在 10 月 26 日的定期情报报告中还说，温井和云山出现的中国军队表明："为了加强边境通道的防御，'北朝鲜'军接纳了中共军队的一些人员，实力有了进一步增强。"在平壤，该军司令沃克将军和其参谋部军官们对中国军队进攻的报告进行了研究，但是，情报官员对极少数被俘的中国士兵所提供的情报并不完全相信。不仅如此，沃克还同意其情报部部长——陆军中校詹姆斯·塔肯所持的看法，认为在朝鲜的中国军队可能是由志愿兵组成的几个师，而且在朝鲜不存在正规编制的中共正规军。接着，第八集团军的一名发言人宣称，他们遇到的可能是"中国共产党的一支象征性部队，或许是一个团，就在北朝鲜的什么地方。（麦克阿瑟将军总部的发言人）对目前会有大部队越过边境的可能性持怀疑态度"。这里，该军发言人其实已经指明了远东司令部的意见对他们的情报评估的影响，即后者的看法才具有决定性的作用。于是，第八集团军司令部得出如下结论："中国为阻止联合国

美国人向志愿军散发的传单

军向国境推进，以一部兵力对‘北朝鲜’军队进行了增援。然而，这些中国兵是以个人身份参战的，没有证据证明中国军队已正式参战。因为不管怎样，丝毫没有中国公然介入的征候。”

毋庸置疑，第八集团军对中国出兵的判断是和远东司令部情报部门的情报评估保持一致的。在 10 月的最后一周，威洛比继续摒弃中国出兵参战的任何观念。从 10 月 25 日直到该月结束，当美军事实上正和中国人民志愿军交战时，这位情报部长在其预测敌方行动方针的情报评估清单上，仍然把中国出兵朝鲜置于次要地位，而把游击队的活动能力置于最优先评估的位置。在 10 月 27 日，他评论说，中国参加战争的诸报告“基于战俘们的口供，而且未经证实，因此是不可接受的”。而且，他把正和美军交战的中国士兵低估为无足轻重的志愿者或流浪汉。第二天，威洛比向华盛顿报告了他的情报评估结论：从战术的观点来看，由于节节胜利的美军师全面投入战斗，因此，进行干预的黄金时机看来早已过去；如果计划采取这一行动，很难设想，会把它推迟至“北朝鲜”军队的残部气数已尽的时候。与此同时，麦克阿瑟几乎完全赞同其手下情报部长的判断。他在 11 月 4 日向参谋长联席会议表达了自己的意见，认为中国军队出现在朝鲜并不意味着中国打算全面干预，虽然这种情况存在着“明显的可能性”，但是有许多逻辑上的基本理由可以否定这个结论。显然，远东司令部在情报评估上最有权势的两个人物，对中国是否出兵朝鲜所做的判断是基本相同的。

当然，不可否认的是，来自朝鲜战场以及远东司令部的情报评估反过来又对中情局的情报评估造成相当大的影响。中情局在 10 月 30 日和 31 日《每日概要摘录》中所得出的结论就和前线军方的看法几乎没有什么区别。它“仍然认为，中共不可能对朝鲜进行直接的干涉。不过，极有可能出现的情况是，北京政权调动军队越过边界，力图在水丰和对‘满洲’经济至关重要的边境其他战略设施的周围建立一条‘警戒线’。另外，还有一种可能就是，这些中国人被派往‘北朝鲜’去散布中共军队驻扎在‘北朝鲜’的谣言，希望借此来减缓联合国的推进速度，从而为‘北朝鲜’重新组织军队争取时间”。对于前线提供的有关中国战俘的审讯报告，中情局和第八集团军情报部一样，不相信其中的内容，因为在其看来，“中国军队中的普通士兵不会掌握和作战指令有关的详细信息，而这些俘虏对美国战地审讯人员所说的正是这方面的信息”。中情局还认为：“也许数量很少的一小撮中共军队目前正在朝鲜作战，但是这些中共士兵的出现并不表明中共打算直接或公开地干涉朝鲜战争。”此外，尽管中情局在 11 月 3 日的《每周概要摘录》中断定，中国军队正在朝鲜战场上和联合国军交战，但是它认为中国军队的“主力部队依然驻扎在‘满洲’”，“他们的主要目标似乎就是确保‘满洲’边境地区的安全，同时确保电力由至关重要的水丰发电厂继续输送至‘满洲’的工业部门。水丰发电厂对于‘满洲’来说至关重要。最近一位南朝鲜将军声明他们将不会继续向‘满洲’输送电力。这也许增加了北京的忧虑”。

远东司令部和中情局对中国出兵的轻视，尤其是对中国出兵规模的误判，恰恰是美军在朝鲜战场上采取下一步行动所遭遇重大失败的直接原因。

当中国人民志愿军于 11 月 6 日胜利地结束一次战役，并主动向山区撤退以诱敌深入、准备再战时，美国人却感到十分意外。各军事部门的情报机构纷纷猜测中国军队突然后撤的真实原因。只不过，无论是远东司令部情报部门还是在前线作战的各军情报部门均不仅在战术上错误地解释了中国方面的意图，尤其是严重地低估了中国人民志愿军在朝鲜的兵力。其中，有的情报部门提出，中国人只是为顾全面子而试探性地阻止联合国军，也许他们遭受的打击太重了才不得不后退的；另一些情报部门则相信，中国军队撤退回去是为了保护鸭绿江上的发电站。就在一次战役结束的当天，远东司令部情报部长威洛比把中国人民志愿军在朝鲜的兵力总数评估，由一次战役结束前的 16 000 人提升至 3 万～4 万人之间，距离真实的兵力总数相去甚远。受此影响，中情局也在同一天的《国家情报评估》报告中，“估计中共目前在北朝鲜的军队总数大约在 3 万～4 万人之间”。

特别是，第八集团军情报部门更是盲目地追随远东司令部的情报评估结论。该军情报部长詹姆斯·塔肯中校依然没有弄清楚中国方面的意图和兵力。他继续认为，中国将不会卷入朝鲜战争。相反，中国的部队在 10 月底发动攻击后，已经撤退到防守状态，以便保护鸭绿江上的水力发电站。

志愿军战地文艺演出

事实上，在威洛比巨大的阴影下，塔肯不可避免地要犯和他的上司同样的错误。而这些错误的情报评估又直接给美国军事部门以相当大的错觉，使他们误以为中国害怕和美国之间发生战争，因而普遍认为中国出动的少量象征性军队纯粹是出于防御目的，且畏战后逃。

既然错误的情报评估让美国人滋生强烈的轻视对手之感，那么，一旦中国人民志愿军在 11 月初脱离和美国军队的正面交锋，他们此前对敌人进攻的影响便会逐渐消失。当前线一切都趋于平静时，美军对中国大规模介入战争的恐惧心理亦渐渐消失了。从 11 月 9～24 日，也就是到美国第八集团军重新发动进攻之时，美军各情报部门对中国军队介入战争一事渐渐变得不怎么关心了，似乎 10 月底至 11 月初和中国人的交战完全就是夺取胜利过程中的一个无关紧要的小插曲。在此期间，虽然远东司令部情报部每天都撰写有关中国进攻潜力的参考资料，但是对中国大规模出兵朝鲜的关注度逐渐减弱了。就此而言，美国研究朝鲜战争史的官方史学家罗伊·阿普尔曼写道，第八集团军认为中国不会全力干涉这一主要观点“难免多少要受到远东司令部的影响，而远东司令部似乎一直认为中国人不会进行大规模干涉”。

于是，在一次战役结束后，美国各军情报部门很快就中国是否真正介入战争的情报评估达成共识：“中国军队的参战目的是局部的、有限的，其兵力最多有 7 万人左右，所以总司令部认为 10 月 24 日发出的‘向国境线总追击’的命令，没有加以变更的必要。”在这种几乎具压倒性情报评估的影响下，麦克阿瑟希望，第十军按既定方针继续向国境线追击，第八集团军完成准备后再次发动攻势，圣诞节以前结束战争。

在此期间，对于中国的出兵意图和规模等情况，除了远东司令部的错误判断外，美国国防部和中情局等要害部门的看法起初是模糊不清的，最终亦出现错误的评估。例如，国防部在 11 月 9 日的报告中提出了中国军队介入朝鲜的多个假设目标，显然当时还没有“搞清中共的军事目标以及他们打算卷入的程度”，然而在 11 月 20 日致驻朝鲜军队的电报中，它就错误地判断了朝鲜的军事形势，主张联合国军继续在朝鲜发动进攻，同时强烈支持麦克阿瑟将军拟定的作战计划。中情局则在 11 月 10 日的《每周概要摘录》中提出：“尽管正介入朝鲜的中共已经打算冒美国—联合国报复及全面战争的重大风险，但是到目前为止他们的干涉是有限度的。这也许表明他们的目标仅仅是阻止联合国在朝鲜的推进，并且维持共产党政权在朝鲜领土上的生存。”另一方面它又担心：“当前局势的发展走向很可能是，敌方将持续不断地增强他们的战斗力，除非我们投入大量主力部队，否则将被彻底击败。无论这种局势的发展趋于何种程度，都存在着危险，因为局势可能会失控，并且导致一场全面战争。”可是，到11 月 17 日，中情局在一份情报评估中得出了比较肯定的结论：“北京尚未使自己‘不遗余力地’去挽救朝鲜共产党政权。中共完全没有通过全力以赴的干涉来实现北京在朝鲜的目标。中央情报局坚信，在不远的将来，中共在朝鲜的行动很可能继续是防御性质的。不过，北京目前在朝鲜的战略也许是稳步地弥补‘北朝鲜’所遭受的损失，直到联合国不再计划统一整个朝鲜。”

11 月中旬过后，在错误的情报评估的影响下，第八集团军司令沃克和第十军司令阿尔蒙德将军按照总部的命令，指挥大军继续向北推进。11 月 17 日，两人统率的军队都已接近中国人民志愿军正准备发动重大战役的地区。而此时第八集团军和第十军的情报部门均大大低估了志愿军的实力。其中，阿尔蒙德在追述往事时对采访者说，第十军情报部在 11 月中旬估计中国在朝鲜的兵力是“至少有一个正规师……当时，我没有想到中国军队会大规模地正式介入”。该军情报部门在 11 月 22 日还报告说，敌人显然在目前所处的阵地上准备进行防御性的抵抗。没有任何迹象表明，从开始增援以来，有大规模的中共军队通过边界入朝。与此同时，第八集团军情报部门也得出了和第十军相同的评估结论。11 月下旬，该军情报部长塔肯估计中国人民志愿军在朝鲜的兵力总数为 6 万人。而各战场汇总到华盛顿陆军部的报告，评估的中国驻朝兵力的总数也由 46 700～70 000 人不等。不管怎样，美军前线各情报机构对赴朝作战的中国人民志愿军兵力的评测，和实际数目间存在着难以想象的差距。即使是在圣诞节攻势之前沃克仍确信：“中国军队是由以志愿兵编成的少数几个师组成的。没有正规的军建制的部队。中国不会正式地大规模地参战。”

美国各军在朝鲜战场上的情报评估结果不断地反馈到驻东京的远东司令部。它们恰好又和总司令部情报部长威洛比的评估结论相吻合。因为直到11 月下旬，这位情报部长在和远东司令部代总参谋长希基将军参观驻朝第十军，以评估中国介入程度的第一手资料时，依然对后者说，只有一些中国志愿兵进入了朝鲜，在朝鲜已经查明的每一个师其实只是该师一个营的志愿兵。

这时的中情局,依据它所掌握的有关情报,特别是来自朝鲜前线的情报,也低估了中国出兵朝鲜的规模以及中国出兵的真实意图。在 11 月 24 日的一份《国家情报评估》中,中情局指出:“中国政府及中国的宣传都没有进一步承诺中国政府要在朝鲜执行特殊的行动路线。准备支持朝鲜的讨论仅仅依据‘自愿’行动的原则。”而且,中情局只是带着极具猜测的语气判断说,中国人若发动更大规模的军事行动,其“行动的目的就是要钳制在朝鲜的联合国军,使他们长期消耗,并保持‘北朝鲜’作为共产党国家的原貌。根据目前掌握的情报,我们并不能确定中共是否打算做全面进攻的努力”。由此不难看出,中情局的评估结论和远东司令部的看法其实并无二致。

因此,在全体一致赞同的情报评估结论的指引下,联合国军总司令麦克阿瑟发起了意欲统一朝鲜并结束战争的“圣诞回家”攻势。在这场新攻势的前夕,美国情报部门仍然低估了中国大规模出兵朝鲜的可能性。尤其是麦克阿瑟极其信任的情报官威洛比竟然把对中国兵力的评估数字由最多的 17 万人降低至最少的 45 000 人。这位情报部长相信,中国部队缺乏给养,并且来自美国空中和地面部队的持续不断的压力已经耗尽了他们的弹药。如果中国人试图阻止第八集团军,那么他们将遭受严重的损失。然而,包括远东司令部情报部在内的美国各情报机构这次都犯了更大的错误。尽管美军在 11 月 25 日一开始几乎没有遭遇什么打击,但是强大的中国人民志愿军很快就对第八集团军的右翼发动了令其吃惊的进攻,且击垮了韩国第二军。由于在数量上不占优,第八集团军易受攻击的侧翼和尾翼旋即被中国人民志愿军击溃。这样,美军的失败就变成了溃败。到 12 月底,中国人民志愿军把第八集团军赶到三八线以南。正如麦克阿瑟对参谋长联席会议所说的,“我们面临着一场全新的战争……”当然,这同样是美国人意想不到的一场战争,一场他们不能获胜的战争。

8. 美国情报评估失误的主要原因

众所周知,中国出兵朝鲜是被迫的,不得已而为之。当美军越过三八线、兵锋直指鸭绿江中朝边境地区时,中国政府曾不断地向美国政府发出严正警告,但后者均置若罔闻。最终在国家安全遭到严重威胁时,中国不得不派遣志愿军入朝作战。假如美国对其收集的情报予以准确地评估,进而清楚地判断出中国出兵的底线以及中国发出警告的严肃性,那么,中美之间的军事冲突原本是可以避免的。

事实上,以中情局为核心的美国各情报部门早在 8 月份就已经获悉有关中国政府向东北边境地区调动及部署军队的详细情况。例如,远东司令部情报部部长威洛比少将在 1950 年 8 月 31 日曾向麦克阿瑟和华盛顿汇报说,“我们的情报网报告,从华中到‘满洲’的部队调动已进行了一段时间,这意味着是进入朝鲜战场前的部队调动”。他还说,这些部队共约 24.6 万人,编成 37 个师,9 个军。与此同时,美国各情报机构在 8 月中旬以后也开始收到具体的报告,说是红色中国的领导人正考虑介入朝鲜,或者中国的军队已经进入朝鲜。美国人收集到的这些情报,再加之中国政府一遍遍公开发布的警告信息,本应能够使他们对情报的评估得出比较符合事实的结论。然而,他们的判断却出现了重大失误,主要反映在美国决策层(总统、国务卿、各部部长、参谋长联席会议等)对政治情报想当然的判断、中情局和远东司令部对战略情报不切实际的评估,以及前线作战军队(第八集团军和第十军)对战术情报的错误认识。

(1) 政治情报评估失误的原因

朝鲜战争爆发后不久,美国决策层就开始考虑中国是否出兵援助朝鲜民主主义共和国的问题。为此,华盛顿当局命令其驻世界各地的外交、军事,乃至商贸机构收集并提供有关中国政府意图的政治情报,然后对这些情报予以评估,以期预见中国的军事动向。

在美国决策层看来,朝鲜战争是以苏联为首的社会主义阵营向“自由世界”的挑战,苏联无疑是在冒发动第三次世界大战的风险,至少是苏联对美国抵御共产党阵营“扩张决心”的一个试探,或是挑起一场全面战争的前奏。因为他们认为,不管苏联用何种方式动用中国军队,都表明它打算在朝鲜半岛采取激进的冒险措施。9 月初,杜鲁门政府出台的国家安全委员会 NSC81/1 号文件便体现了这种看法。

通过对相关政治情报的分析,美国决策层最终推断,苏联将不会干涉朝鲜的战事。鉴于中国和苏联结为盟友的事实,他们判断,中国也不会出兵朝鲜,卷入在朝鲜发生的战事。于是,在苏联对朝鲜实行“不干涉政策”且中国是否出兵朝鲜必须取决于苏联全球战略的思想支配下，美国军队肆无忌惮地侵入朝鲜民主主义人民共和国，并向最北端的边境地区推进。当战火烧到鸭绿江边时，中国被迫出兵。

事实表明，美国决策层对有关中国出兵朝鲜的政治情报的判断出现了重大失误。那么，其深层次的原因到底是什么呢？

首先，美国决策层对情报的评估，没有站在中国政府主要担心国家安全的立场上来考虑问题，没有充分意识到在两大阵营尖锐对立的东亚国际紧张局势下，美国对朝鲜的军事干预将对中国领导人固有的安全担忧带来什么样的影响。正如一位西方学者所指出的，美国人低估了他们向鸭绿江挺进时中国感受到威胁的程度。虽然美国决策层从意识形态争夺的角度认识到中国不会失去朝鲜就像美国不会丢掉朝鲜一样，在朝鲜的较量涉及社会主义和资本主义在东亚乃至全球的威望，但是对社会主义国家，特别是刚诞生不久的社会主义新中国缺乏了解，对社会主义国家之间的关系也缺乏深入的研究，对情报的评估单从自身角度出发，想当然地以为中国出兵朝鲜的不利之处会远远大于有利之处；先入为主地设想中国介入朝鲜不仅对中苏关系造成负面影响，而且会使原本就十分棘手的中国国内问题变得更为严重，进而既破坏经济建设、危及政权稳定，反过来又对中国参与战争的能力造成极大的负面影响。可是，事实却完全出乎美国高层的意料。中共中央政治局讨论的结果，“一致认为”，中国军队“出动到朝鲜为有利……对中国，对朝鲜，对东方，对世界都极为有利”，而中国不出兵，“让敌人压至鸭绿江边，国内国际反动气焰增高，则对各方都不利，首先是对东北更不利，整个东北边防军将被吸住，南满电力将被控制……总之，参战利益极大，不参战损害极大”。此外，中国被迫参战，中苏同盟关系不仅没有“变得紧张起来”，而且在战争中得到进一步的巩固；中国的经济建设在战争期间不仅没有遭到破坏，而是整个国民经济的恢复都得以顺利完成，同时，中国的国内政治秩序十分稳定，新生的人民政权得到了巩固。这一切反过来又都有力地支持了抗美援朝战争。中国政府应对突发战争的能力使得美国在战场上并未赢得预期的胜利，反而不得不因情报评估的重大失误而在战争中付出巨大的代价。

其次，美国的情报评估没有考虑到中国出兵决策中存在的复杂的意识形态因素。尽管对国家安全和主权完整受到威胁的忧虑是中国领导人最终做出出兵决策的决定性因素，但是应当看到，这种决策的动机中还包括了中国领导人由台湾问题引发出的对抗美国的革命激情，以及他们认为，根据国际分工，中国应当为社会主义阵营承担国际主义责任和义务，毕竟，一旦朝鲜政权的存亡受到威胁而中国袖手旁观，那么新中国在社会主义阵营中的地位以及中共作为马列主义政党的形象，无疑将受到极大损伤。显然，中国出兵决策中存在着复杂的意识形态因素。然而，以中情局为首的美国各情报部门要么通过分析苏联的全球战略意图来判断中国的出兵意图，要么凭借中国国内存在的政治、军事和经济等现实问题来评测中国的出兵动机，完全抛弃了对意识形态因素的考虑，而以国际关系现实主义的国家利益论为评判中国出兵与否的理论基础，自然落入教条主义的窠臼之中。其对情报的评估就必然出现重大的失误。

再次，美国的情报评估缺乏对中国传递的信息的准确理解。当美国军队企图越过三八线时，中国政府不断地向美国人传递严厉的警告性信息，但是都被美国情报机构视为有目的的讹诈或恫吓。它们提交的情报评估随之便误解了中国公开警告所传达的真实信息。在双方没有进行直接交流和沟通且缺乏基本信任的情况下，中国通过第三方(主要是失去美国人信任的印度驻华大使潘尼迦)和媒体向美国人传递的信息，完全得不到他们的重视。因此，他们也就不了解中国出兵的底线。而该底线其实就是三八线。于是，美国并没有意识到军事北进到鸭绿江边对中国国家安全的威胁，会彻底激怒中国领导人。因为美国政府认为它已经向中国传递了以下信息：美国的北进对中国毫无恶意，不会对中国安全构成威胁。杜鲁门在 8 月 31 日的记者招待会上甚至公开声称，美国海军将于朝鲜战争结束后撤离台湾。他还在麦克阿瑟发出有关仁川登陆的“烙铁行动”计划的第二天，便公开谈论从台湾撤出第七舰队问题。美国总统这么做的目的只有一个，就是想告诉中国人，他们采取的一切军事行动都不是针对中国的。然而，中国政府根本就不知道美国军事北进的真实动机。对于美国人公开发布不会进攻中国的一些公开信息，中国人认为纯粹是欺骗性的宣传，因而反复向对方发出警告性的信息。既然美国人认为他们已经向中国人传递了不会对中国进行军事侵犯的信息，那么中国的警告很容易就被他们认为是一种虚张声势或恫吓性的宣传，也不会引起他们的重视。这样，对中国传递的信息的忽视和误解最终使美国的情报评估出现重大失误，中美两国在朝鲜战场上兵戎相见。

(2) 战略情报评估失误的原因

应当看到,关于中国是否出兵朝鲜,美国决策层之所以对相关的政治情报做出错误的评估,一个表面而直接的因素在于其战略情报评估失误产生的负面影响。美国的战略情报既包括来自中情局的世界性战略情报,也包括来自远东司令部的战区战略情报。这两个部门对各自战略情报的评估是华盛顿决策层对政治情报予以评估的最主要依据。

中情局对世界性战略情报的评估首先倾向于强调中国政府面临十分棘手的国内问题。在其看来,刚成立不久的中国,许多地区都存在着不安定的状况,且经济亟待发展,因而国内基础很不牢固,正需全力以赴解决国内问题。如果和强大的美国作战,那么中国所有的国内发展计划必将化为泡影,并且物资上将遭受巨大的损失。其国内的反共势力也一定会乘势而起,从而"危及新政权的长久存在"。

此外,中情局还认为,中国人民解放军过去的战斗经历表明他们不适合在朝鲜的国土上作战。在中情局的眼里,中国人民解放军的作战方式无非就是"打了就跑"的游击战术,不仅从来就没有遭遇过"具有高昂士气、手握现代武器,还有使用那些武器的强烈意愿和技术的训练有素的军队",而且"实际上毫无能力"去强化或支持北朝鲜的海军,特别是中国的空军更不值得一提。这些因素无疑限制了她向朝鲜大规模派遣军队的能力。鉴于此,中情局的结论是,中国不可能出兵朝鲜,卷入朝鲜战事。

事实上,中情局所做的战略情报评估影响了美国决策层对中国军事意图的判断。国务卿迪安·艾奇逊在1951年上半年举行的国会听证会上重复了中情局的评估结论。他坚持认为,中国人将不会参战,因为他们将不得不投入大批训练有素的军队,参战只能使中国政府遭到削弱。也许最重要的是,在中情局的影响下,艾奇逊断定,从各方面来讲,参战不能给中国带来什么实际利益。

中情局的错误结论直接源于它对中国参战能力的详细评估过于僵化,没有考虑到更复杂的现实情况,而且还未对中国的意图做出细致评估。毋庸讳言,刚成立不久的新中国面临很多国内问题,尤其需要全面建设整个国家,参加战争的能力确实具有一定的局限性。于是,这种情况在中情局的眼里便成了判断中国是否出兵的战略情报的最主要依据。其逻辑推理是,虽然具备进攻的能力并不一定意味着敌人将要进攻，但是设若敌人不具备采取攻势的能力，那么无论敌方指挥官多么希望进攻，他实施攻势的现实性必将是很小的，甚至是不可能的。其实，这种教条化的逻辑推理和灵活多变的实际状况有着较大出入。一方面，能力并不代表一切，如非物质化的精神及意志因素对能力不足的克服等；另一方面，随着情况的变化，有时能力亦会在短期内骤然提高，如外部援助对能力增长的作用力等。

与此同时，中情局没有细致地分析中国的政治及军事意图。它仅限于通过对中国参战能力的判断，就轻率地得出中国不会出兵的结论。要知道，对世界性战略情报的评估不仅需要关注所评估对象的政治、经济和社会状况，尤其需要对对方的未来计划、行动方针，乃至战术取向进行全方位、综合的预测。可是，在此方面，中情局的战略情报评估做得很不够。这种做法自然不可避免地导致失败的结局。

关于中国是否出兵朝鲜，除了世界性战略情报评估对政治情报分析造成的影响外，战区战略情报评估的作用也是不容忽视的一个相当重要的因素。在 1950 年 10 月初中国政府发出一系列警告之后，由于中情局并未提供有关中国意图的详细评估报告，因而白宫不清楚中国对于美军越过三八线的真实意图。杜鲁门总统决定根据麦克阿瑟对战区战略情报的评估来做最后的判断。

在 10 月 15 日著名的威克岛会谈之后，凭借麦克阿瑟的保证，华盛顿决策层最终决定让麦克阿瑟放手向北进攻，一直将战火烧到中朝边境地区。显然，远东司令部对战区战略情报的评估对美国决策层的战争决断产生了非常大的负面影响。

至于远东司令部为什么会对战区战略情报做出错误的评估，则显然和麦克阿瑟本人有直接的关系。作为朝鲜战场上联合国军最高指挥官的麦克阿瑟，其傲慢自负的个性必然导致在军事上出现糟糕的判断力。由于第二次世界大战中击败日本人的辉煌战绩，麦克阿瑟非常瞧不起亚洲军队，当然也包括中国军队。虽然他“几乎不了解中国军队或他们的军事原则，但是完全漠视中国士兵的存在，这成为远东司令部的一个信条”。他曾在 1950 年 10 月初告诉英国驻东京政治代表，联合国军和中国人相比较，有着“相当大的海陆空作战潜力”，如果中国人介入战争，他将“立即进行强有力的攻击”。在这位将军看来，中国领导人一定是注意到了这一点，因此完全可以把中国的警告声明视为

“只是一种讹诈”而不予理会。

根据麦克阿瑟的比较教条的军事逻辑，他根本就不相信中国军队会在没有空军掩护的情况下参加战争。在他看来，只要中国出兵，他的空军就可以摧毁他们。这种超级自负的心态使得这位将军不仅忽视中国方面的严正警告，而且做出错误的情报判断。尤其值得注意的是，麦克阿瑟傲慢自大的个性和他对中国军队的看法，深刻地影响着其周围的情报官员对中国出兵朝鲜的评估。其中，自太平洋战争爆发以来一直是麦克阿瑟的情报参谋官，同时又是其亲密顾问的威洛比少将最喜欢迎合总司令的意见，同时忽视比较重要的情报。美国第十军作战部部长杰克·奇莱斯曾对威洛比进行过近距离观察。他回忆说：“麦克阿瑟不希望中国人在朝鲜参战。对于麦克阿瑟不希望的任何事情，威洛比都为之炮制情报……在这种情况下，威洛比篡改情报报告……他本应该入狱。”尽管奇莱斯对威洛比的指责过于严厉，但却反映了后者刻意逢迎麦克阿瑟的事实。无论如何，威洛比的做法必然影响其对中国出兵情报的准确评估，进而对原本就存在误区的麦克阿瑟的军事判断力造成很大的干扰。最终，傲慢自负的联合国军总司令在朝鲜战场上不得不铩羽而归。

(3) 战术情报评估失误的原因

在朝鲜战争期间，美国战略情报评估的结论对前线战术情报的分析具有指导性的作用和决定性的影响。不过，反过来，来自第一线作战战场的战术情报评估对战略情报的分析亦具有不容忽视的影响。在朝鲜作战的美国第八集团军和第十军为战略情报分析提供战术情报评估。

当中国人民志愿军成功地发动了一次战役后，第八集团军司令沃克将军居然同意其情报部部长詹姆斯·塔肯对战术情报的评估结论：目前在朝鲜的中国人的兵力可能仅仅为一些志愿兵组成的几个师；在朝鲜不存在有组织的中共军队；中共军队首次干涉的主要动机是中国人想要保护鸭绿江南岸的发电厂；中国将不会参战。

当然，第十军也得出了和第八集团军相类似的情报评估结论。在志愿军即将发动二次战役的前三天，第十军情报部认为，中国人“显然准备在其目前驻守的阵地上进行防御性的抵抗”，并且“自最初对北朝鲜的增援以来，没有任何证据表明中共军队已经大规模地越国边界”。同时，该军司令阿尔蒙德将军对战术情报的看法是：在前面有不超过一个或两个师的中共军队；在最近的

欢迎志愿军归国

将来，中国人的努力将完全是防御性质的；中国将不会大规模地介入战争。然而，事实是以逸待劳的志愿军很快就给冒进北上的美军以异常沉重的打击。

显然，第八集团军和第十军对战术情报的评估出现了重大失误。接着，我们自然会提出一个疑问：为什么他们会对中国出兵的战术情报做出错误的评估呢？

除了理所当然地受远东司令部情报分析结论的影响外，笔者认为，当美军不听中国发出的严正警告，不断把战火烧到鸭绿江边，导致中国被迫出兵朝鲜时，参加作战的志愿军各项战术运用得非常得当，使用的战术完全出乎美军情报部门的意料之外，致使美国各军事部门的情报机构陷入十分困惑的状态，错误地评估了有关志愿军兵力情况及军事动向的情报。具体而言，美军情报人员对志愿军运用的以下三项战术没有任何心理上的准备，因而不可避免地为自己的军队提供错误的情报评估结论，从而使其惨败。

1951 年，板门店谈判

其一，秘密渡江，进入朝鲜。1950 年 10 月 18 日，彭德怀总司令在北京以毛泽东的名义发电报给志愿军第十三兵团司令邓华说：“四个军及三个炮师按预定计划进入朝北作战，自明(19 日)晚从安东和辑安线开始渡鸭绿江。为严格保守秘密，渡江部队每日黄昏开始至翌晨 4 时即停止，5 时以前隐蔽完毕并须切实检查。”此外，毛泽东还专门要求，有关志愿军参战一事，目前只做不说，不将此事在报纸上做任何公开宣传，仅使党内高级领导干部知道此事。因此，志愿军各部队在入朝时，都采取夜行昼宿、白天严格隐蔽的方式。正由于中国方面保密工作做得非常好，以至于美国空军侦察机天天到鸭绿江沿线拍照，并对照片予以情报分析，都未得出任何结果。志愿军几十万人行军一周，完全未被敌人发现。这无疑为志愿军打好出国第一仗、出其不意地给敌军以迎头痛击，创造了良好的作战条件。

其二，诱敌深入，以逸待劳。在成功地结束了第一次战役后，中国领导人抓住敌人对中国军队实力的错误估计和他们迷信空军威力恃强骄横的情绪，决定在战役一结束就让部队佯装后撤，以扩大敌人的错觉。同时，在毛泽东的指示下，志愿军采取了“诱敌深入，以逸待劳，利于歼击”的方针，准备“诱敌深入山地然后围歼之”。可是，美军情报部门却认为中国军队是畏战后逃，而且只是出于防御目的派出象征性的非正规军。甚至远东司令部情报部长威洛比十分自信地认为：“他们(指志愿军)已离开了朝鲜。我早就看穿了他们的手法，我预料他们会这样做的。我早就说过，北京无非是虚张声势。”这种错误的判断使得一味冒进的美军最终落入志愿军预设的埋伏圈。

其三，兵不厌诈，突然袭击。11 月 1 日，在志愿军第三十九军包围和歼灭了美军第八骑兵团大部和南朝鲜第十五团后，很快就释放了 27 名美国战俘，73 名南朝鲜战俘，对他们说因食品不足，志愿军将撤回国去。这样做是为了迎合麦克阿瑟的心理状态，诱使他犯更大的错误。此外，志愿军各部在后撤时，沿途还有意遗弃部分破旧武器和物质，故意让美军情报部门对志愿军的战术意图产生较大的错觉。果然，第八集团军和第十军情报参谋官大都认为，中国出兵的最佳时机已经过去了，现在其出动的一些军队的最大可能是象征性的，目的是拆走鸭绿江水电站的设备，兵力也不过是 6 万～7 万人。在错误的情报评估的影响下，麦克阿瑟中计，指挥美军大举北进。而志愿军却在丝毫不被敌军察觉的情况下，利用夜间行军穿越种种艰险的地形，利用突然的奇袭来

今日板门店三八线上

击败他们。美国海军陆战队的官方史料记载道:“身穿打着补丁的棉制军装的中国士兵在这件事情上胜过地球上任何国家的士兵;他们能够在夜色的掩护下极其秘密地渗透到敌人的阵地中去,简直令人难以置信……中国军队令人敬畏,不是因为他们人数众多,而是因为他们善于运用欺骗战术和达成攻击的突然性。”显然,错误的情报评估让经历二战磨砺、军事经验丰富的美军居然没有判断出志愿军使用的是“兵不厌诈,突然袭击”的战术,结果遭到几近毁灭性的打击。

美国的政治情报、战略情报和战术情报,三位一体,彼此作用,互相影响。其中,战术情报评估的失误不仅对战略情报分析产生消极影响,而且也对政治情报判断造成很大的负面影响。华盛顿决策层根据错误的情报评估,做出错误的战争决策,在一次战役遭到志愿军打击后继续沿着错误的分析路线前行。由二次战役开始,中美之间在朝鲜战场上开始了一场“全新的战争”。

十三、伺机行动：中情局如何看中国出兵印度支那

南开大学　赵学功

两次印度支那战争特别是1961～1975年间的第二次印度支那战争，对美国的内政外交都产生了极为深刻和广泛的影响。在两次战争中，美国决策者所关注的一个共同问题是中国是否会出兵干预、干预的程度如何。中央情报局就此先后提供了几十份分析报告，对中国在印度支那的意图、干预的可能性以及干预能力进行评估，从中可以管窥影响美国对印度支那战争决策的复杂因素。

1. 第一次印度支那战争

在第一次印度支那战争中，中国是唯一向越南提供大量无偿援助的国家。1950年1月，新中国承认了胡志明领导的越南民主共和国。4月，应越南方面的要求，中共决定派遣顾问团前往越南，从第二、第三、第四野战军选调了具有一定实战经验和政治水平的军事、政治、后勤营以上的干部和其他工作人员，组成了援越抗法军事顾问团，共281人。同时，中国开始向越南方面提供军火、粮食、油料、药品等援助。在中国军事顾问团的协助下，越南方面在边界地带先后发动了一系列战役，取得了重大胜利。

此时，美国决策者最担心的是中国是否会出兵干预。对于美国来说，印度支那的战争已经成为东西方冷战的一个重要组成部分，而不再是一场反对殖民主义、争取民族独立的战争，特别是在中国、苏联分别承认越南民主共和国之后。美国国务院提出一份要求向印度支那提供军事援助的报告，认为目前

美国面临的形势是“要么支持在印度支那的法国人”，以阻止这一地区“落入共产党手中”，要么“面对共产主义扩展到东南亚的地区，并可能继续向西扩展”。2月27日，美国国家安全委员会制定了第64号文件，明确提出“印度支那是一个关键地区，正处在迫在眉睫的威胁之中”，倘若失去它，则泰国、缅甸等邻国也将落入共产党的控制之下，“东南亚地区的力量均势就会被打破”。这一判断实际上是艾森豪威尔政府“多米诺骨牌”理论的先声。

6月1日，美国中央情报局提出分析报告，正确地估计到，中共是影响未来印度支那事态发展的一个“主要变量”，并称最近有迹象表明，中国作为亚洲共产主义运动的中心，将逐渐发挥重要的作用，“北京政策的意义将仅次于苏联在亚洲的共产主义战略”。对于中国将采取何种政策，文件认为有三种选择：中立；直接军事干预；有限的援助。经过权衡各种利弊，中情局得出结论：第三种选择对中国最为有利，既可以保持未来行动的灵活性和主动性，同时也不会对越南的民族主义造成伤害，并阻止其他国家采取协调一致的行动。因而，文件认为，在今后一段时期内，“中共很可能继续其目前的政策，通过秘密的和商业渠道逐渐增加对胡志明政权的援助，而不采取公开的军事干预”，“中共的援助可能包括向胡志明提供训练设施、物资、顾问人员和游击基地，并在外交上给予支持”。

1950年6月朝鲜战争爆发后，美国决策者更加担心中国会对印度支那采取行动。6月27日，杜鲁门在下令美军介入朝鲜战争的同时，宣布增加对法国和越南保大傀儡政权的军事援助。在朝鲜战争的背景下，美国决策者认为苏联很可能会利用中国这一“矛头”刺向印度支那，并认为共产党下一个进攻目标就是这一地区。9月，中情局提出报告认为，“中共正在训练1万～2万北越军队”，并提供了相当数量的物资，包括轻武器、弹药、迫击炮等，“使得北越在较早时期内有潜力对法国军队发动一场大规模的进攻”。不仅如此，中情局指出，“中共目前有能力成功入侵印度支那”，其在其他地区的军事承诺并不能妨碍对印度支那的行动。中国已经在南部边境集结了10万军队，一旦发生战争，15万人的后备队可以在十天之内抵达边境。但是，另一方面，在中情局看来，尽管中国具有进攻印度支那的能力，并且其军队已在印度支那边界地区集结，但在1950年中国采取行动的可能性不大，而是继续扩大对越南的军事援助。

事实的确如此，中国在援助越南方面做得非常谨慎。6 月 27 日，毛泽东、刘少奇、朱德等在中南海接见了军事顾问团的干部，告诫说，顾问团的工作对外是保密的，要注意使用代号，不要张扬，强调“顾问团的名字不要随便叫，要搞个代号”，要多穿便服或者越军的军服，“我们的军衣一律不要带去”，在越南不要随便外出，作战时要十分慎重，不要太靠前；要多想点办法，严守机密。在中国军事顾问团的帮助下，越南人民军从 9 月中旬开始发起边界战役，取得了较大胜利，打开了与中国的交通线，也打破了法军对北越根据地的包围。

1951 年 6 月，随着朝鲜停战谈判的开始，美国对中国可能干预印度支那的前景愈发担心，认为“大量迹象表明，中国准备向越共提供更多的军事支持，可能包括中共军队的直接干涉”，估计“中共可投入大约 10 万人的野战部队和后勤保障力量入侵印度支那”，同时正在修缮通往越南“东京湾”地区的公路和铁路运输线，扩建边界地区的飞机场，其发动进攻的后勤供应能力正逐渐提高。在中央情报局看来，朝鲜战争与中国干预印度支那密切相关，未来朝鲜局势的发展无疑会对中国决定是否干预印度支那产生较大影响。只要中国仍在朝鲜投入大量的力量，则其不大可能直接干预印度支那；倘若朝鲜停战，美军重新发动进攻的威胁基本消除，则中国干预印度支那的可能性随之增大。特别是“朝鲜停战两个月后，随着空军力量的极大提高，中国入侵印度支那的能力将会明显增强”；中国和苏联那时或许会认为，印度支那为迅速取得决定性的胜利提供了一个更为有利的机会，因为美国和联合国对印度支那干涉的危险比朝鲜要小，它们不再愿意打一场朝鲜那样的战争，一些联合国成员国也不愿意为法国在印度支那的殖民主义而战。故此，中情局认为，“如果朝鲜冲突结束，中共尽早干涉印度支那的可能性将会增加”。但是，在中央情报局看来，也有一些因素制约着中国干预印度支那局势，因而在公开干预问题上“可能会犹豫不决”。这些因素包括：朝鲜停战谈判或许会旷日持久；中共通往越南的交通运输线还不完善；法国军队力量得到不断增强；外国干涉的危险存在；中国并没有迅速占领整个东京湾地区的把握，有可能卷入另外一场代价高昂的战争。基于这些原因，中央情报局确信，在 1951 年中国不会公开干预印度支那局势，而是继续向北越提供顾问、物资和技术援助，印度支那局势有可能仍陷于僵持状态，越共和法国方面都不会取得任何重大的胜利。

到了 1952 年初，中央情报局对中国是否干预印度支那的判断并没有发生变化,基本看法仍然是：尽管中国可以不受朝鲜战争的影响,有能力向该地区投入15万军队,但到1952年中期,中国不会武力干预,而是逐步扩大其目前援助的规模和性质,提高对越共的技术和后勤支持的水平。中情局做出这一判断的主要考虑是：目前共产党的战略在印度支那已经获得了巨大的成功,削弱了法国和越南继续抵抗的决心和能力;中国和苏联显然认识到,如果中国进入印度支那,西方国家特别是美国将会把亚洲的战争扩大到中国大陆,“对亚洲战争可能的扩大和对中国大陆可能会遭受猛烈报复行动的担心,仍然是阻止中国公开地以武力干涉印度支那的一个主要因素”;尽管在战略上和经济上印度支那地区对共产党国家来说是非常重要的,但“还没有大到足以让中国冒着触发一场全面战争的风险进行大规模入侵”。

1954年日内瓦会议召开前后,法国在印度支那的局势岌岌可危,特别是5月7日奠边府战役后,法国国内政局动荡,民众要求尽快结束战争。此时,美国则展开了积极活动,先是试图阻挠日内瓦会议的召开,继而又设法破坏会议达成任何协议。与此同时,美国一直在与英国、法国等策划所谓的“联合干涉行动”,组建一支由美国、英国、法国、澳大利亚、新西兰、泰国、菲律宾及越南、老挝、柬埔寨军队构成的联合作战部队。根据中央情报局6月15日的评估报告,联合行动可包括：(1) 美国空军和海军与法国、越南军队以及象征性的泰国、菲律宾军队发动联合海空行动,旨在摧毁在印度支那的共产党军事力量,如果认为在军事上有好处,可以使用核武器,但要避免将平明作为袭击目标;(2) 联合行动的空袭扩大到中国境内那些支持共产党在印度支那军事行动或间接威胁到该地区盟国军队安全的军事目标,“如果认为使用核武器在军事上有利,则可以使用核武器,但要避免将中国平民作为核打击的目标”;(3) 将联合行动扩大到中国境内更多的军事目标,必要时可使用核武器,同时封锁中国海岸,夺取或使海南岛中立化,台湾的国民党军队对大陆采取军事行动。报告估计,对于第一种情况,中国可能的反应是“极大地增加对越共的后勤支援,向其提供大量武器、装备和技术援助”,包括防空武器,并派遣中国防空炮兵部队前往越南,在中越边界地区部署地面部队和空军,但不会公开介入战争。与此同时,还将加强政治宣传活动,谴责美国是“侵略者”,并试图通过谈判实现停火,“以保持共产党的地位和机会”。

如果美国采取第二种行动,则中国“将尽其所能,在印度支那进行地面战争,攻击盟军的空军基地、航空母舰和其他直接支持该地区联合军事行动的设施",但是,中国会将自己的行动集中在印度支那地区,将打击对象仅限于直接支持盟国行动的基地和设施。同时,为了避免遭受进一步的破坏,尤其是避免美国对整个中国的无限制的打击,中国将努力诱使美国谈判解决问题。对于第三种情况,中央情报局认为,中国会尽其所能进行防御,并努力争取苏联的全面参与,同时力图通过谈判结束战争。倘若不能达成停火协议,则中国接受与美国进行无限制战争这一现实,用自己的全部力量来进行战争。

但是,令美国人大失所望的是,法国、英国对联合行动并不积极。特别是法国,虽然希望美国能够提供更多的援助,但不希望美国实质性地卷入印度支那事务,以免危及其自身地位。美国决策者也逐渐认识到,法国人不过是想让美国作为"小伙伴"参与战争,为其提供支持,这显然是美国政府所不愿意答应的。美国国务卿杜勒斯在国家安全委员会会议上无可奈何地表示,"现在潮流是逆我们而动"。

尽管美国对日内瓦会议设置重重障碍,但最终未能如愿。经过各方共同努力,7 月 21 日,与会各国就在印度支那停战达成了协议,确定以北纬 17 度线为越南南北方的临时军事分界线;法国承认越南、老挝、柬埔寨的独立,并从三国领土上撤军;三国将分别举行自由选举,实现各国统一,并承担义务不参加任何军事同盟;与会各国保证尊重三国的独立、主权和领土完整,不干涉其内政。日内瓦协议的达成标志着第一次印度支那战争的结束。从此,法国势力开始从这一地区退出。美国政府拒绝在协议上签字,仅发表了一纸声明,表示将不使用威胁或武力来干扰日内瓦协议。在 7 月 21 日的记者招待会上,艾森豪威尔表示,美国不是日内瓦会议上做出决议的一方,也不受会议决议的约束。美国的行动为其日后干涉印度支那事务埋下了伏笔。

2. 美国酝酿扩大战争

1961 年肯尼迪上台后,在东南亚面临的问题首先是老挝问题,并在越南展开所谓"特种战争"。同时,美国政府有关部门也在考虑扩大战争。1962 年 2 月,美国驻越南军事援助司令部成立。6 月 12 日,中央情报局设想了三种行动方针：第一，空袭老挝境内共产党的供应基地及从北越到老挝主要陆上供应线的老挝境内部分；第二，空袭北越；第三，对北越进行两栖行动，派一个师的兵力在荣市登陆，随后向西推进到老挝边界，与老挝境内的美军会合。中情局认为，在第一种情况下，共产党方面采取的措施包括：加强北越在老挝的防空部队，中国或许还有苏联会派遣少量的战斗机进入北越机场，并试图对美国在老挝的阵地采取报复性行动；加强地面部队的行动，袭击美国的哨所、巡逻艇和交通线，中国会进一步加强边界力量，可能派遣一些军队进入老挝北部，并增强对北越的后勤支持；采取强有力的政治行动和宣传攻势，敦促停火，并进行谈判。如果发生第二种情况，则中国势必会用自己的空中力量来保护北越，其军队进入老挝的可能性也明显增加，但共产党方面会避免冲突的扩大，把自己的行动限于保护北越，同时展开政治攻势，促使美军停止空袭。在第三种情况下，共产党方面会认为这是对北越政权的直接挑战和对中国安全的威胁，中国和北越的反应要强烈得多，中国可能会提供更多的地面部队，以帮助北越击退美军的进攻。在老挝、南越和泰国的美军供应基地和军事行动基地也可能遭到共产党军队的空袭。实际上，恰在此时，中越两国领导人在北京举行会谈，对美国袭击北越的可能性进行了充分估计，决定由中国立即向越南无偿提供可装备 230 个步兵营的枪炮。

1960 年代初，随着中苏分裂的日益明显，中央情报局也认识到对于老挝战争中苏的反应不一。莫斯科距离印度支那遥远，不如中国卷入得那样深入，因而它更为关注的是老挝战争会导致美苏之间发生冲突，主张采取风险较小的手段，主要是政治途径。但是与苏联不同，中国在东南亚有着广泛的利益。美国出现在老挝或老挝附近，会引起中国极大的担心。中央情报局设想了三个阶段的行动方针：在第一阶段，加强老挝王国军队，向其提供作战飞机，以打击共产党在老挝境内的集结地和运输线。在第二阶段，除了上述行动外，还应取消对老挝王国政府军进行地面和空中行动的限制，派遣“志愿”作战飞机，在邻近地区大量部署美国空军和海军力量，并对老挝和北越进行空中侦察，骚扰越南民主共和国的海上运输。到了第三阶段，则除了采取前两个阶段的行动外，还包括使用美军占领老挝某些关键地区，对北越实施海上封锁，并轰炸老挝和北越的某些目标。中情局认为，在第一种情况下，中国不会做出多大反应。在第二阶段，中国肯定会发出威胁性声明，并做好军事上的准备，但“中国军队目前不会直接干预老挝和北越”。但是在第三阶段，中国可能的反应包括：增加在老挝的军事存在；进一步加强对美国警告的力度；提高老挝和北越的防空能力。但是，中情局判断，中国不会公开派遣军队进入老挝与美国进行大规模作战。

1964 年 7 月 17 日，中情局就中国在东南亚的防空能力提出特别报告，称最近中共和北越召开了一次高层会议，主要讨论东南亚的防空问题。由此可见，中情局的情报来源还是比较可靠的。事实上，正是在 7 月份，中国、越南、老挝三国党的领导人在河内举行会议，这是越南战争升级前三国党的领导人召开的“一次最重要的会议”，不仅确定了中、越、老三国、三军共同抗击美国的基本方针和原则，而且确定了中国应对美国战争升级的基本方针和原则。周恩来在会上指出，战争形势的发展有两种可能：一是美国强化特种战争，二是美国把特种战争扩大为局部战争，在越南南方和老挝直接出兵，轰炸或进攻越南北方。他表示，不管美国采取哪一种方法，中国人民必将出面支持东南亚人民的斗争；“我们的斗争方针是，尽一切可能把战争限制在目前范围之内，同时积极准备应付第二种可能的情况”。在发生第二种可能的情况下，中国的方针是：“美国走一步，中国走一步；美国出兵，中国也出兵。”同时，中情局也注意到中国外交部长陈毅的讲话，警告美国如果进攻北越，中国将采取相应措施。

根据中情局的报告，中国最早在 1960 年开始在西南地区部署空中力量，构筑了早期雷达预警系统，并调遣一个喷气式战斗机团进驻昆明。直至 1963 年 7 月，北越军方代表团访问北京之后，中国又向中越边境增派了一个战斗机团，同时采取措施，进一步加强预警系统的构筑，装备了中国最先进的远程预警雷达系统和地面控制拦截系统。美国情报部门估计，在中越边境地区，中国部署了大约 185 架喷气式战斗机，有大约 37 个雷达站装备有早期预警系统和地面控制拦截系统，空中行动可以从第一线的 5 个机场和几个位于昆明和华南的后备基地展开实施。

但是，中情局认为，中国的空中力量和防空系统还存在着诸多缺陷。尽管中国“有很好的能力来对沿着中老、中越边界飞行的少量亚音速飞机在晴朗的白天进行的渗透行动进行监测、追踪，并及时采取防御措施”，但应对大量入侵者的能力明显不足，“大规模的空袭将很快穿越中国的防御系统”。中情局还估计：“应对人工驾驶、在中低空飞行的亚音速轰炸机的威胁，如果是白日、飞行状况良好的情况下，中共喷气式战斗机可以发挥有效作用。但是，要对付B-58这类超音速飞机的威胁，也只有米格-21可以进行有限的拦截。在夜间进行渗透或许不受任何干扰，因为部署在华南地区装备有空中雷达系统的截击机的数量很有限。在很低和很高的高度，武器的有效性也是有限的。"

关于中国与北越的防空合作问题，中情局认为，尽管目前还没有发现双方在防空系统上合作，但考虑到它们之间越来越紧密的政治和军事合作这一总体发展趋势，建立这种联系是很有可能的。特别是美国最近的威胁"也许使得中国和北越制定防空合作计划变得更为迫切，至少是相互交换早期预警信息"。情报部门推测，在6月20日中国和北越领导人的高层会谈中，防空合作是一个重要议题；中越或许已经拟定了应急计划，一旦形势要求可以在北越使用中国的飞机；也可能已经采取了相关措施，如果军事行动扩大到北越，中国将尽快派遣喷气式战斗机予以援助，但此前中国"或许会向北越提供有限的、报复性战术空中援助"。

1964年8月5日"东京湾事件"发生后，中国方面立即做出反应。周恩来总理和罗瑞卿总参谋长致电越南胡志明主席、范文同总理和总参谋长文进勇，建议"查清情况，议好对策，以利行动"。中国人民解放军总参谋部命令有关军区和军兵种进入战备状态，密切关注美军动向，随时准备应付可能的突然袭击。6日，中国政府发表声明，指出："越南民主共和国是中国唇齿相依的邻邦，越南人民是中国人民亲如手足的兄弟，美国对越南民主共和国的侵犯，就是对中国的侵犯，中国人民绝不会坐视不救。"同时，中国各地2 000余万人举行了声势浩大的集会和游行，谴责美国对越南的侵略。美国情报机构对中国的反应特别关注，认为受这一事件的影响，中国开始在云南和北越集结空军，并加强了在云南、广东等地的长期后勤基地的建设，这样，"既可以增加对美国空袭的防御能力，也可以通过提高在老挝和南越的地面军事行动水平进行报复"。情报部门估计，"尽管中国还没有进行大的地面部队部署行动，但目前在这一地区的中国和北越军队已经足以胜任上述任务"，并且在数周之内也可以从中国内地得到增援。

中央情报局对中国地面部队的行动尤为关注，认为自1960年以来，昆明军区一直在进行军事设施的建设工作，包括修建机场、兵营和后勤供应基地，改善交通运输线路等。在中越、中老边界地带部署了大约25万军队，一旦得到命令,可以很快进入指定区域。不仅如此,还可以在数周之内从中国内地得到大量增援。在另一方面,中情局估计,虽然中国军队能够直接干预越南或老挝,但只有在北越不能保卫其具有共同利益的地区时,中国或许才会派遣地面部队予以干预。一般而言,中国通过向北越方面提供支持来实现自己的意图。情报部门也注意到“东京湾事件”后中国的空军部署行动,估计中国已在北越部署的喷气式战斗机从 8 月初的 150 架增加到目前的 350 架,其中包括不少米格-21 战斗机。同时中国方面还加强了防空设施的建设,增派防空炮兵和装备有中国最先进的远程预警雷达系统和地面控制拦截系统。在海军部署方面,中国将南海舰队的司令部从广州移至湛江,并在“东部湾”北部建立了一个新的海军基地。情报部门认为,尽管南海舰队缺乏大型舰艇,但它拥有大量的巡逻艇和鱼雷艇,对美国在“东部湾”地区的海上军事行动还是构成了一定的威胁。除了这些军事部署之外,情报部门认为,中国将继续加强宣传攻势,并重申自己的承诺,即一旦遭受美国攻击,他们将援助北越。

3. 越南战争的升级

1965 年是美国侵越战争大规模升级的一年,也是美国对越南战争政策发生重大转变的时期。自此以后,越南战争逐渐“美国化”。值得注意的是,在这一时期,美国中央情报局尤为关注中国对美国行动的反应。

1965 年 2 月,中央情报局注意到中国将所有军队的服役期延长一年,认为这将使军队的规模有大幅度的提高,但此举“并不表明中国打算近期内在印度支那发动攻势”,乃是其加强军队建设长期计划的一个组成部分。同样,中国增加驻印度支那边界地区的空军力量,“是对美国在该地区加强空中力量所做出的反应”。尽管中国具有有限的突袭老挝或南越北部地区的能力,但中情局认为中国不会这样做,因为这样“美国进行大规模报复的风险实在太高了”,“并有与美国发生空战的危险,而这种形式的冲突对北越和中国来说都是最为不利的”。因而,中情局估计,中国和北越将继续奉行它们目前在老挝和南越的政策,支持在南越的反叛力量,同时“准备利用在老挝或南越出现的任何新的机会”,但不会展开一场全面的军事进攻。

美国情报部门注意到，自1964年中期以来，中国在华南一直集结兵力，这充分表明中国正“准备应对印度支那战争的扩大将导致中国直接介入这样一种可能性”。中情局的文件特别提到了1964年6月底、7月初在北京、河内、昆明举行的一系列中越高层会谈，认为这些磋商是因为越南的压力而进行的，因为美国已经发出警告，要将战争扩大到北部，对此北越感到震惊，要求中国明确承诺，一旦美国进攻北越，中国应保证提供军事援助。这一系列会谈的重点就是如果美国直接攻击北越中国将做何反应。“东京湾事件”发生后，中国的军事准备步伐进一步加快，包括召开多次高层军事会议；提高华南地区的防空能力和海军力量；大量扩建军队；加强民兵建设；进行民防准备等等。中情局认为，总体而言，中国所采取的这些措施是防御性的，没有迹象表明中国领导人计划在东南亚采取新的军事行动，他们将继续鼓励和支持南越的共产党进行“叛乱”活动，中国所做的军事准备活动“很可能反映出他们的这样一种担心，即在南越的持续胜利将增加美国对北越或中国不断进行猛烈打击的危险”。

1965年2月，美国对北越实施轰炸后，中情局继续坚持认为，虽然中国肯定会鼓励北越采取更多的军事行动，但自身不会运用实质性的军事力量介入越南，更不可能在中国周边其他地区制造另一场重大危机。对于苏联的介入，中情局分析说，这对中国产生的影响是“复杂和矛盾的”。一方面，苏联试图扩大在越南的影响令中国感到不安；另一方面，中国则又欢迎任何能威慑美国的力量。3月初，美国在扩大对越南北方袭击的同时，出动地面部队进入越南南部，发动了局部战争。中国政府再次发表声明，谴责美国的战争冒险，重申侵犯越南就是侵犯中国，表示将采取一切可能的措施支援越南。3月29日，周恩来宣布，中国准备“给南越人民以一切必要的物质支援，包括武器和一切作战物资”，“我们还准备在南越人民需要的时候，派遣自己的人员，同南越人民共同战斗”。4月2日，周恩来总理请巴基斯坦方面向美国传话：中国不会主动挑起对美国的战争；中国人说话是算数的；中国是做了准备的，如果美国把战争强加于中国，不论它来多少人，用什么武器，包括原子武器在内，可以肯定地说，它将进得来，出不去；战争打起来，就没有界限。

很显然，中央情报局对中国的这些警告并没有给予足够的重视。4月初，中情局就美国对中国进行非核打击提出评估报告，它至少表明美国政府正酝酿将越南战争扩大到中国境内。报告认为，经过几个星期的空袭，美国并没有达到预期目的;越共在中国的大力支持下,似乎决心要经受住美国的空袭,中国和北越对于谈判的态度变得更为强硬,北京和河内都认为,“美国现在炫耀武力的目的是挽救脸面和寻求政治妥协”,面对国内外的反对,美国继续战争的决心将受到削弱。总之,在中情局看来,仅对北越进行轰炸并不能迫使其就范,必须打击中国的军事目标,如机场、供应基地和通讯设施等。中情局估计,即使如此,不会导致中国派遣更多的地面部队进入老挝和越南南部,中国希望将冲突限制在一定的范围内,其反应或许将限于保护中国免受美国的攻击,同时最大限度地向美国施加压力,并可能对美军基地或航空母舰采取报复措施。

到了 4 月 28 日,中情局进一步将美国可能对中国的打击行动划分为三个阶段。第一阶段是对从中国基地起飞攻击美军的战斗机进行报复性空袭,美国的打击目标将是战斗机的基地或发动进攻的基地,目的是使中国停止攻击正在北越实施轰炸任务的美军。中情局认为,美国最初的报复性攻击不会使中国停止攻击轰炸北越目标的美国战斗机,如果美国继续采取报复行动,中国将通过各种压力迫使美国停止所有的轰炸行动。同时,中国还将通过发出新的威胁和进一步的军事部署使美国人确信,他们已经做好应对大规模战争的准备。中情局判断,在这一阶段,中国将避免战争的进一步升级,他们攻击美国航空母舰或行动基地的可能性很小。

第二阶段是中国继续攻击美国的战斗机,美国的打击目标扩大到华南其他重要军事目标。中情局认为,这将迫使中国做出新的决定,通过各种军事行动使冲突升级,包括北越对南越的进攻。同时,美国轰炸的扩大或许使中国领导人确信,美国很快就会攻击中国北部,因而,中国可能会打击美国的航空母舰或行动基地,其正规部队也有可能进入南越或老挝,但中国在东南亚之外挑起大规模战争的可能性不大。台湾海峡局势或许会出现紧张,但除非是国民党率先攻击大陆,否则中国将不会主动对台湾采取行动。

第三阶段就是美国将空袭目标扩大到整个中国境内的数百个重要军事目标。中情局估计,届时中国将面临做出重大抉择:“要么与美国发生大规模冲突,要么公开地走向至少是暂时的和解。”美国将空袭目标扩大到整个中国大陆,无疑会使中国领导人得出这样的结论,“美国决心发动一场全面战争,或许包括最终使用核武器”。因而,这将促使中国感到有必要停止冲突,转而通过政治行动谋求问题的解决。在另一方面,中情局认为,中国领导人也有可能做出与美国进行全面对抗的选择，因为他们感到，既然美国已经表示准备轰炸中国北方地区，估计全面摊牌的时刻已经来临，只能尽其全力与美国进行对抗。

但是，如果美国对北越进行持续空袭，包括动用战略轰炸机，旨在摧毁北越的战斗机、轰炸机和地对空导弹基地，也将会进一步增加中国领导人的担忧。中情局确信，中国领导人害怕美国可能最终会轰炸中国，特别是对中国的先进武器设施进行核打击。虽然如此，中情局估计，中国将敦促北越不惜一切代价坚持战斗，并向其提供更多的帮助，如地面设备、防空部队或工程部队。如果使用北越的基地，中国可能会提供北越所需的战斗机。同时，为了阻止美军的进一步轰炸，中国可能进行威胁性的部队调集。应当说，中情局的后一判断基本上是准确的。

1965 年 4 月初，越南劳动党中央第一书记黎笋、国防部长武元甲等率领代表团到北京，就中国派遣支援部队入越问题进行磋商，正式要求中国政府向越南派出支援部队，配合越南部队作战。在会谈中，黎笋提出“我们想要一些志愿的飞行人员，志愿的战士”，“其他方面的人员，包括公路、桥梁等方面的人员在内”。越南希望中国支援飞行员起到四个方面的作用：一是把美国的轰炸限制在 20 度线或 19 度线以南；二是保卫河内的安全；三是保护几条主要的交通干线；四是鼓舞民心士气。应越南方面的要求，中越两国政府和军队陆续签订了一系列关于中国援助越南的协议。在 4 月 8 日举行的会谈中，中国方面明确表示，援助越南进行抗美斗争是“中国应尽的义务”，“我们的方针就是，凡是你们需要的，我们这里有的，我们要尽力援助你们”，“你们不请，我们不去。你们请我们哪一部分，我们哪一部分去”。为了统一和加强对越南援助工作的领导，中国政府专门成立了以总参谋长罗瑞卿为组长的中央援越领导小组，同时还成立了由中央、国务院和军队有关部门组成的“中共中央、国务院支持越南工作小组”。6 月初，罗瑞卿同越军总参谋长文进勇在北京会谈，具体商定人民解放军支援越南的方式和时机。自 6 月 9 日起，中国开始陆续向越南派出防空、工程、铁道、后勤保障部队。

7 月 23 日，中央情报局就美国扩大越南战争中国会做出何种反应提出报告。报告设想，美国采取的行动包括：向北越增派美军，到 11 月初将驻南越的军队增加到 17 万多人；继续或扩大对北越的空袭行动，包括攻击通往中国的陆上交通线，轰炸河内—海防地区的军事目标。在中情局看来，美国的这些行动对中国的政策并不会产生多大影响，中国领导人依然确信，只要北越保持强硬，“美国最终将在越南遭到全面失败”，美国采取扩大战争的措施不过是推迟了最终的失败。中情局估计，在这种情况下，中国不会派遣作战部队公开地介入战争，而是进一步增加对北越的军事援助，包括派遣后勤部队进驻北越，同时加强其在华南地区的力量，并展开政治宣传攻势。情报部门提醒美国决策者，如果空袭扩大到河内、海防地区，尤其是轰炸通往中国华南的交通线，有效断绝中国向北越运送主要物资的公路和铁路，则中国空军进行空中干预的可能性将会增大；尽管中国可能不愿意与美国发生空战，以免美国对其军事基地采取报复行动，但双方在北越全境发生空战的可能性还是存在的。情报部门警告，无论如何，如果大量飞机在靠近中国边境地区活动，对抗将很有可能发生。

1965 年 2 月 7、8 日，美国飞机连续空袭北越后，中国和苏联都向越南提供了大量援助。对于中、苏各自对越南的援助，中央情报局认为，这并非是双方相互合作的结果，“而是反映了他们关系中越来越明显的竞争性”。按照中情局的分析，中国本来不希望苏联卷入印度支那事务，但是它无法向北越提供苏联那样的先进装备。苏联提供的援助主要是相对先进的空中防御装备，包括地对空导弹、精密雷达设备、全天候米格战斗机、伊尔-28 轻型喷气式轰炸机等，并于 3 月开始取代中国为北越训练飞行员，表明苏联更深地卷入了这场战争。情报部门估计，有大约 1 500～2 500 名苏联军人正在北越帮助训练操纵地对空导弹，同时还有 150 名苏联飞行员和维修人员，另有 300 名技术人员从事管理、通讯和后勤保障等活动。

在苏联提供现代化装备的同时，中国方面仍继续并扩大了对北越的常规援助，向北越提供了其所需的小型武器和大多数装备，特别是已经进入北越的地面部队在后勤支持和工程建设方面发挥了重要作用。中情局认为，“越南人民军主要是通过中国的物质援助组建到目前的规模”。根据中情局掌握的资料，在“东京湾事件”发生后，中国立即向北越运送了 36 架喷气式战斗机；1965 年 4 月又提供了 8 架。中情局并没有具体的中国向北越提供援助的其他装备类型的情报，只是说“中国可能正在提供大部分的小型武器、弹药和个人装备以及某些运输设备”。但是，在中情局看来，更为重要的是，中国向北越派驻了地面部队，而且在 6 月份情报部门第一次确认了中国地面部队的出现，并确定中国这些部队“可能是与提高越南人的后勤支持有关”。中情局的这一判断非常准确。1965 年 6 月,人民解放军铁道兵第一支队进入了越南,开始了修筑铁路、桥梁的艰巨任务。而且,中情局确信,如果北越要求外国军队给予帮助的话,毫无疑问“这些部队将来自中国”,中国可能已为最终出兵越南制定了应急计划,尽管尚无迹象表明中国已经在北越部署了主要的作战部队或者在边境地区集结了地面部队。

到了 9 月底,美国考虑扩大对北越的空袭行动,打击目标包括：靠近河内、海防的 4 个飞机场;对河内—海防之间、河内—海防和中国之间的铁路、公路和通讯线路;4 个主要的火力发电站;保卫上述地区的地对空导弹发射台。中情局估计说,北越对美国的这一行动进行报复和中国进行空中干预的可能性尽管存在,但可能性不大,中国也不可能派出地面部队进行大规模的干预,但会鼓励北越方面继续这场战争,为此可能承诺提供更多的装备和人员,以加强北越的防空能力,特别是保卫和修复被切断的通往中国华南的交通线,并或许会向北越派遣飞机和飞行员。毫无疑问,中国将反对进行谈判。

10 月中下旬,中央情报局提出两份情报备忘录,分析中国的援越行动,认为自 1965 年 6 月中国向北越派出的数量有限的部队只是一些后勤援助部队和防空炮兵部队,人数在 15 000～20 000 人之间。备忘录称:“中国铁道工程部队是高度专业化的部队,已证实他们有能力进行铁路线的快速建设和修复。”在美国持续轰炸北越交通线后,将会有更多的中国工程部队到越南,帮助其维护公路和铁路的畅通。同时,中国可能从 4 月开始一直在制订应急计划,尽管还没有发现中国作战部队在边境地区集结的迹象,但中国可能会在边境地区部署几十万人的部队,这样一旦战争升级,“使其能够迅速派遣更多的部队进入越南”。

4. 美国扩大在东南亚的行动

1966 年 6 月底,美国对北越的轰炸进一步升级,开始袭击越南首都河内和第二大城市海防。7 月底,美国轰炸北越的燃油设施。对此,中国通过公开和私下渠道发出了一系列警告,表示对河内和海防空袭的不断升级和对北越的入侵将使中国卷入战争。中国国家主席刘少奇明确指出:“为了支持越南人民夺取抗美战争的彻底胜利，中国人民准备承担最大的民族牺牲”；“中国人民下定决心，做好了各种准备，随时随地采取中越两国人民认为必要的行动，共同打击美国侵略者”。

中央情报局认为，中国的警告尽管言辞激烈，但实际上“一直小心翼翼地回避做出直接行动的任何承诺，并努力把自己描述为一个提供支援的角色而非直接参与者”；目前还没有中国军队向南调动的迹象，而且也没有威胁要在老挝、台湾或朝鲜采取军事行动。因而，中情局判断，中国对越南战争的政策很可能“主要是服务于一些政治意图”：既然北越拒绝进行任何和谈，并重申决心要进行长期作战，中国希望向北越方面做出明确的承诺；同时为了增加美国的担心，中国领导人也认为需要在言辞上再激烈一些，“希望以此阻止更大规模的对北越的攻击”。中情局估计，中国已开始扩大其对北越的援助，驻在北越的中国部队已有 25 000～45 000 人，包括防空炮兵部队、工程兵和大量其他后勤支援部队，而且中国还将提供更多这类的援助，但是这些情况“并不能说明中国业已做出扩大战争、公开使用军队反击美国的决定”。中情局据此得出这样的结论：“中国不会因为最近美国对北越的空袭而改变其基本政策。我们估计，如果北越遭到入侵或者共产党政权有可能垮台的话，北京将几乎肯定会进行干涉。但是除了发生这些极端的事态，我们继续确信中国将不会派遣地面或空军部队同美国作战。”

8 月 4 日，中情局再次就中国对美国空袭北越能源设施的反应进行了分析，认为中国国内进行了多次声势浩大的示威游行活动，表明中国再次保证对北越予以全面支持，并准备向越南派遣更多的后勤和工程部队，甚至可能会派遣部分步兵部队，“作为应付突如其来的入侵的防御措施”。但是中情局的结论仍然是，中国的基本政策并没有改变，“如果美国对北越的行动保持在目前水平上，中国还不至于承诺派遣地面部队卷入战争，也不会派出空军力量对美国军队进行有预谋和持续性的军事打击”。

1967 年 5 月底，美国又开始计划战争升级，中央情报局提出了几种方案，并逐个分析中国、苏联和北越可能做出的反应。这些方案包括：美国向越南增兵 20 万人；加强对北越军事、工业、交通目标的轰炸；通过轰炸和其他措施有效地封锁北越港口的运输；以上措施混合使用。中情局分析说，只要北越不改变自己对战争的基本政策，中国和苏联的政策也不会有任何重大变化。中国将继续敦促北越坚持战斗，苏联虽然有可能建议北越寻求谈判结束战争，但不会为此向北越施加任何大的压力。轰炸的加强将使北越从中国和苏联获得更多的援助，中国可能增加在北越的驻军，苏联也可能会派出一些“志愿人员”，中国和苏联援助的增加将进一步增强北越坚持战争的决心。

1969 年尼克松上台后，提出从亚洲实行战略收缩的“尼克松主义”，而其中最主要的任务就是结束旷日持久的越南战争，于是，美国从越南逐步撤军，并推行所谓“越南化”计划。但与此同时，尼克松政府为了“体面地”从越南脱身，又不断地使战争升级，1970 年 4 月底美军大举入侵柬埔寨即是典型一例。中国对此做出强烈反应。毛泽东发表讲话，强烈谴责美国扩大战争；全国有 4 亿多人举行示威游行，声援印度支那三国人民的抗美斗争；与此同时，中国决定暂时中断中美大使级会谈。尼克松和基辛格都对中国的反应感到有些震惊。中央情报局认为，中国在越南战争问题上一直是谨慎行事，避免直接动用地面部队，减少与美国发生严重冲突的危险，因而美国入侵柬埔寨不会改变中国的这一基本政策。“只要与其安全相关的重要领土不遭受威胁或者北越也没有遭受威胁，北京将不会选择在印度支那战争中投入其军事力量。”尼克松扩大战争的行动在美国国内和国际上都遭到了强烈反对，迫使其不得不很快宣布从柬埔寨撤军。

1971 年初，继入侵柬埔寨之后，美国又在老挝采取了重大升级行动。中央情报局对中国的反应予以高度关注，认为中国的反应要比对入侵柬埔寨的反应更为强烈。情报部门估计，中国可能的做法包括：继续敦促北越坚持战斗，并允诺提供更多的物资援助；配合北越的军事行动展开宣传攻势，向美国发出威胁，但避免卷入战争，其目的在于增加中国将出兵干预的威胁，使美国等国家在老挝南部的联合行动无果而终；也可能派遣顾问团到作战区域，并使他们的出现公开化。中情局的结论是，中国无意出兵干预，以避免与美国发生冲突。

5. 几点评论

综合起来看，中央情报局关于中国对印度支那战争的基本政策的分析、判断还是有一定道理的，大体上符合历史的实际发展情况。从一些情报报告中可以看出，中情局在收集资料方面确实是采用了各种手段，做了很多工作。例如，在1965年12月关于北越和中国进口与战争相关的药品的报告中，对各类药品的进口数量（甚至是每个季度的数量）、药品来源、运输手段、交货时间等记载得都非常详细、具体。还有，中情局1975年提出的关于1970～1974年间中苏对越南的军事和经济援助情况的报告中各种统计数字也比较全面，包括各年度的军事、经济援助数额，中国和苏联所提供各类援助数额的比较，军事援助的各主要项目（空军装备、地面军队装备、军火、燃料、零部件、交通设备、运费等）的数量及所占比例等。中情局的情报收集能力由此可见一斑。

但是，对于中情局的报告必须审慎地分析、鉴别，因为错误的推断、臆断的确很多，应该与其他资料相对证。如1950年6月关于影响中国对印度支那军事政策的各种因素的报告中提出，“如果中国形势继续恶化，中共有可能会采取孤注一掷的军事行动，转移对国内困难的注意力，或者是希望缓解粮食短缺问题”；“中国可能会向印度支那推进，并同时进军缅甸和泰国”；“中国领导层希望通过对外战争”来恢复党内的团结。这些判断显然是错误的。再如，中情局认为1964年6月底、7月初中越领导人的一系列高层会谈是出于越方的压力而举行的，越南旨在促使中国对美国可能扩大战争做出明确承诺。这一说法也是缺乏根据的。在分析中苏分裂给苏联援助北越所带来的影响时，中情局认为“北京明显地嫉妒苏联通过对越南的援助而增加了在河内的影响力，因而宁愿减少或者有可能的话完全消除苏联对北越的援助”，为此甚至希望完全断绝与苏联的外交关系。这一看法同样值得商榷。实际上，自1965年苏联开始向越南提供援助到1966年4月，中国免费转运的苏联等国家援越物资已达85 000吨，中国方面为此花费了大量人力和物力。1966年6月中旬，越南政府授权越南通讯社发表声明：“苏联和其他东欧兄弟国家的援助物资，都得到中国尽力帮助，按照计划转运过境。”1967年2月，越南方面发表声明，重申“中国全心全意地提供援助，把苏联和其他国家的援越物资妥善地并且按照预定的时间运到越南”。从1965～1968年，通过中国铁路转运至越南的物资共计179列火车，5 750个车皮。中国严格按照协议，全部、及时、安全地转运了苏联的援越武器。

从一些情报报告中也可以发现，尽管中央情报局的情报来源很多，统计数字有时也比较准确，但在有些情况统计数字还存在不小的误差。对于中国在北越的军队数目，中情局 1966 年估计的数字为 25 000～45 000 人；1967 年 6 月的数字为 26 000～48 000 人。显然这是非常不准确的。仅 1965～1968 年 3 月，中国援越防空部队共计 15 万余人。中国支援部队主要由防空、工程、后勤等部队组成，一些部队实行轮换，平均每年在越南执行任务的部队有 13 万～14 万人，最高年份为 1967 年，达 17 万人。从 1965～1969 年 3 月，中国先后派出防空、工程、铁道、后勤等各类援助部队 23 个支队、95 个团和 83 个营，共计 32 万余人。同样，在关于 1970～1974 年间中苏对北越的经济和军事援助情况的报告中，中情局明确承认，“关于共产党对北越军事援助的估计存在着较大误差”，甚至有“严重的缺陷”，“缺乏运送物资的直接数据”。

十四、世界屋脊的冷战：中印关系和南亚局势

华东师范大学　戴超武

在第二次世界大战结束后的一段时间内，美国对南亚地区实行所谓的“英联邦战略”，其政策内容主要体现在国家安全委员会第48/1号文件(NSC48/1)和第48/2号文件，即依靠英国和英联邦国家承担南亚地区的安全义务，解决印巴争端，防止苏联干预，限制美国的卷入。因此在印巴分治后，美国希望印度和巴基斯坦加入西方阵营；但由于尼赫鲁的中立主义以及印巴在克什米尔问题上的利益冲突，美国对南亚地区的政策陷入僵局。中国革命的胜利以及朝鲜战争彻底改变了美国对南亚地区的政策，开始执行新的南亚政策，努力使印度和巴基斯坦与美国及其盟国合作共同反对共产主义。国家安全委员会在1951年5月17日制定的题为《美国在亚洲的政策目标和行动方针》的第48/5号文件指出，“支持南亚和东南亚国家对其内部和外部的共产主义进行抵制的愿望，支持其发展抵抗共产主义的能力，以有利于加强自由世界的力量”。

美国对南亚次大陆的政策，体现了美国同苏联和中国在广大的第三世界展开争夺的冷战战略，体现了南亚地区在美国战略中的重要地位。艾森豪威尔政府时期的国务卿杜勒斯指出：“印度是全世界最大的自治国家。它同共产党中国约有2 000英里的共同疆界。现在这两国之间出现了这样一种竞争：是自由方法还是警察国家方法能实现更好的社会进步。这种竞争直接影响这两个国家的八亿人民，它的结果最后也会影响整个人类，包括我们自己在内。适当地继续给予印度某种技术援助和物资，使它能完成它的五年计划，是完全符合我们的利益的。”肯尼迪更加重视发展同印度的关系。他在1958年发表文章指出：在所有的第三世界的国家中，印度已经成功选择了在民主制度下

发展的道路，“如果印度崩溃了，整个亚洲都会失去”。肯尼迪还强调，假如印度内部发生分裂或与中国一起加入共产主义阵营，那么“自由世界将不再是自由世界了”。肯尼迪政府对外经济援助的主要目的是为了制定在第三世界同苏联的经济攻势作斗争的长期规划。国会批准拨款41亿美元，其中将近一半是军援。肯尼迪在1963年进一步强调说，“今天的斗争不在欧洲，而是在亚洲、拉丁美洲和非洲”。他还告诉国家安全委员会，“我们不能允许那些自称奉行中立主义的国家投入共产主义集团”。而在所有的中立国家中，“肯尼迪最感兴趣的就是印度，他认为印度是亚洲的关键地区”。更为重要的是肯尼迪认为：“印度和中国的斗争，是两国在经济上和政治上为争夺东方的领导权、争取全亚洲的尊敬以及寻找机会证明谁的生活方式更美好而进行的斗争。这种斗争的结果将极大地影响整个亚洲的前途，影响共产党国家和自由国家之间的力量对比，而且必然影响我国的安全和地位。”肯尼迪强调：“我们希望印度在这场与共产党中国的竞赛中获胜，我们希望印度成为自由繁荣的亚洲的一个自由繁荣的领袖。”在1962年中印边界冲突中，美国采取了在政治上、军事上和经济上公开大力支持印度的政策，美印关系在肯尼迪时期得以较快地发展。约翰逊担任总统时，南亚地区的国际关系由于1962年的中印边界战争而发生了较为明显的变化。美国在处理同印度和巴基斯坦关系的基本考虑中，中国因素占据着重要的地位。在约翰逊看来，美国“同印度建立新的关系，就是使之工业和军事潜力得以发展以对付中国共产党人”。美国对巴基斯坦的政策目的同样抱着上述希望。因此，在南亚地区建立“亚洲反对共产主义扩张的堡垒”实际上成为冷战扩展到南亚次大陆后美国政策的最为重要的战略。

但南亚次大陆存在着特殊的地缘政治环境，为美国决策者带来程度不同的决策问题，这些问题有些是印巴两国长期所存在的政治、宗教矛盾所引起，更为重要的是由于大国的冷战战略使得冷战向边缘地区扩展所导致的。这些问题包括：印度、巴基斯坦在冷战中的立场，特别是对尼赫鲁的“不结盟政策”的认识和政策；克什米尔问题；中印关系的发展，其中特别涉及西藏问题、中印边界问题；印巴关系的发展，其中特别涉及克什米尔问题，由此爆发的1965年战争，巴基斯坦的民族问题而导致的1971年的印巴战争；巴基斯坦的分裂和孟加拉国的成立；大国特别是美国、苏联、中国对印巴的政策；印巴的长期发展；美国经济援助在其南亚战略中的地位和作用，等等。为了确定和顺利实现美国在南亚地区的战略目标,美国情报部门,特别是国务院的情报分析研究部门和中央情报局为上述面临的问题提供应对的政策,进行了大量相关的分析和研究,为美国南亚政策的决策提供了重要的决策分析。

1. 尼赫鲁的中立主义与印度独立初期的外交政策

美国决策者首先关注的是共产主义,特别是苏联和中国对独立以后的印度的影响,以及印度领导人对共产主义和共产党国家的态度,从而也在很大程度上体现了冷战背景下美国对第三世界的民族主义和中立主义的基本战略取向。

中央情报局在 1951 年 9 月的一份题为《印度在东西方冲突中的立场》的情报评估中,对印度在冷战中的基本政策立场进行了详细的分析和评价。报告认为,印度领导人对新取得的独立非常警惕,因此反对任何可能会涉及外国干涉或外国势力卷入的安排。同时,印度领导人竭力提倡亚洲民族主义,而不愿与他们所认为的殖民主义捆绑在一起。他们认为西方国家醉心于在亚洲维持其势力,全然不顾亚洲人民的利益和愿望。这些猜疑因为印度希望自己在亚洲扮演领导者的角色以及对西方国家争取通过联合国来解决克什米尔冲突感到恼怒而得以进一步的加强。既然英国已承认印度的独立,所以印度许多原来对英国的敌意就转嫁到了美国的头上。对尼赫鲁的外交政策,报告指出:尼赫鲁特别认为,面对苏联的扩张,西方国家采取军事对抗既是危险的也是不道德的。他担心西方国家对苏联的遏制会将世界再次拖入世界大战,这将使印度难以获得其建设经济政治结构所迫切需要的和平和稳定的国际环境。他相信印度作为调停者可以最有效的维护和平。在实践上,印度不仅对在政治上脱离西方国家小心翼翼,而且还有强烈地姑息共产主义集团之嫌。对于亚洲其他国家而言,印度无论如何通常总是支持其亚洲伙伴而反对西方,并且极度蔑视那些接受西方领导的国家。负责制定和实施这些政策的尼赫鲁是一个信念坚定的人。但他的这些政策反映了印度普遍的反西方情绪。即便是国大党的右翼掌握了外交政策的主动权,他们也会发现很难抛弃已形成的中立主义。因此报告的结论是，“没有理由期望印度会在短期内改变其中立政策”，同时，“苏联在欧洲或近东的进一步的好战行为”以及“共产主义推进到西藏和东南亚”，都“不可能使印度早日改变其中立主义的政策”。

特别值得提出的是美国国务院 1953 年 6 月 24 日的题为《尼赫鲁对共产主义、苏联和共产党中国的态度》的情报。这份情报分析了尼赫鲁对共产主义的基本态度以及影响这种态度的诸多因素，强调了尼赫鲁对共产主义更加敌对和更具批判性的变化，为美国决策者认识尼赫鲁的外交政策提供了重要的背景资料。这份情报重点分析了尼赫鲁对待苏联和中国的政策，报告指出，尼赫鲁一直认为未来亚洲的安宁主要依赖于维护中印之间的友好关系和合作精神。与这种观点一致，尼赫鲁与中国国民政府的关系非常友好，并且自毛泽东掌权后，他就已经在寻求赢得新政权的信任。他强烈地感受到：西方对毛政权的敌视主要因为它目前与苏联的紧密关系；如果其他国家以友好和平等的精神与之相处，中国最终将脱离苏联的轨道。尼赫鲁不可能认识不到印度不能生存在一个敌对分裂的亚洲中，那个担心可能是促使它与中共保持合作和友谊的根本原因。同时，该报告更加注意到印度对华政策开始发生的变化，报告指出：“尽管尼赫鲁不愿修改他的中国政策，然而有理由相信这位印度总理较早期的判断已经被极大地动摇了。尼赫鲁最近无论是私下或是公开的谈话中，都表明他对中国政府极权主义特征有了更现实的认识。”

实际上，美国情报机构对尼赫鲁外交政策特别是其中立主义政策的判断，同尼赫鲁本人的思想以及印度外交政策的现实，存在着较大的差距。中立主义或不结盟政策完全是服务于印度的大国地位和国家安全这两个战略目标，必要时，印度完全可以抛弃所谓的不结盟政策。尼赫鲁在 1948 年 3 月 18 日就印度外交政策发表的演说中强调：由于形势变化的不确定性，“到时候我们也许不得不有所选择，甚至选择同一个帝国主义国家结盟，对此我毫不讳言。只要这个帝国主义国家和另外一个相比不那么的罪恶昭彰”。在此之前，尼赫鲁指示外交部致函美国驻印度大使：一旦爆发世界大战，对印度而言，加入苏联一方是不可想象的。印度还向美国表示：“尼赫鲁和印度绝大多数领导人已决定和西方保持天然的联盟，只是受到诸多因素的限制，比如地理位置的限制和军事上的薄弱等等，因此尼赫鲁还不能公开谈论在军事上加入西方的问题。”尽管如此，印度的外交政策在涉及重大国家利益的时候必定会有所选择，这一点已经为历史所证明。

2. 中印关系、西藏问题和中印边界冲突

美国情报研究者还特别关注冷战时期印度和中国的关系，尤其是两国在西藏问题、边界问题上的矛盾和分歧及其可能产生的影响。

中印关系经历了从密切到敌对的发展演变过程。这其中既有意识形态方面的分歧，更重要的是国家利益的冲突。由于中华人民共和国成立初期印度对华政策的主动性以及朝鲜战争结束以后中国所采取的“和平共处”的外交政策，特别是这一时期毛泽东对“中间地带”的认识，中印关系开始进入所谓的“蜜月时期”。中情局在 1951 年 5 月的报告中也相信：促进中印关系的更加密切，这是符合印度目前对外政策的主流。导致中共中央领导人对印度外交和尼赫鲁的认识发生根本变化的是 1959 年的西藏叛乱以及随之而来的中印边界冲突。1959 年西藏叛乱导致中共中央领导人对印度外交政策和尼赫鲁的看法的根本转变。中共中央领导人认为，西藏问题本质上是在中国大陆上最后一场激烈而严重的阶级斗争，“印度也有错觉，以为我们害怕民族主义国家”。毛泽东在平定西藏叛乱时曾说：现在是让印度当局多行不义，到一定时候我们再跟它算账。对于尼赫鲁，毛泽东明确表示：“要尖锐地批评他，不怕刺激他，不怕跟他闹翻，要斗争到底。”毛泽东甚至指出，今天世界上鬼不少。西方世界有一大群鬼，就是帝国主义。在亚洲、非洲、拉丁美洲也有一大群鬼，就是帝国主义的走狗、反动派。毛泽东强调，“尼赫鲁是个什么呢？他是印度资产阶级的中间派，同右派有区别……西藏问题成为世界问题，这是很大的事情，要大闹一场，要闹久一些，闹半年也好，闹一年更好。可惜印度不敢干了……现在西藏问题闹出许多鬼来，这是好事，让鬼出来，我是十分欢迎的”。在 1959 年西藏叛乱后，毛泽东明确指示：对“帝国主义、蒋匪帮及外国反动派策动西藏叛乱，干涉中国内政”这个说法，讲了很久，全部失当，要立即收过来，改为“英国帝国主义分子与印度扩张主义分子，狼狈为奸，公开干涉中国内政，妄图把西藏拿了过去”。直指英印，不要躲闪。因西藏问题而急剧恶化的中印关

系，又随着1959年的中印边界冲突而达到了顶点。

1959年西藏发生叛乱后，美国情报机构密切关注其发展以及可能对中印关系的影响。美国情报机构认为，西藏反叛对于美国来说是一件好事，特别是它有利于加强亚洲中立主义者反对中共的情绪。因此，它在1959年3月的一份报告中强调："抛开其他考虑，尽可能地延长叛乱的时间，并在所有公开的信息媒体上对此做最大限度的宣传，这些符合美国的利益。"在1959年4月份的另外一份报告中，中情局还根据获取的情报，分析了达赖喇嘛同印度的关系；报告说，达赖喇嘛"希望印度政府不要按照同1956年那样的自治方法来考虑问题，而是给他和他的人民积极的支持。达赖喇嘛觉得，他在自治问题上两次犯了错误，一次是1951年，另一次是1957年听信了尼赫鲁的建议，因此，他不愿意第三次背叛自己的人民"。

1959年中印边界冲突之后，国务院情报和研究署就在1959年11月25日完成了绝密的情报《印度对共产党中国施加的边界军事压力的反应》，对中印边界冲突、对印度的外交政策特别是对印度不结盟政策的影响，中印关系、印巴关系，以及对印度国内政治的影响，特别是有关尼赫鲁的政治前途、右派力量的发展、军队的作用和印度共产党的地位等问题都做了深入的分析。中共对印度北部边界的军事压力正在使印度重新评估它的主要的对外和对内政策。除非北京发动大规模进攻或者莫斯科转变对新德里的友好政策，印度几乎肯定会继续在冷战中坚持不结盟的原则。但是，它对北京口头承诺的和平共处的充分信任已经被破坏了。在印度的防御计划中更加强调共产党中国的威胁，已是印度和巴基斯坦之间关系走向缓和的一个重要因素。因此，报告指出，1959年春天的西藏叛乱可能是印度和中共政权关系的转折点。

1959年中印边界冲突之后，中印双方都在进行外交和军事上的部署，以便争取有利的战略态势。周恩来在结束1960年4月对印度的访问后，于5月5日在昆明致电中共中央并毛泽东：鉴于印军趁中印联合公报未提停止巡逻，已在西段开始蠢蠢欲动。为此周恩来建议，命令"西藏和南疆军区抓紧目前时机和气候条件，在我国边境线上比如在数公里以内控制有利地形，先机增设哨所，但在增设哨所以后，责成部队停止巡逻。如印军入侵，我(方)当劝其撤走，避免武装冲突"。毛泽东回电表示同意这一建议。印度决策层也在1961年11月最终形成了有关"前进政策"的指令。随后，印度加紧进行军事部署以实施这一政策。从 1959～1962 年,印度方面共在中印边界地区建立了 43 个哨所。

中央情报局和国务院非常关注 1959 年中印边界冲突后两国关系的发展。中情局在 1960 年 5 月的一份报告中认为:“中印边界冲突损害了两国之间表面的热情友好。早先达成的有关边界争论的协议是靠不住的。即使边界问题解决了,两国的关系也不可能恢复到从前了。”对于边界冲突对中印关系和印度对外政策的影响,特别是印度进一步发展同美国、苏联的关系,报告也进行了具有预见性的分析。报告认为:“共产党中国不断增长的实力以及它的侵略行为,使得亚洲领导人更为严峻地评估中共的动机。即使中印边界争端通过谈判得以解决,亚洲各国近期形成的对共产党中国的更为恐惧的看法也不会消失。不过,同印度的影响相比,共产党中国的实力、活力以及在亚洲追求政治霸权的野心则更为明显。”报告还强调指出:“北京的行为激起了印度人对中国人强烈的敌意。虽然印度依然信奉不结盟原则,但他们可能会产生一种观点,即更为支持美国的政策,他们也受到继续获得苏联大量援助的利益的影响,并希望苏联对共产党中国能起到遏制作用。”对于 1959 年边界冲突对印度共产党的影响,报告认为:“印度共产党的地位更加不稳定了,但并未遭到毁灭性的挫折。”

国务院在 1961 年 3 月的评估印度对华政策时认为,印度在 1962 年中印边界冲突之前,就已经在边界问题上采取了强硬的立场,加强边界防御并强调有必要迅速发展经济尤其是发展工业,以此作为它进行长期防御的关键;在这个过程中,它同美国进行联系,以求获得在今年开始的第三个五年计划所需的重要的外国援助。“然而,尽管印度对共产党中国十分敏感,但印度相对虚弱的军事实力是决定它的态度的一个重要因素,即使拒绝以北京目前的立场为基础进行谈判,但新德里还是继续敞开谈判的大门。当印度的对外局面越来越为同共产党中国的紧张关系所左右时,新德里已采取一些措施重新同巴基斯坦发展关系,而且它也已明显通过强调印苏亲密的友谊,来寻求增强自身对抗共产党中国的地位。尽管印度希望在对抗共产党中国时获得苏联的支持,这可能会导致印度更多地支持苏联的政策立场,但它所恪守的中立主义并未受到损害,它越来越倒向西方,以寻求对抗北京的道义支持以及对其至关重要的经济发展的重要援助。”

而 1962 年中印边界冲突爆发之前,情报和研究署递交了题为《印度对共产党中国的强硬政策》的情况报告，报告突出强调：在同中国的关系中，"印度更多关注西方以寻求它们在道义上支持印度反华的立场以及并期望能在物质上也得到西方的支持，印度继续向西方寻求援助来满足其经济发展需求"。因此在1962年中印边界冲突中，美国采取了在政治上、军事上和经济上支持印度的政策，美印关系在这一时期得到迅速地发展。中印边界冲突战争后，美国在处理同印度和巴基斯坦关系的基本考虑中，中国因素就占据着重要的地位；美国"同印度建立新的关系，就是使之工业和军事潜力得以发展以对付中国共产党人"。

1962年中印边界冲突之后，美国情报机构对冲突的影响做了详细的分析。对于中印双方对边界线的主张，中情局在1962年12月的分析报告中指出："印度本来拥有很好的依据，但它既没有对此进行有效的发挥，也没有对它的立场进行辩护；中国提出的依据的合法性值得怀疑，但它却巧妙地把自己的依据提高到了'合理的'高度，并以展示实力坚持自己的要求。如果对争论的问题进行谈判，有关麦克马洪线的合法性问题，诸如地理因素的合法性，如分水岭、最高山脉、边界地区人民民族和文化的分布，以及不同的'传统'的权利和习惯将再次成为主要考虑的因素。"对于战争的后果，1962年11月的特别国家情报评估不仅分析了战争对南亚地区国际关系格局的影响，并对影响未来双方军事行动的各种因素进行了分析，未来冲突的前景进行了展望和评估。报告开宗明义指出："目前的评估试图考察当前局势对印度、巴基斯坦、共产党中国和苏联的未来政策所产生的更为广泛的影响，以及对西方世界的利益的广为广泛的影响。"报告首先注意到战争对印度外交和国内政治的巨大影响。指出，冲突引起了印度外交的变化，也使国内的态度向西方倾斜，苏联在印度的威望有所下降。然而印度不可能抛弃不结盟，而且在其庞大的经济发展中将继续寻求东西方的帮助。巴基斯坦把印度的军事力量视为对它的安全的威胁，强烈反对西方帮助印度使其实现现代化的计划和重新武装印度的军力。

美国还关注1962年中印边界冲突对印度不结盟外交政策的影响。在1962年12月的一份评估报告中，中情局认为，"在未来相当长的时间内，印度的国内外政策将被对其国家生存产生巨大威胁的共产党中国所主导"。在这种情形下，"事实上，在过去的几个月，印度各阶层的舆论都确信北京的敌意和背信弃义，认识到维护印度的自由应主要依靠西方。在目前这种环境下，至少在今后一两年内印度不可能与北京认真地举行谈判以解决问题。相反的是，目前的趋势是加强印度的军事建设，以及加强国家全面的实力地位。无论怎样，我们认为印度的观点已经发生了根本的改变。新德里对其传统的外交政策的结果不再抱有幻想，其证明就是它不再容忍中立主义阵营中的一些朋友的态度。印度在危急时刻向美国求助表明了它对美国的信赖，这也可能进一步表明印度将来会完全理解美国在世界其他地区对遏制共产党侵略所发挥的作用”。

这些情报评估还关注中印边界冲突之后印度国内政局的变化，特别是印度共产党在印度的影响程度的变化。中情局 1964 年 8 月的一份报告指出，尼赫鲁之所以容忍一个大规模的共产党的存在，是因为政府不仅把共产党作为平衡印度强大的保守派和极端反动分子的力量，而且还是向莫斯科做出的一种姿态。但是，中印边界冲突造成了印度共产党的分裂。报告强调指出："自从 1962 年中国入侵以来，印度共产主义运动逐渐分裂成两个相似且相互竞争的组织。"所谓"右翼"的法定领导人继续宣称代表印度共产党 16 万党员的大多数，仍坚持通过议会路线夺取权力的策略，在具体问题上同执政的国大党进行有选择的合作，听从苏联的指导。右翼领导人遭到了由强硬的中立派和左翼反对派所组成的松散团体反对，这些左翼反对派赞成采用更为激进的方式反对国大党温和的社会主义，尽管他们自身依然在战术问题上存在分歧。虽然左翼反对派可能没有受到中国的控制，但他们中的人倾向于向北京寻求意识形态的指导和鼓励。印度共产党的分裂主要源于国内的争论，他们中的许多人都是建党的元老，他们在此之前都尊重党的团结的利益。来自外部的压力，如中印边界冲突以及国际共产主义运动的分裂，从根本上加深了印度共产党内部业已存在的分歧，破坏了强调团结的价值。

在美国情报机构看来，印度发展核武器的诱因在 1962 年印度在中印边界冲突中的失败特别是中国拥有核武器。在中国成功试爆原子弹之后，美国情报机构予以高度关注，其中一个重要议题就是中国拥有原子弹对印度的影响。中情局在 1964 年 10～12 月的一系列电报中都认为，"中共核装置的爆炸迫使印度不得不采取行动做出反应，而不是在口头上的"。之所以印度没有开始原子弹的制造，"是因为印度政府相信中共至少在五年内不会拥有攻击性的核力量。与此同时，如果情况发生变化，印度可以依赖约翰逊总统所做出的一旦任何国家受到中国威胁时美国将予以援助的承诺”。但美国也承认，印度有能力发展核武器，政府受到国内要求发展核武器的巨大压力。因此无论如何，“印度将会继续发展其核能力，在做出此项决定后，他们就能开始一项武器项目。印度人是否会这样做，将取决于以下问题：即发展核武器项目的代价及其运载系统，还有中国核项目的进度和程度以及印度从美国和其他核国家得到的保证的重要性”。

3. 现代化与印巴两国的经济发展问题

作为实施南亚战略最为突出的手段之一，美国决策者尤其关注印度和巴基斯坦的经济发展问题，国务院和中央情报局在这方面做了大量的研究。本编收录了直接研究和分析印巴两国经济问题的相关文献有 10 篇，其涉及范围从印巴同苏联集团和中国的经贸关系、苏联向印度援助印度钢铁厂、印度的五年计划、美国经济援助对美印及美巴关系的影响、中印边界冲突对印度经济发展的影响、印度的农业问题特别是“绿色革命”对印度农业发展的影响等等。这突出体现了经济冷战在美国对南亚政策的重要影响和作用。

1952 年 7 月，国务院连续编辑了两份国务院关于印度和巴基斯坦同苏联进行经贸往来的报告以及苏联和中国同印度发展经济、文化关系的报告，特别分析了印度和巴基斯坦两国在朝鲜战争爆发后对美国为首的西方国家对中国实施贸易禁运政策的反应。同时还分析了印巴两国对待美国《巴特尔法》的态度，报告认为，美国任何试图公开迫使印度政府取消或缩减与苏联集团进行贸易的行为，将会产生非常不幸的政治和经济后果。对巴基斯坦而言，“对苏联集团的禁运会给棉农和整个国家的经济带来严重的问题”，但“由于巴基斯坦一贯采取倾向西方的态度，其政府一直愿意通过行政手段限制与苏联集团的贸易，前提是这种限制不会与政府认为的国家重大利益发生冲突”。为此，美国情报机构极为关注印度、巴基斯坦同苏联集团特别是同中国的经贸关系，在 1957 年 4 月和 5 月的情报报告，对中印、中巴的经贸关系进行了系统的研究，其中包括交易的主要商品、付款方式、协议期限以及进出口贸易额等，都有极为详细的统计数据。

美国在冷战时期把南亚地区特别是印度的经济问题提升到战略的高度加以对待。中情局在1951年9月的NIE－23中就强调指出，经济上的恶化也可能会导致共产党控制印度，而“如果共产党控制了印度，其邻国就将会受到来自侧翼的威胁，共产党集团就会对欧洲和远东之间的往来和联系构成威胁，亚洲的舆论将相信共产主义代表着‘未来的潮流’。包括印度尼西亚在内的东南亚将沦为共产党的囊中之物。即便有西方强大的军事支持，基本上亲西方的巴基斯坦政府会发现他们反对苏联及其亚洲盟国将很难拥有立足之地。在伊拉克、阿拉伯地区的近东以及菲律宾，中立主义都将会很快蔓延”。另外，共产党控制印度会切断西方锰、云母、紫胶、汞和黄麻的一个重要供应来源。这种局面的另外一个重要后果就是，“如果苏联对印度的控制导致了东南亚国家倒向苏联集团，那么，经济后果将十分严重，因为钠、橡胶和石油的重要来源就会从西方手中落入苏联的手中”。中情局在这份报告中的结论是：外部的经济援助能制止和及时阻止印度经济的衰退。因为“印度经济的衰退将会给西方造成极大的困难，还可能会严重威胁到西方国家在亚洲的地位”。这显然引起了美国决策者的高度重视。国务院在1957年7月12日题为《印度经济问题》的情报报告中，明确提出了冷战时期指导美国对印度政策的一个最基本的战略思想，即“经济发展对印度有着重大意义，不仅关系未来国家合理民主的政府，而且关系到印度作为亚非地区发展中国家的重要代表与共产党中国争夺未来的政治主导权。如果印度不能保证足够快速的经济发展，这将会导致印度国内经济和政治的恶化，从而对自由亚洲产生负面影响”。到1960年代后期，“继续向印度提供经济援助，防止印度走向共产主义”依然是美国对印度政策以及南亚地区的一个重要指针。

4. 克什米尔问题、印巴矛盾与1965年印巴战争

印巴分治后，克什米尔问题不仅是印巴两国关系中最为突出的问题，也是美国南亚政策中最难以处理的一个问题。克什米尔位于喜马拉雅山区，处在印度、巴基斯坦、阿富汗和中国之间，并隔着一条狭长的地带与苏联相望，战略

地位相当重要。整个克什米尔地区的面积约19万平方公里，1947年印巴分治时人口为400多万，其中77%为穆斯林，印度教徒占20%。1947年8月的蒙巴顿方案规定克什米尔可以自由选择归并印度或巴基斯坦，或宣布独立。1947年10月，克什米尔邦大君同印度签署了将克什米尔并入印度的协议；10月27日印度宣布克什米尔加入印度，并派军队空降克什米尔首府斯利那加，巴基斯坦也出兵斯利那加，第一次印巴战争爆发。在联合国的调停下，印巴两国在1949年1月1日宣布停火，7月划定停火线，印度占领人口约四分之三、面积约三分之二的克什米尔地区，巴基斯坦占领人口约四分之一、面积约三分之一的克什米尔地区。从此，印巴两国为克什米尔地区的归属问题产生了尖锐而长久的矛盾，形成了影响两国关系的克什米尔问题。

印巴在克什米尔问题上的矛盾与两国对这一地区重要性的认识紧密相连。克什米尔和查谟所具有的重要的战略意义在于，这一地区地处从西方和北方进攻南亚次大陆的传统入侵路线之上。对此印度总理尼赫鲁曾明确表示，克什米尔的北部边界同阿富汗、苏联和中国接壤，因此克什米尔的安全对印度而言是至关重要的。对印度而言，对克什米尔地区的控制在政治上和心理上都是极其重要的，特别是在1962年中印边界冲突之后。印度之所以一直反对举行公民投票解决克什米尔问题，正如印度国防部长梅农1965年所说，"克什米尔会投票加入巴基斯坦，我们将失去克什米尔"。而巴基斯坦一直坚持，克什米尔问题的解决方案必须满足克什米尔人民的意愿，并以印巴两国的友谊为基础。巴基斯坦总统阿尤布·汗强调，这样的解决方案不能造成任何一方被击败的感觉。巴基斯坦外交部长布托甚至宣称，克什米尔之于巴基斯坦，同柏林之于西方是相同的；由于克什米尔冲突威胁到世界和平与安全，所以"它是一个严重依赖人类良心的问题"。

美国对克什米尔问题关注的是美国战略利益的考虑。在1951年4月的一份情报评估中，美国情报研究人员相信，由克什米尔问题而导致的印巴之间的战争，其最重要的后果是两国内部状况的恶化，这可能给共产党在部分地区或全印度夺取政权敞开了大门。此外，战争可能会给美国与印巴两国的关系带来恶劣的影响，可能会消除美国在巴基斯坦获得空军基地和从印度获得重要原材料的可能。该报告强调了战争对美国国家利益的影响：首先，战争将会加剧世界局势的紧张和不稳定。从外交上来说，直接的结果是美国要承担向双方都要提供援助的严重压力。不管美国是否在冲突的调解中发挥积极作用，美国的政策将有可能疏远一方或两方都疏远，并且将严重影响他们在东西方冲突中的立场。从军事上来说，战争会使原来希望巴基斯坦加入防御条约以在中东抵御共产主义进攻的希望化为泡影。美国的安全利益也会因为一个坚决的或中立的巴基斯坦拒绝提供对抗苏联的导弹攻击基地而受到影响。从经济上来说，如果战争扩大到孟加拉，从加尔各答进口的包括云母、矽铅铀矿和黄麻等原材料将会受到阻碍或拖延。印度的混乱局势还可能使锰的运输中断，这可能对美国的工业造成严重的影响。这种判断成为冷战时期指导美国对克什米尔政策的一个重要的依据。

美国对 1965 年印巴战争反应的迟钝，在很大程度上是由于情报判断的失误。美国情报机构过高估计了印度在尼赫鲁去世后对国内存在问题的关注。1964 年 12 月 10 日国家情报评估认为，夏斯特里政府的对外政策会减少对各种各样的国际问题的关注，而是更专注于涉及印度自身利益的具体问题。印度将继续其不结盟政策，该政策近年来开始关注从苏联和美国获得援助来对抗共产党中国。对于印巴关系，该评估报告相信，“从根本上消除印巴紧张关系的先决条件是解决克什米尔争端，这在近期则是毫无希望的。然而，两国间爆发大规模的敌对冲突是不可能的，一些具体的问题可能获得解决”。而印度将比过去更加关注其他邻国，目的是寻求减少共产党中国可能产生的影响。1965 年 3 月的一份国家情报评估虽然认为，印巴之间在诸如克什米尔、种族冲突以及难民等问题上的紧张关系将会加剧，但报告却强调指出，“我们认为两国的领导人能够阻止大规模的敌对冲突的爆发”。美国情报分析机构到 1965 年 8 月战争爆发之前依然相信，虽然印巴间的敌对可能会持续下去，虽然克什米尔争端继续是棘手的，虽然两国爆发大规模战争的可能性比 1948 年以来的任何时候都要大，“但我们相信战争还是可以避免的。但是，两国的政策首先是由两国彼此间的恐惧和敌意所决定的，不是由冷战的问题所决定”。

与此同时，美国对这一时期巴基斯坦发展同中国的关系极为不满。阿尤布·汗几乎看不到美国改变其对印度政策的可能，因此他不会愿意改变其对外政策的方向。尽管美国和巴基斯坦在亚洲政策上存在分歧，但阿尤布·汗会认为美国由于其在巴基斯坦的诸多利益，而继续在对巴进行军事和经济援助。美国如果以减少军事和经济援助来威胁巴基斯坦改变其对华政策，巴基斯坦的最初反应将是相应地威胁与美国的盟友关系以及美国在巴基斯坦的特殊设施。因此，如果阿尤布·汗认为美国真的要减少对巴的援助，他将弱化但不会放弃其对华政策，至少要保证除美国之外的其他援助来源。阿尤布·汗把同共产党中国的关系作为巴基斯坦对抗印度的关键的安全因素之一。阿尤布·汗将继续努力改善同亚非其他国家的关系，并在许多问题上与亚非国家的主流观点保持一致，这是一种对巴基斯坦有巨大政治吸引力的政策。它将寻求改善与苏联的关系作为其对外政策的辅助手段。

对于中国如何应对 1965 年印巴战争，美国情报机构做了详细的分析。在 1965 年 9 月 7 日的一份报告中，他们认为，中国“极其谨慎地对待克什米尔局势，这似乎表明北京将寻求避免更深地卷入。没有迹象表明中国人正准备沿中印边境采取军事行动”。报告强调指出，当前卷入印巴之间的争斗不仅不符合中国根本的安全利益，而且“中国人在克什米尔危机中没有重要的意识形态方面的利害关系，冲突发生在两个非共产党国家中，这里既没有明显地牵涉到中苏关系，也没有‘反帝国主义’的问题”。但保持中巴“友谊”现在是中国卷入克什米尔危机中最具体的利益所在。因此，“中国的行为表明，北京愿意与巴基斯坦保持紧密的关系，愿意为此付出一些代价，但要遵循最低风险的政策，这一政策与中国在中巴友谊中的实际利益之有限性相一致，也与中国在东南亚承担的更重要的义务相一致”。

报告指出，限制中国卷入的原因主要是后勤方面的。后勤是限制中共在这一地区军事活动的最重要因素。

随着战局的发展，中国在 9 月向印度发出了最后通牒。中央情报局认为：“这个威胁看来是故意向印度施加它所能承受的最大的心理压力，其目标是转移在克什米尔前线的注意力，从而缓解巴基斯坦的压力。”中情局在 9 月 16 日的评估中坚持认为：“我们认为中国会避免直接的、大规模的军事干预印巴战争。但迫近的巴基斯坦的失败将有可能增大中国进行干预的压力。即使在这种情况下，我们仍然认为，由于中国将越南视为其首要利益所在，这将阻止中国对印度采取冒险的军事行动。除了宣传、政治支持和军事姿态外，中国将提供物质援助，但除了象征性的表示外，不会提供更多的援助。然而，这将威胁印度，并可能在印度边境采取小规模的军事试探，也有可能发动一场类似 1962 年甚至更小规模的有限进攻。在其他情况下，同采取军事行动的重要性相比,中国更期望产生更大的政治和心理上的影响。"这种判断对美国的政策和反应产生了重要的影响。

1965 年印巴战争的影响是巨大的。但作为 1965 年印巴战争的结果,苏联的政策显然是成功的,它虽然力图在印巴之间保持平衡,但更为大力地支持印度的政策倾向是明显的。同时,苏联在 1965 年印巴战争后利用巴基斯坦国内政治的变化,支持印度以武力肢解巴基斯坦,使得苏联在南亚地区的影响空前提升。由于美国对南亚地区政策的核心是遏制和防止中国的"威胁和扩张",因此美国的政策存在着援助印度对抗中国与同时发展同巴基斯坦同盟关系之间不可调和的矛盾。美国和巴基斯坦在如何处理同中国关系的问题上以及对克什米尔重要性的认识上矛盾尖锐,美国判定巴基斯坦发展同中国的关系严重威胁到美国在南亚的安全利益。美国在战争中采取不介入的政策,虽然是对巴基斯坦的惩罚,但实际上也丧失了对印巴两国施加影响渠道,这种趋向随着苏联在战后大力援助印度并发展同巴基斯坦的关系而更加明显。美国在南亚地区的影响开始迅速减弱。美国情报机构显然意识到了这种影响和变化。在 1966 年 7 月的一份评估报告中,中情局认为,作为战争的结果,"印度会继续敌视中国,并在美苏间奉行不结盟政策。印度在美国的要求下已进行了许多的经济改革,以此换取美国恢复经济援助。令它担忧的是,苏联正逐渐转移对印度的不加辨别的援助。为了阻止这一转移,并继续从苏联获得经济和军援,新德里将不得不尽可能的努力避免惹恼苏联"。至于巴基斯坦,报告指出:"巴基斯坦将继续平衡与中国和美国的关系。它知道与中国关系太密切会威胁到与美国的关系。同时,它需要武器,而中国表现出愿意以明显的低价向巴基斯坦供应武器,其种类和数量将有助于巴基斯坦重建和改善其军事地位。"

5. 1971 年印巴战争和孟加拉国的成立

1971 年印巴战争的爆发起因于印度干涉巴基斯坦内部的政治斗争,并利用巴基斯坦的内乱达到了肢解巴基斯坦的战略目标。1947 年,印度和巴基斯坦分治并独立,巴基斯坦被分为东西两部分,中间隔着印度。其中的原孟加拉邦,被分裂为东孟加拉和西孟加拉,东孟加拉归巴基斯坦,分治后被称为东巴基斯坦，西孟加拉并入印度，成为印度的西孟加拉邦。东西巴基斯坦两部分被印度隔开，以穆斯林为主体的西巴基斯坦在全国政治、经济和军事上处于支配地位，而以孟加拉人为主，但同时生活着大量印度教徒的东巴则处于从属地位，西巴经济相对发达，东巴极为贫穷，自独立起东西巴之间就存在着广泛的矛盾，经济、政治和宗教上的矛盾尤为突出。1966 年，在东巴以拉赫曼为首的人民联盟要求东巴基斯坦全面自治。这样，巴基斯坦内部的分离主义运动发展到了一个新的阶段，不仅给巴基斯坦的政治稳定带来了前所未有的挑战，也给印巴关系的发展提供了新的变数。

美国情报机构密切关注南亚局势的发展和变化。1970 年 10 月的国家情报评估预见到了巴基斯坦可能出现的分裂，报告虽然认为，印度和巴基斯坦的对外关系的主要特点看来已确立下来了，不容易发生急剧的变化；但报告同时也指出，“两国都存在着相当大的变化的可能性”，这种变化首先体现在巴基斯坦可能的分裂，因为“一个独立的东孟加拉的出现，将改变整个地区的国际关系”。与此同时报告还认为，在印度发展同苏联关系的情况下，印巴两国特别是巴基斯坦同西方的政治和军事关系已开始疏远，不太可能恢复到 1960 年代那样的水平。与此同时，发达国家不会像以前那样通过进行大规模经济援助的方式在印巴争夺政治利益。

1970 年 12 月巴基斯坦举行全国选举，人民联盟获国民大会 313 席中的 160 席，成为第一大党，穆吉布将成为巴基斯坦的新总理，所以更力求贯彻东巴自治的主张，并与政府进行了两个月的谈判，但是谈判没有达成任何协议。在此情况下，穆吉布宣布接管东巴基斯坦的行政权力，并于 1971 年 3 月 23 日升起孟加拉国旗，东巴事实上已经走向独立。巴基斯坦总统叶海亚·汗逮捕穆吉布，取缔人民联盟，并在巴基斯坦实行军事管制，采取军事镇压行动，导致大量平民伤亡，印度教民众害怕穆斯林政权的报复，因而有数百万难民涌入印度。4 月 17 日，一部分跑到印度的人民联盟成员在西孟加拉邦的加尔各答宣布成立“孟加拉人民共和国临时政府”。

虽然东巴危机的出现对印度来说很突然，但巴基斯坦内部的分裂动乱还是被其宿敌所利用，印度绝不会放过这样一个可以削弱甚至肢解宿敌巴基斯坦的机会。印度朝野各界包括许多民众特别是军方强烈要求立即采取“解放”东巴基斯坦的军事行动。当时印度英迪拉·甘地夫人政府，虽有打击巴基斯坦的意图，但认为时机不到，要创造条件。因此印度开始在外交、政治舆论、军事上进行准备行动，一方面支持东巴的分裂势力，任由"孟加拉政府"在印度活动，还由印度陆军接替边防军帮助孟加拉的分裂势力组建包括陆海空三个军种的武装部队，并提供武器装备和训练。另一方面利用难民问题制造舆论。在外交上，印度进一步加强与苏联的友好关系，寻求苏联的支持，推动正在进行的印苏友好合作条约的谈判，以应对美国或中国可能的干涉；8 月 9 日，印度和苏联签署了为期 20 年的《印苏和平友好合作条约》。另外，印度加紧战备工作，储备物资，从各地抽调并组建对东巴作战的部队，并逐步向东部印巴边境集结，印度边防军还配合东巴游击队时常向东巴边境哨所发起试探的侦察性攻击。战争准备工作就绪后，印度在 11 月 19 日宣布，巴基斯坦正在策划先发制人的战争，轰炸印度在克什米尔的空军基地；11 月 22 日，印度未经宣战向东巴发起全面进攻；12 月 3 日，巴基斯坦向印度境内的军事目标发起空袭，战争全面爆发。

在当时中美逐步打开关系正常化大门的背景下，美国首先关心中国是否会大规模卷入这场战争。印巴发展前景，除分析可能出现的政治、经济等国内局势变化的趋势外，着重预测的两国同外部世界的关系发展。在 1971 年 12 月 7 日的报告中，中情局认为："根据现有的一切可用的情报进行评估表明，中国没有做好深度干预印巴战争的军事准备。我们还没有了解中国沿喜马拉雅山做出的军事部署的细节，但很明显的是，中国现在不具备进行 1962 年入侵印度那样规模的干预的能力。中国确实保持进行小规模干涉的选择，从公开的军事调动和备战到侵略性的巡逻以及对印度边境哨所的骚扰，或者进行一次牵制性的有限进攻。但北京目前似乎表现得很冷静。"在分析了中国在边界部队以及后勤准备后，中情局相信："在当前军事力量的基础上，中国不会发动一场越过喜马拉雅山进入印度平原的大规模持久进攻行动。中国可能在最小的军事风险下，在高山地区发动一系列的骚扰性进攻，以便牵制相当数量的印度军队，如果北京有意这样做。"

对于战争可能导致的后果，美国情报机构也做了细致的分析。中情局 1971 年 12 月 9 日的一份报告，就是这一预测的代表。这一题为《印度战胜巴基斯坦的意义》的文件，对战争对南亚次大陆国际关系的影响、对各主要相关国家外交政策的影响以及相关双边关系的影响等，都做了系统的分析。文件首先强调："印度政治、军事目标的成功实现，将极大地改变次大陆的大国关系。因为苏联会公开在外交、宣传和物质上支持印度，所以它会有助于实现这一变化，有关各方会留下这样一个印象，即苏联的实力和政策会有效地服务于其盟友。由于美国的政策会有急剧转变，美国的实力和影响会被拿来与苏联进行比较，所以其他国家会加进自己考虑来重新判断美苏的实力均衡。"对于苏联的政策和印苏关系发展的影响，文件分析道，莫斯科在一段时期内一直相信，与印度保持密切关系是维持其在南亚长远利益的关键。在战争之前，苏联一直在外交和物质上支持新德里对巴基斯坦的"压力政策"，并在联合国竭力支持印度。未来的印苏关系是否亲密（就印度一方来说）和具有依赖性，很大程度上是由中国和美国对新德里的态度所决定的。如果印美关系得不到修复，削减经济援助，印度会更加依赖苏联。如果中国继续与印度敌对，印度同样会继续依赖苏联。如果这样，莫斯科会更加倾向新德里，会做出重大让步，比如说提供海军装备。但如果中国最终接受南亚的现状，与新德里的关系正常化，后者是会欢迎这样一个摆脱对苏联的依赖的机会的。因此，"从普遍意义上看，莫斯科会受到鼓舞地认为自己的实力和影响在增长，会接受在其他地区发挥更重要作用的观点。但苏联人不可能不对风险进行精打细算，他们通常会把这些风险置于特定的环境之中加以考虑。此外，他们不希望危及现在推行的以缓和与谈判为口号的对西方的政策"。

这份报告关于战争对中国的南亚政策特别是中印关系的影响，做了相当深入的预测。文件指出，印度实现其目标，值得中国严重关注。"北京会害怕在国际上丢面子，因为它没有采取有效措施支持一个长期的朋友。在北京看来，更严重的是这一事态对它与苏联进行竞争的影响。"因为中国真正担忧的是"苏联可能加强在次大陆的地位和影响，包围中国，并为在将来进一步向印度洋和南亚扩张提供军事和政治基地"。在这种情况下，如果中国接受了印度的既成事实，它的担忧会持续下去，它不得不动用各种手段来限制或破坏苏印的合作。其基本选择是尽力逐渐增加西巴基斯坦的力量，通过颠覆或不时与苏联竞争在新德里的影响来削弱印度。虽然如此报告也认为，"中国人不会急于将其努力的重点转向次大陆。他们不希望表现为"全天候"朋友，他们会继续谴责印度，并且他们非常不喜欢印度。印度是潜在的大国竞争者，中国人非常疑虑的是，中印之间任何的接触只会帮助印度获得更多援助，加速印度经济和军事力量的增长。由于这些原因,我们认为中印关系在一段时期内会持续紧张”。

关于战争对区域国际关系的影响,文件更加关注伊朗。文件指出,“在地区大国中,伊朗比阿富汗更加深入地卷入了巴基斯坦与印度的斗争”。伊朗国王向战败的西巴基斯坦提供石油、资金以及一些军事装备。他甚至认为对巴基斯坦事务施加深刻影响有利于本国利益。“然而,一般来讲,巴基斯坦的失败和解体很明显会加强伊朗在波斯湾—印度洋地区的重要地位。因此,其他国家的政府会最终将伊朗视为世界主要的区域大国之一,这也是伊朗国王对自己国家的评价。巴基斯坦的失败会进一步使伊朗国王认为,他必须尽可能依靠自己的力量实现其对外政策目标。”

冷战时期美国情报机构对中印关系与南亚地区国际局势发展评估的文件,以下几个特点非常突出和明显：首先,这些情报报告的建议和结论,同冷战时期美国对南亚地区的政策基本吻合,许多政策建议已经成为美国政策的主要参考和决策依据,如利用印度的不结盟政策、依靠经济和军事援助把南亚地区纳入美国遏制战略的框架之中、试图在以巴之间保持平衡、利用中国和巴基斯坦在南亚地区对抗苏联和印度等等。这种现象在极大层面上反映了国务院和中央情报局在美国外交决策机制中的关键地位和作用。

其次,这些情报报告涉及问题广泛,情报来源丰富,实用性和针对性强,相关情报分析及研究人员素质高,在情报分析过程注重相关数据的搜集和整理,如有关印度、巴基斯坦同苏联、中国以及其他社会主义国家之间的经贸联系,印度的五年计划,印度的粮食问题,印巴两国的军力发展等等,都涉及了大量的统计数据,美国情报人员为此进行了大量细致认真的工作,在此基础上提高情报研究的效率和水平,因此所完成的报告具有相当的学术水平和决策参考价值,从而体现了美国情报机构对政府决策中的重要影响。

最后值得提出的是,冷战时期美国情报机构有关中国与南亚地区的情报分析和评估同样存在着较大的偏差和失误,这特别典型地表现在美国情报机构对 1965 年印巴战争的爆发的预测。如本编收录的文件所显示的,在战争爆发之前,美国情报机构虽然意识到印巴关系的紧张,但却没有一份文件预测战争会爆发,从而在一定程度上造成了美国反应的迟缓和被动。这种情况也在很大程度上反映了冷战史的一个重要特征,那就是由于受民族、宗教等因素所左右的国家之间的矛盾、冲突乃至战争,往往超出大国的想象和预测。

图书在版编目(CIP)数据

窥视中国：美国情报机构眼中的红色对手／沈志华，梁志主编．—上海：东方出版中心，2011.1(2024.11重印)
ISBN 978-7-5473-0276-7

Ⅰ．①窥… Ⅱ．①沈…②梁… Ⅲ．①中国—现代史—史料 Ⅳ．①K270.6

中国版本图书馆CIP数据核字(2010)第218750号

窥视中国：美国情报机构眼中的红色对手

出版发行：东方出版中心
地　　址：上海市仙霞路345号
电　　话：021-62417400
邮政编码：200336
经　　销：全国新华书店
印　　刷：上海万卷印刷股份有限公司
开　　本：710mm×1000mm　1/16
字　　数：335千字
印　　张：25.5
版　　次：2011年1月第1版　2024年11月第18次印刷
ISBN　978-7-5473-0276-7
定　　价：68.00元
